巴蜀文献论稿

【李勇先 著】

巴蜀书社

图书在版编目(CIP)数据

巴蜀文献论稿 / 李勇先著. --成都：巴蜀书社，2020.12

ISBN 978-7-5531-1447-7

Ⅰ.①巴… Ⅱ.①李… Ⅲ.①地方文献－汇编－四川 Ⅳ.①K297.1

中国版本图书馆 CIP 数据核字(2021)第 007132 号

巴蜀文献论稿
BASHU WENXIAN LUNGAO

李勇先 著

责任编辑	徐庆丰 且志宇
出版发行	巴蜀书社
	(成都市槐树街 2 号 邮政编码 610031)
发 行 科	(028)86259422 86259423
网 址	http://www.bsbook.com
经 销	新华书店
印 刷	四川永先数码印刷有限公司
成品尺寸	148mm×210mm
印 张	12.875
字 数	300 千
版 次	2021 年 8 月第 1 版
印 次	2021 年 8 月第 1 次印刷
书 号	ISBN 978-7-5531-1447-7
定 价	60.00 元

本书如有印装质量问题，请与工厂联系 电话：86119188

自 序

斗转星移，白驹过隙。从2004年计划对巴蜀文献进行系统整理和研究开始，至今已有十六个春秋。每每想起其中的曲折和艰辛，不禁让人感慨万千。在自己长期不懈的努力和坚持之下，以《蜀藏》丛书为代表的巴蜀文献整理成果陆续问世。其中包括对巴蜀史学、文学、山水、名胜古迹、交通、舆地、舆图、水利、旅游、民族、金石、传记、目录、科技、教育、艺术等十六类巴蜀文献进行了较为系统的整理，其余有关巴蜀经济、经学、子学、佛道等文献也正在陆续编纂之中。此外，作者还对巴蜀古旧方志、巴蜀地图、巴蜀家谱族谱、巴蜀中医文献以及域外藏巴蜀文献进行搜集和整理，编纂出版了《华阳国志珍本汇刊》《华阳国志珍本汇刊续编》《巴蜀乡土志珍本汇刊》《巴蜀古旧地图集》《巴蜀珍稀家谱丛书》《巴蜀中医文献珍本汇刊》《川派中医名家文献珍本汇刊》《日本藏巴蜀珍稀文献汇刊》《日本藏巴蜀稀见地方志集成》等，《巴蜀历代诗文集汇编》和《巴蜀珍本丛书集成》也即将陆续出版。

在整理编纂巴蜀历史文献的同时，作者也力图对巴蜀历史与学术文化发展的特点及其历代相关文献的编纂和价值进行初步探讨。如本书将巴蜀史学的发展分为四个时期，即以《山海经》为代表的先秦巴蜀史学的萌芽，以"地记图经"为代表的两汉巴蜀史学的发展，以"三范二李"为代表的两宋巴蜀史学的鼎盛，以"二落二起"为特征的元明以后巴蜀史学的衰落与复兴,并在此基础上对历代巴蜀史学文献的编纂及其价值进行总结和分析。又如本书对清末民国时期巴蜀乡土志的编纂情况及其与传统方志相比在编纂思想和内容方面的创新进行了较为深入的探讨。本书的研究内容还涉及巴蜀历代旅游、教育、交通、科技、水利发展及其相关文献研究,巴蜀文学、艺术发展及其关文献研究,以及巴蜀舆图文献、山水文献、名胜古迹文献、金石文献、传记文献历代编纂情况及其价值研究。此外,本书还对《华阳国志》的历史地位及其史料价值、日本藏巴蜀文献及其价值进行了初步探讨。

学术研究之路任重道远,需要不断地积累和持之以恒地努力。期待将来有更多的研究成果奉献给大家,同时也恳请各位读者对本书提出宝贵意见。是为序。

李勇先 谨序

2021 年 7 月

目 录

自序 …………………………………………………………（1）
《蜀藏》前言 ………………………………………………（1）
巴蜀史学发展成就与史学文献述略 ……………………（25）
巴蜀文学发展成就与文学文献述略 ……………………（57）
巴蜀历代水利发展成就与水利文献述略 ………………（78）
巴蜀历代旅游发展与旅游文献述略 ……………………（101）
巴蜀历代教育发展与教育文献述略 ……………………（131）
巴蜀历代交通发展与交通文献述略 ……………………（171）
巴蜀历代科技发展与科技文献述略 ……………………（195）
巴蜀历代艺术发展与艺术文献述略 ……………………（220）
巴蜀历代舆图文献述略 …………………………………（238）
巴蜀人物传记文献整理及其价值 ………………………（273）
巴蜀历代山水文献述略 …………………………………（295）
巴蜀历代名胜古迹文献述略 ……………………………（310）
巴蜀历代金石文献述略 …………………………………（322）
煌煌巨著　辉映古今
　　——《华阳国志》的历史地位及其史料价值浅述 …（346）
晚清民国时期巴蜀珍稀乡土志的编纂及其创新 ………（365）
日本藏巴蜀珍稀文献及其价值 …………………………（394）

《蜀藏》前言

巴蜀历史源远流长,巴蜀文化绚丽璀璨。作为中华文明发祥地之一的巴蜀地区,历经数千年风雨沧桑,一代又一代巴蜀人筚路蓝缕,在这片神奇的土地上繁衍生息,创造了辉煌灿烂的物质文明和精神文明,形成了博大精深、瑰丽多姿的巴蜀文化。

一、巴蜀历史源远流长

巴蜀地区在《禹贡》为梁州之域①,土地广袤。古代四川(包括重庆)是西南诸省区中最早被纳入中央王朝版图、最先习染中原文化的地区。秦并巴、蜀后,在此设郡置县。而今天四川和重庆的行政区划正是几千年来不断调整的结果。

早在上古时期,巴、蜀就已是四川盆地的两个重要古国。从自然地理区划来看,巴位于四川盆地东部,蜀位于四川盆地西部和中部。但在历史上,巴蜀地域范围并非一成不变,而是有一个历史的演变过程。根据《山海经》《尚书》等先秦文献记载,古巴国大约在今四川盆地东部,以嘉陵江流域为中心,包括今陕南、鄂湘西

---

① 《禹贡》是我国古代儒家经典《尚书》中的一篇,是现存最早的一部科学价值很高的地理总志,被历代学者奉为"万世不易之书",宗为"古今地理志之祖"。《禹贡》分天下为九州,其中有"华阳、黑水惟梁州"之句,主要区域在今四川省境内。

部、黔东北一带；而古蜀国位于今四川盆地西部，以岷江流域为中心，包括今陕甘南部和滇北一带。相传居住在岷江上游的蜀山氏曾与黄帝部落通婚，其子孙世代分封于蜀。从商朝到春秋、战国，古蜀国先后经历了蚕丛、柏灌、鱼凫、杜宇、开明等王权更迭。周慎靓王五年（前316），秦灭蜀国和巴国，在其地设立蜀郡和巴郡，置县治，实行以郡领县的二级政区制。"巴""蜀"从国名变成地名，今重庆、四川分别简称巴、蜀。自此以后，巴郡和蜀郡成为川东、川西两大政治、经济和文化中心，巴、蜀也一直作为川东、川西的地域、人群和文化的代称。

西汉时，汉武帝积极开疆拓土，在西南设益州刺史部。东汉实行以州统郡、以郡领县的三级政区制，在巴蜀之地设益州。三国时，刘备在四川建立蜀汉政权，仅设益州一州，下辖二十二郡，其中蜀郡治成都，为国都所在；又于益州下设庲降都督，为四个常置的镇戍都督之一，属蜀汉政府在南中地区设立的最高军政机构，治所在味县（今云南曲靖）。西晋时，四川分为梁、益二州。东晋时，四川已有"蜀川"之称①。隋及唐初改为州（郡）、县二级政区，或悉罢诸郡，以州统县；或废州改郡，以郡统县，累经反复。唐曾设道，初以监察州郡。唐太宗贞观元年（627），改益州为剑南道，梁州为山南道②。唐玄宗开元二十二年（734），分山南道为山南东道、山南西道。唐肃宗至德二载（757），改蜀郡为成都府，分剑南道为东、西两川③，置剑南东川和剑南西川两节度使，治所分别在

---

① 见（东晋）常璩《华阳国志》卷三《蜀志》。（唐）王勃《王子安集》卷三有《送杜少府之任蜀川》诗。
② （后晋）刘昫《旧唐书》卷三九、卷四一《地理志》，中华书局1975年点校本。
③ （宋）乐史《太平寰宇记》卷七二、（宋）司马光《资治通鉴》卷二二〇、二二三。（宋）晁公武《郡斋读书志》卷五下著录有唐诗人杜甫政论文《东西两川说》，凡四篇。

今三台和成都，于是四川就有了"两川"之称。乾元元年（758）后，剑南、山南、黔中三道正式成为统领州（府）的一级行政区划。广德元年（763），复并剑南东川、剑南西川为一，统一节度。唐代宗时，置剑南东川、剑南西川、山南西道三道节度使，又称三川节度使，或简称"剑南三川"，因此四川历史上又有了"三川"之称①。宋太祖乾德三年（965）平蜀，置西川路；开宝六年（973），分置峡西路②。宋太宗太平兴国二年（977），分西川为东、西两路；太平兴国六年（981），合并为川峡路；至道三年（997），川峡路再分为西川、峡西路。宋真宗咸平四年（1001），又分西川路为东、西两路③，分峡西路为利、夔两路，统称益、梓、利、夔四路，治所分别在今成都、三台、汉中和奉节，一般称为"川峡四路"④，又总称为四川路，后遂省文，简称"四川"⑤，从此正式有了"四川"之名。宋徽宗大观二年（1108）诏书中正式使用"四

---

① 见《旧唐书》卷四八、《新唐书》卷七、《资治通鉴》卷二三六。《资治通鉴》卷二七四有"三川制置使"。《新唐书》卷二〇一《杜甫传》云："禄山乱，天子入蜀，甫避走三川。"

② （宋）李焘《续资治通鉴长编》卷四二："宋初，以转运使领诸路，设西川路，后分东路，寻并之。"

③ 西川东路治梓州，又称梓州路；西川西路治成都，又称益州路。

④ 见《续资治通鉴长编》卷四八、《宋史》卷八九《地理志》。按：益州路后改为成都府路，梓州路后改为潼川府路。北宋时，四川路与峡西路合称为"川峡路"，见《续资治通鉴长编》卷三〇一。（宋）郑樵《通志》卷六六《艺文略》有《川峡路图经》三十卷。

⑤ （清）顾炎武《日知录》卷三一《四川》条说："唐时剑南一道，止分东西两川而已。至宋则为益州路、梓州路、利州路、夔州路，谓之川峡四路。后遂省文，名为四川。"（雍正）《四川通志》卷二云："咸平四年，分置益、梓、利、夔四路，总曰四川路。"按（清）李元《蜀水经》卷七误认为："川者，水也。四川者，四条水也。"其后出版的一些工具书或地理书也因袭其误，认为四川得名与境内有四条江有关。

川"这一称谓①，这是目前所见到的将"四川"作为行政区划略称的开始。在这以后，宋代设有"四川宣抚使""四川制置使""四川转运使"等官职②。

四川称省，始于元代。元世祖至元七年（1270）设置中央行政机构——中书省，全国普遍建行省，是仅次于中央的地方行政机构。元世祖至元二十三年（1286），在宋代川峡四路基础上正式设置四川行中书省，简称四川行省，是为四川独立建省之始，省会设在成都，实行省—路—府—州—县五级政区制。从此，四川始称省③。明太祖洪武九年（1376），将四川行中书省改为四川承宣布政使司④，实行省—府（州）—县三级政区制。清世祖顺治二年（1645），又恢复四川行省，简称四川省⑤。晚清实行省—道—府（直隶州、直隶厅）—县四级政区制，其中道属于四川省派出机构，共设七道，即成绵龙茂、建昌上川南、川南永宁、川北、川东、康安、边北，道下设十五府、九直隶州、四直隶厅、一百十九辖县、十三州、五屯、六设治委员。清宣统三年（1911），四川成立大汉

---

① （宋）章如愚《群书考索》后集卷六一《禁陕西铁钱入川御笔》（大观二年）云："比以四川铁钱猥多，钱轻物重，若更许陕西铁钱入川行用，则币益以轻，物益以贵，非平价裕民之道。其陕西铁钱可更不许入川行用。"此后诏书中多用"四川"称谓。如《宋会要辑稿》职官四三《茶事司辟官不许奏辟土人诏》（政和五年五月七日）云："访闻比来不顾公议，多引四川土人。"又见《宋大诏令集》卷二一九《四川曲赦》（政和五年十二月二十四日）条。

② 见《宋史》卷二六、卷二九《宋高宗本纪》；（宋）刘一止《苕溪集》卷四三《陈远猷除四川转运副使制》。是时除沿用五代州县之制外，并设府、军、监，以路统之，实行路—州（府、军、监）—县三级政区制。南宋偏安江南，但巴蜀地区行政区划变动不大。

③ 《元史》卷七《元世祖本纪》，卷五八、卷六〇《地理志》；（元）刘应李编《大元混一方舆胜览》卷中《四川等处行中书省》。

④ （清）张廷玉等编：《明史》卷四四《地理志》，中华书局1974年点校本。

⑤ 《清史稿》卷六九《地理志》，中华书局1976年点校本。

四川军政府，重庆成立蜀军政府。民国二年（1913），实行以道统县，全川划分为川西、上川南、下川南、川北、川东、边东、边西七道。民国三年（1914），废府、州、厅改县，撤边东、边西二道，改川西道为西川道，上川南道为建昌道，下川南道为永宁道，川北道为嘉陵道，川东道为东川道，川西高原设川边特别区。民国十七年（1928），废道，县直属省。民国二十四年（1933），筹建西康省，设建省委员会于雅安县。同年结束军阀防区制，实施行政督察区制，共设立行政督察区十九个。民国二十八年（1939），西康省正式建成。中华人民共和国成立后，于1950年设立西南大行政区，辖四川、云南、贵州、西康四省及重庆市。同时，四川划分为川西、川东、川北、川南四个人民行政公署和重庆市及西康省。1952年，成立四川省人民政府，省会设在成都市。不久，正式撤销四个人民行政公署。1955年，撤销西康省，川康两省合并，将雅安专区、西昌专区、甘孜藏族自治州及凉山彝族自治州所属四十七县划归四川省管辖。此后四川省行政区划又经过多次调整。1997年我国进行行政区划调整，正式将原四川省分为重庆直辖市和四川省两个行政区划单位。

作为古蜀国都城的成都自秦汉以来一直是我国西南的政治、经济、文化重镇和长江上游古文明的中心。秦汉时期，成都是全国著名的织锦业中心。唐宋时期，成都经济发达，商业繁荣，有"扬一益二"之称。元代，意大利旅行家马可·波罗曾来到这座花团锦簇、令他惊叹不已的"锦绣之城"，看到锦江中"船舶舟楫如蚁，运载着大宗的商品"，赞叹道："这是一座美丽的城市。"作为一个外国人，他亲眼见证了成都城市的开放与商业的繁荣。中国土生土长的宗教——道教起源于成都。举世闻名的都江堰水利工程充分利用自然条件，因势利导，兴利除害，使成都平原沃野千里，号称"天府"。汉初，蜀郡太守文翁在成都创办石室讲堂，成为我国历史上第一所由地方政府创办的高等学校，其办学的成功经验被汉武帝推向全国，"令天下郡国皆立学校官"[①]。至唐代，成都是世界上最早使用雕版印刷的地方，积累了丰富的雕版印刷经验。北宋成都出现了用于商品交换的货币——交子，这是世界上第一种真正意义上的纸币。到了近代，中国新式教育制度奠基人、四川学政张之洞在成都创办尊经书院，为我国近代新式教育树立了典范。成都还是古代"南方丝绸之路"和"高原丝绸之路"的起点。从先秦开始，成都在我国西北丝绸之路开辟之前，就与亚欧大陆建立了密切的商贸联系，这或许可从广汉三星堆和成都金沙遗址出土的大量象牙、海贝、金杖、金面具等文物中得到充分证明。汉武帝时，张骞在大夏发现邛竹杖和蜀布的故事，说明从成都到印度再到西亚早就有一条对外开放和交流的通道。而蜀道的开通，又将南北两条丝绸之路有机地联接起来。

二、巴蜀文化绚丽璀璨

有着悠久历史和鲜明地域特色的巴蜀文化，与齐鲁文化、中原文化、吴越文化、湖湘文化、秦陇文化、岭南文化等地域文化一样，是整个中华文化的重要组成部分。各地文化相互交流，彼此影响，共同促进了中华文化的发展。

巴蜀文化是历代巴蜀人所创造的所有物质文化和精神文化的总

[①] （东汉）班固：《汉书》卷八九《循吏传》，中华书局1962年点校本。

和，其中支撑和浸润巴蜀文化的则是以经学、史学、文学等为代表的蜀学①。它萌芽于先秦，兴于汉初，传承于两汉、三国、两晋、南北朝、隋唐五代，繁盛于两宋，复兴于晚清。它自成体系，特色鲜明，富赡博奥，开放大气，极富进取与创造力，成为中华民族地域文化的重要组成部分。

西汉初，蜀郡太守文翁在成都设石室讲堂，招收"学官弟子"，从此蜀地民智大开，"学徒鳞萃"②，成为巴蜀地区教育与文化事业的壮举。故当时就有"文翁倡其教，相如为之师"③"蜀学比于齐鲁"④的赞誉。"蜀学"之名也始见于此。巴蜀地区因此成为当时全国文化最为发达的地区之一，涌现了"以文辞显于世""文章冠天下"的蜀中汉赋四大家：蜀郡成都司马相如、严遵、扬雄，资中王褒。他们还在经学、黄老学、文字学、训诂学等领域取得了重要成就。

东汉魏晋时期，巴蜀地区仍然是全国文化最发达的地区之一，尤其在经学和史学领域取得了引人瞩目的成就。如东汉时期，巴蜀经学有了长足发展，著名巴蜀经学家如雒人段恭、蔡弓，梓潼景鸾，成都柳宗、张楷，繁人任末、涪人王晏，广汉张昌，新都段翳、杨厚，绵竹董扶、任安等皆当时通经学古之士。他们或游历拜师，或讲学授徒，有力地促进了经学在巴蜀地区的传播。两晋南北朝时期，巴蜀经学开始向多元化方向发展。在史学方面，我国方志

---

① 所谓"蜀学"，是指四川地区的学术和学承于蜀地的学术。
② （东晋）常璩：《华阳国志》卷三《蜀志》，清嘉庆十九年（1814）题襟馆刻本。
③ （东汉）班固：《汉书》卷二八下《地理志》，中华书局1962年点校本。
④ （西晋）陈寿：《三国志·蜀志·秦宓传》，中华书局1975年点校本。

之作萌芽于春秋，当时已有"四方之志"①"邦国之志"②。相传孔子见"百二十国宝书"③，实为方志之权舆，而巴蜀编史修志已有两千多年的历史。两汉三国时期，各地方志见于记载的达一百多种，或记述方国历史，或记载州郡地理，或叙论乡党耆旧，而益州地区撰述之风尤盛，如《蜀本纪》《本蜀论》《蜀后志》等历史之书、《巴蜀耆旧传》《益部耆旧传》等人物志。这些著作的问世，为更加成熟的方志撰述创造了良好条件。蜀汉末西晋初，巴西郡安汉人陈寿著《三国志》，成为我国"前四史"之一。东晋江原人常璩鉴于之前志书将历史、地理、人物三者分离、各写一面的缺陷，综合各家方志的优点，并吸取《史记》《汉书》等纪传体史书的长处，创造性地将地理志、编年史、人物传记等有机地结合在一起，在充分吸收《本蜀论》《蜀后志》《巴蜀耆旧传》《益部耆旧传》等史志成果的基础上，写出了《华阳国志》这部规模宏大、内容广博、体例简括、取材精审的著作。《华阳国志》是我国隋以前古方志中硕果仅存者，也因此成为一部"传诸不朽，见美来裔"、开方志之先河的历史巨著，被誉为"中国方志之王"④。巴蜀史学，有"隋前成书仅存十数，蜀得其二（按：《三国志》和《华阳国志》），唐后史学莫隆于蜀"⑤之称。从中可见，巴蜀史志发达是巴蜀文化的一大特色。

到了宋代，蜀学昌盛，巴蜀文化在两汉以后又迎来了一个新的

---

① 杨伯峻：《春秋左传注》僖公二十三年条，中华书局1981年点校本。
② 《周礼·春官宗伯第三》："小史掌邦国之志，奠系世，辨昭穆。"
③ （汉）何休注、（唐）徐彦疏：《春秋公羊传注疏》卷一，台北商务印书馆1986年影印文渊阁《四库全书》本。
④ 参见刘琳：《华阳国志校注前言》，载《华阳国志校注》卷首，成都时代出版社2007年点校本；刘琳：《华阳国志：中国方志之王》，载《巴蜀史志》2012年第3期。
⑤ （近）刘咸炘：《蜀学论》，载《推十文集》卷一，成都古籍书店1996年版。

发展高峰。北宋学者吕陶说:"蜀学之盛,冠天下而垂无穷。"① 南宋井研李心传也说:"郡国之学,最盛于成都。"② 元代学者仁寿虞集也说:"吾蜀文学之盛,自先汉至于唐宋……非它州之所能及。"③ 巴蜀学术在这一时期无论在经学、史学、文学等领域都得到了前所未有的发展。

中国历史上七次镌刻石经,其中以五代后蜀孟昶广政元年(938)至北宋徽宗宣和六年(1124)历时一百八十七年所刻的蜀石经因其完整保存了十三经经文及大量经文注释而备受历代学者尊崇,堪称中国古代文教史上的壮举,对巴蜀文化的发展产生了深远影响。在思想学术领域,以眉山苏洵、苏轼、苏辙父子为代表的"蜀学"与程颐、程颢的"洛学"和王安石的"新学"鼎足而三,共同构成了北宋学术的三大主流。清代学者全祖望在《宋元学案》中专列"苏氏蜀学略",对其学术传承与思想作了全面概述。宋代蜀学在经学方面的贡献,还表现在蜀中易学的兴盛,从西汉严遵、扬雄以来,巴蜀学人重视易学,涌现出了如东晋蜀人范长生,北周蜀郡卫元嵩,唐代资州李鼎祚,五代宋初普州陈抟,宋代资州李石、陵州龙昌期、涪陵谯定、临邛张成行等一批成就很高、对后世影响很大的易学家。尤其是陈抟的学术融儒、释、道三教为一体,开启宋代三教合一之先河。故宋代著名理学家程颐曾发出"易学在蜀耳,盍往求之"④ 的感叹。宋代蜀学绵延两百余年,其源远流长

---

① (宋)吕陶:《净德集》卷一四《府学经史阁落成记》,台北商务印书馆1986年影印文渊阁《四库全书》本。
② (宋)李心传:《建炎以来朝野杂记》卷一三甲集"蜀学"条,台北商务印书馆1986年影印文渊阁《四库全书》本。
③ (元)虞集:《道园学古录》卷三一,台北商务印书馆1986年影印文渊阁《四库全书》本。
④ (元)脱脱:《宋史》卷四五九《谯定传》,中华书局1977年点校本。

的学统，对宋代儒学各大流派以及后世均产生了深远影响。又如宋代著名理学大师绵竹张栻在湖南主持岳麓书院，开创了宋代理学的湖湘学派。而集宋代蜀学之大成的南宋理学大师蒲江魏了翁，世称鹤山先生，一生著述宏富，"开门授徒，士争负笈从之，由是蜀人始知义理之学"，弟子遍及天下，其创建的鹤山学派为宋代蜀学鼎盛做出了重要贡献，故"南轩之教，遂大行于蜀中"①。其他宋代巴蜀著名学者还有华阳范祖禹，涪陵崔子方，眉山王当、家铉翁，宣化程公说，绵竹张浚，巴西赵鹏飞，井研李心传等学者。当代著名学者蔡方鹿先生指出："宋代巴蜀理学的兴起既与整个宋代理学的产生与发展分不开，同时在蜀内外学者的学术交流中，也直接促进了宋代理学的发展……在这个过程中，张栻对理学的发展及对朱熹思想的刺激和启发，魏了翁继承朱熹和张栻，又会合蜀、洛，集宋代巴蜀理学之大成，都与当时理学、朱子学在全国和巴蜀的流传影响分不开。"②

唐宋时期，巴蜀文坛英才辈出，群星璀灿，名流竞秀，佳作纷呈。唐代梓州陈子昂力改六朝诗风绮靡纤弱之弊，其诗质朴明朗，格调苍劲有力，标志着初唐诗风的转变。"诗仙"李白诗风豪放雄奇，清新俊逸，被公认为中国历史上最杰出的浪漫主义诗人。"唐宋八大家"中，蜀中苏氏父子独占其三，而且"维子承父"③，同出一门，蔚为中华学术史之奇观。不仅如此，在古代文化发展鼎盛的唐宋时期，许多其他省籍诗人如王勃、卢照邻、杜甫、岑参、白

---

① （清）黄宗羲：《宋元学案》卷七二《二江诸儒学案》，王梓材、冯云濠校定，中华书局1988年点校本。
② 蔡方鹿：《朱子学对南宋巴蜀理学的影响》，载《"朱熹与巴蜀文化及朱熹思想的影响和现代价值"学术研讨会论文集》，2014年。
③ （近）刘咸炘：《蜀学论》，载《推十文集》卷一，成都古籍书店1996年版。

居易、刘禹锡、元稹、贾岛、李商隐、韦庄、黄庭坚、陆游、范成大等纷纷入蜀，在蜀中留下了大量名篇佳作，故有"自古诗人例到蜀"的盛况。

宋代巴蜀史学撰述之隆，亦冠于宋世，故有"唐后史学莫隆于蜀"①之说。当代史学大师盐亭蒙文通指出："两宋之世，史学特盛，超越汉唐。蜀中史著之多，方志之富，更为特出。"② 宋代巴蜀著名史学家有"华阳三范"，即参与编撰《新唐书》的范镇，参与《资治通鉴》编纂、著有《唐鉴》的范祖禹，参与重修神宗、哲宗《实录》的范冲。其中，范祖禹所著《唐鉴》被誉为"深明唐三百年治乱"的史学名著③。眉州王偁所撰《东都事略》，被誉为"宋后史之最有法者"④。丹棱李焘历时四十年修成《续资治通鉴长编》，被誉为"《春秋》之后，才有此书"，是宋代继司马光之后最有成就的史学家。井研李心传著有《建炎以来系年要录》《建炎以来朝野杂记》，后者被誉为"南渡以来野史之最详者"，其"大纲细目，粲然悉备，为史家之巨擘"，"言宋事者，当必于是有征焉"⑤。他们都是当时第一流史学家，故近代学者双流刘咸炘云："盖唐后史学莫隆于蜀，而匪特两宋掌故之所存。"⑥

尽管元代"蜀学微绝"⑦，但仍出现了像仁寿虞集、虞槃、虞

---

① （近）刘咸炘：《蜀学论》，载《推十文集》卷一，成都古籍书店1996年版。
② 林名均编：《华西大学图书馆四川方志目录》卷首蒙文通序，华西大学图书馆1951年排印本。
③ （元）脱脱：《宋史》卷三三七《范祖禹传》，中华书局1977年点校本。
④ （近）刘咸炘：《蜀学论》，载《推十文集》卷一，成都古籍书店1996年版。
⑤ 《四库全书总目提要》卷八一《建炎以来朝野杂记提要》，中华书局1965年影印本。
⑥ （近）刘咸炘：《蜀学论》，载《推十文集》卷一，成都古籍书店1996年版。
⑦ （元）虞集：《道园学古录》卷六，民国年间上海商务印书馆影印《四部丛刊初编》本。

堪，井研牟巘，绵州邓文原，遂宁谢端等文学家。他们虽然终生未在蜀地生活过，但他们的先辈却是蜀人。各种史料记载往往标注其先世或籍贯为"蜀"。因宋末元初避乱江南，如虞集"祖籍仁寿"，"宋亡，侨居临川崇仁"①，故不妨称他们为蜀籍人士或蜀籍文学家②。到明中叶以后，蜀学得以复兴，如文史通才新都杨慎，虽一生坎坷，但著述丰富，多达四百余种。其治学范围广泛，在整个明代，"记诵之博，著作之富，推慎为第一"③。他所编纂的《全蜀艺文志》以及后人在此基础上增补编纂而成的《补续全蜀艺文志》成为当今研究巴蜀历史文化十分重要的文献资料。在经学方面，明代著名易学家梁山来知德潜心研《易》近三十年，所著《周易集注》成为象数易学的经典著作，世称"来氏易学"。明末思想家达州唐甄所著《潜书》，批判封建专制，提倡社会平等，对近代社会启蒙思潮的产生具有积极的影响。

到了清代，尤其是清末民初，巴蜀文化又迎来了一次新的发展机遇。清康熙四十三年（1704）四川按察使刘德芳重建锦江书院，培育人才，其中最有成就的是绵州李调元，他是一位百科全书式的人物。清代中期，著名思想家双流刘沅在长期教育和学术活动中创立了具有巴蜀文化特色的槐轩学派。光绪初年，四川学政张之洞创立尊经书院，以"绍先哲，起蜀学"④为办学宗旨，提倡"通经致用"，为天下培植了众多精英人才，从而促进了"蜀学"的再次复

---

① 邓绍基主编：《元代文学史》，人民文学出版社1998年版。
② 李军：《蜀士多才俊，文章萃江南：元代流寓江南蜀籍文学家论略》，《西南民族大学学报》2008年第9期。
③ （清）张廷玉等编：《明史》卷一九二《杨慎传》，中华书局1974年点校本。
④ （清）张之洞：《四川省城尊经书院记》，载《成都旧志》，李勇先主编，成都时代出版社2007年点校本。

兴。尊经书院创办的二十八年间，为近代四川文化的勃兴培育了一批新旧学兼通的人才，如旧经学的终结者井研廖平，戊戌变法六君子中的绵竹杨锐，"新学巨子"富顺宋育仁，保路运动领袖广安蒲殿俊，著名民主主义革命家南充张澜、荣县吴玉章，"只手打倒孔家店"的著名思想家新繁吴虞，清代蜀中仅有的状元资州骆成骧以及其他众多知名学者和文化名人如华阳顾印愚、林思进，名山吴之英、合州张森楷等人，皆出自尊经书院。而蜀中如存古学堂、国立四川大学等其他教育机构培养出来的巴蜀人才包括仪陇朱德，乐山郭沫若，成都巴金、李劼人，双流刘咸炘，盐亭蒙文通、袁焕仙，巴中晏阳初，宜宾唐君毅，蓬安伍非百，巴县向宗鲁、向楚等。其他巴蜀知名学者还有成都龚道耕、张慎仪、龙万育、包国华、刘启明，华阳王秉恩，新津文守仁，大邑查体仁、伍肇龄，彭县罗时宪，江津漆中权，汉州张邦伸，新繁费密、释含澈、谢济勋，金堂贺麟，双流刘咸荥，郫县许儒龙、孙锓、姜国伊、余中英，新都周太玄，中江林有仁、彭光弼、李鸿裔、李星根，射洪杨甲仁，遂宁张鹏翮、张问陶，西充罗纶，达州林源恩，资阳蓝光策，合川张森楷，南充任乃强，邻水廖寅、甘家斌，仁寿毛澂，富顺萧世本、宋维彝、萧德骅、陈崇哲、胡琳章，内江艾庭晰、易含章，荣县赵熙、黄英，宜宾唐迪风、陈大任、赵树吉，泸县李伟，威远周岸登，南溪董清峻，井研胡世安，丹棱彭端淑、彭遵泗，乐山黄镕，犍为李源澄，马边贺昌群，巴县龙为霖、潘清荫、吴人初，铜梁王汝璧，长寿李滋然、李开先，璧山黄钰，隆昌范泰衡，涪州周煌、谭孝达，忠州李士棻，垫江李惺、李炳灵，万县何志高，开县李宗羲，奉节张朝墉，秀山王大琮、萧大士、由升堂、谭永懋、易良图、胡志伊，酉阳冯世瀛、吴楚，綦江庞俊等，他们都为复兴蜀学、昌明巴蜀学术文化做出了巨大贡献。其中,贺麟和唐君毅是我国学贯中西的著名哲学家,他们致力于复兴儒家文化,重建新儒学思想体系,成为现代新儒学思潮的代表人物,极大地促进了巴蜀思想文化和整个中国哲学思想的发展。

以上仅就巴蜀经学、史学、文学等领域在各个历史时期的发展做了简要梳理。而在绘画、音乐、戏剧、医学、科技、宗教等领域,巴蜀学人也做出了重大贡献,成就斐然。如唐宋时期,巴蜀画家辈出,人才云集,在唐中后期形成了独具风格的西蜀画派,五代时"益都多名画,富视他郡"①,"世俗多以蜀画为名家"②。唐代成都大慈寺曾以拥有众多名家壁画而著称,是唐宋时期国内少见的一座壁画宝库,所谓"举天下之言唐画者,莫如成都之多。就成都较之,莫如大圣慈寺之盛"③。

巴蜀乐器自古闻名。早在商代,巴蜀就有陶埙、石磬等乐器,春秋战国时期,更有青铜乐器编钟、钲、铎、铃以及成组的石磬。唐代西蜀雷氏是当时造琴世家,其所造玉玲珑、飞泉、九霄环佩等雷琴在传世唐琴中最为独特。巴蜀最古老的巴渝舞早在周武王伐纣时就已形成。到后来,巴渝舞在民间逐渐衍变为具有浓郁地域文化特色的《竹枝》歌舞。唐宋时期,巴蜀音乐艺术的发展进入到了一个新阶段,巴蜀作为道教的发源地和禅宗兴盛之地,宗教音乐特别是道教音乐成为巴蜀音乐的又一大特点。

---

① (宋)黄休复:《益州名画录》卷首序,台北商务印书馆1986年影印文渊阁《四库全书》本。

② (宋)不著撰人:《宣和画谱》,台北商务印书馆1986年影印文渊阁《四库全书》本。

③ (明)冯任修、(明)张世雍等纂:《天启成都府志》卷四三李之纯《大圣慈寺画记》,载《成都旧志》,李勇先主编,成都时代出版社2007年点校本。

中国古典戏剧源远流长，作为戏剧渊源之一的说唱艺术最早见于汉代的巴蜀地区。这可从成都平原东汉墓葬内出土的类型多样、神态各异的说唱陶俑得到证明。《三国志·许慈传》有关于我国最早开始戏剧表演并首先出现在巴蜀地区的记载[1]。到了唐代，成都出现了"子女锦锦""杂剧丈夫"[2]的戏班子。这是我国关于杂剧戏班子和男女合班的最早记载，而且也是杂剧这一古典戏剧艺术名称最早见于唐代成都的记载。而渊源于宋代"川杂剧"、历经明清漫长发展过程的巴蜀地方戏曲——川剧，以其题材广泛、文学性强、雅俗共赏、谐趣自生成为我国民间艺术的一朵奇葩。川剧的唱腔艺术和神奇的变脸、吐火、藏刀、滚灯、踢慧眼、钻火圈、扇子功等特技更体现出川剧独特的艺术魅力。

巴蜀医学自古发达，名医辈出，著述丰富。如唐代成都昝殷，宋代晋原唐慎微，明代泸州韩懋，清代彭县唐宗海、华阳曾懿等皆为巴蜀名医。尤其是昝殷《经效产宝》是我国现存最早的妇产学专著，其所著《食医心鉴》也是我国现存最早的食疗著作。唐慎微所著《政和新修经史证类备用本草》是我国第一部集中国药物学之大成的著作，成为本草史上划时代的巨著，受到后世医药学家的高度重视。

巴蜀科技成就斐然，如春秋著名天文学家苌弘，战国水利工程专家李冰父子，西汉著名天文学家、历算家、《太初历》制定者阆中落下闳，隋代发明家郫人何稠，唐代与李淳风齐名的天文学家成都袁天罡、天文仪器制造家蜀人梁令瓒等，他们在天文、历法、科

---

[1] （西晋）陈寿：《三国志·蜀志·许慈传》，中华书局1975年点校本。
[2] （唐）李德裕：《李文饶文集》卷一二，民国年间上海商务印书馆影印《四部丛刊初编》本。

技发明等方面取得了卓越成就。而北宋遂宁人王灼所著《糖霜谱》是我国乃至世界上第一部完备记载蔗糖生产和制造工艺的专著，南宋普州秦九韶的《数书九章》被国内外科学界公认为是一部世界级数学名著，不仅代表了当时中国数学的先进水平，也代表了中世纪世界数学的最高水平，其"大衍求一术"的代数运算法领先世界五百余年。其他取得重要科技成就的还有算学家清代有彭州吕调阳、名山吴之英；医学家汉代有涪县涪翁、程高、郭玉、广汉段翳，唐代有成都昝殷、史崧、江源梅彪、梓州李珣，五代有成都韩保升，宋代有成都唐慎微、青神杨子建、眉山苏轼，明代有泸州韩愗，清代有成都曾懿、邛州郑钦安、新都杨凤庭、彭州唐宗海、万县王锡鑫、井研廖平、射洪许宗正，民国有重庆熊雨田；农学家清代有犍为李拔，什邡张宗法等等。

巴蜀宗教对中国文化影响深远。近代著名学者谢无量认为，"国人数千年崇戴为教宗者，惟儒、惟道，其实皆蜀人所创"，至于"释家者"，虽为"异邦之学"，而"蜀所传者二宗，一禅宗，二华严宗"①。当代著名学者谭继和先生指出："中华传统文化以儒、释、道为主干，三学各有根柢，其根柢皆与巴蜀有关……可归纳为'仙源在蜀''儒学在蜀''菩萨在蜀'三大特点。"所谓"仙源在蜀"，就是"道的根柢在仙学，仙学起源于巴蜀"；所谓"儒学在蜀"，即"兴于西羌的大禹为儒学之祖，儒之学为蜀人所创"；所谓"菩萨在蜀"，即"蜀人对禅宗的光大做出了奠基性的贡献。"②

巴蜀是我国道教的发祥地。东汉末年，道教创教人张陵在大邑

---

① 谭继和：《儒释道的根柢与巴蜀文化》，载《蜀学与中国哲学》，四川文艺出版社2013年版。
② 谭继和：《儒释道的根柢与巴蜀文化》，载《蜀学与中国哲学》，四川文艺出版社2013年版。

境内鹤鸣山修道,并从鹤鸣山到青城山设坛传教。自张陵在青城山传道以来,中国道教宗派分衍,道脉不断。道教早期教派五斗米道的经典《老子想尔注》成为早期道教哲学的重要代表作。唐代巴西李荣、绵竹王玄览是当时巴蜀著名的重玄学大师,他们对道教的义理化做出了重要贡献,使道教哲学日趋精微[①]。唐末五代的著名道士、道教学者杜光庭,其后半生在蜀中度过,辞官后隐居青城山。他对道教的哲学理论、思想源流、修道方法、斋醮科仪、神仙信仰等进行了系统而全面的总结性研究。他一生著作宏富,据宋人张唐英《蜀梼杌》记载,杜光庭曾"有文千余卷,皆本无为之旨"[②],仅存世著作就达三十余种,凡二百五十余卷。有鉴于"道法科教,自汉天师暨陆修静撰集以来,岁月绵邈,几将废坠",杜光庭搜集道经三千多卷,"遂考真伪,条列始末"[③],编成《三洞藏》。陈国符先生在《道藏源流考》中特别指出:"至五季重建《道藏》,其可考者,一在蜀中,杜光庭建;一在天台桐柏宫,吴越忠懿王建。"[④]他系统整理道教的斋醮科仪,据初步统计,杜光庭一生撰集修订的斋醮科仪仅《道藏》中就收录了十多种,近二百卷。这些著作促进了道教斋醮科仪的规范化,成为唐以后斋醮活动的范本。如《太上黄箓斋仪》五十八卷始编于长安,完成于成都,前后花费了二十多年的时间。在唐末五代动荡时期,杜光庭对道教的继承和发展,尤其是对蜀中道教的发展起了重要的推动作用。同时,他"也为道教

[①] 蔡方鹿、刘俊哲、金生扬:《巴蜀哲学的贡献与价值》,载《蜀学与中国哲学》,四川文艺出版社2013年版。
[②] 王文才:《蜀梼杌校笺》卷二,巴蜀书社1999年版。
[③] (元)赵道一:《历世真仙体道通鉴》卷四〇,《正统道藏》本。
[④] 陈国符:《道藏源流考》,中华书局1963年版。

在北宋的再度复兴准备了一定条件"①，成为中国道教发展史上一位承前启后、卓有影响的重要人物。

除道教外，巴蜀佛教也相当兴盛，佛学界有"言蜀者不可不知禅，言禅者尤不可不知蜀"②之说。尤其在唐代，巴蜀佛学典籍激增，大德高僧辈出，以什邡马祖道一、西充宗密为代表，他们的佛学思想对后世佛学以及宋明理学的发展产生了重要影响。圭峰宗密禅师在其《禅源诸诠集都序》中列举了十大修禅派别：洪州、荷泽、北秀、南诜、牛头、石头、保唐、宣什、天台和稠那，其中天台、稠那不属禅宗，余下八家中，巴蜀就占了五家（洪州、南诜、保唐、宣什、荷泽），足见当时巴蜀禅宗在全国的雄厚实力。马祖道一是唐代著名禅师，开创了南岳怀让洪州宗，嗣法者达一百三十九人，其中以西堂智藏、百丈怀海、南泉普愿最为著名。宗密一生著述"凡二百许卷"③，集隋唐佛学理论之大成，在中国佛学和中国哲学史上产生了深远影响。宋神宗熙宁、元丰年间，全国僧尼数量大大下降，只有二十多万人，但成都府却有"万余人"④，以至苏轼不禁赞叹说："成都，西南大都会也，佛事最胜。"⑤当时蓉城官吏和士大夫信佛者多，如沈义伦、文彦博、张方平、赵抃、张商英等多于禅宗得法，见于禅宗灯史⑥。其中，新津张商英既是北宋绍述新政的中坚，又是北宋居士佛教的核心人物。他所撰《护法

---

① 卿希泰：《中国道教》（第一册），知识出版社1994年版。
② 转引自冯学成：《巴蜀禅灯录》卷首，成都出版社1991年版。
③ （宋）赞宁：《宋高僧传》卷六，中华书局1987年版。
④ （宋）苏轼：《苏轼文集》卷一五《宝月大师塔铭》，中华书局1986年版。
⑤ （宋）苏轼：《苏轼文集》卷一二《成都大悲阁记》，中华书局1986年版。
⑥ 禅宗标榜直承佛、西土诸祖直至菩提达摩及中土列祖之法，师师相传，"以心传心"；灯能照暗，以法喻灯，谓代代传法如同传灯，故称这类记述禅宗传法世系的史书为"灯史"，又因其以记述语录为主，也称之为"灯录"。

论》全面阐述了对佛教的认识和态度，批驳了当时有关人士对佛教的种种误解和诋毁，成为护法论著中的代表作。北宋仁宗时，临济宗分化出杨岐与黄龙两系，相继传入巴蜀，并在成都地区获得了空前发展。崇宁圆悟克勤即是宋代四川涌现出的一位对我国禅宗发展有重要影响和贡献的文字禅大师。他一生遍历楚山吴水，大江南北，先后在成都昭觉寺等七寺传法，晚年又回成都昭觉寺。他普设讲筵，宣说法音，栽培后学，直至病榻传经，悲愿弥笃，春风化雨，桃李盈门，弟子遍及海内外，嗣法者达七十五人。圆悟克勤除有弟子记录整理的《圆悟佛果禅师语录》二十卷以外，还有自己讲解云门宗雪窦重显的《颂古百则》《碧岩录》十卷。这些著作以其禅思深刻、格调清新和文笔优美著称，在宋代文字禅的发展史上占有重要地位。而作为最早使用雕版印刷技术的巴蜀地区，早在唐代就有了由成都府成都县龙池坊卞家刻印的佛教经典《陀罗尼经咒》。它是国内目前现存最早的雕版印刷品。北宋开宝四年（971），成都开始刻印佛经全藏《大藏经》，至太平兴国八年（983）完成，历时十二年，雕版十三万块，称"开宝藏"，又称"蜀藏"，这是我国历史上第一部官府木版刻印的《大藏经》，共五千四百余卷，成为我国刻印佛教经典全藏之始。

综上所述，巴蜀文化经过数千年的发展，不仅硕果累累，而且形成了重人文、崇实学、重开放、贵包容的文化传统，其中"蜀学"无疑是巴蜀文化的核心和灵魂。历史上"蜀学"的三次高潮，每次都对中国学术文化的发展和进步起到了巨大的推动作用。因此，继承蜀学的优良传统，弘扬巴蜀优秀文化，不仅是当代学人的历史使命，而且也是巴蜀地区实施文化强省强市的必然选择。正如当代著名学者胡昭曦先生所说："加强蜀学研究，可以丰富和加深对我国历史文化的认识，有助于培育民族精神，促进我国经济文化的发展。"①

三、《蜀藏》编纂缘起

自古以来，巴蜀人文荟萃，英才辈出，留下了十分丰厚的文献典籍。它们无声地讲述着巴蜀异彩纷呈的历史，是巴蜀前后相承、绵延不断的历史家谱，亟待我们全面系统地加以搜集和整理。

早在东晋南朝时，著名史学家常璩的《华阳国志》、裴松之的《三国志注》在撰写过程中都参考了众多巴蜀文献，使得许多珍贵文献得以部分保存下来。如见于《华阳国志》引用的赵宁《蜀郡乡俗记》、无名氏《巴郡图经》、尹贡《蜀本纪》、陈术《巴蜀耆旧传》、郑廑《巴蜀耆旧传》、赵峻《巴蜀耆旧传》、王文表《巴蜀耆旧传》，《三国志注》所引王隐《蜀记》、陈术《益部耆旧传杂记》、陈寿《益部耆旧传》、孙盛《蜀世谱》等，其片言只语，皆弥足珍贵。

唐末五代以来，一些学者开始有意识地将巴蜀文献进行搜集和整理，按照一定体例进行编纂。其代表成果如五代后蜀赵崇祚编辑的中国文学史上第一部词集《花间集》，集中收录了晚唐至五代十八位词人的作品。除温庭筠、皇甫松、和凝、孙光宪以外，其余如韦庄、薛昭蕴、牛峤、张泌、毛文锡等都是生活在蜀地的文人。他们的词风大体相近，后世称为"花间派"。南宋扈仲荣分类纂次成都诗文总集《成都文类》，明杨慎纂辑《全蜀艺文志》、杜应芳等续

---

① 胡昭曦：《蜀学与蜀学研究刍议》，载《天府新论》2004年第3期。

纂《补续全蜀艺文志》、费经虞辑《蜀诗》、清张沆辑《国朝蜀诗略》、孙桐生辑《国朝全蜀诗钞》、李炳灵等辑《国朝全蜀诗续钞》，近代江安傅增湘编《宋代蜀文辑存》等，都对巴蜀历代诗文进行了系统的搜集和整理。

明代著名学者曹学佺第一次编次巴蜀学人著作目录，撰成《蜀中著作记》十卷，分经、史、子、内典、玄书、地理志、集部（包括宦游于蜀及蜀中所辑刻者）等类，共著录文献七百余种，从中可以了解明代及其以前巴蜀学者的著述情况。到了清代，著名学者绵州李调元及其后继者将清乾隆及其以前两百余种巴蜀学人著述编入《函海》《续函海》丛书中，这是我国第一次对巴蜀文献进行最系统的搜集和整理。李调元对保存巴蜀文献、弘扬"蜀学"做出了巨大贡献，为今人研究巴蜀历史文化提供了十分宝贵的资料。此外，清道光年间，鹅溪孙氏撰辑刊刻《古棠书屋丛书》，收入《杜主开明前志》《虞文靖公道园全集》等众多巴蜀学人文献。民国双流黄氏刻《茹古斋丛书》（原名《济忠堂丛书》），所收录的文献包括经史子集和词章。民国十二年（1923）新津胡淦辑刻《壁经堂丛书》，共四集二十一种，收录众多巴蜀著作。如明万历年间郑朴从《史记》《文选》注及诸类书中辑录的《蜀王本纪》即收入《壁经堂丛书》中。成都大关唐氏刻《怡兰堂丛书》收入汉严遵《道德真经指归》、清费密《荒书》等九种著作。同时，自宋代以来，巴蜀学人也非常重视个人著述成果的汇集和整理，如眉山苏洵、苏轼、苏辙《三苏大全集》，苏轼、苏辙《两苏经解》，蒲江魏了翁《鹤山全书》，新都杨慎《升庵全书》《总纂升庵合集》，梁山来知德《来瞿塘先生全集》，井研胡世安《胡氏六种》，双流刘沅《槐轩全书》，彭州吕调阳《观象庐丛书》，郫县姜国伊《守中正斋丛书》，井研廖平《六译馆丛书》《四益馆经学丛书》，万县何志高《西夏经义》，新繁费密《费氏遗书三种》，成都张慎仪《蔓园丛书》，华阳李嘉绩《怀潞园丛刊》，曾懿《曾女士医学全书》，彭县唐宗海《中西汇通医经五种》，富顺宋育仁《问琴阁丛书》，名山吴之英《寿栎庐丛书》，双流刘咸炘《推十书》，宜宾赵树吉《郗鄠山房集四种》，酉阳冯世瀛《五经集解五种》，长寿李滋然《李氏三种》，盐亭袁焕仙《维摩精舍丛书》，彭县尹昌衡《止园丛书》，成都陈观浔《敏求斋遗书》，南充王恩洋《文教丛书》，成都吴国泰《居易簃丛书》，江安朱青长《东华学派全书》等，这对保存巴蜀文献起到了十分重要的作用。

20世纪初，成都出版家华阳人樊孔周在成都总府街昌福馆创办了成都最早的新式印刷公司——昌福印刷公司，前后出版《蜀藏》丛书八种，包括《全蜀艺文志》《蜀鉴》《双溪集》《刘杨合刊》《唐子潜书》《二王诗集》《小云词剩》《犟仙诗舫遗稿》，这是巴蜀学人又一次力图对巴蜀文献进行系统整理的重要尝试。遗憾的是，由于各种原因，此次整理工作并没有坚持下去，而这一等就是一个世纪。从清宣统二年（1910）《蜀藏》最初出版到今年已过百余年，我们重新编纂《蜀藏》，完成一百年前出版人未竟的事业，传承几千年来这份优秀的历史文化遗产，无疑具有非常重大的现实意义。

从全国范围来看，与巴蜀地区邻近的陕西、云南、贵州、甘肃、湖北等省份在历史上都编纂了区域性的地方文献丛书，如贵州有《黔南丛书》，云南有《云南丛书》，湖北有《湖北丛书》《湖北先正遗书》，陕西有《关中丛书》，甘肃有《陇右丛书》等，这些大型的地方文献丛书基本上都是在民国及其以前编定的。其他省区，基本上也都编纂有地方性历史文献丛书，如山东有《泰山丛书》，江西有《豫章丛书》。甚至一个省份出现了两部以上的丛书,如广东有《广东丛书》《岭南遗书》,安徽有《黄山丛书》《贵池先哲遗书》,东北三省有《辽海丛书》《辽海丛书续编》等,尤其是浙江省编纂有《金华丛书》《续金华丛书》《台州丛书》《四明丛书》《永嘉丛书》《敬乡楼丛书》《吴兴丛书》《湖州丛书》八部地方性历史文献丛书。早在汉代文化教育就已"比肩齐鲁"、唐代有"扬一益二"之称的巴蜀地区,也应该有与巴蜀历史文化地位相称的丛书问世。有鉴于此,我们深感历史和时代赋予我们的神圣责任,早在2004年,四川大学历史地理研究所就与成都市地方志编纂委员会办公室合作,开始规划整理,拟出版一部全面反映巴蜀历史文献全貌的大型丛书。该丛书继续沿用"蜀藏"的名称,但是是采用全新的体例进行编纂、整理。十余年来,我们不畏艰难,竭尽心力,努力搜集、整理和编纂这些皮藏分散、浩若烟海的文献典籍。新编《蜀藏》丛书将巴蜀地区历代最具代表性的珍稀文献按照一定体例进行编纂,共分二十三类,包括:《巴蜀珍稀经学文献汇刊》《巴蜀珍稀史学文献汇刊》《巴蜀珍稀子学文献汇刊》《巴蜀珍稀文学文献汇刊》《巴蜀珍稀文集文献汇刊》《巴蜀珍稀方志文献汇刊》《巴蜀珍稀舆地文献汇刊》《巴蜀珍稀舆图文献汇刊》《巴蜀珍稀山水文献汇刊》《巴蜀珍稀名胜古迹文献汇刊》《巴蜀珍稀旅游文献汇刊》《巴蜀珍稀目录文献汇刊》《巴蜀珍稀科技文献汇刊》《巴蜀珍稀水利文献汇刊》《巴蜀珍稀交通文献汇刊》《巴蜀珍稀传记文献汇刊》《巴蜀珍稀教育文献汇刊》《巴蜀珍稀民族文献汇刊》《巴蜀珍稀宗教文献汇刊》《巴蜀珍稀艺术文献汇刊》《巴蜀珍稀金石文献汇刊》《巴蜀珍稀医学文献汇刊》《巴蜀珍稀丛书文献汇刊》,使之真正成为反映几千年来巴蜀历史文化精髓的经典宝藏,为后代子孙构建起取之不尽、用之不竭的文献智库。同时,《蜀藏》的编纂也是服务于巴蜀当代建设、嘉惠后代学人的文化创新工程,是传承历史文脉、开启无穷智慧的经典宝藏,是建设文化强省、构建和谐社会的重大成果。

我们深信,《蜀藏》的整理与出版工作,必将更好地弘扬巴蜀文化,守护中华民族精神家园,开创海内外巴蜀文化、蜀学研究的新局面,为提高我国文化软实力、推动学术文化繁荣和进步做出应有贡献。是为序。

巴蜀史学发展成就与史学文献述略

巴蜀文化是历代巴蜀人民创造的所有物质文化和精神文化的总和,其中,支撑和滋润巴蜀文化并促使其不断向前发展的则是以经学、史学和文学为核心的蜀学。

巴蜀史学萌芽于先秦,初兴于两汉,传承于两晋,繁盛于两宋,复兴于晚清,是蜀学的重要组成部分,也是数千年来巴蜀文化传承与发展的缩影。

一、《山海经》:先秦巴蜀史学的源头

《山海经》今存十八卷,三万余字,是先秦地理著作中规模最大、记述内容最丰富的一部。从其记载的地理范围和内容的丰富程度来看,《山海经》已超过了《禹贡》《穆天子传》《周礼·夏官·职方》的记载。从《山海经》的体例来看,该书大致可分为《山经》和《海经》两大部分。主体部分《山经》(又称《五藏山经》)以山岳水系为纲,叙述各地山名、山势走向、相距里数、河湖及流向,以及土壤、动植物、矿物、民俗、物产、交通、民族等自然和人文地理等方面情况,其中夹杂了许多神话传说以及神衹、祭祀等内容。《海经》分为《海内经》《海外经》《大荒经》,叙述自远古以

来各种事物或现象,除记载山川、动植物、矿物等内容以外,还有方国、部族、世系、民俗、人物、古迹、怪异、神话、传说、神祇等方面的内容。《山海经》原有图,而文字则是对图的叙述或说明。

关于《山海经》的性质,司马迁的态度是:"《山海经》所有怪物,余不敢言之也。"①《汉书·艺文志》将其列入数术略形法家之首,混杂于巫卜星相之类图书之中。魏晋以降,开始有人将《山海经》当作地理、博物书来看待,《隋书·经籍志》《唐六典》《旧唐书·经籍志》《新唐书·艺文志》以及王尧臣《崇文总目》、尤袤《遂初堂书目》均将此书列入史部地理类。《宋史·艺文志》将其列入子部五行类。到了明代,胡应麟认为《山海经》是"古今语怪之祖",始将该书列入子部语怪类。清代编修《四库全书》的馆臣也认为此书"多参以神怪,故《道藏》收入《太元部》,但究其本旨,实非黄老之言。然道里、山川,率难考据,案以耳目所及,百无一真,诸家并以为地理书之冠,亦为未允"②,故将其列入子部小说家类。

从体例来看,《山海经》以山岳为纲,以事物为目,图文并茂,其内容涵盖了地理、风俗、博物、古迹、人物、物产等方面,具有地理总志的性质。从内容来看,《山海经》作为历史地理文献的价值已经在学者的研究中得到充分证实。王国维利用《山海经》等典籍的记载,结合殷墟卜辞,考证殷先公先王世系,取得了突出成就。谭其骧、史念海等人利用《山经》记载,参考《汉书·地理志》《水经注》等其他相关文献,考证出了黄河下游见于记载的最

---

① (西汉)司马迁:《史记》卷一二三《大宛列传》,中华书局1959年点校本。
② (清)永瑢、纪昀:《四库全书总目提要》卷一四二《山海经提要》,中华书局1965年影印本。

古的黄河故道，并绘制成古代黄河下游水系图，进一步证实了《山海经》的地理学价值。周振鹤等人研究发现，《海内东经》卷末的《水经》，全文近五百字，描述的二十六条水道发源地、流向和归宿，所述地理事实与《汉书·地理志》和《水经》基本相同，所记水道分布图大体与秦帝国疆域基本一致。它所包含的某些水道，如泾水、温水、白水，甚至连汉代《水经》都未著录，其史料价值可见一斑。

关于《山海经》的成书时间和作者问题，学术界尚存争议。有人认为《山海经》中的《山经》成书最早，大约成书于公元前三百年左右。它是地理价值最高的部分，也是中国最古老的地理专著。也有人认为《山经》是春秋战国时期的作品。还有人认为，《山经》成书很可能在秦始皇统一六国以后。而《山海经》的第二部分《海经》，有学者认为它成书于西汉，是由西汉刘向、刘歆父子等校定而成。也有学者认为《山海经》大约先系口头传说，至战国时开始有文字记录，秦、汉二代又有增补。还有一部分学者根据《山海经》记载有关古代巴、蜀和楚国的内容尤为详细来推断，认为《山海经》应该是巴蜀人或寓居于巴蜀的楚国人编撰而成。当代史学名宿蒙文通便认为，《山海经》产生于公元前4世纪之前，是巴蜀地域所流传的代表巴蜀文化的典籍。

《山海经》除《海外经》外，其他《五藏山经》《海内经》《大荒经》等三部分都谈到了"天下之中"。《五藏山经》包括东、西、南、北、中五篇，据蒙文通分析，《中山经》所述诸山之中，是把古代巴蜀、荆楚之地作为"天下之中"来看待的，故而《山海经》很可能是产生于中国中西部地区的作品。而且它详述了岷江中上游的山水地理，更可能属于古代西南地区的巴蜀文化。《海内经》中的《海内西经》提到"海内昆仑之虚,在西北,高万仞",即指四川西部的岷山,即渎山或蜀山,古籍所谓"蜀山氏"最初即以岷山(即蜀山)为居地,是古蜀族的最早来源之一。晋郭璞注引《禹本纪》说,这一片广阔的区域正是"天下之中"。《海内西经》又说:"后稷之葬,山水环之。"郭璞注云"在都广之野",都广即广都,其特点是"其城(域)方三百里,盖天下之中,素女之所出也"。《吕氏春秋》云:"白民之南,建木之下,日中无影,呼而无响,盖天地之中也。""建木在都广,众帝所自上下。日中无景,呼而无响,盖天地之中也。"建木是"众帝所自上下"的神树,是古蜀人心目中沟通天地的"天梯",也是蜀王"立杆测影"敬授民时的象征,三星堆那根"金杖"也许就是"立杆测影"用的神圣的"法器",这可从三星堆出土的青铜神树得到证明①。《蜀王本纪》记载"蜀王本治广都樊乡,徙居成都",就在广都"天下之中"这个范围内。《山海经》所说后稷葬于广都,说明"都广之野"在中国农耕文明史上所具有的重要地位。《山海经·海内经》:"西南黑水之间,有都广之野,后稷葬焉。爰有膏菽、膏稻、膏稷,百谷自生,冬夏播琴,鸾鸟自歌,凤鸟自舞,灵寿实华,草木所聚,爰有百兽,相群爰处。此草也,冬夏不死。南海之内,黑水、青水之间,有木名曰若木,若水出焉……有九丘,以水络之,名曰陶唐之丘。有叔得之丘,孟盈之丘,昆吾之丘,黑白之丘,赤望之丘,参卫之丘,武夫之丘,神民之丘。有木,青叶紫茎,玄华黄实,名曰建木,百仞无枝,上有九欘,下有九枸,其实如麻,其叶如芒,大暤爰过,黄帝所为。"这段记载勾画出"都广之野"是人类理想的栖息地和

---

① 参见金荣权:《〈山海经〉作者应为巴蜀人》,《贵州社会科学》2004年第6期。

"人间天堂"。司马迁说:"后稷之兴在陶唐、虞、夏之际。"① 说明早在蚕丛、鱼凫之前的后稷时代广都就已开始农耕生产。故《山海经》才会记后稷葬于其野,也才能列举当时广都地方已经播种菽、稻、黍、稷等多种农作物。根据《山海经》对巴蜀尤其是以广都为核心的成都平原的详细记载,可以推知《山海经》与古蜀人有密切的关系,或者可以说《山海经》的相关内容分别出自巴人、蜀人或寓居于巴蜀的楚人之手。因此,《山海经》可以看作是巴蜀最早传世的文献著作,巴蜀史学的源头也就从《山海经》开始。

二、地记图经:两汉巴蜀史学的初步发展

两汉是巴蜀文化昌明的时代。汉景帝末年,蜀郡太守文翁在成都设石室讲堂,招收"学官弟子",在成都创办了全国第一所官办学校。汉武帝将文翁兴学的经验向全国推广,遂"令天下郡国皆立学校官"②,形成地方官学制度,以后历代相因,发展成为我国地方官学和书院制度。这是教育史上的一大创举。文翁还派遣张宽等人前往都城长安从博士受"七经"。这些人学成后教授于蜀,从此蜀地民智大开,"学徒鳞萃"③,一时间"文翁倡其教,相如为之师"④。中原人眼中"西僻之国,戎狄之长"的巴蜀一跃成为全国文化最发达的地区之一,"于是蜀学比于齐鲁"⑤。巴蜀文化与中原

---

① (西汉)司马迁:《史记》卷四《周本纪》,中华书局1959年点校本。
② (东汉)班固:《汉书》卷八九《文翁传》,中华书局1962年点校本。
③ (东晋)常璩:《华阳国志》卷三《蜀志》,清嘉庆十九年(1814)题襟馆刻本。
④ (东汉)班固:《汉书》卷二八下《地理志》,中华书局1962年点校本。
⑤ (西晋)陈寿:《三国志·蜀志·秦宓传》,中华书局1975年点校本。

文化逐步接轨,"言语颇与华同"①。蜀中汉赋大家扬雄、王褒等人不仅"以文辞显于世""文章冠天下"②,他们还在黄老学、文字学、训诂学、经学等领域取得了重要成就。巴蜀史学也在这一时期得到了初步发展,如扬雄撰《蜀王本纪》(一作《蜀记》)、续修《史记》;杨终受诏删《史记》为十余万言,编成《史记删文外传》,另撰有《春秋外传》;何英撰《汉德春秋》,杜抚、李尤参与汉朝官修史书《东观汉记》的编纂工作等。

两汉时期,各地方志见于记载者多达一百余种,或记述方国历史,或记载州郡地理,或叙论乡党耆旧,而益州地区撰述之风尤盛。据《华阳国志》记载,汉代王商、郑廑、赵谦、祝龟、陈术等撰有《巴蜀耆旧传》《汉中耆旧传》等书③。又据《中国古方志考》可知,西汉有王商等人所撰《巴蜀耆旧传》《益州耆旧杂传记》(也名《益部耆旧杂传记》)、王褒《云阳记》等,东汉有李尤《蜀记》、赵宁《乡俗记》(一作《蜀郡乡俗记》)、韦宽《蜀志》、杜袭《蜀后志》、尹贡《蜀本纪》、任豫《益州记》等。虽然以上各书或称"志",或名"记",但其性质都是记载巴蜀地方人物风俗方面的郡书。《隋书·经籍志》《新唐书·艺文志》均著录有《益州耆旧杂传记》,《隋书·经籍志》列有二种,一是蜀汉陈寿撰《益部耆旧传》十四卷,二是《续益部耆旧传》二卷。据清人侯康考证,《续益部耆旧传》实为陈术所纂《益州耆旧杂传记》(一名《益部耆旧

---

① (梁)萧统:《文选》卷四载左思《蜀都赋》刘逵注引《地理志》,民国年间上海商务印书馆影印《四部丛刊》本。
② (东汉)班固:《汉书》卷二八《地理志下》,中华书局 1962 年点校本。
③ 《蜀本纪》有八种,作者分别为扬雄、司马相如、严遵、阳城衡、郑廑、尹贡、谯周、任熙;《益部耆旧传》有两种,分别为陈术、陈寿所撰,此外还有李尤《蜀纪》等。

杂传记》)。又据《三国志·蜀志·杨戏传》注可知"《益部耆旧杂传记》载王嗣、常播、卫继"事迹。此三人均为蜀汉时益州"忠笃""信厚""节义"之士,从中可以管窥陈术《益部耆旧杂传记》一书的大体概貌。

两汉巴蜀史学得到初步发展,主要有以下几个方面的原因:一是汉代经过七十余年的休养生息,到汉武帝时,社会经济空前繁荣,这为文化的发展创造了条件。二是《史记》开创了我国以人物传记为中心的纪传体史学和传记文学的新局面,直接推动了两汉人物传记的发展,形成了专写人物传记的风气。三是西汉后期,豪族地主大肆兼并土地,自给自足的庄园经济在各地纷纷建立起来。在经济力量雄厚以后,各地豪族地主为保持其既得的经济地位而涉入政治权力的争夺。他们利用两汉由郡国举荐贤良方正、孝廉等担任中央以及地方各级官员的察举选官制度,相互标榜,相互推荐亲属故旧。因在举荐的过程中需要制造舆论,于是"先贤传""耆旧记"等标榜乡贤的人物传记著作应运而生。这类著作后来又与风土地理类著作相结合,全方位表彰家乡人物风俗,进而发展为我国方志雏形——地记。

东汉时期,巴蜀地区诞生了一部全新体例的郡志著作《巴郡图经》。它是我国已知文献中最早的郡国图经。据《华阳国志》记载:"(但望)上疏曰,'谨按《巴郡图经》,境界南北四千,东西五千,周万余里,属县十四;盐铁五官,各设丞史;户四十六万四千七百八十,口百八十七万五千五百三十五;远县去郡千二百至千五百里;乡亭去城或三四百,或及千里'云云。"① 东汉桓帝永兴二年(154),巴郡太守但望即在其奏疏中提及《巴郡图经》,可见巴蜀地

---

① (东晋)常璩:《华阳国志》卷三《蜀志》,清嘉庆十九年(1814)题襟馆刻本。

区在东汉时就已编修有图经这类史书。清人姚振宗考证："图经之名，起于汉代，诸郡必皆有图经，特无由考见耳。"图经属于地方志书中的一种，最早的图经有图有文，以图为主，经是对图的文字说明，故合称图经。

两汉距今久远，前面提到的《巴蜀耆旧传》《益部耆旧杂传记》以及《巴郡图经》《蜀郡图经》诸书均已亡佚，仅有零星佚文保留在其他书中。但借助《华阳国志》一书，我们仍然能够了解到两汉时期巴蜀地记图经类著作纷纷问世，巴蜀史学在这一过程中得到初步发展。

三、《三国志》与《华阳国志》：巴蜀史学独步魏晋南北朝

两汉时期问世的《蜀王本纪》《蜀记》等历史之书，以及《巴蜀耆旧传》《益部耆旧杂传记》等人物志在促进巴蜀史学发展的同时，也为更加成熟的方志撰述创造了良好条件。到了三国蜀汉时期，犍为郡武阳县人杨戏撰有《季汉辅臣赞》，来敏撰有《本蜀论》，谯周撰有《古史考》《巴蜀异物志》《后汉记》《蜀本纪》《益州志》《三巴记》《巴郡地说》，常宽撰有《蜀后志》《后贤传》《梁益篇》。其中谯周所撰《古史考》，在此基础上，陈寿作《古国志》五十篇，北宋苏辙作《古史》六十卷，"其书皆本允南之旧"[①]。在这一时期所有史学著作中，有两部名著在当时及后世都产生了深远影响：一部是陈寿所著位列"前四史"之一的《三国志》，另一部

---

① （明）曹学佺《蜀中广记》卷九二，台北商务印书馆1986年影印文渊阁《四库全书》本。

是东晋常璩所著我国现存最早的地方志、被誉为"方志之王"的《华阳国志》。这两部著作堪称这一时期巴蜀史学的巅峰之作。生活在蜀汉末年与西晋初年的巴西郡安汉人陈寿是谯周的学生,他除了撰《益部耆旧传》以外,还撰有《三国志》。《三国志》是一部纪传体国别史,详细记载了东汉末年到司马氏统一三国这段时间的历史。《三国志》全书六十五卷,《魏志》三十卷,《蜀志》十五卷,《吴志》二十卷。该书行文简洁,重视史实考订,叙事隐讳而不失实录,扬善而不隐缺点,语言优美,人物塑造形象生动,故唐朝房玄龄评价陈寿"善叙事,有良史之才"[1]。该书简明扼要的叙事风格对南北朝史书编纂产生了直接影响。《三国志》作为我国古代"二十四史"之一,与《史记》《汉书》《后汉书》并称"前四史",是一部具有世界影响力的史学名著。

常璩是我国东晋时期著名的史学家,著有《华阳国志》《南中志》《汉之书》《蜀李书》(一作《李雄据蜀书》)等,尤其是他所著的《华阳国志》不仅是我国现存最早且比较完整的一部地方志,被誉为"蜀诸志之祖"[2],还是第一部最有权威、最具历史价值的西南地区通史巨著。

《华阳国志》所载"肇自开辟,终乎永和三年"[3],记载了4世纪中叶以前今四川、云南、贵州三省以及甘肃、陕西、湖北部分地区的历史地理、物产资源、民族宗教、风土人情、语言文化等方面的情况。自成书以来,它为历代学者所推崇。如唐代著名史学家刘

---

[1] 《晋书》卷八二《陈寿传》,中华书局点校本,1974年版。
[2] (清)李调元:《华阳国志后序》,《华阳国志》卷末,清乾隆四十六年(1781)李调元刻《函海》本。
[3] (东晋)常璩:《华阳国志》卷一二《序志》,明嘉靖四十三年(1564)张佳胤刻本。

知几在《史通·杂述》中评此书叙事"详审",是一部"能传诸不朽、见美来裔"①的历史著作。明杨经评价此书"其志自拟良史,其文古,其事核,其意深远,可谓晋之《乘》、蜀之《梼杌》,盖自信传后无疑矣"②。明李一公也说,是书"其文古,其事核,其义例深严,足备劝惩、昭法戒,骎骎良史才也。盖道将生长蜀国多事之秋,目击诸李之僭乱,有愤心焉。其原本蚕、鱼,推崇昭烈,搜括巴汉风土之详,良士贤女之懿烁,勒之编简,井井有条,而论赞所垂,往往详略得体,殆非苟作者。即质之《周官·职方氏》所掌,不知何如,而以较于《蜀梼杌》《南裔志》《耆旧传》诸籍,或亦可称备所未备矣"③。历史地理学家葛剑雄指出,任何人想研究东晋前的巴蜀地区历史,无论是疆域、政区、制度、事件、户籍、人物、民族、风俗、文学、神话,还是物产、交通、山川、灾害等,在《华阳国志》中都或多或少能有收获,其中很多还是不见于《史记》《汉书》《后汉书》《晋书》等正史的材料,有的还是唯一的出处。④《华阳国志》研究专家刘琳也认为,晋常璩所著《华阳国志》不仅是我国现存最早的一部地方志,而且创造了一种更加完备的地方志新体裁,开了后世地方志的先河,具有极高的史料价值,在我国方志宝库中无疑是一颗最耀眼的明珠。因此,刘琳将《华阳国志》称作"中国方志之王"⑤。

《华阳国志》在中国方志学领域拥有崇高的地位。刘琳认为,

---

① (唐)刘知几:《史通·杂述》,明万历五年(1577)刻本。
② (明)杨经:《重刻华阳国志序》,载《华阳国志》卷首,明嘉靖四十三年(1564)成都刘大昌刻本。
③ (明)李一公:《重刻华阳国志序》,《华阳国志》卷首,清乾隆四十六年(1781)李调元刻《函海》本。
④ 葛剑雄:《史志瑰宝,巴蜀之光》,《成都史志》2011年第1期。
⑤ 刘琳:《〈华阳国志〉——中国方志之王》,《成都史志》2011年第2期。

中国方志之作萌芽于先秦，始盛于东汉。在《华阳国志》之前，已有编年、纪传之体等史书，各地方志或近似方志的著作见于记载者已达一百多种，或记述方国历史，或记载州郡地理，或叙论乡党耆旧，而益州地区撰作之风尤盛，可考的方志就有二十余种。这一大批专记一地的历史之书、地理之记、人物之传，为更加成熟的方志写作开创了风气，准备了素材，积累了经验。但常璩并不满足于"述而不作"，他看到上述方志存在将历史、地理、人物三者分离、各写一面，而不能较好地反映其全貌的缺陷，于是他综合各家优点，大胆革新，吸取《史记》《汉书》等纪传体史书的长处，创造了一种更加完备的地方志新体裁。从内容上来看，是将地理、历史、人物三结合；从体裁上来说，是地理志、编年史、人物传三结合。这两个三结合构成了《华阳国志》一个显著特点，是中国方志编纂史上的一大创举，为后来修巴蜀方志者提供了典范。在宋元以前，历代编修的古方志有二千余种，现存者已不到七十种，仅存的十余种隋以前的方志，除《华阳国志》以外，大都真伪杂揉，残缺不全，内容狭窄，其价值远逊于《华阳国志》。故而在某种程度上，《华阳国志》可以被视为我国隋以前古方志中硕果仅存者。到了方志编纂发达的宋代，方志尽管在取材上更为广泛，分门更为详密，但究其内容，基本上还是历史、地理、人物三方面。追本溯源，常志实开其先河。明清以后，方志著作浩如烟海，但像《华阳国志》这般规模宏大、内容广博、体例简括、取材精审的却并不多。故刘琳说，《华阳国志》既是"我国第一部地方通史"，同时也是"我国现存的一部最早的、比较完整的地方志"[1]。朱士嘉在《中国地方志统计表》一文中也说："舆地之书昉自先秦，方隅之志则未闻也，

---

[1] 刘琳：《华阳国志校注前言》，载《华阳国志校注》卷首，巴蜀书社1984年版。

今所见者以《华阳国志》为最早。"① 刘重来在《常璩与〈华阳国志〉》一文中也称《华阳国志》"是我国最早的地方志专著"②。著名历史学家任乃强甚至将《华阳国志》与《史记》《通鉴》相媲美，盛赞"《华阳国志》为地方史一鸿篇巨制"③，"正史几十种，人莫不推司马迁《史记》为典型；编年史几十种，莫不推司马光《通鉴》为典型；地方志几百种，莫不推《华阳国志》为典型"④。他还说："一书而兼备各类，上下古今，纵横边腹，综名物，揆道度，存治要，彰法戒，极人事之变化，穷天地之所有，汇为一帙，使人览而知其方隅之全貌者，实自常璩此书创始。此其于地方史中开创造之局，亦如正史之有《史记》者。"⑤ 这些评论足以说明《华阳国志》在我国方志编纂学上所占有的历史地位。

《华阳国志》蕴含了丰富的史学思想。学者如陈晓华、刘重来、杜治文等对此进行了深入探讨，尤其是对该书所包含的"大一统"思想、经世致用思想、民本思想进行了深入分析。常璩是一位史学造诣极深的大家，《华阳国志》一书识见高远，思想深邃，反映出常璩对社会、历史、人生的理性认识和批判，尤其是他在洞察社会现实、总结历史经验、品评地方人物等方面的真知灼见已经超越了同时代的其他史学家。北宋吕大防说："晋常璩作《华阳国志》，于一方人物，丁宁反复，如恐有遗。虽蛮髦之民，井臼之妇，苟有可

---

① 朱士嘉：《中国地方志统计表》，燕京大学史学年报社排印本，民国二十一年（1932）版。
② 刘重来：《常璩与〈华阳国志〉》，四川人民出版社1985年版。
③ 任乃强：《华阳国志校补图注》，上海古籍出版社1987年版。
④ 任乃强：《〈华阳国志〉简介》，《历史知识》1980年第2期。
⑤ 任乃强：《华阳国志校补图注前言》，载《华阳国志校补图注》卷首，上海古籍出版社1987年版。

纪，皆著于书。"① 南宋李䰺也说：该书"于一方人物尤致深意。虽休离之氓，贱俚之妇，苟有可取，在所不弃。此尤足以弘宣风教，使善恶知所惩劝，岂但屑屑于山川物产以资广见异闻而已乎？"② 常璩耳闻目睹了"李氏据蜀，兵连战结，三州倾坠，生民歼尽"给人民带来的深重灾难，"反侧惟之，心若焚灼"，对下层人民寄予了深切的同情。常璩撰写《华阳国志》就是要"博考行故，总厥旧闻；班序州部，区别山川；宪章成败，旌昭仁贤；抑绌虚妄，纠正谬言；显善惩恶，以杜未然"③，通过总结历代兴衰治乱成败的经验教训以达到服务现实的目的。这样的目的奠定了《华阳国志》在我国方志学思想史上的重要地位。

除《三国志》《华阳国志》以及杨戏、来敏、谯周、常宽等所著史学著作以外，在三国魏晋南北朝时期，较重要的史学著作还有：李仲钦《左氏指归》、杨戏《季汉辅臣赞》、王长文《春秋三传十二篇》、黄容《左传钞》《梁州巴记》、王崇《蜀书》、杜龚《蜀后志》、王隐《蜀记》、孙盛《蜀本纪》《蜀世谱》、袁休明《巴蜀记》、李膺《益州记》（一作《蜀记》）、桓温《伐蜀记》、崔鸿《蜀录》《后蜀录》等。其中，《蜀书》作者王崇，字幼远，梓潼人，学问渊博，蜀亡，与陈寿同入京洛，所著蜀事微与寿不同。

到东晋后期，随着南方僚人大举入蜀，人民流徙，世族外迁，社会动荡，经济文化全面衰退，严重破坏了巴蜀地区原有的学术环

---

① （宋）吕大防：《华阳国志序》，《华阳国志》卷首，明嘉靖四十三年（1564）成都刘大昌刻本。
② （宋）李䰺：《重刻华阳国志序》，《华阳国志》卷首，明嘉靖四十三年（1564）成都刘大昌刻本。
③ （东晋）常璩：《华阳国志》卷一二《序志》，明嘉靖四十三年（1564）张佳胤刻本。

境，巴蜀史学也基本处于停滞状态。尽管到隋唐时期巴蜀经济文化得到全面复苏和发展，成都成为全国最繁华的城市之一，有"扬一益二"之称，但唐代巴蜀地区的史学却长期处于低迷状态，远远比不上同一时期巴蜀文学所取得的成就。

隋唐五代时期，巴蜀地区涌现出了如陈之昂、李白、刘湾、苏涣、马逢、苻载、仲子陵、雍裕之、李余、李远、雍陶、姚鹄、唐求、花蕊夫人等一大批文学家，再加上王勃、卢照邻、骆宾王、张说、孟浩然、王维、杜甫、高适、岑参、张籍、韦应物、白居易、元稹、杜牧、李商隐、薛能等外地寓蜀诗人，共同促进了巴蜀文学的大发展。尤其是五代前后蜀时期，为逃避中原战乱，大批士人来到巴蜀，更进一步推动了巴蜀文化的发展。不过，在整个隋唐五代时期，巴蜀地区既没有出现有影响力的史学家，也没有比较有分量的史学著作问世，除樊绰《蛮书》对后世影响较大以外，其他相对重要的还有隋李充《益州记》、句台符《青城山方物志》、姚最《后梁略》，唐陈子昂《后史记》、郑暐《蜀记》《益州理乱记》《史隽》、阴弘道《春秋左氏传序》、段成式《游蜀记》、张周封《华阳风俗录》、卢求《成都记》、陈延禧《蜀北路秦程记》、韦庄《蜀程记》《峡程记》，五代冯继先《春秋名号归一图》《春秋名字同异录》、杜光庭《帝王年代州郡长历》《古今类聚年号图》《青城山记》《续成都记》、孙之翰《唐论》、何光远《鉴诫录》、宋巨《明皇幸蜀记》①、李匡文《明皇幸蜀广记图》、李思训《明皇幸蜀图》（一名《行幸蜀川图》）、王坤《僖宗幸蜀记》、庾传昌《金行启运录》《青

---

① （宋）姚公武：《郡斋读书志》卷六杂史类："《幸蜀记》三卷右唐李匡文、宋巨、宋居白撰。初，匡文《记》尽孝明崩，巨《记》止于归长安，叙事互有详略。居白合二《记》，以宋为本，析李为注，取二序冠篇，复掇遗事增广焉。"

宫载笔记》、裴庭裕《东观奏记》、蹇遵品《左传引帖新义》、欧阳迥《唐录备阙》、杨九龄《蜀桂堂编事》《河洛春秋》《历代善恶春秋》《正史杂论》《经史目录》①、李远《历代鸿名录》、孙光宪《续通历》、李昊《前蜀书》《后蜀孟先主实录》《后蜀孟后主实录》等，其中孙之翰的《唐论》有史迁之风。

四、三范二李：巴蜀史学鼎盛于两宋

到了宋代，巴蜀地区在经过短暂的社会动乱之后，社会经济很快得到恢复和发展，巴蜀文化迎来了另一个发展高峰。北宋学者吕陶说："蜀学之盛，冠天下而垂无穷。"② 南宋井研人李心传也说："郡国之学，最盛于成都。"③ 元代学者仁寿虞集说："吾蜀文学之盛，自先汉至于唐宋……非它州之所能及。"④ 这一时期的巴蜀学术在经学、史学、文学等领域都取得了前所未有的成就。巴蜀史学撰述之隆，亦冠于宋世，故有"唐后史学莫隆于蜀"⑤之说。蒙文通指出："两宋之世，史学特盛，超越汉唐。蜀中史著之多，方

---

① 《郡斋读书志》卷六《杂史类》："五代杨九龄《蜀桂堂编事》二十卷，右伪蜀杨九龄撰。杂记孟氏广政中举试事，载诗、赋、策题及知举登科人姓氏，且云'科举起于隋开皇前，陋者谓唐太宗时'，非也。"

② （宋）吕陶：《净德集》卷一四《府学经史阁落成记》，台北商务印书馆1986年影印文渊阁《四库全书》本。

③ （宋）李心传：《建炎以来朝野杂记》卷一三甲集"蜀学"条，台北商务印书馆1986年影印文渊阁《四库全书》本。

④ （元）虞集：《道园学古录》卷三一，台北商务印书馆1986年影印文渊阁《四库全书》本。

⑤ 刘咸炘：《蜀学论》，载《推十书》卷一，成都古籍书店1996年影印本。

志之富，更为特出。"① 宋代巴蜀著名史学家有"华阳三范"，一是参与编撰《新唐书》的范镇。范镇还著有《国史对韵》《国朝事始》《本朝蒙求》，其中《国史对韵》将宋太祖开基迄于仁宗朝撷取事实可为规矩鉴戒者用韵编次之。二是参与《资治通鉴》编纂、著有《唐鉴》的范祖禹。《唐鉴》被誉为"深明唐三百年治乱"的史学名著②。除《唐鉴》外，范祖禹还著有《帝学编》《仁皇训典》。三是参与重修神宗、哲宗《实录》的范冲。范冲另著有《春秋左传讲义》《神宗实录考异》《神宗日历》《范太史遗事》《范太史家传》《宰相拜罢录》《哲宗实录辨诬》等。除"三范"以外，北宋眉山苏洵及其子苏轼、苏辙"三苏"也具有代表性，苏洵著有《苏氏族谱》，苏辙著有《古史》，苏轼著有《唐书辩疑》等。

南宋巴蜀史学家以"二李"最为著名，即丹棱李焘、井研李心传。李焘历时四十年编成《续资治通鉴长编》（以下简称《长编》）九百八十卷，该书是一部记载北宋九朝历史的编年体巨著。所征引的史料主要来源于日历、国史、实录、会要，以及私家杂著，包括各种编年体史书、纪传体史书、野史、杂说、笔记、家乘、行状、墓志等，"宁失于繁，毋失于略"，全书内容非常丰富。在取材时对内容有反复考证，参考异同，择善而从，史料正确度很高，被誉为"春秋之后才有此书"，李焘也被视为宋代继司马光之后最有成就的史学家。李焘一生著述丰富，除《长编》以外，还著有《春秋学》十卷、《四朝史稿》五十卷、《陶潜新传》三卷、《赵普别传》一卷、《江左方镇年表》十六卷、《晋司马本支》一卷、《齐梁本支》一卷、

---

① 林名均编：《华西大学图书馆四川方志目录》卷首蒙文通《序》，华西大学图书馆排印本，1951年版。

② 刘咸炘：《蜀学论》，载《推十书》卷一，成都古籍书店1996年影印本。

《王谢世表》一卷、《唐宰相谱》一卷、《五代三衙将帅年表》一卷、《历代宰相年表》三十三卷、《混天帝王五运图古今须知》一卷、《宋政录》十二卷、《宋异录》一卷、《续通鉴长编举要》六十八卷、《绍兴日历》一千卷、《天禧以来御史年表》《天禧以来谏官年表》《重修徽宗实录》二百卷《考异》二十五卷《目录》二十五卷、《续皇朝百官公卿表》一百十二卷、《淳熙四系录》二十卷、《七十二子名籍》一卷、《通论》十卷、《续宋编年资治通鉴》十八卷、《思陵大事记》三十六卷、《阜陵大事记》二卷、《建隆遗事辨》一卷、《谕西南夷事》一卷、《记李棁等十事》一卷、《本朝事始》二卷、《科场沿革》一卷、《集贤学士并赐带典故》一卷、《宋四朝国史》三百五十卷等。

李心传是宋代巴蜀又一位著名史学家,著有《四朝会要总类》《建炎以来系年要录》《建炎以来朝野杂记》《旧闻证误》《西陲泰定录》《春秋考义》《孝宗要略初草》《读史考》《辨南迁录》《道命录》等书。其中,《建炎以来系年要录》(一名《高宗系年要录》)二百卷是一部研究高宗一朝三十六年历史最重要、最基本的历史文献,该书以高宗朝日历、会要为主,广泛参考档案资料和大量私家著述,内容极为详尽,考订十分精审,四库馆臣评其"文虽繁而事不冗,论虽歧而不病其杂,在宋人诸野史中,最足以资考证","皆据实铨叙,绝无轩轾缘饰于其间,尤为史家所仅见……其取法李焘,而精审较胜"①。《建炎以来朝野杂记》分为甲、乙编,记高、孝、光、宁四朝史事,重点在典章制度,为"南渡以来野史之最详者",其"大纲细目,粲然悉备,为史家之巨擘""言宋事者,当必于是

---

① (清)永瑢、纪昀:《四库全书总目提要》卷四七《建炎以来系年要录提要》,中华书局1965年影印本。

有征焉"①。书虽名"杂记",实为会要体史书,对研究南宋前期,特别是史料缺少的光、宁两朝历史具有重要的史料价值。除了李焘、李心传等史家的著作以外,王偁所撰的纪事本末体史书《东都事略》也是当时一部重要的史学名著。该书记载北宋太祖至钦宗九朝历史,附录载有辽、西夏、金、吐蕃、交趾等地方割据政权史实。因北宋建都开封,故称东京、东都。该书据国史、实录等官修史书编撰而成,是研究北宋历史的重要文献,被誉为"宋后史之最有法者"②。

此外,李焘之子李壁、李埴以及李心传之弟李道传、李性传也都善文史之学,他们都是当时第一流史学家。李埴著有《皇宋十朝纲要》《赵鼎行状》《续补汉官仪》《续补汉官典仪》。李壁著有《中兴战功录》(一作《中兴十三处战功录》)、《清麈录》等。

宋代其他蜀籍学者也在史学方面各有建树。如在《春秋经》及三传研究方面,有龙昌期《春秋正论》《春秋复道论》、宋堂《春秋新意》、杨绘《春秋辨要》、黎錞《春秋经解》、杜谔《春秋会义》、家安国《春秋通义》、家勤国《春秋新解》、王乘《春秋统解》、何涉《春秋本旨》、王当《春秋列国诸臣传》《春秋释》、苏辙《春秋集传》、冯山《春秋通解》、任伯雨《春秋绎圣新传》、冯正符《春秋得法志例论》、税安礼《春秋列国图说》、李棠《春秋时论》、宇文虚中《春秋纪咏》、唐彦通《春秋讲议》《三传辨》、崔子方《春秋本例》《春秋例要》《春秋经解》、张浚《春秋解》、杨泰之《春秋列国事目》《公羊穀梁类》、谢湜《春秋义》《春秋总义》、谢畴《春

---

① (清)永瑢、纪昀:《四库全书总目提要》卷八一《建炎以来朝野杂记提要》,中华书局1965年影印本。

② 刘咸炘:《蜀学论》,载《推十书》卷一,成都古籍书店1996年影印本。

秋古经》、句龙传《春秋三传分国纪事本末》、李石《左氏君子例》《春秋讲议》、虞允文《经筵春秋讲义》、赵鹏飞《春秋经筌》、牟子才《春秋轮辐》、谢谔《春秋左氏讲义》、程公说《春秋分记》《左传始终》《通例》《比事》、魏了翁《春秋左传要义》、家铉翁《春秋详说》、王梦应《春秋集义》等；在《通鉴》研究方面，有史炤《通鉴释文》、张栻《通鉴论笃》、吴之巽《通鉴类编》、赵介胄《通鉴纲要》；在史论方面，有梁成《晋鉴》《晋书评》、郑少微《唐史发挥》、张唐英《唐史发潜论》、刘泾《西汉发挥》、杨天惠《三国人物论》、文正伦《西汉隽永》《唐史囊括》、赵介胄《汉书笔记》《后汉纂言》，以及梁鼎、王当、任谅三家《史论》；在史考方面，有吴缜《新唐书纠缪》（一作《唐书辩证》）、《五代史记纂谬》、宇文绍奕《石林燕语考异》、张演《陶靖节年谱辨证》；在史注方面，有李绩《唐书补注》、虞允文《唐史五代史注》；在史类方面，有田锡《御屏经史切要》、杨泰之《东汉名物类》《三国志类》《南北史类》《唐五代史类》《历代通鉴类》《本朝长编类》等。其他有关前朝历史、传说古史、国别史、人物传记、年谱、杂记等类著作还有庾传美《唐九朝实录》、吴缜《朱梁列传》、苏易简《圣贤事迹》《翰林续志》《禁林宴会集》、李畋《孔子弟子传赞》、苏耆《次续翰林志》、谢颐素《海潮图论》、孙光宪《续通历》《北梦琐言》、路振《九国志》、张唐英《九国志补》、刘恕《十国纪年》、赵全叔《唐书韵记》、苏耆《开谈录》、费枢《廉吏传》、张栻《经世纪年》《诸葛武侯传》、唐庚《三国杂事》、张演《职官记》、潘远《纪闻谈》、魏了翁《古今考》《正朔考》、陈襄《州县提纲》等。其中路振的《九国志》是一部记载前蜀、后蜀等九国的历史著作。刘恕《十国纪年》四十二卷，所记十国包括王、孟二蜀国的历史。

在宋代史学著作中，对当代历史的著述是一大特点，上面论述到的李焘《续资治通鉴长编》、李心传《建炎以来系年要录》、王偁《东都事略》都是有关宋朝当代历史的巨著。除此以外，宋代巴蜀学者还撰述有大量反映宋朝当代历史的著作和资料汇编成果，其中著名的有王珪《两朝国史》《在京诸司库务条式》《铨曹格敕》、张唐英《仁宗政要》《神宗政典》《嘉祐名臣传》、牟子才《四朝史稿》、苏易简《淳化编敕》、蒲宗孟《八路敕》《省曹寺监事目格子》、陈尧叟《请盟录》《汾阴奉祀记》《时政记》、张商英《神宗正典》、高载《通鉴巨编》、李攸《宋朝事实》《通今集》、张浚《建炎复辟平江实录》《绍兴中兴备览》、李昌言《中兴要览》、姚希得《续宋名臣言行录》、虞允文《乾道重修敕令格式》《续会要》、赵汝适《诸蕃志》、蹇驹《虞尚书瓜州毙亮记》、郭百川《太平政迹统类前集》、张革之《诛吴录》、郭士宁《平叛录》、员兴宗《西陲笔略》《采石战胜录》、王偁《西夏事略》、张演《职官记》、费枢《廉吏传》、度正《周子年谱》、杜大珪《名臣碑传琬琰集》、裴庄《北行记》、朋九万《乌台诗案》、彭百川《宋朝治迹统类》、张和卿《宋朝事类枢要》、魏了翁《国朝会典》、高斯得《徽宗长编》《高宗系年要录纲目》《孝宗系年要录》《宁宗实录》、吴之巽《国典》、佚名编《宋朝通典》《天禧以来御史年表》《天禧以来谏官年表》等。其中，高载《通鉴巨编》取制词之褒贬、廷论之是非，萃成巨编，而自以己意识其后。大抵以国史、实录、长编、会要为之依据，而一时诏旨训词、封章奏疏则于先贤文集、私史简稽参质，凡百数十年治乱开卷了然。《宋朝事实》记事上起太祖，下迄徽宗朝，分类记载北宋一朝政治时事和典章制度，包括升降州县等条目，史料价值较高。原书久佚，后人从《永乐大典》中辑出。

宋代有关巴蜀历史方面的著作也非常丰富，如康延泽《平蜀宝录》、勾延庆《锦里耆旧传》《成都理乱记》、张逵《蜀寇乱小录》《平蜀录》、吴昌裔《蜀鉴》、郭允蹈《蜀鉴》、郑文宝《蜀川纪略》、赵抃《成都古今记》（一作《成都古今集记》）、宋祁《益部方物略记》、张守约《蜀记》、任弁《梁益志》（一作《梁益记》）、张开《峨眉志》、黄休复《茅亭客话》、张唐英《蜀梼杌》（一作《外史梼杌》）、郭友直《剑南广记》、宋如愚《剑南须知》、何求《阆苑记》、僧祖秀《华阳宫记事》、宋郊《剑南方物略图赞》、王禹玉《文武贤臣治蜀编年志》、杨备恩《蜀都故事》、梁颢《蜀坤仪令》、姜虔嗣《蜀杂制敕》、沈立《蜀江志》、冯忠恕《涪陵纪善录》、王震《阆苑记》、李用和《游蜀记》、彭韶《蜀山川形胜述》、程大昌《嶓冢辨》、王刚中《续成都古今集记》、袁申儒《蜀道征讨比事》、孙汝听《三苏年表》《成都古今前后记》、王象之《巴国考》《蜀国考》《蜀山考》《蜀水考》《四川风俗形胜考》、安丙《靖蜀篇》、李好占《李好义诛曦本末》《复四川本末》等。其中如张守约《蜀记》一卷，载孟昶初降至薨事。《成都古今记》三十卷，赵抃自庆历至熙宁凡四入蜀，知蜀事为详，摭其故实，以类相从，分百余门。《梁益志》十卷，天禧中任弁游宦于成都，以《蜀记》数家其言皆无所据依，乃引书传刊正其事。

宋代巴蜀方志编修成果显著，南宋王象之《舆地纪胜》引用巴蜀方志众多，绝大多数皆已亡佚，《宋史·艺文志》也著录了不少巴蜀方志，其中有许多方志为巴蜀籍学者所编纂，如吕昌期《嘉州志》、张开《峨眉志》、宇文绍奕《临邛志》、袁观《潼川府图经》、杜孝严《文州续记》、王寅孙《沈黎志》、赵甲《隆山志》、王宽夫《古涪志》、黎伯巽《静南志》、马导《夔州府志》、刘得礼《夔州图经》、虞刚简《永康军图志》等。其中，吕昌期的《嘉州志》二卷，以《嘉州图经》增广之。张开的《峨眉志》三卷，隋开皇十三年以峨嵋名邑奇胜冠三蜀，郡守吕勤命张开考图经及传记、石刻缀辑成书，析为十四门，宋白、吴中复诗文附录于后。

从以上几个方面可以看出，宋代巴蜀史学出现了空前繁荣的局面，不仅著述丰富，而且体裁多样，富于创新。后人评论说："有宋一代史学之精，自司马光外，无如二李者。"① 近代学者双流刘咸炘说："盖唐后史学莫隆于蜀，而匪特两宋掌故之所存。"② 巴蜀史学在宋代出现发展高峰，主要有几个方面的原因：一是自唐朝以来，整个巴蜀地区社会比较安定，很少战乱，经济、文化一直在不断恢复和发展。二是自唐末五代以来，中原大家世族避乱入蜀，"唐衣冠之族多避乱在蜀，蜀主礼而用之"③，带来了外地先进的文化观念，扩大了士人队伍，使巴蜀地区文化水平得到显著提高，成为当时全国文化最发达的地区之一。三是成都是我国乃至世界上最早使用雕版印刷术的地方。早在唐代成都就有专门的刻书家，如成都府樊赏家、龙池坊卞家、西川过家。民国三十三年（1944）在成都出土的唐印本梵文《陀罗尼经咒》，被认为是全世界现存最早的印刷品之一。到五代两宋时期，成都成为全国重要的刻书业中心，成都产的花笺纸和麻纸享誉全国，成都的"蜀刻"雕版印刷品也以其精美著称于世。发达的造纸业和印刷业大大促进了巴蜀图书的普及、推广和流传，从而带动了巴蜀史学的发展。四是两宋时期，政府重视文化教育，尤其是范仲淹主持的庆历新政，大力提倡州县兴

---

① （清）余嘉锡：《四库提要辨证》卷五，中华书局据科学出版社本标点重排本，1980年版。
② 刘咸炘：《蜀学论》，载《推十书》卷一，成都古籍书店影印本，1996年版。
③ （宋）司马光：《资治通鉴》卷二六六，中华书局1987年点校本。

学，发展文教。唐宋时期在州县官学之外，地方贤士大夫积极兴办"乡党之学"，"其田土之赐，教养之规，往往过于州县学"①。全蜀最著名的书院是宋代理学家魏了翁在蒲江创办的鹤山书院，他先后又在泸州、邛州、眉州修建书院，"开门授徒，士争负笈从之，由是蜀人始知义理之学"②，为宋代蜀学的发展做出了重要贡献。五是宋朝政府重视史书修撰，形成了一套完善的史官修史制度，从而带动了包括巴蜀地区在内的史学发展，无论是官修私撰，还是巴蜀地方史志的编修都出现了前所未有的兴盛局面，故后世评价"宋人私史卓然可传者，唯（王）偁与李焘、李心传之书而三，固宜为考宋史者所宝贵矣"③，可谓中肯之辞。

五、二落二起：元明以后巴蜀史学衰落与复兴

元代是巴蜀史学相对低迷的时期。巴蜀地区是南宋军民抗击蒙古的最前线，也是抵抗蒙古最顽强、坚持时间最久的地方。受宋蒙长期战争的破坏，巴蜀人口锐减，土地荒芜，社会经济遭到严重破坏，世家大族纷纷避乱东南，知名的蜀学人物大多流寓外地。蜀学微绝，文物泯尽，宋代以来巴蜀史学发展的盛况随着宋末的战乱戛然而止。正如明代杨慎所说："宋宣和中，成都杨景盛一家，同科登进士第十二人，经元师之惨，民靡孑遗，以百八十年犹未能复如

---

① （元）马端临：《文献通考》卷四六《学校考》，台北商务印书馆1986年影印文渊阁《四库全书》本。
② （元）脱脱：《宋史》卷四三七《魏了翁传》，中华书局1977年点校本。
③ （清）永瑢、纪昀：《四库全书总目提要》卷五〇《东都事略提要》，中华书局1965年影印本。

宋世之半也！"① 在整个元朝，巴蜀史学并没有得到应有的发展。尽管仍出现了仁寿虞集、虞槃、虞堪，井研牟巘，绵州邓文原，遂宁谢端等祖籍巴蜀的文史学家，但他们基本上终生未曾在巴蜀地区生活过，如虞集"祖籍仁寿"，"宋亡，侨居临川崇仁"②。而留在巴蜀本土的学者其史学成就则相形见绌。这一时期有关巴蜀的重要史学著作主要有黄泽《春秋旨要》《春王正月辨》《三传义例考》《诸侯取女立子通考》《笔削本旨》《作秋甲辨》《殷周诸侯禘祫考》《周庙太庙单祭合食疏》《鲁隐公不书即位义》，杨如山《春秋旨要》，虞集《平徭记》《经世大典》，冯复京、郭荐《大德昌国州图志》，谢端《正统论》等。有关巴蜀史著主要有郝经《入蜀记见》，赵居信《蜀汉本末》，费著《成都氏族谱》《成都志》《岁华纪丽谱》等。总体来看，元代史学成就与宋代相比完全是天壤之别③。

元明鼎革后，随着巴蜀地区经济、文化进一步恢复和发展。到明中叶以后，蜀学又得以复兴，文人学士如"西蜀四大家"杨慎、赵贞吉、熊过、任瀚等蜚声学林。这一时期最有影响力的史家当推新都杨慎。他虽一生坎坷，但著述丰富，多达四百余种，其治学范围广阔，在整个明代，其"记诵之博，著作之富，推慎为第一"④。他编纂的《全蜀艺文志》以及后人在此基础上增补编纂而成的《补续全蜀艺文志》，是当今研究巴蜀历史文化十分重要的文献资料。由于杨慎长期流放云南，故他的史学著作中有许多关于云南史地方面的内容，除著有《春秋地名考》《山海经补注》《水经补注》《希

---

① （明）杨慎撰，（明）杨金吾辑：《太史杨升庵先生遗集》，清乾隆六十年（1795）刻本。
② 邓绍基：《元代文学史》，人民文学出版社1998年版。
③ 参见黄开国：《元明清的巴蜀学术》，《中华文华论坛》2000年第3期。
④ （清）张廷玉等编：《明史》卷一九二《杨慎传》，中华书局1974年点校本。

姓录》《蜀志补罅》以外，另著有《云南山川志》《滇程记》《滇载记》等。

明代官修史学著作众多，规模庞大，这与明代经济繁荣、文化昌盛有关。尤其是明正德、嘉靖以及万历年间编纂的四部《四川总志》（万历年间先后编纂了两部），为后人研究巴蜀历史提供了十分重要的史料。同时，明代科举发达，知识分子队伍扩大，私人著述众多，仅《四川通志·经籍志》记载明人巴蜀籍学者的史学著述就达一百二十余种。这些著作有的以记载前朝历史为主，如熊过《春秋明志录》、汤愉《春秋易简发明》、席书《元山春秋论》《漕船志》《漕运录》《古史注》、刘应箕《款塞录》、马鸣鸾《平夏纪略》、刘道开《痛定录》、王应熊《云程记》、潘京南《衡门晤语》、马升阶《五岳编》《武陵事迹》、戴葵《仙都山志》、范文光《豳风考略》、陈珽《资治纪略》、杨孟瑛《澹复西湖录》、陈讲《马政志》、马麟《淮关志》、张大龄《左羽外编》等，也有关于明朝当代史著作，如过庭训《明朝京省人物考》、杨学可《明氏实录》、李实《奉使录》等。其中，合州人李实所著《奉使录》，内容与明朝"土木之变"前后历史有关。

而有关巴蜀历史地理、游记方面的著作主要有荀廷诏《蜀国春秋》、陆深《蜀都杂钞》、何宇度《益部谈资》、郭子章《蜀记》、郭棐《夔记》、林有麟《蜀游纪程》、林培《剑南游记》、彭韶《成都志》、刘道开《蜀人物志》、简绍芳《杨升庵年谱》、敖英《四川备边志》、莫如善《威茂边政考》、郝郊《入蜀纪见》、傅振商《秦蜀幽胜录》、吴运《嘉游记》、杨伯柯《蜀游记》、吴中《西蜀纪行录》、佚名《全蜀土夷考》、徐元太《抚蜀奏议》、朱燮元《少师朱襄毅公督蜀疏草》《蜀事纪略》《抚蜀疏》《督蜀疏》、文震孟《徐念阳定蜀记》、徐如珂《攻渝纪事》《徐念阳西征杂记》、朱纨《茂边纪事》、佚名《松潘兵粮考》等，以及曹学佺《蜀中名胜记》、何振卿《四川名胜记》、吴守忠《三峡通志》、郭子章《四川郡县释名》、袁子让《游大峨山记》《嘉州二山志》、王士性《蜀游草》、伊伸《峨山记游》等。曹学佺除著《蜀中名胜记》以外，还著有《蜀汉地理补》《蜀郡县古今通释》（一作《益部地理释名》《蜀郡县志释名》）《蜀中风土记》《蜀中方物记》《蜀中宦游记》等。

　　明承元后，修志事业更趋发达，无论是修志数量还是志书理论探索方面都达到前所未有的高度，成为我国方志发展史上一个重要时期。在明代所修方志中，有许多为巴蜀学人所编纂，如胡谧《成化山西志》、谢东山《贵阳图考》、张道《嘉靖贵州通志》、周诏《石鼓书院志》、余承勋《西眉郡县志》、周洪谟《叙州府志》、范醇敬《嘉州志》等。此外，还有一些有关巴蜀史料的汇编成果，如佚名编纂的《四川各地勘案及其它事宜档册》《四川重刊赋役书册》等，对研究明代巴蜀历史具有重要的文献价值。

　　明末清初，张献忠入川以及三藩之乱诸事使得巴蜀地区再次陷入混乱，兵祸连年，人口锐减，以至于"千里无烟，荒如大漠"[①]，"尸骸遍野，荆棘塞途"[②]，初见恢复的蜀学也随之荒芜。清政府在稳定巴蜀地区以后，为恢复和发展经济，于顺治末年开始实行鼓励南北各省人民入川垦殖的政策，四川巡抚李国英奏请"招两湖、两粤、闽、黔之民实东西川，耕于野"，颁布奖励移民措施，实行免赋政策。康熙十年（1671），清政府明文规定"各省贫民携带妻子

[①] （清）费密：《荒书》，清光绪三十四年（1908）至民国九年（1920）大关唐鸿学怡兰堂刻《怡兰堂丛书·费氏遗书三种》本。
[②] （明）李馥荣：《滟滪囊》，民国二十七年（1938）双流黄氏济忠堂重校刻本。

入蜀开垦者，准其入籍"①。康熙二十九年（1690），清政府鉴于"四川民少而地多荒"，制定了《入籍四川例》，规定"以四川民少而荒地多，凡流寓愿垦荒居住者，将地亩给为永业"②。清康熙至乾隆年间，湖广、江西、广东、福建、江西、陕西等地移民大量入川，形成大规模移民浪潮，持续了一百余年，史称"湖广填四川"。大量外省移民的涌入，客观上加速了巴蜀地方社会、经济的恢复和发展，并为巴蜀文化的发展和蜀学的复兴创造了良好的条件。

清康熙四十三年（1704），四川按察使刘德芳在文翁石室遗址上重建锦江书院，培育人才，蜀学稍有复苏气象。有清一代，巴蜀各地纷纷创办书院、学堂、私塾等教育机构，政府主办府、州、县学，这些教育机构培养了大批巴蜀优秀人才，如彭端淑、李化楠、李调元、李鼎元、张问陶、骆成骧等。其中彭端淑、李调元、张问陶被称为"蜀中三才子"，他们都是经史兼通的人才。其中绵州李调元成就最大，是一位学贯古今百科全书式的通才。他编纂的综合性丛书《函海》是巴蜀学者第一次系统整理历代巴蜀文献的成果，同时他还著有《左传官名考》《春秋三传比》《春秋左传会》等。

巴蜀史学全面复兴则是在晚清民国时期。清光绪初年，四川学政张之洞创立尊经书院，以"绍先哲，起蜀学"③为办学宗旨，重视"通经致用"，尊经书院创办二十八年间，为近代巴蜀文化的勃兴培育了一大批新旧学兼通的精英人才，如廖平、杨锐、宋育仁、

---

① （清）曾秀翘修，杨德坤等纂：（光绪）《奉节县志》卷九《户口》，清光绪十九年（1893）刻本。

② （清）常明等修，杨芳灿、谭光祜等纂：（嘉庆）《四川通志》卷六四《食货志》，清嘉庆二十一年（1816）刻本。

③ （清）张之洞：《四川省城尊经书院记》，载《成都旧志》，李勇先主编，成都时代出版社，2007年版。

张澜、吴虞、吴之英、张森楷等。甲午战争以后，随着全川新学的兴起，尊经书院向新式学堂转化。光绪二十七年（1901）由尊经书院、锦江书院、中西学堂合并改组为四川省城高等学堂，成为今天四川大学的前身，从而大大地促进了蜀学的再次复兴，巴蜀史学也在这一过程中得到发展。

尽管清代巴蜀学术成就主要体现在经学方面，这与明代有相似之处，但清代经史兼通的学者不在少数，他们既有经学方面的著作，同时也撰有史学著作。如著名学者费密著有《历代纪年》《古史正》《荒书》《史记补笺》《历代贡举合议》，经学大师廖平著有《史记经说》《史记经说补笺》《穆天子传释》《国语发微》《国语补亡》《国语义疏凡例》《战国策读法》《古孝子传》《山海经注》《山海经补毕》《诸国地邑山水图》《光绪会典》《海外通典》《职官简明表》等①，著名学者吕调阳著有《群经释地》《古史释地》《诸子释地》《五藏山经传海内经附传》《舆地今古图考》《汉书地理志详释》《史表名号通释》《穆天子传释》《穆天子传校正》《重订越南图说》《商周彝器释铭》等。此外，其他巴蜀学者著述还有：杨学可《明氏实录》、刘沅《史存》《明良志略》、李仙根《安南使事纪要》、陈昌《霆军纪略》、王侃《皇朝冠服志》、钟琦《皇朝琐屑录》、李超琼《庚子传信录》、程德全《庚子交涉偶录》、李洪霁《读史管见》、陈应豫《史略》、杨铄《海塘挈要》、李化楠《治姚纪略》、张鹏翮《奉使俄罗斯行程录》、龙为霖《读史管见》、嘉玉振《春秋举要》等。清代史学与明代相比，有一个明显的变化，就是反映现实的史学著作大大减少②，这与当时清政府文化高压政策密不可分。

---

① 参见郑伟：《廖平著述考》，四川大学出版社2014年版。
② 参见黄开国：《元明清的巴蜀学术》，《中华文华论坛》2000年第3期。

清代学者所撰代表性的史学著作和文献汇编成果除以上所述而外，具体关于巴蜀内容的著作和文献汇编成果主要有：黄霦《蜀记略》、张邦伸《锦里新编》《云栈记程》、张养重《平蜀记事》、王士祯《陇蜀余闻》、江埕《逆党祸蜀记》、何绍基《使蜀奏稿》、刘仕伟《金川从戎事实》、蔡寿祺《梅盦先生筹蜀记》、祝介《蜀乱述闻》、龚柴《四川考略》、吴焘《川中杂识》、何明礼《浣花草堂志》、骆秉章《骆文忠公续刻四川奏议》、郎廷槐《宦蜀纪程》、张澍《蜀典》、刘衡《蜀僚问答》、黄英《筹蜀编》、何鼎勋《雅安围城记》、钟庆熙《四川通饬章程》、王昶《蜀徼纪闻》、赵尔丰《川边奏稿》、王治《四厅记程》、叶西平《蜀帑出纳汇览》、程祖润《川东军务公牍》、宁缃《邛州迤南山川圻界考订》、陈廉《叙州雷波厅通判补用直隶州禀稿》，以及佚名所编《川省爵秩全函》《四川布政录》《四川布政使司四川按察使司呈赍补录光绪贰拾贰年分支给各属递解军流人犯口粮银两壹案清册》《四川布政使司四川按察使司呈赍补录光绪贰拾贰年分支给各属监犯棉衣单裤工料银两壹案清册》《四川布政使司四川按察使司呈赍补录光绪贰拾叁年分支给各属监犯囚粮米石钱文壹案清册》《四川绥定府太平县城镇乡地方自治区域表》《委办木植前四川夔州府巫山县造报支过分遣夫役工匠各处采木工食口粮银两壹案清册》《光绪二十四年四川布政使司昭信川实收存查》《咸同之际川黔军事档》《游蜀疏稿》等。还有关于明末清初四川农民起义的著作，如李馥荣《滟滪囊》、李枢《续荒书》、彭遵泗《蜀碧》、沈荀蔚《蜀难叙略》、欧阳直《蜀警录》（一名《蜀乱》）、刘景伯《蜀龟鉴》、孙锜《蜀破镜》、李藩《明末清初雅安受害记》等。有关巴蜀山水、名胜、游记、舆地类著作也相当丰富，详见本书其他相关部分，此不再赘。

另外，清人孔尚质、吴任臣、万斯同、杭世骏、周嘉猷、钱大昭、洪亮吉、潘眉、洪饴孙、梁章钜、钱仪吉、康发祥、谢钟英、吴廷燮、徐绍桢、金兆丰、黄大华、吴增仅等撰有关于三国蜀汉、李氏成汉、五代前后蜀历史方面的著作。以上这些著作或史料汇编成果虽然很大部分并不是巴蜀籍学者所为，却也为我们研究巴蜀历史文化提供了十分重要的文献资料。

清代巴蜀史学在地方志著述方面的成就远远高于前代。根据《中国地方志联合目录》统计，有清一代，共编纂有巴蜀地方志四百一十六部，康熙、乾隆、嘉庆年间还先后三次编修《四川通志》。其中，以嘉庆年间所修《四川通志》最为详实，学术价值最高。有清一代，巴蜀学人也积极参与各地方志编纂，成果丰硕，如：岳浚（雍正）《山东通志》、张邦伸（乾隆）《固始县志》《古绳乡志略》、吕正音（乾隆）《湘潭县志》、林愈蕃（乾隆）《鄗县志》、宋溶（乾隆）《浯溪新志》、李拔（乾隆）《福宁府志》、李廷芳（乾隆）《重修襄垣县志》。

到了近代，巴蜀地区涌现出了一代史学巨擘郭沫若，他在甲骨文、金文和先秦史方面的研究具有划时代的意义。现代史学名宿则有蒙文通、李源澄、徐中舒、缪钺、任乃强等，他们的学术研究成果在国内外都产生了重大影响。巴蜀史学在继汉晋、两宋之后又迎来了一次新的发展高峰。

值得一提的是，巴蜀舆地文献是巴蜀史学文献的重要组成部分，为人们考察巴蜀地区历代政区建置沿革、地名变化、关隘城邑兴废、山川河流变迁等提供了十分重要的文献资料。如《全蜀边域考》为现存孤本，具有十分重要的史料价值。其他如明郭子章《四川郡县释名》、曹学佺《蜀汉地理补》《蜀郡县古今通释》，清洪亮吉《蜀汉疆域志》、叶维庚《蜀地理考》、马冠群《四川地略》、张河檀《四川舆地蒙学读本》，现代黄尚毅《中华民国四川地理学》、胡焕庸《四川地理》、白眉初《秦陇羌蜀四省志》、陈志明《西康沿革考》、张克林《四川地理表解》、叶育之《四川史地表解》、郑励俭《四川新地志》、龚熙春《四川郡县志》、蒲孝荣《四川政区沿革与治地今释》、任乃强《四川史地》《西康图经》《康藏史地大纲》《四川州县建置沿革图说》等文献对研究巴蜀政区地理沿革也具有重要的参考价值。此外，像汉扬雄、晋左思《蜀都赋》、南朝宋严大猷《补阙蜀都赋》、王腾《辨蜀都赋》、清冯李骅《扬雄〈蜀都赋〉读》也可看作是有关巴蜀地理方面的篇章。还有一些有关巴蜀的舆地文献早已失传，仅存相关文献著录。如晋袁休明撰《巴蜀志》，郦道元在编撰《水经注》时也只看到"碎金残璧"。宋李常著《续东京至益州地理图》，也仅存于《宋史·艺文志》著录。明余承勋《西眉郡县志》十卷，因《明史》著录才得以知其作者和书名。此外，巴蜀学人还撰写了不少通论、考辨性的地理著作，既有对中国地理考证方面的文献，如明代杨慎《山海经补注》，清代吕调阳《古史释地》《史表号名通释》《汉地理志详释》、吴嘉训《禹贡三江考》、杨桢《禹贡验推释例》、廖平《地理辨正补证》《地球新义》等，也有关于海外地理内容的文献，如宋赵汝适《诸蕃志》，清吕调阳《东南洋针路》、李鼎元《使琉球记》、周煌《琉球国志略》、盛庆绂《重订越南图说》（一名《越南地舆图说》）、李仙根《安南杂记》等。这些文献对我们研究巴蜀史地和中国海上丝绸之路提供了十分珍贵的史料。如《东南洋针路》包括南洋针路和东洋针路，南洋针路记述从厦门起航，经我国广东、海南、西沙群岛，到越南、泰国、印度尼西亚等国的海上航线；东洋针路记述从厦门起航,经我国澎湖、台湾至菲律宾、文莱的海上航线、船位和航程等①。《使琉球记》记述清嘉庆年间李鼎元经海路出使琉球国所见所闻。该书描述了中国钓鱼岛地形,并以"水天一色""白鸟无数""舟平而驶"等词语描述当地的天气和环境,还记载了出使人员进行的"酬神祭海"②仪式,是我国较早记载钓鱼岛情况的著作。乾隆二十一年(1756),乾隆皇帝封周煌为琉球册封副使,与侍讲全魁一起出使琉球国,册封尚穆为中山王。次年周煌归国,奏上《琉球国志略》,皇帝命以武英殿聚珍板印刷。该书主要记载琉球国历史、地理、风俗和人情等方面内容。由于记载琉球史地的古籍并不多见,因此该书成为研究历史上中琉友好往来、海上航道以及琉球古代历史的重要参考资料。

---

① 参见王会平:《航路指南的发展与出版现状》,《海洋测绘》2002年第3期。
② (清)李鼎元:《使琉球记》,清嘉庆七年(1802)师竹斋刻本。

巴蜀文学发展成就与文学文献述略

仁者乐山，智者乐水。巴蜀秀美的山水、深厚的历史文化积淀，孕育了一代又一代的文学大家。他们或为巴蜀人，或游踪巴蜀。他们以赋、以诗、以词、以文讴歌自然，礼赞人生，反映现实，洞察未来，抒写各阶层人士的生活理想，展现不同人的精神风貌，歌颂真、善、美，抨击假、恶、丑，表现出浪漫主义、现实主义、自然主义的风格。他们在汉赋、唐诗、宋词等方面取得了非凡的成就。司马相如的赋、李白的诗、苏轼的词推动着中国古代文学不断发展，并臻于巅峰。他们的诗文佳作不仅代表了当时巴蜀文学的最高水平，而且在中国文学发展史上也占有极其重要的地位。

一、巴蜀文学成就辉煌

汉初，蜀郡太守文翁在成都设石室讲堂，招收"学官弟子"，从此"学徒鳞萃""蜀学比于齐鲁"。巴蜀地区因此成为当时全国文化繁荣的地区之一，涌现了"以文辞显于世""文章冠天下"的汉赋四大家，即蜀郡成都司马相如、严君平、扬雄，资中王褒。其中司马相如是巴蜀文学的奠基人，是巴蜀境内第一位赢得全国声誉的文化名人，被尊为"赋圣"，同时又是著名的文字学家，曾著《凡将篇》。扬雄是百科全书式的大学问家,仿《易》著《太玄》,仿《论语》著《法言》,仿《苍颉篇》著《训纂篇》,仿《尔雅》著《方言》。严君平是黄老学家,著《老子指归》。相传汉代郭舍人在蜀中注《尔雅》,乐山乌尤寺有尔雅台遗迹。王褒继承并发扬了枚乘、司马相如大赋创作的传统,成为西汉后期蜀中最著名的辞赋家。当时,巴蜀最发达的学术是辞赋、黄老学和文字学,均体现了巴蜀自身的地域特色。晋代著名文学家左思在其《蜀都赋》中这样评价:"近则江汉炳灵,世载其英。蔚若相如,皭若君平。王褒韡晔而秀发,扬雄含章而挺生。幽思绚道德,摛藻掞天庭。考四海而为隽,当中叶而擅名。是故游谈者以为誉,造作者以为程也。"[1]汉代出现了巴蜀古代文学发展的第一个高峰。

唐宋时期,巴蜀文坛群星璀璨,名流辈出,形成了巴蜀文学发展的又一个高峰。

唐初被称为"初唐四杰"的王勃、杨炯、卢照邻、骆宾王是当时文坛上的领军人物。他们或仕宦于蜀,或在蜀中畅游,其清新的文风对巴蜀文学产生了重要影响。唐代梓州陈子昂提倡汉魏风骨,力改六朝诗歌绮靡纤弱之弊,诗风朴质明朗,格调苍劲有力,寓意深远,标志着初唐诗风的转变。"诗仙"李白少长于蜀,"诗圣"杜甫定居蜀地多年。李白诗风豪放雄奇,清新俊逸,被公认为中国古代最杰出的浪漫主义诗人。杜甫诗"格力天纵,奄有汉、魏、晋、宋以来风流"[2],深刻揭露唐代现实社会,是中国古代最伟大的现实主义诗人,其诗歌被称为"诗史",而李白和杜甫大部分诗作都

---

[1] (南朝梁)萧统辑、(唐)李善注:《昭明文选》卷四左思《蜀都赋》,上海古籍出版社1986年点校本。

[2] (明)张丑:《清河书画舫》卷三上,台北商务印书馆1986年影印文渊阁《四库全书》本。

是在蜀地完成的。唐代其他蜀籍诗人如刘湾、李颀、苏涣、仲子陵、苻载、薛涛、雍裕之、严震、雍陶、李馀、柳棠、李远、姚鹄、唐求、尹鹗、黄崇嘏、罗衮、李珣、王处厚、景涣、花蕊夫人、幸夤逊、石恪以及与巴蜀结下不解之缘的非蜀籍诗人如高适、岑参、武元衡、羊士谔、白居易、刘禹锡、段文昌、元稹、贾岛、李德裕、温庭筠、薛逢、李商隐、薛能、李频、李洞、贯休、罗隐、韦庄、崔涂、郑谷等对唐代巴蜀文学的发展也做出了重要贡献①。

五代时期，四川相对安定的社会环境和繁荣的经济为巴蜀文学发展提供了必要条件。"蜀为西南一都会，国家之宝库，天下珍货聚出其中"②。"天府之国"优越的自然条件和丰富的物产，使蜀人养成了耽于享乐的天性、注重审美的直觉感受和天马行空的奇思异想，正是这种独特的巴蜀地域文化推动了花间词的发展。特别是后蜀时期，西蜀成为词创作的中心。《花间集》一书收录的词作家大部分在前后蜀任职，如温庭筠、韦庄等，有的就是蜀人，如欧阳炯、尹鹗、孙光宪、毛熙震等，其中温庭筠和韦庄是《花间集》中的主要词作者。"花间词派"领军人物温庭筠贡献最大，他是晚唐著名诗人和词人，与李商隐、韦庄齐名，并称"温李""温韦"，被奉为"花间派"的鼻祖。其诗清婉精丽，辞藻华美，内容多写闺情，备受时人推崇。其词绮艳香软，旖旎柔媚，深美闳约，神理超越。故刘熙载《艺概》云："温飞卿词，精妙绝人。"③ 故陈洵《海绡说词》云："词兴于唐，李白肇基，温岐受命。"④ 词这种文学形

---

① 参见杨世明：《巴蜀文学史》，巴蜀书社 2003 年版。
② （后晋）刘昫：《旧唐书》卷一九〇《文苑传》，中华书局 1975 年点校本。
③ （清）刘熙载：《艺概》，清光绪二十九年（1903）四川成都官书局印本。
④ （清）陈洵：《海绡说词》，民国年间刻红印本。

式到温庭筠时才真正被人们重视起来。随后五代与宋代词人竞相为之，至今仍然有着极其广泛的影响。

宋代是我国封建社会历史上极其重要的发展阶段。宋代文化辉煌灿烂，无论在文学、史学、哲学还是艺术、科技、学术文化等领域都硕果累累，群星争耀。关于宋代文化在中国文化史上的地位，历代学者都给予高度评价。北宋学者吕陶说："蜀学之盛，冠天下而垂无穷。"[1] 朱熹认为"国朝文明之盛，前世莫及。自欧阳文忠公、南丰曾公巩、与公（苏轼）三人，相继迭起，各以其文擅名当世，然皆杰然自为一代之文。"[2] 史尧弼在《策问》中认为："惟吾宋二百余年，文物之盛，跨绝百代。"陆游在《吕居仁集序》中也认为："宋兴，诸儒相望，有出汉唐之上者。"[3] 元代学者虞集也指出："吾蜀文学之盛，自先汉至于唐宋，备载典册，家传人诵，不可泯灭……其见诸文辞者亦沛然，非它州之所能及。"[4] 这是宋代学术文化鼎盛的真实写照。近人陈寅恪在《邓广铭〈宋史职官志考证〉序》中说："华夏民族之文化，历数千载之演进，造极于赵宋之世。"[5] 宋代是中国封建时期文化发展的最高峰，也是巴蜀文学发展的最高峰。宋词最能体现宋代文学的特色，王国维在《宋元戏剧史序》中说："凡一代有一代之文学：楚之骚，汉之赋，六代之

---

[1]（宋）扈仲荣编：《成都文类》卷三〇吕陶《经史阁记》，载《成都旧志》，李勇先主编，成都时代出版社2007年点校本。

[2]（宋）朱熹：《楚辞后语》卷六《服胡麻赋》注，民国二十五年（1936）扫叶山房刻本。

[3]（宋）陆游：《渭南文集》卷一四《吕居仁集序》，台北商务印书馆1986年影印文渊阁《四库全书》本。

[4]（元）虞集：《道园学古录》卷三一《葛生新采蜀诗序》，台北商务印书馆1986年影印文渊阁《四库全书》本。

[5] 陈寅恪：《邓广铭〈宋史职官志考证〉序》，《金明馆丛稿二编》，生活·读书·新知三联书店2001年版。

骈语，唐之诗，宋之词，元之曲，皆所谓一代之文学，而后世莫能继焉者也。"① 宋诗在唐诗的基础上别树一帜，形成了不同于唐诗的风貌。宋文数量庞大，仅《全宋文》收录宋代作家九千余人，文十七万余篇，一亿余字，是《全唐文》的十一倍。宋文体裁多样，并出现了许多新的文体，包括诗话、词话、笔记、日记、楹联、话本小说、杂剧和南戏等，且文学流派纷呈，名家辈出，所谓唐宋古文八大家，宋居其六就是明证。如果说宋词最能代表宋代文学的特色，那么宋文则最能代表宋代文学的成就。在宋代，一大批巴蜀文学家和寓居巴蜀的文学家做出了重大贡献，如北宋有田锡、魏野、陈尧佐、刘兼、张咏、苏舜钦、苏洵、苏轼、苏辙、文同、张俞、王珪、范镇、冯山、吕陶、范祖禹、石介、宋祁、赵抃、张方平、苏过、程垓、李新、唐庚、韩驹，南宋有宇文虚中、苏籀、郭印、冯时行、李石、员兴宗、李焘、史尧弼、李流谦、何耕、王十朋、张孝祥、魏了翁、吴泳、程公许、高斯得、阳枋、家铉翁、文及翁、牟巘等文学名家。"唐宋八大家"中独占其三的蜀中苏氏父子苏洵、苏轼、苏辙同出一门，蔚为中华文学之奇观。苏轼更是在诗、文、词三方面都达到了极高的造诣，是继李白之后蜀中最有影响的文学家，堪称宋代文学最高成就的代表人物。此外，宋代入蜀文学家北宋黄庭坚，南宋陆游、范成大等对巴蜀文学的发展也做出了突出贡献。

尽管元代蒙古人主中原，巴蜀文教衰微，"蜀学微绝"②，但仍出现了像仁寿虞集、虞槃、虞堪，井研牟巘，绵州邓文原，华阳费

---

① 王国维：《宋元戏剧史》，上海古籍出版社1998年版。
② （元）虞集：《道园学古录》卷六《送赵茂元归乡序》，台北商务印书馆1986年影印文渊阁《四库全书》本。

著，成都宇文公谅，遂宁谢端等著名文学家，虽然他们当中许多人终生未在蜀地生活过，但其先辈却是蜀人。而见于清人顾嗣立《元诗选》收录的巴蜀诗人还有支渭兴、杨学文、杨学李、董在、董存、赵弼、赵楙、赵月鲁、赵善瑛等。此外，元代其他巴蜀作家还有文允中、王申子、史绳武、青阳梦炎、袁岱、马成龙、康泰真、张惠成、富大用、冯福京、黄裳、杨邦宪、杨朝英、杨汉英、虞应龙、刘渊、刘陶、刘时中等。

明中叶以后，蜀学复兴，如文史通才新都杨慎，虽一生坎坷，但著述多达四百余种。其治学范围广泛，在整个明代，"记诵之博，著作之富，推慎为第一"①。其所编纂的《全蜀艺文志》以及后人在此基础上增补编纂而成的《补续全蜀艺文志》，成为当今研究巴蜀历史文化十分重要的文献资料。此外，明代蜀籍或与巴蜀相关的著名文学家还有杨基、徐贲、晏铎、邹智、孙䕫、方孝孺、薛瑄、黄娥、任瀚、熊过、高世彦、赵贞吉、陈以勤、张佳胤、黄辉、吕大器、王廷相、陆深、周复俊、胡直、钟惺等②。

到了清代，巴蜀文学家灿若星辰，涌现了一大批具有重要影响的学者。如清代巴蜀大型综合性丛书《函海》的编辑者李调元是我国著名的文学家、戏剧理论家，被袁枚评价为"才豪力猛"，与从弟李鼎元、李骥元号称绵州"三李"，著有《童山诗集》四十卷，撰辑诗话、词话、曲话、剧话、赋话等著作多达五十余种。李调元主张宗法元人朴素自然的风格，反对曲词一味追求骈丽堆砌，其所著《曲话》《剧话》多摘引前人戏曲评论，并发表己见，为戏曲史研究提供了珍贵史料。清乾嘉时期是清代巴蜀文学最繁荣的时期，

---

① （清）张廷玉等编：《明史》卷一九二《杨慎传》，中华书局1974年点校本。
② 参见杨世明：《巴蜀文学史》，巴蜀书社2004年版。

张问陶是其中最杰出的代表。他一生致力于诗、书、画创作,造诣精深,其诗被誉为清代"蜀中之冠"。他不仅是清代乾嘉诗坛大家,也是性灵派后期的主将,其诗作五千余首,现存三千五百余首,著有《船山诗草》二十卷和《船山诗草补遗》六卷。张问陶主张诗歌创作应抒写性情,强调独创,反对摹拟。清人评论其诗"生气涌出,沉郁空灵,于从前诸名家外,又辟一境……国朝二百年来,蜀中诗人以船山为最"[1]。他被评价为"太白、少陵复出"[2],有"小李白"之称。杨世明在《巴蜀文学史》中专列《性灵派大家张问陶》一节评述船山诗作及其贡献,并总结说:"从汉代以来,巴蜀出产了司马相如、扬雄、陈子昂、李白、苏洵、苏轼、苏辙、虞集、杨慎、张问陶这十大文学家,他们都是中国文学史上的名人。迄今为止,几乎任何中国文学史,都要对上述十人的文学成就作出介绍。"[3] 清代以来其他巴蜀籍文学家与入蜀文学家还有清前期的费经虞、吕潜、费密、费锡璜、胡世安、唐甄、李以宁、傅作揖、杨岱、王恕、龙为霖、马士骐、王士祯、郑日奎、宋琬、朱樟、马维翰、盛锦,乾嘉时期的彭端淑、李化楠、李鼎元、李骥元、王汝璧、孙缵、李天英、唐乐宇、张邦伸、何人鹤、张怀溎、刘溎、杨庚、张熙宇、王怀孟、李崧霖、杨潮观、吴省钦、顾光旭、钱林,近代的李惺、刘硕辅、何盛斯、李映棻、李榕、王再咸、朱鉴成、孙桐生、左锡嘉、曾懿、曾彦、何绍基、黄琮、杨锐、刘光第、宋育仁、吴之英、张森楷、谢无量、傅增湘、林思进、邹容、赵熙、

---

[1] (清)李元度辑:《国朝先正事略》卷四四《张船山先生事略》,清同治五年(1866)刻本。

[2] (清)张问陶:《船山诗草补遗》卷首顾翰《序》,清道光二十九年(1849)刻本。

[3] 杨世明:《巴蜀文学史》,巴蜀书社2004年版。

黄吉安、易顺鼎、顾复初、郭沫若、李劼人等[①]。而外省籍学者四川学政、直隶南皮张之洞在成都创办尊经书院，聘请著名学者、今文经学家、湖南湘潭王闿运担任山长，主持讲席，令蜀中学风随之大变，为近代四川文化的勃兴培育了一大批新旧学兼通的人才。

综观巴蜀文学的发展，主要凸现了以下几个方面的特点：

一是巴蜀文学的发展具有明显的阶段性。汉、唐、宋是古代巴蜀文学发展的繁荣时期，并在汉赋、唐诗、宋词不同发展阶段独领风骚，往往代表着那个时代我国文学的最高成就。如司马相如及其后继者王褒、扬雄是汉代最著名的赋作家。在唐代中国诗歌发展的黄金时期，李白无疑代表着盛唐诗的最高成就。而宋代苏轼不仅是中国文学史上独一无二的人物，而且与其父苏洵、其弟苏辙一起成为整个中国古代文学史上不可多得的人物[②]。

二是巴蜀文学家具有敢于创新的精神。无论是西汉司马相如、扬雄，唐代陈子昂、李白，宋代苏舜钦、"三苏"，还是元代虞集，明代杨慎，清代李调元、张问陶等，他们都在当时的文学改革和创新中声名远扬，成为那个时代我国赋、诗、文、词领域的佼佼者，其所开创的文风对后世产生了深远影响。

三是巴蜀文人具有豪放不羁、与众不同的性格和浪漫气质，使其创作的作品具有浓厚的浪漫主义色彩。如唐代陈子昂年少时非常任性；李白喜爱舞剑饮酒，一生云游天下；清代李调元性情粗犷，不受约束。巴蜀文人具有叛逆精神，其文学作品也充分体现了豪放不羁的浪漫主义风格。

四是重视文艺思想的创新与艺术表现，强调文学的社会功能，

---

① 参见杨世明：《巴蜀文学史》，巴蜀书社2004年版。
② 李凯：《试论古代巴蜀文学的特征》，《中华文化论坛》1998年第4期。

重视情感的自由抒发。

五是"自古诗人例到蜀"。特别是在古代文化发展鼎盛的唐宋时期,很多外省籍诗人纷纷入蜀,在这里留下了丰富的创作成果,其中最著名的如王勃、卢照邻、高适、杜甫、吴道子、岑参、白居易、刘禹锡、元稹、贾岛、李商隐、韦庄、李珣、孙光宪、黄庭坚、陆游、范成大等。他们的游踪遍布巴蜀大地,对巴蜀文学的发展做出了巨大贡献。[1]

六是巴蜀自古多女作家。如汉代卓文君,唐代薛涛,五代李舜弦、花蕊夫人,明代黄娥,清代林颀、左锡嘉、曾懿等,都是其中的佼佼者。其中唐代薛涛与当时著名诗人元稹、白居易、张籍、王建、刘禹锡、杜牧、张祜等人都有唱酬交往。王建《寄蜀中薛涛校书》诗称道:"万里桥边女校书,枇杷花里闭门居。扫眉才子于今少,管领春风总不如。"[2]

二、历代学者对巴蜀文学文献的编纂及其价值

巴蜀学人素来注重乡邦文献,有编纂地方总集的传统。早在唐代,岑参就开始将有关嘉州诗汇编在一起,命名《嘉州集》[3]。五代时,后蜀赵崇祚编的《花间词》,是我国古代最早的一部词总集,收录温庭筠、皇甫松、孙光宪、韦庄、和凝、薛昭蕴、牛峤、张泌、毛文锡、牛希济、欧阳炯、顾夐、魏承班、鹿虔扆、阎选、尹

---

[1] 以上参见李凯:《试论古代巴蜀文学的特征》,《中华文化论坛》1998年第4期;邱嫦娟:《古代文学中的巴蜀文学探索》,《语文建设》2013年第8期。
[2] 《全唐诗》卷三〇一王建《寄蜀中薛涛校书》,上海古籍出版社1986年版。
[3] (宋)王象之:《舆地碑目》云:"岑参为嘉州时编。"

鹗、毛熙震、李珣等人凡五百首词作。其中除温庭筠、皇甫松、孙光宪之外，都是西蜀的文人，这一群体被称为"花间派"，又称西蜀词派。在后蜀时期，嘉州司马刘赞也编有《蜀国文英》八卷[①]，尽管没有流传下来，但这是见于文献记载的最早对巴蜀文献进行的编纂整理。另外北宋诗人章粲所编《成都古今诗集》六卷，见于《宋史·艺文志》，也没有流传下来[②]。到南宋时，扈仲荣所编《成都文类》是现存蜀中第一部文学总集，该书汇集了"自汉以下，迄于淳熙"有关宋代成都府范围内的诗文共一千四百八十篇，类分十一目，共五十卷，"益之文于兹备矣"[③]。成都作为我国西部地区政治、经济和文化中心，历代有关成都的诗文不计其数，而将其中重要的作品汇为一书则是从《成都文类》开始，内容涉及政治、经济、文化、社会各个方面，具有很高的文献价值。明代杨慎编《全蜀艺文志》，有关成都的部分几乎全钞自《成都文类》。

宋人也重视对前朝和当代巴蜀文学家文集的搜集和整理，其中以李白、苏轼最为突出。如李白集整理方面，宋初乐史裒集有《李翰林集》，凡七百七十六篇。此后宋敏求又多次辑佚，所得"无虑千篇，沿旧目而厘正其汇次，使各相从，以别集附于后，凡赋、表、书、序、碑、颂、记、铭、赞文六十五篇，合为二十卷"。曾巩在京师编校史馆书籍时，曾校正考次李白诗先后，其《李白诗集后序》称"余得其书，乃考其先后而次第之"，可见宋人对李白诗的辑佚、编年都下了很大功夫。苏轼是中国文学史上的奇才，是历

---

① （元）脱脱：《宋史》卷二〇九《艺文志》，中华书局 1977 年点校本。
② （明）曹学佺：《蜀中广记》卷九七，台北商务印书馆 1986 年影印文渊阁《四库全书》本。
③ （明）曹学佺：《蜀中广记》卷九七，台北商务印书馆 1986 年影印文渊阁《四库全书》本。

代研究得最多的文学家。南宋时，不仅编撰苏轼年谱不下十种，而且注释苏集成风，文有郎晔《经进东坡文集事略》、蜀郡吕商隐辑有《三苏遗文》，词有傅干《注坡词》，诗有王十朋《百家注分类东坡先生诗》、施元之与顾景蕃《注东坡诗》等。

到了明代，巴蜀文学文献的整理也受到重视，其中以杨慎所辑《全蜀艺文志》最为有名。《全蜀艺文志》是第一部有关四川全省的诗文选集，共收诗文一千八百七十三篇，有姓氏的作者六百三十一人，选录范围以与蜀地有关为标准，而不论作者是否为蜀人，所收诗文对研究四川社会、经济、文化、风俗具有重要的史料价值。自《全蜀艺文志》以后，有关四川全省的诗文总集还有明杜应芳编《补续全蜀艺文志》、傅振商编《蜀藻幽胜录》等。此外，明代张溥所编中国古代诗文总集《汉魏六朝百三家集》中有汉魏六朝间巴蜀文学家的辑本，如《司马文园集》《王谏议集》《扬侍郎集》《诸葛丞相集》等，使学者得以了解汉魏六朝巴蜀文学作品的概貌，其功不可没。

清代学者对巴蜀文学家的研究和文学文献的整理也取得了重要成果。在巴蜀诗文总集汇编方面，主要有清费经虞编《蜀诗》、李调元编《蜀雅》、陆炳编《蜀游诗钞》、张沆编《国朝蜀诗略》、孙桐生编《国朝全蜀诗钞》、钟登甲编《蜀诗撮要》等。清代学者对巴蜀文学家的研究和诗文集整理方面也成果丰硕，如李调元《李太白年谱》等。其中对苏轼的研究和文集整理成果最为突出。清代是苏轼研究的高峰，更是苏诗研究的高峰。一是苏诗注。不仅整理出版了朱从延《增刊校正王状元集注分类东坡先生诗》、邵长蘅等补注《施顾注苏诗》，而且清人自己注释苏诗成风，先后有查慎行《补注东坡先生编年诗》、翁方纲《苏诗补注》、冯应榴《苏文忠公诗合注》、王文诰《苏文忠公诗编注集成》、沈钦韩《苏诗查注补正》等。二是苏诗评。比较重要的有查慎行《初白庵诗评》中的苏诗评、汪师韩《苏诗选评笺释》、纪昀《评苏文忠公诗》、赵克宜《角山楼苏诗评注汇钞》等。特别是著名学者纪昀，他几乎尽评苏诗。三是清代的诗话、词话、曲话、赋话、四六话特多，其中对苏轼诗、词、文都有很多精彩评论。清末还有一部专评苏诗的诗话，即张道《苏亭诗话》。四是苏轼生平研究。以王文诰《苏诗编注集成总案》为代表，实际上是一部详尽的苏轼年谱。

民国时期，著名版本目录学家、文献学家傅增湘由于担心巴蜀古籍失传、文化断根，也为了"表彰蜀学"，于民国十七年（1928）任故宫博物院图书馆馆长时开始编纂《宋代蜀文辑存》。该书确立了以人物为经、以时代为纬的体例，将宋代蜀中学人在经学、文学、史学等方面的主要成就记录下来，具有明显的地方特色。

在中国古代，有关巴蜀诗文词曲评论的诗话、词话、赋话、曲话类著作也独具特色。诗话、词话是中国古代一种独特的论诗评词的文体，崛起于北宋，它是中国古代诗歌体制特别是唐代律诗高度发展的产物，改变了中国古代文学批评原有的格局。诗话发展到明代，形成了中国诗话发展史上继宋诗话之后第二个高潮，不仅诗话数量多，而且涉及面广。明代诗话的现实批评性、理论阐说性较之宋元有了很大的提高，诗话更加重视有关诗歌创作和诗歌理论问题的评论和探讨，理论色彩进一步增强，除体现"论诗及事"特色的诗话继续发展外，"论诗及辞"的诗话体也得到很大程度的继承和发扬。到了清代，诗话创作的理论色彩进一步增强，诗话"论诗及辞"发展到了极至的高度。除诗话以外，元明清时期，词话、曲话、赋话等形式也在诗话的影响下发展起来。自我国最早的诗话北宋欧阳修《六一诗话》以来，有关诗话、词话、曲话类著作已非常丰富，如题名苏轼《东坡诗话》，南宋许顗《彦周诗话》，元代王若虚《滹南诗话》、陈秀民《东坡诗话录》《东坡文谈录》、钟嗣成《录鬼簿》，明代杨慎《升庵诗话》，清代王士禛《五代诗话》、袁枚《随园诗话》、李调元《雨村诗话》《赋话》《雨村词话》《剧话》《曲话》、王国维《人间词话》《宋元戏曲考》等多达千余种，其中有不少关于巴蜀学者诗词作品的评价①。与此同时，在中国古代，还有专门针对巴蜀地区学者的诗话著作问世，如明曹学佺撰《蜀中诗话》、清王士禛、近代郑方坤删补《两蜀诗话》、清佚名撰《蜀古文词举隅》等。

此外，巴蜀语言文字的研究在中国古代也达到了很高水平。巴蜀方言的历史源远流长。战国以前，巴蜀语言与中原华夏有别，《蜀王本纪》说："蜀左言，无文字。"② 与中原"莫同书轨"③，文字既殊，语言必异。古蜀时期，来自云南和荆楚一带的部落迁徙到川西平原，开始了不同区域的语言交流和民族融合。战国时期，秦人灭蜀，大量移民迁入巴蜀，"蜀人始通中国，言语颇与华同"④。从"秦惠文、始皇克六国，辄徙其豪侠于蜀"⑤，到明末清初湖广

---

① 清代何文焕编《历代诗话》丛书共收录南朝梁钟嵘《诗品》和唐、宋、元、明诗话共二十八种。近代丁福保编《历代诗话续编》在此基础上加以补充，共收录唐代至明代诗话共二十九种。今人周维德编校《全明诗话》、吴文治编《明诗话全编》，其中《明诗话全编》共收录明代诗话七百二十二家，其中已单独成书的明代诗话一百二十余种。对清诗话的搜集整理主要有近人丁福保编《清诗话》、郭绍虞、富寿荪选编《清诗话续编》、张寅彭选编《清诗话三编》、主编《清诗话全编》等。

② （汉）扬雄撰、（明）郑朴辑：《蜀王本纪》，民国年间刻《壁经堂丛书》本。

③ （东晋）常璩：《华阳国志》卷三《蜀志》，清嘉庆十九年（1814）题襟馆刻本。

④ （南朝梁）萧统辑、（唐）李善注：《昭明文选》卷四左思《蜀都赋》，上海古籍出版社1986年点校本。

⑤ （东晋）常璩：《华阳国志》卷三《蜀志》，清嘉庆十九年（1814）题襟馆刻本。

填四川，巴蜀地区经过了大小十数次有规模的移民，从北方的陕西、河南、山西、甘肃到南方的湖南、湖北、江西、福建、广东、广西、云南以及周围的少数民族不断地迁徙到巴蜀地区，蜀语和其他方言区的语言发生大量接触，出现了蜀语与移民所在地区语言并存共享、相互渗透、相互融合的局面。

对于巴蜀方言的整理和研究，最早从汉代就已开始。汉初"蜀地学于京师者比齐鲁焉"①，出现了如司马相如、扬雄、王褒等著名学者，他们的著作为我们研究蜀地方言奠定了重要基础。我国方言著作可以上溯到西汉郫人扬雄所撰《方言》，又名《輶轩使者绝代语释别国方言》，后由晋郭璞作注。该书仿《尔雅》体例，记录了全国广大地域具有地方色彩的词语，成为我国现存第一部研究汉语方言的著作。在此影响下，后世出现了《方言》系列校注、考证、续补著作，如明魏浚《方言据》、陈与郊《方言类聚》、杨大绅《方言考证》，清戴震《方言疏证》、卢文弨《重校方言》、李调元《方言藻》、杭世骏《续方言》、程际盛《续方言补正》、钱绎《方言笺疏》、徐乃昌《续方言又补》、程先甲《广续方言》，民初张慎仪《续方言新校补》《方言别录》（一作《唐宋元明方言》《国朝方言》），今人周祖谟《方言校笺》等。除《方言》外，其他小学类训诂、字书和音韵著作如汉许慎《说文解字》、史游《急就章》、刘熙《释名》，魏张揖《广雅》，晋郭璞《尔雅注》，南朝梁顾野王《重修玉篇》，唐颜师古《匡谬正俗》，宋贾昌朝《群经音辨》、陆佃《埤雅》、佚名撰《广韵》、郑樵《尔雅注》、罗愿《尔雅翼》，明杨慎《俗言》、方以智《通雅》，清黄生《字诂》、吴玉搢《别雅》、姜兆锡《尔雅补注》、张玉书《康熙字典》等著作在反映全国范围内

---

① （东汉）班固：《汉书》卷八九《文翁传》，中华书局1962年点校本。

语言情况的同时，也有关于巴蜀方言的记载。如扬雄《方言》明确标明蜀地方言的有二十条，东汉许慎《说文解字》提到巴蜀名物、方言和风俗有三十余处，汉人解群经，晋郭璞注《尔雅》，南朝梁顾野王《玉篇》，唐僧人玄应和慧琳《一切经音义》，宋代《广韵》《集韵》等，对上古中古蜀语都有零星记载。以上诸书都不是专门的巴蜀方言著作，对唐以前蜀语进行系统搜集和整理的第一人是唐代李商隐。据南宋陈骙等修《中兴馆阁书目》卷一"小学类"记载："《蜀尔雅》三卷，案李邯郸云：唐李商隐采蜀语为之，当必有据。"陈振孙《直斋书录解题》卷三云："《蜀尔雅》三卷，不著名氏。"《通志》卷六三《艺文略第一》、马端临《文献通考》卷一八九《经籍考》、脱脱等《宋史》卷二〇二《艺文志》以及《遂初堂书目》《经义考》《说郛》《通雅》记载相同。从"采蜀语为之"之句可以看出，此书是在蜀地任职的李商隐专门搜集、整理巴蜀方言的著作，将所搜集的巴蜀方言词语仿《尔雅》体例按类编排，再加以解释，成为继扬雄《方言》之后又一部重要的方言著作。惜该书早佚，仅见于前人目录著作中。而明李实《蜀语》是我国现存最早的一部专门记录巴蜀方言词汇的语言学著作，也是我国现存最早的地域方言辞书。李实以蜀地实际语言为依据，记录蜀语词语五百六十余条，除释义、注音外，还考证语源，通过对蜀方言与古今词以及不同区域方言进行比较，分析蜀方言形成、变化和发展的规律及其地域特征[①]，为研究蜀方言史提供了极为宝贵的资料。在其影响下，反映某一地域的方言著作开始涌现，如胡文英《吴下方言考》、范寅《越谚》、孙锦标《南通方言疏证》、罗翙云《客方言》、张慎

---

① 参见蒋均涛：《李实〈蜀语〉简论》，《四川教育学院学报》1994年第1期。

仪《蜀方言》等等，而李实《蜀语》实开荜荦大端①。

继李实《蜀语》之后，清末民初张慎仪《蜀方言》（原名《今蜀俚语类录》）成为又一部研究巴蜀方言的著作。张慎仪，字淑威，号芋圃，成都人。著述丰富，有《诗经异文补释》十六卷、《广释亲》一卷、《厩叟撼笔》四卷、《今悔庵诗》二卷、《今悔庵文》一卷、《今悔庵词》一卷、《尔雅双声迭韵谱》《忍默宧尺牍》等，部分著作汇刊到《箋园丛书》中。其所著《蜀方言》，主要收录见于记载且在当时仍然行用的四川方言词语，一一考其"本字"，注其出处，征引广博。对见于记载而当时口语中已经不用的古蜀俚语，则著录于前二书，不入此编。今人许国泰著《〈蜀方言〉疏证补》，在训释原著词句基础上，综合运用文字、音韵、训诂知识，做了大量的考证工作②。此外，明曹学佺《蜀中广记》、清张澍《蜀典》、近人傅崇榘《成都通览》、唐枢《蜀籁》以及四川地方志中的方言志，多仿效《蜀语》体例，记录和保存了大量四川方言词语，对研究明清蜀语具有重要的参考价值。

三、《巴蜀珍稀文学文献汇刊》的编纂情况

在历史上，巴蜀文坛英才辈出，佳作纷呈，相关研究成果不断问世。

一是综论巴蜀文学的研究著作众多，既有巴蜀文学通论，又有断代巴蜀文学研究。其中代表性论著如杨世明《巴蜀文学史》、谭

---

① 参见汪启明：《"蜀语"名义阐微》，《云南师范大学学报》2009年第1期。
② 参见汪启明、赵静：《中上古蜀语研究三题》，《西南交通大学学报》2008年第6期。

兴国《蜀中文章冠天下：巴蜀文学史稿》、沈伯俊《巴蜀文学大家剪影》、祝尚书《宋代巴蜀文学通论》、房锐《晚唐五代巴蜀文学论稿》、邓经武《二十世纪巴蜀文学》、李怡《中国现代文学的巴蜀视野》《现代四川文学的巴蜀文化阐释》等。

二是对巴蜀文学家的研究成果丰富。从司马相如到王褒、扬雄，从陈子昂到李白、杜甫，从三苏到黄庭坚、陆游，从虞集到杨慎、张问陶，以及高适、薛涛、文同、彭端淑、李调元等，都受到了不同程度的关注。学界出版了一大批研究成果，如熊伟业《司马相如研究》、踪凡《司马相如资料汇编》、舒大刚和蒋宗许《苏过诗文编年笺注》、罗鹭编《虞集年谱》、姬沈育著《一代文宗虞集》、胡传淮著《张问陶年谱》主编《张问陶研究文集》等。在这些研究成果中，对唐宋八大家的"三苏"研究最为突出。自宋以来，有关苏轼的诗文词集就以多种版本广为流传，相关研究成果也最为丰富。在研究方面，国内外学者研究得最多的文学家是苏轼。这些学者中以"三苏"研究专家曾枣庄为代表。他对"三苏"研究倾注了大量心血，出版了《苏诗汇评》《苏词汇评》《苏文汇评》《苏轼评传》《苏洵评传》《苏辙评传》《三苏传》《三苏研究》《三苏文艺思想》《苏东坡词全编》《嘉祐集笺注》《栾城集》《三苏选集》《苏轼诗文词选译》《三苏年谱简编》（附《三苏后代考》《三苏姻亲考》《苏洵年谱》《苏洵诗文系年》）等近二十部研究专著，并与舒大刚主编《三苏全书》，发表相关研究论文百余篇，在"三苏"研究方面取得了一系列开拓性成果，填补了众多研究空白。此外，由张志烈、马德富、周裕锴历时二十余年主编的《苏轼全集校注》是第一部对宋代大文豪苏轼的诗集、词集、文集进行全面校勘、注释、编年、辑佚的大型古籍整理著作，代表了当代苏轼诗词文集整理的最高水平，为苏轼研究提供了一个校勘精良、注释完善、编年准确、评论充分的上佳版本。其他研究苏轼的成果还有朱祖谋《东坡乐府编年》、龙榆生《东坡词编年笺注》、王水照《宋人所撰三苏年谱汇刊》、孔凡礼《苏轼年谱》，曹树铭、郑向恒、唐玲玲、薛瑞生皆有苏词全集注。此外，学界对扬雄、陈子昂、李白、杜甫、张问陶、李调元的研究也取得了可喜成果，出版了一批凝聚作者多年心血的优秀著作，如徐鹏校点《陈子昂集》、罗庸编《陈子昂年谱》、彭庆生《陈子昂诗注》等。在巴蜀现当代文学研究领域，郭沫若、李劼人、巴金、沙汀、艾芜、何其芳等具有全国影响的作家，学术界都有对其比较深入的研究。其中，对郭沫若的研究成果尤为显著。随着相关研究的不断深入，先后成立了一些学术团体，如李白研究学会、杜甫研究学会、苏轼研究学会、郭沫若研究学会、李劼人研究学会等，创办了专门的学术刊物，如《杜甫研究学刊》《郭沫若研究学刊》等。这些学术团体和刊物在团结学界同仁、交流学术信息、促进学术研究方面发挥了十分重要的作用。①

三是对巴蜀文学作品及诗文集整理方面近年来也取得了丰硕成果。如刘琳校点整理《成都文类》，刘琳、王晓波校点《全蜀艺文志》，唐圭璋编《唐宋两代蜀词》，戴安常选编《近代蜀四家词》，许吟雪、许孟青编《宋代蜀诗辑存》，李谊辑校《历代蜀词全辑》及《续编》，李朝正《彭端淑诗文注》《历代巴蜀名媛著作考要》，近代巴蜀诗钞编委会编《近代巴蜀诗钞》，廖永祥纂辑《蜀诗总集》，罗应涛编《巴蜀古文选解》，王朝谦、林惠君编《巴蜀古诗选解》，李劼人研究学会、四川文艺出版社编纂出版《李劼人全集》，舒大刚、杨世文主编《廖平全集》，杨世文、王蓉贵点校《张栻全

---

① 沈伯俊：《关于巴蜀文学研究的一些思考》，四川省中华文化学会网站。

集》,吴洪武编《吴之英诗文集》,成镜深、胡传淮等编《船山诗草全注》等。尤其是吴洪泽有鉴于近代著名藏书家蜀人傅增湘在20世纪初历时十六年编纂而成的巴蜀地方文献总集《宋代蜀文辑存》存在考定作者籍贯、世系,辑补佚文、搜求孤本等方面的不足,在此基础上进一步加以辑补,编成《宋代蜀文辑存校补》,全书一百卷,共收录作者四百五十余人,辑补文章二千六百余篇,涉及思想、政治、军事、经济以及工农业生产等多个方面,不仅对巴蜀断代文献研究打下了坚实基础,而且对提升巴蜀文化研究水平以及推动巴蜀文化建设等方面提供了信实可靠的文献资料。其他如宋代苏舜卿、文同、元代虞集,清代赵熙、刘光第、邹容、吴玉章等人著作近年来也有不少相关诗文选集、诗文校注以及研究论著问世。

尽管目前学术界对历代巴蜀学者部分诗文集进行了校点整理和资料汇编工作,相关研究论著也不断问世,但迄至目前,还没有一部系统搜集、整理有关巴蜀文学文献的大型丛书出版。有鉴于此,四川大学与成都市地方志编纂委员会办公室合作,历时数年,编纂完成《巴蜀珍稀文学文献汇刊》,将历代有关巴蜀诗文总集、巴蜀诗话、巴蜀方言等类著作按照一定体例汇编在一起,为学术界从事相关研究提供方便,巴蜀诗文别集因规模较大,另编出版。

在资料搜集和编纂过程中,一是发现不少有关巴蜀的诗文集仅见于地方志著录,没有流传下来,如清何飞凤《巴蜀薪传集》[①]、

---

① (民国)王禄昌、裴纲修,高观光纂:(民国)《泸县志》卷七,民国二十七年(1938)铅印本。

王清远《巴蜀薪传集》①、杨焕章《锦城文集》②、李天英《川北吟》（《川北吟草》）③、周煌《蜀道吟》（《蜀吟》）④、周庄《峡中吟诗稿》⑤、文尚雅《巴州方言》⑥、丁文灿《游峨诗文集》⑦、刘政焕《巴人曲诗稿》⑧等。二是有关巴蜀诗文集虽有传本，但一时未能搜集到手，如五代花蕊夫人《蜀花蕊夫人宫词》，宋王寀《岷山百景诗》，明范檖《蜀都赋》、刘惟□《使蜀稿》、刘天民《游蜀吟稿》、王士性《入蜀稿》，清杨思圣《蜀吟》、朱松《蜀中草钞》、毛振翔《半野居士诗蜀燕集》《半野居士诗滇蜀集》、张邦伸《蜀诗钞》、李苞《巴塘诗钞》、冯李骅《扬雄〈蜀都赋〉读》、吴嘉诠《使蜀小草》、何绍基《去蜀入秦诗》《峨眉瓦屋游草》、蔡学海《蜀中丛稿》、方浚颐《出蜀记》、沈廷贵《蜀游草》、韩锡之《蜀轺偶吟》、何庆恩《蜀游鸿雪集》、李鸿裔《苏诗便读》、朱铭《四白斋蜀游草》、路朝霖《壬辰蜀道杂诗》、姚桐生《还蜀草》、周之桢《蜀游集》、陈志喆《蜀游草》、杨昌翰《新繁诗略》、杨焕章《新繁

---

① （清）沈远标、吴人杰修，何苏等纂，（嘉庆）《定远县志》卷二八，清嘉庆二十年（1815）刻本。
② （民国）罗兴志等修，杨葆田、孙国藩等纂：（民国）《新修武胜县志》卷八，民国二十年（1931）铅印本。
③ （清）许曾荫等修，马慎修等纂：（光绪）《永川县志》卷八，清光绪二十年（1894）刻本。
④ （清）王梦庚修，寇宗纂：（道光）《重庆府志》卷九，清道光二十三年（1843）刻本。
⑤ （民国）王鉴清等修，施纪云等纂：（民国）《涪陵县续修涪州志》卷一三，民国十七年（1928）铅印本。
⑥ （民国）张仲孝等修，马文灿等纂，余震等续纂：（民国）《巴中县志》第二编《文学》，民国十六年（1927）石印本。
⑦ （清）文良、朱庆镛等修，陈尧采等纂：（同治）《嘉定府志》卷四六，清同治三年（1864）刻本。
⑧ （清）陆为荣等修，熊玉华等纂：（光绪）《内江县志》卷九，清光绪九年（1883）刻本。

诗略续编》、无名氏《浣花阁蜀游近草》、无名氏《蜀乡吟》，民国张寿镛《游蜀草》、黄乐诚《滇蜀游草》、傅增湘《蜀文丛录》、江恒源《蜀游吟草》、贾景德《入蜀杂诗》、吴放《剑门诗集》、张光宇《太乙山人游蜀诗》、无名氏《新都游草》等，待今后出版《蜀藏补编》时加以收录。

巴蜀历代水利发展成就与水利文献述略

中国是有着五千年悠久历史的文明古国，农耕文明发达，为世界文明作出了重要贡献。一方面，农业水利文明是中华文明重要组成部分，保存有众多历代水利文献；另一方面，经济社会发展与水资源匮乏、水生态环境恶化之间的矛盾依然突出，历代水利遗存保护不力、破坏严重的现状依然严峻。因此，将水利安全上升到经济安全、生态安全、国家安全的战略高度，上升到中华民族优秀文化传承、世界文化遗产保护的高度已到了刻不容缓的地步。近年来，随着国家对水资源保护与利用的高度重视，从水的问题入手研究中国社会变迁的水利社会史成为学术界关注的热点。通过对这些水利文献的研究，可以从中探究中国历代水利与社会政治、经济、文化等方面的特点和变化，对发展当代水利事业具有重要的现实意义。

一、巴蜀历代水利事业的发展

在中华水利文明史上，巴蜀水利文明历史悠久，影响深远。早在古蜀时期，蜀地先民在治理洪水过程中，开始了早期的水利活动。根据一系列考古发掘材料证实，从宝墩、芒城、三星堆、成都方池街等城市聚落遗址到明清时期温江、金堂、西昌等旧城址，都已经发现水渠、排水沟、护城河、池堤、水井、水仓等水利遗迹。2014年，在成都温江区发现了一处距今四千年左右的水利设施——护岸堤，这是目前在成都平原发现的最早的史前水利设施。其时代与传说中的大禹治水年代相当，并与此前发现的良渚文化水坝均为目前国内已知最早的史前水利设施。文献传说中的大禹治水"岷山导江，东别为沱"、开明"决玉垒"之后，战国秦蜀守李冰在总结蜀地历代治水经验的基础上，利用科学方法在岷江上游主持修建了举世闻名的渠首工程都江堰水利工程。都江堰水利工程当时被称为"湔堋""大堋"或"湔堰"①。晋左思《蜀都赋》"指渠口以为云门"，就是指"于岷山下造大堋以壅江水，分散其流，灌溉平地"②。关于李冰修都江堰的记载，司马迁《史记》仅寥寥数语："蜀守冰凿离碓，辟沫水之害，穿二江成都之中。"③ 而《华阳国志》则作了详细记载："冰乃壅江作堋，穿郫江、检江，别支流双过郡下，以行舟船。岷山多梓、柏、大竹，颓随水流，坐致材木，功省用饶。又溉灌三郡，开稻田。于是蜀沃野千里，号为'陆海'。旱则引水浸润，雨则杜塞水门，故《记》曰：'水旱从人，不知饥馑，时无荒年，天下谓之天府也。'"④ 李冰将江水引入成都，以便"行舟""溉灌"。随着都江堰水利工程的修建，成都所在的川西平原在汉代就已成为"沃野千里"的"天府之国"。都江堰水利工程是世界水利建设史上的丰碑，直到今天仍然发挥着巨大作用。巴

---

① 《华阳国志·蜀志》云"自湔堰上分穿羊摩江，灌江西""大江自湔堰下至犍为有五津"等，后世又称为都安堰、金堤、楗尾堰。到了宋代，才正式称为都江堰。《太平寰宇记》卷七三："江水称都江水，随江名堰，故称都江堰。"此后，都江堰名称一直沿用至今。
② （明）杨慎：《全蜀艺文志》卷一左思《蜀都赋》，线装书局2003年点校本。
③ （西汉）司马迁：《史记》卷二九《河渠书》，中华书局1959年点校本。
④ （东晋）常璩：《华阳国志》卷三《蜀志》，清嘉庆十九年（1814）题襟馆刻本。

蜀先民创造发明的"深淘滩、低作堰"和无坝引水法，以及已被成都指挥街考古遗址发掘证实的春秋时代就已有竹络笼石筑堤防水之法，至今仍是人类最早、最环保、最有效的水利技术。

李冰除了修都江堰、穿成都二江外，还在南安（今乐山）凿平溷岩以通正水道，在僰道（今宜宾）烧毁"蜀王兵栏"大滩。李冰还对成都地区其他河道进行了治理，如疏通文井江（今成都崇州西河）、白木江（今成都邛崃市南河）以及成都平原北部的洛水和绵水等。《华阳国志》云："冰又通笮道文井江，径临邛，与蒙溪分水白木江，会武阳天社山下，合江。又导洛通山洛水，或出瀑口，经什邡，与郫别江，会新都大渡。又有绵水，出紫岩山，经绵竹入洛，东流过资中，会江江阳。皆溉灌稻田，膏润稼穑。是以蜀川人称郫、繁曰'膏腴'，绵、洛为'浸沃'也。"① 成都地区经过秦国的大力开发，经济得到迅速发展，"居给人足"，人民富裕。秦"擅巴蜀之饶"，为完成全国统一大业准备了雄厚的物质基础。在统一六国的战争中，巴蜀成为秦重要的物质保障和供应基地。

秦汉以后，历代政府和巴蜀地方官员都十分重视水利工程的修建和维护，不仅确立了都江堰岁修制度，而且政府还设立了专门的水利管理机构，积累了丰富的水利管理经验。

两汉时期，巴蜀水利事业继续得到发展。汉景帝时，文翁任蜀郡太守，穿湔江口，兴建引水渠，灌溉郫、繁之田千七百顷，第一次在都江堰灌区扩建引水渠堰。西汉初年，蜀地方政府又开六门水这一岷江右岸引水工程，即《华阳国志·蜀志》"武阳县"条所谓"藉江为大堰，灌郡下，六门"②。武阳在汉晋时相当于今新津、彭

---

① （东晋）常璩：《华阳国志》卷三《蜀志》，清嘉庆十九年（1814）题襟馆刻本。
② （东晋）常璩：《华阳国志》卷三《蜀志》，清嘉庆十九年（1814）题襟馆刻本。

山等地。六门水即开有六条支渠的进水口,这是一座具有两千多年历史的大型水利工程,为通济堰的前身。到唐代,章仇兼琼在此基础上进一步开建通济堰,又经南宋四川安抚制置使李璆"率都刺史合力修复",以及历代地方政府大力整治,使几度衰废的通济堰得以恢复灌溉之利。后汉时,广都人充分利用府河径流,凿"山崖度水,结诸陂池"[1],在广都望川原(今双流牧马山)"穿山崖过水二十里"[2],"凿石开渠,引水过此山脉,灌府河西侧田畴"[3]。任豫《益州记》也记载:"县有望川原,凿石二十里,引取郫江水,溉广都田。"而这一工程的大致开始时间史书也有明确记载,云"后汉所穿凿者"。

六朝时期,国家分裂,社会动荡,朝代更替频繁,社会经济发展缓慢,水利兴修时断时续。不过,当时巴蜀地区大部分时间都处于和平稳定环境,如蜀汉政权为了自身生存和发展的需要,重视水利兴修,尤其是对都江堰水利工程的维护。不仅蜀汉后主刘禅亲自视察都江堰:"后主至湔,登观阪,看汶水之流,旬日还成都",而且还在都江堰设置"堰官",《水经注》记载:"湔堰,又谓之金堤。……诸葛亮北征,以此堰农本,国之所资,以征丁千二百人主护之,有堰官。"[4] 晋代沿续了蜀汉时期政府主导都江堰工程和灌溉管理的政策,在蜀郡下设置蜀渠都水行事、蜀渠平水、水部都督等官,专门负责调度蜀郡所辖郫、繁、江原、临邛、成都、广都等地

---

[1] (北魏)郦道元:《水经注》卷三三《江水一》,《水经注珍稀文献集成》,李勇先、高志刚主编,巴蜀书社 2017 年影印本。
[2] (东晋)常璩:《华阳国志》卷三《蜀志》,清嘉庆十九年(1814)题襟馆刻本。
[3] 任乃强:《华阳国志校补图注》卷三,上海古籍出版社 1987 年版。
[4] (北魏)郦道元:《水经注》卷三三《江水一》,《水经注珍稀文献集成》,李勇先、高志刚主编,巴蜀书社 2017 年影印本。

的灌溉用水，这大大促进了川西平原农业生产的发展，所谓"郫繁曰膏腴，绵洛曰浸沃"①。此外，在蜀汉时期，诸葛亮为提高成都城市防洪能力，于章武年间在成都西北郊主持修建了长达九里的防洪工程——九里堤，用于"捍卫都城，用防水患"，大大提高了成都城市抵御洪水的能力。

唐宋时期，巴蜀水利事业得到进一步发展。一方面，政府主导兴修水利工程得到进一步强化，颁布了一系列水利法令和法规。唐代主管水利的最高机构——水部曾制订水利工程管理法规《水部式》，这是我国第一部水利法规，如果违反，重者处"徒三年"②。各级官员对所在州县水利工程负有管理责任："诸州堤堰，刺史、县令以时检行。"③到了宋代，政府加强各地官员水利兴修和管理职责，颁布了一系列水利法规。王安石熙宁变法时期，宋神宗颁布《农田利害条约》，这是一部较系统的农田水利法。宋代还先后颁布了专门针对都江堰的诏令，对都江堰整修、维护建立起了"岁计修堰""岁终计效"等一套行之有效的岁修制度④，主持岁修成为各级政府官员的主要任务。并"以岁修为中心，建立了水则水位观测规范、象鼻堤岸制作规范、资金材料登记制度、档案管理制度和监察奖励制度"⑤等。

唐宋时期除了政府加强水利立法和制度规范以外，还大力兴修水利，成效显著。一是扩大都江堰灌区范围，并为此修建了新的水利工程，如唐代成都官源渠，温江新源水，彭州导江侍郎堰、百丈

---

① （东晋）常璩：《华阳国志》卷三《蜀志》，清嘉庆十九年（1814）题襟馆刻本。
② （唐）长孙无忌等：《唐律疏议》卷二七《杂律》，中华书局1993年点校本。
③ （宋）欧阳修：《新唐书》卷四六《百官志》，中华书局1975年点校本。
④ （元）脱脱：《宋史》卷九五《河渠志》，中华书局1977点校本。
⑤ 刘冠美、王晓沛主编：《蜀水文化概览》，黄河水利出版社2014年版。

堰，蜀州新津通济堰等。宋代都江堰在唐代基础上又有了更大发展。据《宋史》记载，都江堰从渠首开始，形成了"一派南流于成都，以合岷江""一派由永康至泸州，以合大江""一派流入东川"等三大干渠工程，以及保堂、仓门、将军桥、灌田、雒源、石址、玻瓈、道溪、东穴、投龙、樽下、玉徙等十余条支流。所谓"派别支分，不可悉计"①，形成了一个集灌溉、防洪、运输于一体的网络体系，灌溉遍及导江、永康、郫县、新繁、九陇、崇宁、蒙阳、广汉、温江、新都、成都、华阳等十多个州县。

此外，唐剑南节度使章仇兼琼重新开通疏浚了温江新源水、蜀州新津远济堰、彭山通济堰、眉山通义蟆颐堰等，对巴蜀水利事业作出了重要贡献。眉山青神县在唐代还修建了一座中型无坝引水工程鸿化堰，距今已有一千多年的历史。唐代修建的水利工程还有陵州籍县汉阳堰，绵州神泉折脚堰，龙安云门堰，魏城洛水堰，巴西广济陂渠，资州盘石百枝堰，绵竹罗江茫江堰、杨村堰，剑州阴平利人渠，彭州唐昌沱江支渠，导江侍郎堰、百丈堰、小堰渠，汉州绵竹江堰渠，雒县堤堰，成都官源堰，万岁池堰，眉州青神鸿化堰等②。唐末五代时，眉州刺史张琳还修建都济堰，"自新津之修觉山，浚故址，至眉州西南合于江，溉田一万五千顷，民被其惠"。北宋雍熙年间，地方政府在乐山修建永丰堰和牛头堰，其中永丰堰一名新兴堰、周公堰、郑公堰，清乾隆时因乐山县令江吴鉴筹款重修，更名江公堰。南宋眉山知州、著名理学家魏了翁对早已淤塞的蟆颐堰进行疏浚，恢复了蟆颐堰的灌溉功能。宋代除整修通济堰、蟆颐堰以外，还新修了射洪、三台涪江堤堰，防御洪水侵害。

---

① （元）脱脱：《宋史》卷九五《河渠志五》，中华书局1977年点校本。
② 参见郭声波：《四川历史农业地理》，四川人民出版社1993年版。

唐宋时期，以成都为代表的城市水利建设也取得重大发展。唐贞元元年（785），韦皋任西川节度使，从城西北引内江水入城，凿解玉溪，经城中斜向东南，经大慈寺前流过，然后流入内江。大中七年（853），白敏中任西川节度使，在成都城横贯东西开金水河，解决城内用水困难。唐僖宗乾元年间，高骈任西川节度使，增修罗城，将内江改道，绕城区北面和东面，称清远江，与沿城区南侧的流江（即锦江、外江）相汇，使成都形成二江环抱的城市格局。到五代两宋时期，成都城市经过多次修缮，培筑罗城。北宋初，成都知府刘熙古大力修复被洪水冲坏的城西北郊縻枣堰防洪堤（又称刘公堤、侍郎堤）。近年来在大科甲巷北侧发掘出土大型排水设施、水井等遗址，以及江南馆街排水渠等遗址，说明当时对城内水利设施也进行过改造维修。

元明时期，巴蜀水利的成果主要体现在对都江堰的维护以及水利技术的探索和实践所取得的成果方面。元代秦蜀道按察副使李秉彝、四川肃政廉访使吉当普和赵世延，明代四川按察司水利佥事卢翊、阮朝东、张彦杲、陈鎏、施千祥以及四川彭州知州胡子祺，灌县知县胡光、王来聘，崇宁知县刘守德等主持都江堰维修工程。他们或采用铁石结构，增立铁柱，铸铁牛，砌石鱼嘴加固，以增加其耐久性；或恢复使用传统竹笼卵石结构，对管道建筑结构进行成功探索，为后世治理都江堰积累了丰富经验。明代陈文烛在前人治理都江堰经验的基础上，在其所撰《都江堰记》中提出"问堰口，准牛首；问堰底，寻牛趾"的三字经。明万历年间，绵竹县在石亭江高景关外象鼻山"烧山钻石，开凿堰口"，修建火烧堰，从而形成与早已修成的朱家堰、李家堰等三堰并存的格局，合称为朱李火堰，中华人民共和国成立后称之为前进渠。明代末年，在今乐山市中区和五通桥区境内大渡河右岸引水，修建泊滩堰，与明代修建的楠木堰一道发挥灌溉功能。根据《明史·河渠志》及相关方志记载，明代较有名的渠堰工程还有新津、彭山、眉州的通济堰、彭县万工堰、中江陂塘堰、彰明姚济堰、绵竹官渠堰、嘉定永丰堰、峨眉熊公堰等，主要分布于盆地西部。

到了清代，巴蜀水利事业在前代的基础上取得了更大的发展。主要体现在两个方面：一是巴蜀地区水利建设的范围逐渐向盆周山地扩展，二是巴蜀治水经验的总结取得了重要成果。

明末清初，四川历经了长达数十年的战争破坏。张献忠入川、清朝平定三藩之乱等历史事件中，四川人口锐减，以至"千里无烟，荒如大漠"[1]，"尸骸遍野，荆棘塞途"[2]。为恢复和发展四川经济，清政府早在顺治末年就推行鼓励南北各省人民入川垦殖政策。四川巡抚李国英奏准"招两湖、两粤、闽、黔之民实东西川，耕于野"，颁布奖励移民措施，实行免赋政策。康熙十年（1671），清政府明文规定："各省贫民携带妻子入蜀开垦者，准其入籍。"[3] 康熙二十九年（1690），清政府鉴于"四川民少而地多荒"，制定了《入籍四川例》，规定"凡流寓愿垦荒居住者，将地亩给为永业"[4]，采取各种优惠政策，鼓励移民垦殖。从清康熙至乾隆年间，从湖广、江西、广东、福建、江西、陕西等地移民入川，从事务农或经商而定居下来，形成大规模移民浪潮，前后持续了一百余年，史称"湖

---

① （明末清初）费密：《荒书》，清光绪三十四年（1908）至民国九年（1920）大关唐鸿学怡兰堂刻《怡兰堂丛书·费氏遗书三种》本。

② （明）李馥荣：《滟滪囊》，民国二十七年（1938）双流黄氏济忠堂重校刻本。

③ （清）曾秀翘修，杨德坤等纂：（光绪）《奉节县志》卷九《户口》，清光绪十九年（1893）刻本。

④ （清）常明等修，杨芳灿、谭光祜等纂：（嘉庆）《四川通志》卷六四《食货志》，清嘉庆二十一年（1816）刻本。

广填四川"。随着大量外省移民入川，移民带来的湖广等地先进水利灌溉技术，使川中丘陵、盆周山区和川西高原得到深度开发。

巴蜀地区在大力发展水利的同时，特别注重对治水经验的总结。如清康熙年间，四川巡抚杭爱深知"国以民为本，民以食为天"，所见"历年堰水惟从宝瓶口旁出，非离堆故道"，遂以"治都江堰为急务"，对宝瓶口加以疏浚，使淤塞多年的宝瓶口得到治理。这一时期，成都府绵竹知县王谦言在充分吸收都江堰"深淘滩，低作堰"六字诀治水经验的基础上，因地制宜，针对火烧堰"自石亭江而分，江低而堰高，山流迅急"的特点，总结出"宽砌底，斜结面"的治水方法。他在"堤防疏浚"过程中，加宽加深堤基，放缓堤坡，有效地治理了"石亭江水涨落异常，堰口常致决坏"的水患。同时期，夹江县人在原八小堰基础上修建龙堰，"每一里许，筑土为闸，涌水上田"，又称毗庐堰，1966年更名东风堰，2014年被联合国教科文组织列入首批世界灌溉工程遗产名录。清乾隆年间，彭山县令张凤翥利用锦江水势，在古佛洞金华庵的下府河拦水，用竹笼、条石砌坝，引府河水从右岸入渠，灌溉华阳、仁寿、彭山三县农田，称古佛堰。金堂知州张南瑛究心水利，开普利、龙尾、笕槽诸堰。新都知县曹焜决渠引流，使县西数千亩旱地变成膏腴。绵州知州费元龙开濬鹤堰，灌下游山田数万亩。清道光年间，著名水利专家强望泰先后八次任成都府水利同知，治理都江堰，"周历各堰"，采用"深去江底之碛石，低作笼埂之层数"等方法，成效显著。清光绪初年，四川总督丁宝桢在任期间大修都江堰水利工程，采用"易笼为石"的办法，将工程重点部分变卵石竹笼为条石竹笼，再用铁链联接，用桐油石灰填入缝隙，以加固堤堰，被淤塞的河道也在疏淘之后用"甃石为堤，贯之以铁，加以石灰桐油，补苴罅漏",大大加固了堤堰的防洪能力。

民国时期,巴蜀水利事业发展进入一个新阶段。主要体现在以下三个方面。

一是水利管理机构更加完善。民国二十五年(1936),四川省政府在灌县成立了四川省水利局,直属建设厅,主管全川水政,这是四川省有独立的水利管理机构的开始。全省设立水文站。民国二十四年至二十六年间(1935—1937),卢作孚任四川省建设厅厅长,根据国民政府资源委员会要求,于民国二十五年(1936)1月在四川全省设立了三个水文区:第一区岷江,驻灌县;第二区大渡河、马边河、青衣江,驻乐山;第三区嘉陵江及乌江,驻巴县。三区分别由马郁如、张华、税西恒担任负责人,并分别建立了一批江河水文观测站。此外,成都还设有水利知事,都江堰流域设灌县地方水利工程委员会、四川省都江堰流域堰务管理处等。

二是用科学方法开展水利工程建设。民国时期,一大批留学日本、德国、法国、美国的水利技术专家和国内专家一起参与四川重点江河勘测以及水文、水位站建设和水利兴建工程。如留法学者吴震寰、留德工程师税西恒、留美博士曹瑞芝,以及国内著名水利工程专家郑献征、官兴文、任重、何北衡、万树芳、王洪遇、黄万里等。民国时期,四川省创办有四川工业讲习所、四川省立甲种工业学校,为水利工程建设聚集和培养了一大批专业人才。著名水利专家张沆借鉴欧美先进技术,将都江堰传统工程技术有机结合起来,先后于民国四年(1915)、十二年(1923)、二十二年(1933)对都江堰水利工程进行了三次大规模重建,从而奠定了现代都江堰水利工程的基础。

三是在民国时期除多次重建、维修都江堰水利工程以外,还在洪雅、三台、长寿、泸州等地大兴水利。如在绵竹县绵远河出山处汉旺镇以竹笼、杩槎拦江，左分硼砂堰，右分官渠堰和宋家堰，合称官宋硼堰。民国二十七年（1938），淮河水利委员会委派工程师吴木章带领农田水利第二测量队对原花溪渠进行勘测，并于民国二十八年（1939）成立花溪渠工程处，利用灌区受益户组成的水利协会（负责人沈建章）向川康水利贷款委员会借贷资金，修缮花溪渠。洪雅县政府征调灌区和非灌区十三个乡五千余民工投入施工，历时三年才完成。民国二十七年（1938），郑献征在三台主持修建郑泽堰（一名永和堰），被称为"中华抗战第一堰"。同年，吴震寰参加四川长寿龙溪河水能梯级开发工作，先后完成桃花溪电站设计安装、龙溪河下洞电站水轮机设计，协助江津白沙、北碚高洞等多处电站水轮机设计制造工作。税西恒主持龙溪河梯级水能资源开发，亲自参加设计、施工，先后修建了洞窝、谷西滩、德龙桥梯级小水电站，开四川兴建小水电站的先河。税西恒还参与岷江上游水利考察，提出兴建较大水电站的计划①。中华人民共和国成立后，中国水利事业更是方兴未艾，取得了一系列举世瞩目的重大成就。

  从上可以看出，巴蜀水利文明博大精深。都江堰水利工程已成为世界文化遗产，东风堰也成功入选世界灌溉工程遗产。记载这些水利工程的历史文献有许多保存到现在，成为巴蜀水利文明的历史见证。因此，充分应用历史学、考古学、历史地理学、文献学、民俗学、社会学、人类学、环境水利科学等多学科理论与方法，加强对各个历史时期巴蜀水利文献的研究，对于增强巴蜀人民历史、文化和精神记忆，延续中华优秀传统文化，进一步推动中华优秀传统

---

① 以上有关巴蜀水利方面的内容，主要参引刘冠美、王晓沛主编：《蜀水文化概览》，黄河水利出版社2014年版。

文化的创造性转化和创新性发展，无疑具有重要的现实意义。

二、历代巴蜀水利文献的编纂情况

巴蜀境内河流众多，共有大小河流一千四百余条，号称"千水之省"。除西北白河、黑河由南向北注入黄河以外，其余河流均属长江水系。金沙江、岷江、嘉陵江、沱江、涪江、乌江等皆由盆地边缘山地汇集到盆地底部，并注入浩浩长江之中。宜宾以上河段称金沙江，宜宾至湖北宜昌河段又名川江或蜀江。其中金沙江又称绳水、淹水、泸水，上游为沱沱河，以下称通天河，至玉树以下才称金沙江。它穿行于青、藏、川、滇之间，是一条典型的峡谷型河流。雅砻江，又名若水，是金沙江最大支流。岷江，又称汶江、都江，以《禹贡》"岷山导江"而得名，大渡河、青衣江是岷江重要支流。沱江，又名外江、中江，沿途接纳绵远河、石亭江、湔江等支流后汇入长江。嘉陵江，古称阆水、渝水，沿途纳入白龙江、渠江、涪江，穿"小三峡"于重庆注入长江。乌江是长江南岸最大一级支流。自酉阳县黑獭坝入境，经彭水、武隆，在涪陵城东汇入长江。巴蜀境内长江重要支流还有赤水河、龙溪河、磨刀溪、綦江、大宁河等。

在历史上，有关巴蜀水系和水利文献最早见于《禹贡》"岷山导江，东别为沱"的记载。此后司马迁《史记·河渠书》、班固《汉书·地理志》、郦道元《水经注》等文献都对巴蜀水系及其水利工程有越来越详细的记载。清代著名学者钟登甲将《水经注》原本中有关江水部分内容单独辑录出来，编成《岷江源委》三卷。此书有清光绪十五年（1889）广汉钟氏乐道斋重刊本。另据《隋书》卷三三《经籍志》记载《寻江源记》一卷，无撰者姓氏；又《旧唐书》卷四六《经籍志》有《寻江源记》五卷，南朝宋人庾仲雍撰，二者可能为同一书。这说明唐代以前就曾有人探寻长江之源，可惜此书已经失传，内容不得而知。现存较早记载巴蜀水道的著作应是五代韦庄的《峡程记》，是一部专门关于三峡水道的专著。北宋著名水利专家沈立，字立之，历阳人，仁宗天圣八年（1030）举进士，庆历间知洪雅县事，撰《蜀江志》十卷，《名山水记》三百卷；后签书益州判官，撰《都江记》，嘉祐元年（1056）负责治理塞商湖，此后又参与治理六塔河，著《河防通议》一书，后世治水者悉依为法典。宋代还有两部关于巴蜀水道水利著作，一部是张毚撰的《岷江渠堰谱》（一作《江谱》）十卷，见《宋史·艺文志》著录；另一部据《宋史·河渠志》记载是宋代著名水利专家李圣，真宗咸平年间进士，于大中祥符八年（1015）著《导江形胜图》三卷。他著此书是欲复九河故道，故受到时论重视。另据《宋史新编》著录有《离堆志》十卷，不知作者和时代，可能为宋代学者所著。明代目录文献中仅有杨慎撰《水经补注》一卷，其他尚未找到专门关于巴蜀水道或水利方面的著作。到了清代，有关巴蜀水道和水利方面的著作十分丰富。既有关于全蜀的水利文献，也有关于某一条河流某一流域的水利文献。

随着清代巴蜀地区水利建设的蓬勃开展和人们对治水经验和治水技术的总结，有关巴蜀水道、水利方面的文献十分丰富。

一是巴蜀全域水利文献，有李元《蜀水经》、陈登龙《蜀水考》、朱锡谷《增补全蜀水利考》等。其中《蜀水考》一书对四川江河源流进行了全面考订，它以岷江为经，其余众水为纬，对一些地名和水名加以注释；其内容详实，行文简约。后经朱锡谷、陈一津疏校，补注了大量内容，使原本两卷的规模增加到四卷。作者陈登龙在乾隆年间历任四川天全州知州，青神、雅安等县知县，理塘、建昌同知，为政清廉，重视水利建设，故著是书。乾隆年间，李元历任昭化、仁寿、金堂、南充等地知县，政绩卓著，留心水利，其所著《蜀水经》十六卷。该书全面记述了四川水道的情况，对历代巴蜀江河源流、水系变迁、水利设施等都有较详细的记述，是继郦道元《水经注》之后又一部全面记述巴蜀水道、水利的考订著作，具有重要的史料价值。

二是巴蜀区域性或流域性水道和水利文献，主要有魏源《大金沙江考》、葛荃《川江水利考》、魏用之《新都水利考》、黄懋材《金沙江源流考》、查拉吴麟《江源记》（一作《江源说》）、王柏心《导江三义》、李荣陛《江源考证》、李本忠《平滩纪略》、国璋《峡江图考》、罗筱臣《峡江救生船志》（附《峡江图考》一卷、《行川必要》一卷）、史锡永《峡江滩险志》、傅崇榘《长江水程详记》等。其中如黄懋材博学广识，精通天文测量之学，关注边疆，留心时务，除编绘《五印度全册》《西域回部图》《四川至西藏程途》《云南至缅甸程途》《西辅日记》《印度札记》《西徼水道》《游历刍言》《沪游脞记》等著作以外，还著有《金沙江源流考》一书，对金沙江源流进行考证。而《峡江图考》为蒙古镶黄旗人国璋所著。该书记载宜昌至夔府、夔府至重庆各水道程途，是三峡较早的河道图。

三是水利文献方面，主要以都江堰水利文献为主。如王来通辑、李先立编《灌江备考》，王来通辑《灌江定考》《汇集二王实录》，彭洵纂《灌记初稿》，钱茂辑、王人文删定《历代都江堰功小传》，强望泰《两修都江堰工程纪略》，陈怀仁《川主五神合传》，陈铦《汉州水源册》，佚名《通济堰重订巡河船章程》等。其中如王来通辑《灌江备考》共收录碑记、诗文等三十篇，主要记述都江堰自然概貌、都江堰历史沿革和工程情况、都江堰工程技术与管理、都江堰历代传说故事等方面的内容，是一部研究都江堰水利工程、都江堰水利文化的重要文献。后人将该书与《灌江定考》《汇集二王实录》《川主五神合传》汇刻成《灌江四种》，这些文献都是历代都江堰治水经验总结的重要成果，具有很高的学术研究价值。

民国时期，巴蜀水利建设事业继续发展，有关巴蜀水利的著作也相当丰富。

一是有关巴蜀地区或川滇、川黔、川桂等相近省区水道勘测调查文献，如孙天侠著、孙亚中参订《议兴中国西南诸省水利建筑公堰以增农产商榷书》（一名《西南水利建筑公堰商榷书》），国民政府经济部编《川滇水道查勘报告》《川黔水道查勘报告》《川桂水道查勘报告》等。其中《川滇水道查勘报告》共分为三个部分，第一部分就是《金沙江》。《川黔水道查勘报告》重点记载乌江水道概况、地质、水理、滩险、物产、航运等概况。《川桂水道查勘报告》中收录与巴蜀有关的水道有《岷江航道查勘报告》《大渡河青衣江查勘报告》《查勘马边河水道报告》《金沙江查勘试航报告》《安宁河水道查勘报告》《横江水道查勘报告》《沱江水道查勘报告》《赤水河水道查勘报告》等。

二是反映整个巴蜀地区尤其是川江、嘉陵江水道和水利方面的文献，如邵从燊《四川水利初步计划》，四川省水利局编《四川省水利局测量规则》《四川省水利局水利人员训练所章程》《四川省水利局水工试验所计划》《四川省水利局民国二十九年度工作纲要》《四川省水利局三十一年度灌溉工程计划概要》《四川省水利事业三年计划纲要》《开发四川水利计划大纲》《四川省水利局水文测量法》《四川航道概况》《四川水利资料二百十七种》《四川省水利局文献汇编》《四川水利局简要统计手册》《川江航业略史》《四川省水利局岷江测量报告及整理意见书》《川江调查表》，四川省建设厅《建设通讯》编辑部编《四川之水利特辑》，四川省建设厅秘书室编审股编《四川省水利之进展》，四川省农田水利贷款委员会辑《四川省农田水利贷款委员会资料四种》，四川省政府辑《四川省各县办理堰塘蓄水人员奖惩办法》《四川省各县水利工程协会组织规则草案》，佚名编《四川水利资料》《四川省二十县农田水利调查报告》《四川水道源流简明说》《长江三峡水利工程计划》，马以愚著《嘉陵江志》，林超著《嘉陵江流域地理考察报告》等。

三是反映巴蜀重要区域的水利文献，如成都地区有四川省水利局辑《都江堰水利述要》《民国二十七年四月都江堰堰工讨论会四川省水利局报告》《都江堰治本工程计划纲要》《四川水利工程丛书》（包括《都江堰水利工程述要及其改善计划大纲》《都江堰》等）《都江堰所属各县河流堰渠系统表》《四川省水利局华阳百贤堰工程概况说明书》《华阳水利区工程计划大纲》《都江堰流域各县地方水利工程监工人员训练讲义》《都江堰流域堰务工程困难详情之述要及振兴之计划》《灌县都江堰二王庙前护岸工程计划书》，四川省建设厅第二科辑《四川灌县都江堰灌溉分区图说》，罗骏声、吴鸿仁《蜀西都江堰工志》，官兴文《灌县都江堰流域兴利除害计划书》《函都江堰流域各县水利委员会公函及各县复函》《推广都江堰流域水利计划书》，李仪祉、张任《视察四川灌县水利及岷江航运报告》，张瑛《秦蜀郡太守李冰父子事迹考》，周郁如《都江堰灌溉区域及水量之分配调节述要》，佚名编《都江堰工程沿地统计表》

等。灌县县府编辑室编《灌县游览指南》，民国徐德光编《成都灌县青城游览指南》等书，对都江堰水利工程也有较详细的记载。

再如德阳、绵阳、资阳、眉山、乐山、宜宾地区，民国时期所编水利文献主要有四川省水利局《三台县郑泽堰工程处管道石方土方砂砾方竣工纵断面图》《三台郑泽堰灌溉工程述要》《三台可亭堰灌溉工程计划书》《仁寿苏码头至宜宾合江门临时水平标点图说》《岷江江口宜宾段地形图》《绵阳龙西渠灌溉工程述要》《盐亭县梓江灌溉工程计划》，三台郑泽堰水利工程协会编《三台县郑泽堰建修经过》，以及林思进《绵阳龙西堰记》、王孟良《四川省三台县甘江坝水利灌溉工程概说》、赵玉林《乐至县农田水利述要》、郑肇经等《四川洪雅花溪渠干渠跌水模型试验报告书》、佚名《德阳县嘉池堰书》等。

而重庆地区在民国时期所编重要水利文献主要有四川省水利局编《綦江江概》《綦江蒲河航运整理工程初步计划书》，民国刘声元撰、蒲宇宁绘图《峡江滩险图志》，郑肇经总编纂、姚琢之等编辑《四川长寿桃花溪水电厂暗渠及引水管水流情形之探讨》《四川綦江石溪口花石子滚水坝船闸模型试验报告书》《四川綦江羊蹄峒盖石峒滚水坝模型试验报告书》《四川綦江船闸模型试验报告书》《四川江北郭家沱虹吸溢道模型试验报告书》，佚名编《万县粉田水库干砌石坝工程摄影》等。

中华人民共和国成立后，有关川江航运、内河航道等相关文献也编辑了不少，如中央水利部南京水利实验处编《长江流域水文资料：长江上游区》，四川省计划统计科编《四川省内河航运管理局第一分局统计资料》，四川省内河航运管理局编《四川省内河航运基本情况调查报告》，四川省人民政府水利厅编《四川全省及川西平原水利资料》，四川省交通厅内河局编《四川省内河木船主要运输流向流量表》，四川省水利勘测设计院《四川石砌水工建筑图片集》，川南行署水利局测量队编《乐山江公堰横断面图》，西康省人民政府水利局第二测量队编《西昌安宁渠灌溉工程测量水平标点图说》《安宁河流域水平成果表附水平标点图说》，佚名编《安昌河流域水库扩灌初步规划意见》等，这些文献对研究巴蜀水利都具有十分重要的价值。

此外，还有很多地图文献与巴蜀水道、水利有关。如魏晋时期著名地图学家裴秀所绘《禹贡地域图》《地形方丈图》虽然不存于世，但根据与《禹贡》相关图名推测应该绘有《禹贡》记载的"岷江""沱江"等内容。又据《晋书·裴秀传》记载，晋文帝曾命有司访求"吴蜀地图"，其中蜀地图中很可能绘有巴蜀水道。唐代贾耽绘《海内华夷图》、宋代石刻《禹迹图》《九域图》中也都标有川江等巴蜀水系，但不是专门的巴蜀水系图。

现存最早专门关于巴蜀水道源流图的是相传为北宋著名画家李公麟所绘《蜀川胜概图》。乾隆皇帝在该图题识中说："近得李龙眠是图，古迹历历可数。"认为是李公麟所作。但根据该图所标注的地名考证，不可能是李公麟所绘。如《蜀川胜概图》中标注有"崇庆府界"，而崇庆府原名蜀州，南宋绍兴十四年（1144）以高宗潜藩，升蜀州为崇庆军，孝宗淳熙四年（1177）升为崇庆府，治晋源县（今四川崇州市）。而李公麟生于北宋仁宗皇祐元年（1049），卒于宋徽宗崇宁五年（1106），不可能标注南宋崇庆府地名。这样一来，《蜀川胜概图》的作者非李公麟已确定无疑，也不可能是该卷董其昌题跋中所云"或曰米元章笔"。高士奇跋称："至画中小楷，确为米笔。"根据字体风格推断，认为是米芾所绘。米元章即米芾，也是北宋著名书画家，时人号襄阳漫士、海岳外史，自号鹿门居士，当世有"米癫"之称。米芾是北宋人，根本不可能绘制《蜀川胜概图》。毫无疑问，该图由南宋人绘制或仿制。《蜀川胜概图》从传统的长江发源地岷山画起，经茂州、石泉、永康军、青城山、成都城区、双流、新津、彭山、龙安、眉州、青神后，大跨越式地跨过嘉州、叙州、泸州、渝州、涪州后接忠州、万州、云安、夔州、巫山县结束。通观全图，图中标注历史地名最集中的地区是益州路治所成都府，以及夔州路治所夔州府一带。该图以写意地图加地名标注形式粗略地再现了宋蜀江沿岸名胜古迹的地理布局及其建筑形式，对川渝两地历史地理、历史文化研究有一定参考价值①。

清人无名氏所绘《四川湖北水道图》也是一部重要的巴蜀水道地图。该图原件藏于美国国会图书馆，据说是汉穆尔民国二十三年（1934）购买后存入该馆的。原图没有名称，北京大学李孝聪教授发现后，命名为《四川湖北水道图》。该图绘制时间，根据图中引用清初文献如顾祖禹《读史方舆纪要》、陈祥裔《蜀都碎事》推知，该图绘制于清初。清康熙年间，陈祥裔任成都府督捕通判，收集蜀中故事，编辑而成此书。而《读史方舆纪要》大约在康熙三十一年（1692）成书，当时顾祖禹五十岁左右，完成了这部对后世产生深远影响的历史地理名著。如果再进一步考证该图绘制时间，可以确定在1735年以后。该图中标有宜昌府，旁注"即古夷陵州"。按史书记载，清顺治五年（1648），改"夷陵"为"彝陵"。雍正十三年（1735），升彝陵州为宜昌府，改彝陵县为东湖县，并为宜昌府治

---

① 参见郭声波《〈蜀川胜概图〉岷江上游地名考释》《宋〈蜀川胜概图〉成都平原地名考释》、蓝勇《宋〈蜀川胜概图〉考》、李君鉴《宋〈蜀川胜概图〉奉节段山川名胜考》《〈蜀川胜概图〉创作年代及作者考证》、袁琳《古代山水画中的地域人居环境与地景设计理念——宋〈蜀川胜概图〉（成都平原段）为例》等。

所。从上可知，该图应该绘制于清雍正十三年（1735）以后。该图采用传统山水写意法，形象描绘长江源头岷山至湖北荆州段沿江两岸风貌，以立面的形式展现水道沿岸山川河流、州县城池、城墙建筑、驿站关隘、寺观祠庙、桥梁故宅、岩洞滩峡、亭台楼阁、湖池井泉、宫宅台墓等自然和人文景观。图中文字注记内容十分丰富，尤其对各驿站名称及相间距离标注得最为详细。画面山脉以土黄色调为主，用浅褐色勾画山石形状，或加淡蓝色渲染，略绘植被，远山用深蓝色表示，河水为浅蓝色，用线条勾勒成波纹，激流险滩处有飞溅的浪花。各府州县城墙形制基本相同，标有城门，用深黑色绘制，沿途寺观祠庙、关隘宫宅、亭台楼阁等多绘有相关建筑。地名标于框内，旗帜用黑色绘制。图中所绘诸山表现夸张，众多说明性文字皆题于其上，并注明资料出处，如《资治通鉴》《入蜀记》《吴船录》《四川志》《四川图说》《蜀都碎事》《寰宇考》《方舆纪要》《四川旧志》《荆州记》《名山记》《家语》《博物志》《列仙传》《晏殊类要》《唐明皇家语序》《文选·蜀都赋》《天台王太仆记》以及杜甫、欧阳文忠诗、黄山谷诗等。该图示有东、西、南、北、东北、西南等方位。该图绘制的顺序应是从岷江源头开始，到湖北荆州府结束。随着图幅的展开，大致遵循自西向东的方向。故《水道图》中将"古松驿"标为驿路首站，又在重庆府标注"由重庆北去十二程共八百八十里亦可到成都"也可证明这一点。《水道图》在标注山川方位、地理名称等方面与实际情况部分有出入，甚至错误，如将四川巫山县与湖北荆州交界误写成"四川湖南交界""以下交湖南荆州界""此下湖南省荆州府属之境"等，因为荆州府从来都没有隶属过湖南省，不知是绘图者有意为之，还是出于其他原因。《水道图》还标注"四川"因有四条江而得名，并引《寰宇考》

"岷江、沱江、黑水、白水四大川也"为证，清李元《蜀水经》也认为"川者，水也。四川者，四条水也"，这些都是牵强附会的说法。其实，"四川"得名经历了从"蜀川""两川""三川"到"四川"的几次演变。到了宋代，宋真宗咸平四年（1001），分西川路为东、西两路，分峡西路为利、夔两路，统称益、梓、利、夔四路，一般称为"川峡四路"，又总称为四川路。后遂省文，简称"四川"，从此正式有了"四川"之名。当时任命地方官员也往往称"四川宣抚使""四川制置使"等。而四川称省，始于元代。元世祖至元七年（1270）设置中央行政机构——中书省，全国普遍建行省，是仅次于中央的地方行政机构。元世祖至元二十三年（1286），正式设置四川行中书省，又称四川行省，简称四川省，省会在成都。明太祖洪武九年（1376），将四川行中书省改为四川承宣布政使司。清世祖顺治二年（1645），又恢复四川行省，简称四川省。此后四川省名就一直沿用了下来。尽管该图在山水绘制上较为粗糙，所标注的内容个别之处也有错误，但仍不失为继《蜀川胜概图》之后又一幅重要的蜀江长卷。清末民初，川江轮船公司发起人、江北县人杨宝珊编辑考订的《最新川江图说集成》是继国璋《峡江图考》之后又一部全面反映川江航道最新状况的地图作品，被誉为"三峡航道图的集大成者，体现了用传统方法编绘三峡航道图的最高水平"[①]。

自民国初年至中华人民共和国成立后，有关巴蜀水道、水利等方面的地图还有很多，如民国二十四年（1935）成都迪毅印刷社编印《四川全省分区水陆全图》、民国二十六年（1937）水利工程协会制《彭县湔堰水利工程平面图》、民国二十七年（1938）民国导

---

① 蓝勇：《近代三峡航道图编纂始末》，《近代史研究》1994年第5期。

淮委员会制《綦江水道整理图》、佚名撰《四川水道图说》等。其他有关巴蜀水利水道方面的地图还有《四川省水系地形图》《四川省河流全图》《四川全省分区水陆全图》《金沙江总图》《金沙江源澜沧江源图》《岷江源打冲河源图》《岷江江口宜宾段地形图》《嘉陵江苍溪合川间河道变迁图》《沱江水道图》《彭县湔堰水利工程平面图》《四川省水利局岷江临时水平标点图说》《四川都江堰水道全图》《安昌河凯江流域范围图》《四川省河流测站图》《四川全省及川西平原水利资料》《西康省水利事业工作动态指示图》《川西灌区分布图》《都江堰灌区图》《都江堰岁修工程区域平面图》《都江堰水利全图》《成都平原水利舆图》《岷江下游右岸大马灌区图》《绵阳县水电电力提灌站分布图》《绵阳地区百里渠灌区平面图》《绵阳地区百万立方以上水库及万亩以上灌区工程位置图》《四川省水利局夏家沱流量站平面图》《四川省水利局涪江黑龙嘴流量站附近平面图》《四川省水利局水文测量第三站所辖各河及设置各站形势图》《四川省水利局渠河三汇流量站平面图》等。从以上水利图的内容来看，主要有流域图、水道地形图、灌区分布图、流量站平面图等。这些图部分为四川省水利局等单位绘制，有些则为个人绘制，如《都江堰岁修工程区域平面图比尺》为四川省水利局绘制，民国二十五年（1936）印；《成都平原水利舆图》为陈述彭等于1956年编制。这些水利地图对研究巴蜀水利史具有重要的参考价值。

三、《巴蜀珍稀水利文献汇刊》的编纂情况

巴蜀具有悠久的水利文明史。巴蜀先民创造发明的"深淘滩、低作堰"和无坝引水法，以及已被成都指挥街考古遗址发掘证实的

春秋时代就已有竹络笼石筑堤防水之法，至今仍是人类最早、最环保、最有效的水利技术。李冰创建的"都水"管理系统在秦汉时期推广全国。巴蜀人民创立的水利岁修制度，设置的水利管理机构，总结的水利管理经验，引入的湖广等地先进的水利灌溉技术，对川中丘陵、盆周山区和川西高原的深度开发，充分体现了巴蜀人民创新创造、艰苦奋斗的精神，是巴蜀人民对中国和世界水利文明的重大贡献。

几千年来，巴蜀人民在治水兴利的伟大实践中积累了丰富的经验，留下了大量的水利文献，这是一笔宝贵的精神财富。有鉴于此，四川大学历史地理研究所与成都市地方志编纂委员会办公室经过数年努力，对历代巴蜀水利文献进行系统搜集和整理，并按照一定的体例进行编纂，编成《巴蜀珍稀水利文献汇刊》，这对我们今天更好地总结巴蜀治水思想和治水经验，传播水利文明，无疑具有重要的历史和现实意义。

巴蜀历代旅游发展与旅游文献述略

旅游是人类社会经济发展到一定阶段的产物。虽然作为旅游媒介的旅游业产生于19世纪中期，但旅游作为一种活动或现象却自古有之。商品生产和商品交换的范围和规模进一步扩大，促进和带动了商贸旅行的发展。与此同时，各种非经济目的的旅游活动，如帝王巡游、官吏宦游、士人漫游、宗教朝圣游等以及春节庙会、元宵灯市、清明踏青、端午竞舟、中秋赏月、重阳登高等节庆游乐活动也日渐丰富起来。

一、巴蜀旅游发展的历史

先秦古蜀国时期，古蜀先民已经开通了连接蜀秦之间的"蜀道"，开通了从成都经云南通往东南亚、南亚的"南方丝绸之路"，使当时的商贸旅游随之发展起来。两汉魏晋南北朝时期，巴蜀旅游得到进一步发展。

唐宋时期，巴蜀游乐之风更盛。尤其是两宋时期，随着巴蜀经济的高度发展，都市的日渐繁荣，居民文化生活的不断丰富，使得城市文化较之前更为繁盛，号称"西南大都会"。成都"素号繁丽，万井云错，百货川委。高车大马决骤乎通逵，层楼复阁荡摩乎半空。绮縠昼容,弦索夜声。倡优歌舞,娥媌靡曼,裾连袂属。奇物异产,瑰琦错落,列肆而班市。黄尘涨天,东西冥冥,穷朝极夕,颠迷醉昏。此成都所有也。跂而望山林泉石,不啻楚越之隔,曾得而梦见之哉!"① 这段文字,生动描述了成都城市的繁华景象。成都自然条件优越,气候温润,河湖纵横,古树名木繁多,四季绿树如云,繁花似锦,亭台楼阁、奇花异卉交相辉映,是一座风光旖旎高度园林化的城市。城市富裕安定的生活和浓郁的文化氛围,使人们有雅兴侍花弄草。因锦江而兴的大慈寺、合江园、西园等,都是当时成都官民、文人游赏的最佳去处②。《岁华纪丽谱》记载了宋代成都地区民间游乐风俗和官员邀游活动。该书从正月元日(农历正月初一)开始,直到冬至,按时间顺序记述了成都一年中主要民间节日及其游玩、宴饮等情形。如描写正月十五日上元节灯会观灯,四月浣花佑圣夫人诞生日于百花潭纵观水上竞渡、游江的场景。范成大在宋孝宗淳熙年间任四川制置使、知成都府,其所著《吴船录》记录了他从成都奉召回临安途中沿途见闻,包括名山大川、名胜古迹和民情风俗。淳熙四年(1177),范成大离川前,专程到永康军(今都江堰市)旅游,称赞此地"江自山中出,至此始盛壮""美田弥望,所谓岷山之下沃野者正在此"。他除参观玉垒关、浮云亭等名胜外,还游览了离堆、崇德庙(二王庙)、绳桥等三处景观,特别记载了当地民众隆重举行李冰祭祀的大型民俗活动场景。范成大游青城山,对所见丈人观、长生观孙太古精妙壁画、上清宫道士斋醮步虚仪、上清宫夜晚圣灯留下了深刻的印象。

---

① (明)杨慎:《全蜀艺文志》卷三四李良臣《钤辖厅东园记》,线装书局 2003 年点校本。

② 参见李闻杰:《宋代巴蜀郡圃兴盛及其原因浅析》,《四川民族学院学报》2016 年第 3 期。

明清以来，巴蜀旅游发展迅速。这可从现存大量巴蜀游记和游诗中得到证明。明代福建侯官人曹学佺于万历三十七年（1609）任四川右参政，万历三十九年（1701）升任四川按察使。他在川任职数年，钟爱巴蜀山川名胜，专门著有《蜀中名胜记》一书，另外还撰有《蜀中人物记》六卷、《蜀汉地理补》二卷、《蜀郡县古今通释》四卷、《蜀中风土记》四卷，《蜀中方物记》十二卷、《蜀画记》四卷、《蜀中神仙记》十卷、《蜀中高僧记》十卷、《蜀中诗话记》四卷等。明代另一位大旅游家王士性曾在四川任职，其《五岳游草》《广志绎》对巴蜀山川名胜、物产风俗也有生动的记载。到了清代，随着川江航运的兴盛，进一步带动了巴蜀旅游的发展。

民国以来，尤其是抗日战争时期，四川作为抗战大后方，成都和重庆成为后方重镇，当时"省外来川友人，感于初到成都，人地生疏"，为了让来川的外省人及时了解四川，在这一时期各种旅游和居家指南书籍纷纷编纂出版。如徐德先《成都灌县青城游览指南》重点介绍了成都、灌县、青城山的名胜古迹、游览线路、旅程安排以及旅客须知等，是自助游览成都、灌县、青城山胜迹较为详尽的指南著作。

从巴蜀旅游活动的群体来看，分为两类。一是士人漫游。众多文人墨客，悠游于巴山蜀水，留下了大量山水诗咏。到了唐宋时期，文人雅士漫游旅行更为兴盛。"诗仙"李白"辞亲远游"，行吟南北，而巴蜀山水的壮美景色无疑为他提供了创作题材和灵感。如李白笔下的万里长江是"孤帆远影碧空尽，惟见长江天际流""朝辞白帝彩云间，千里江陵一日还"。他的诗，或抒情，或状景，浪漫豪放，气势恢宏。青城山自成为道教神仙洞府、羽士栖止之地后，不仅高道云集，而且也是文人墨客访幽探胜之地。唐代诗人岑参、钱起、贾岛、吕岩、唐求、章孝标、张令问、杜甫，宋代名人文同、范镇、张咏、赵抃、吕大防、刘知仁、范成大、陆游，近代名人颜楷、谢无量、沈钧儒、徐悲鸿、张大千、冯玉祥、林森、李济深等都曾游览青城山。他们或题壁书匾，或吟诗作画，留下了不少传世佳作。如唐代杜甫"自为青城客，不唾青城地。为爱丈人山，丹梯近幽意"的诗句道出了青城之幽的特色。宋代陆游以"云作玉峰时特起，山如翠浪尽东倾"来赞美青城山。南宋范成大诗"大面峰头六月寒，神灯收罢晓云斑。浮空忽涌三银阙，云是西天雪岭山"，描绘了一幅美丽的青城画卷。近代著名画家徐悲鸿曾寄宿古常道观。常道观巍峨的殿堂、千年银杏古树、暮色中的红墙、海棠溪、集仙桥、朝阳洞、上清宫……都曾激发了他的创作灵感，留下了《紫气东来》《国殇》《青城山风景》等传世佳作。国画大师张大千先后在青城山寓居四年多，作画千余幅。其中《青城山十景》，将山中精华集于一卷，作者对青城山水可谓一往情深。至于嘉州山水，更让人神往。南宋蜀中名士邓谏从有云："天下山水窟有二，曰嘉州，曰桂林。"宋人邵博亦云："天下山水之胜在蜀，蜀之胜曰嘉州，州之胜在凌云寺，寺之南山又其胜也。"李白也盛赞峨眉山，"蜀国多仙山，峨眉邈难匹"。明代周洪谟亦云："三峨之秀甲天下，何须涉海寻蓬莱。"

二是官员宦游。有着"天府之国"美誉的四川，钟灵毓秀，旅游资源十分丰富。历代到巴蜀任职的官员或流寓士人，或溯江而上，或沿蜀道而来，无不饱览巴蜀山川美景，留下大量旅游佳作。如南宋地理学家王象之在四川任长宁军文学，遍览巴蜀山水。在四川期间，就开始着手撰写《舆地纪胜》一书，另著有《巴国考》《蜀国考》《四川风俗形胜考》《蜀山考》《蜀水考》等，其所绘

"《舆地图》十六卷,至西蜀诸郡尤详"[①]。王象之在四川任职期间,曾到过青城县,游览过青城山,还专门对青城山老人村作了考证,王象之《舆地纪胜》云:"大面山之北有老人村,人家其中,与外隔绝,子孙继世,如秦人之桃源……《图经》又云,即老泽也。"这里所谓"老泽",即"獠泽"。《舆地纪胜》对"獠泽"也有专门考证,并引《图经》说:"在青城县北一百三十里。或曰:诸葛亮迁群獠于青城山下,号为獠泽,或云老泽,昔人避难家其中,皆享年寿,如秦人桃源之类,世世寿考,故云老泽,又名老人村。"王象之还引苏轼的话说:"东坡云:'蜀青城山老人村,有五世孙者,道极险远,生不识盐醯,而溪中枸杞根如龙蛇,饮其水,故寿。近岁道稍通,渐能致五味,而寿亦益衰。'"王象之进一步说明老人村就在牡丹坪:"绍兴间,有雷道人见天授隐于青城山之牡丹坪。"《舆地纪胜》还专门列有"牡丹坪老人村诗",将范成大《牡丹坪》诗、吕大防《天师栗》诗以及王溉、唐子真等人的诗汇编在一起。其中王溉诗最有代表性:"山前老泽经行路,百岁翁翁犹健步。非仙非佛非鬼神,不识人间盐与醋。嗜欲既浅天机深,窟宅宜与仙家邻。"老人村多野生牡丹,范成大《牡丹坪》诗云:"十丈牡丹如锦盖,人间姚魏却争春。"王溉诗云:"牡丹树高数十丈,花头盈尺非人间。"又如清初王士禛于康熙十一年(1672)六月典试四川,曾撰有《蜀道驿程记》,作者记录了往返蜀道的沿途见闻。其所经过的路线在四川境内先入保宁府广元县界,次神宣驿,行二十里许,下嘉陵江,经广元县、昭化县、虎跳驿、苍溪县,抵保宁府治阆中县。由阆中陆行,经龙山驿、柳边驿、富村驿、盐亭驿、秋林驿、

---

① (宋)陈振孙撰:《直斋书录解题》卷八,清光绪二十五年(1899)广雅书局刻本。

高山铺、潼川州、建宁驿、中江县、汉州、弥牟镇、新都县，最后至成都。所记内容包括出入蜀道驿站、重要关隘、道里行程、名胜古迹、沿途地名等。如记载五丁峡，"峡口悬崖万仞，阴风飒然。入峡即奔峭四合，猿鸟迹绝……自峡口至五丁关十五里，步步悬绁而上，下峡亦如之"，对"蜀道第一险"作了生动记述。该书对成都武侯祠也有记载，"祠前祀昭烈，后祀武侯，有唐裴晋公碑，柳公绰书。祠西十步即惠陵"。王士禛典试完毕，启程回京，由成都府出发，经双流县、新津县、彭山县、眉州、夹江县，舟行至峨眉县，经犍为、宜宾县、南溪县、江安县、纳溪、泸州、合江县、江津县，入重庆府界。抵重庆府巴县治后，经明月峡、铜锣峡、木洞驿、长寿县、涪州、酆都县、花林驿、忠州、万县、云阳县万户驿、夔州府治奉节县，下瞿唐峡，经巫山县至万流驿，入湖广界。对所过之地名胜古迹和自然景观多有记载。王士禛另一篇关于蜀道的游记《秦蜀驿程后记》，撰写于康熙三十五年（1696）"奉命典四川乡试"之时，距第一次入蜀已过了二十余年。文中同样记载了沿途山水名胜、风土见闻等内容。

再从巴蜀旅游活动的主题来看，也具有两大特点：一是宗教旅游盛行。这是一种以朝觐、求法为目的旅游活动。四川是中国道教发祥地。自东汉末以来道教便开始在四川传播，主要道观有成都青羊宫，青城山的建福宫、天师洞、上清宫，三台云台观等。佛教自两汉之际传入中国后，在四川也得到迅速传播。唐宋以来，四川佛教兴盛。特别是万历年间四川佛教尤盛。在众多佛教寺庙中，成都大慈寺、昭觉寺、文殊院，新都宝光寺，梁平双桂堂，广元皇泽寺，乐山大佛寺，平武报恩寺，峨眉山报国寺、伏虎寺、万年寺、金顶等规模较大。如道教圣地青城山因有张陵传道遗迹，北宋三十代天师张继先曾来青城山朝拜。自虚靖天师张继先以后，江西龙虎山列代张天师赴青城山朝拜祖庭，并为汉天师张陵扫墓成为惯例。唐代著名僧人旅行家玄奘十三岁时出家为僧，唐武德元年（618），玄奘从长安到成都，随宝暹、道基、志振等法师学习佛教经论。武德五年（622）春，玄奘在成都大慈寺律院受具足戒。玄奘在成都四五年间，究通诸部，常在大慈、空慧等寺讲经说法，声名远播。大慈寺悠久的历史、宏大的建筑、精美的壁画、丰富的宝藏吸引了成都士庶前往游观。洪迈《夷坚丙志》说："寺据一府要会，每岁春时，游人无虚日。"五代时期，大慈寺作为成都最大的寺院之一，成为前后蜀主经常顾临的地方。《蜀梼杌》记载，孟知祥明德元年（934）六月，幸大圣慈寺，"观明皇、僖宗御容，宴群臣于华严阁下"；孟昶广政元年（938）上巳日游大慈寺，"宴从官于玉溪院"①。到两宋时期，任职成都的官员，如张咏、田况等亦多次到寺中礼佛游览，以至于寺僧倦于迎接，"唯帅守监司来，始备礼延伫，视他官蔑如也。"② 不止官员，成都一般士庶更喜欢到大慈寺游乐。包括听经礼佛、游寺观画、买物看戏、聚餐饮酒、品茶闲话、观灯赏月、登楼远望、纳凉避暑等。③ 不难看出，古往今来，宗教旅游也是传播文明、交流文化的重要途径。

二是园林旅游成为新的时尚。随着宋代巴蜀城市经济的发展，市民阶层迅速壮大。市民对丰富多彩的城市文化的追求日益强烈，对城市文化娱乐活动表现了前所未有的需要，而郡圃园林的开放为市民提供了重要的活动场所。在开放的园林中，市民可以随意在园

---

① （宋）张唐英撰，王文才校笺：《蜀梼杌校笺》卷四，巴蜀书社1999年版。
② （宋）洪迈：《夷坚志·丙志》卷二《朱真人》，清光绪五年（1879）归安陆氏刻本。
③ 段玉明：《唐宋大慈寺与成都社会》，《宗教学研究》2009年第2期。

内开展游览、饮宴、观戏竞赛等活动。在这样的园林中，市民感到自由舒畅，无拘无束。至少在形式上，巴蜀园林开园体现了高度的平等性，而官府以市民为中心，"与民同乐"的政策也得到了重要体现和升华。对士大夫而言，独赏已不能满足宋代文人的赏玩需求，"与民同乐"才是游赏的最高精神境界。在宋代，群体游园之风正盛，游园的地点不局限于公共园林，私家园林也会向公众开放，尤其是成都更是如此。

巴蜀郡圃作为府州治衙署的重要组成部分，主要为官员提供偃休习射、四时观景、蔬圃稻植、赏花品果、雅集宴饮、倡和题咏的场所。在宋代，郡圃园林往往在寒食、清明节等节日定期向市民开放，纵其游观，成为大众游乐的好去处。

根据《永乐大典》引《江阳谱》记载，宋代泸州郡圃有东园、西园和北园，规模宏大。如泸州郡圃东园即熙春园，"久芜不治"，于是"帅守尚书杨公锄荒洞窒，疏为三径，以畅盘旋。自得礼堂之后得故亭，榜曰抱膝。架桥曰太一莲，以达池亭，亭曰方壶。后复架桥达淇奥，曰八月槎。淇奥之后得书室，移遂志斋颜以揭之。循观音堂而左曰列岫、曰浮月、曰朝阳阁、曰护寒，皆公之所更革也。复自抱膝之左，结茅曰草庐。自草庐直北曰月窟，曰清芬，经达园门曰清风园。又自草庐而左为桃李场，复为日涉，即江阳书院旧址。自桃李场而北，直贯四香亭，夹径为二庵庐，东曰秋岩，西曰春坞"。该圃虽无"径丘寻壑之意"，却有"池台亭榭之美"。

泸州西园与东园相比，更得山川形胜之美，该园为帅守尚书杨昉（字汝明）所辟，"旁通铃干厅，右傍山，后瞰池，有岩壑林麓之状"。自衙署西而入，有东川道院大堂。堂后有荔丹树，"为郡治色品"。其下构自知亭，取杜少陵"红颗酸甜只自知"语，盖言泸、戎之荔丹。翼亭两庑，东庑曰橘中之乐，西庑曰山中之乐。亭后有台，高三寻，备观云物、卜丰歉之用。循台往右，缘石磴而上，越过小桥，有云雨观，取范石湖乐府"借君南定倚栏干，和雨和云仔细看"之语。自观而东，有亭介于园池内水之间，内外水光映澈明了，旧名五柳亭，后更名冰壶亭。自观而南，缘石径拾级而上，在悬崛处有环观亭。自观而下，东会于道院，东有环翠亭，再往东有映红亭。映红亭北面有粹芳亭、锦绣谷。锦绣谷下俯深池，如在岩谷之底。"异木名花，幽篁灵草，牙排棋布，荫匝柯交。"春夏秋冬，四时之景，各有不同。春则有"牡丹海棠""夭桃艳李"，又有"幽兰被径，红药翻阶"。夏季则有"海榴喷火""丹荔含浆"。秋季则有"黄花荐修龄之酒""芙蓉集初服之裳"，又有"丹桂飘香，绿橘登俎"。冬季则有"江梅一色，傲雪欺霜"，游人若于是时"俯栏于浓阴隐映之间，步梯磴于翠阜萦纡之际，撷英揽秀，漱润含芳"，四时之乐，皆有不同。

相较于东园和西园，泸州郡圃北园则更得山川之势。泸州北园在北岩之上，有堂曰北定，取孔明《出师表》中语。堂后有堂曰卧龙堂，上揭楼曰英高。堂后有径，通桃源。自桃源之前，梯山而上曰橘洲。过橘洲，曰道山。过道山而上，得一峰如瓠，榜其顶曰圆峤。自橘洲而西，有特丘，茸小亭，其上名曰蓬丘，又当作小亭，曰无尽藏，尤清邃。该圃"虽无花木之秀，然两江横陈，群岫环列，奇形异态，在在不同，则又非东、西园所能及"。从中可以想象泸州北园在山势迤逦、岷江绕郭、山水交会的自然环境中所体现的园林景观之美①。《舆地纪胜》也记载："北岩，在州治水北，与南定楼相对。旧止小庵，尚书杨公汝明鼎新，创为大刹，又于寺北

---

① （明）解缙：《永乐大典》卷二二一七，中华书局2000年版。

作北园，建北定楼及五峰书院，以为士友会课之所，月书季考，若郡学焉。"①

除泸州外，宋代巴蜀郡圃分布广泛，诸如达州、巴州、洋州、阆州、昌州、顺庆府、隆庆府、雅州、合州、资州、忠州、重庆府、梁山军、长宁军、兴元府、潼川府等都有郡圃。这些郡圃中既有鱼池、溪流、井泉等郡圃园林之美，也有山川形胜之美，如顺庆府郡圃内有九崇山②。昌州郡圃有一处面积很大的鉴湖，围绕湖的周围"亭树对列"③，异香堂、平山堂、香霏霏堂、先春阁、春风台与周围水色天光融为一体。昌州郡圃"以海棠名"，每当海棠盛开，景色更加宜人，让人仿佛置身在"东风袅袅泛崇光，香雾霏霏月转廊"的意境之中。在鉴湖旁有一大片湿地，名芙蓉洲。为方便郡人通行和游观，在鉴湖旁修建了云锦渡，并且"有亭架于墙之两隅"④。像昌州郡圃拥有大面积湖景的还不止一处，如崇庆州西湖"在郡圃，盖皂江之水皆导城中，环守之居，因潴其余以为湖也"⑤。黎州有东湖，在黎州宣抚司治旧州圃，湖方广十丈，芙蓉万枝，锦鳞千尾，架桥其中，揭亭桥上，名唤鱼亭⑥。潼川府流杯池在"府治后圃"，形如琵琶，两股屈曲，长三丈许。该池开创于

---

① （宋）王象之：《舆地纪胜》卷一五三《泸州》，李勇先校点，四川大学出版社2005年版。
② （宋）王象之：《舆地纪胜》卷一五六《顺庆府》，李勇先校点，四川大学出版社2005年版。
③ （宋）王象之：《舆地纪胜》卷一六一《昌州》，李勇先校点，四川大学出版社2005年版。
④ （宋）王象之：《舆地纪胜》卷一六一《昌州》，李勇先校点，四川大学出版社2005年版。
⑤ （明）曹学佺：《蜀中名胜记》卷七，台北商务印书馆1986年影印文渊阁《四库全书》本。
⑥ 《大清一统志·雅州府》，台北商务印书馆1986年影印文渊阁《四库全书》本。

唐天复年间①，属人工创设的景观。普州乐至县圃下有一处天然石洞仙游洞，"可容十许人"②。洋州郡圃山水构成更为丰富多样，既有横湖、冰池、竹坞、荻浦、蓼屿等水景湖岛，也有荼蘼洞、筼筜谷等石洞幽谷景观③。

在宋代巴蜀郡圃中，修建了众多亭台楼阁、轩榭堂馆等，与相应的场景相结合，形成丰富的空间形态，其中洋州郡圃建筑最具代表性。"洋守所居园池在西南诸郡中最为佳绝"，"郡圃亭榭，以二苏、文、鲜于四先生诗文为重"④，其"佳绝之处，过于所闻"⑤。洋州郡圃有书轩、望云楼、天汉台、二乐榭、吏隐亭、霜筠亭、无言亭、露香亭、涵虚亭、溪光亭、过溪亭、披锦亭、禊亭、菡萏亭、寒芦港、野人庐、金橙径、此君庵、南园、北园等⑥。这里每一处建筑名称和建筑形式都恰如其分地起到了点景、点意的作用，并构成了丰富多样的景观形态和文化意境。

五代两宋时期，园林游乐成为新的时尚，以成都园林游为例。五代王、孟偏安成都，大修宫殿院亭，"诸勋贵功臣竞起甲第"⑦，

---

① （宋）王象之：《舆地纪胜》卷一五四《潼川府》，李勇先校点，四川大学出版社2005年版。

② （宋）王象之：《舆地纪胜》卷一五八《普州》，李勇先校点，四川大学出版社2005年版。

③ （宋）王象之：《舆地纪胜》卷一九〇《洋州》，李勇先校点，四川大学出版社2005年版。

④ （宋）王象之：《舆地纪胜》卷一九〇《洋州》，李勇先校点，四川大学出版社2005年版。

⑤ （宋）王象之：《舆地纪胜》卷一九〇《洋州》，李勇先校点，四川大学出版社2005年版。

⑥ （宋）王象之：《舆地纪胜》卷一九〇《洋州》，李勇先校点，四川大学出版社2005年版。

⑦ （宋）李昉：《太平广记》卷四〇九，台北商务印书馆1986年影印文渊阁《四库全书》本。

"台树亭沼，穷极奢侈"①。如后蜀中令赵廷隐起南宅、北宅，千梁万栱，无不奢丽。赵氏园林后枕江渎池，中有二岛屿，遂甃石为池，池中"有岛屿竹树之胜，红蕖夏发，水碧四照，为一州之观"②，四岸皆种垂杨，或植芙蓉，池中种藕，每至夏秋花开，鱼跃柳阴之下，士女拖香肆艳，"看者甚众"③。赵氏园林成为中国第一批定期向民众开放的私家园林，在成都西郊、南郊沿锦江、浣花溪一带已形成长达十余里的园林景观区。

到了宋代，成都园林范围更为扩大，如成都西郊前蜀时的宫廷梅苑，已任人游玩。南宋冯时行就尝说，他在一个腊月冬日，遍邀亲朋好友十五人到成都西郊前蜀梅苑旧址游玩。虽然梅苑已有一百余年，宫阙已颓，但梅树犹存。有的老梅，树荫可覆盖一亩多地，树干因风而开裂，倒仆在地上，曲折盘旋如龙④。除远郊园林外，城内园林更是宋代成都市民的游乐胜处。陆游诗："当年走马锦城西，曾为梅花醉似泥。二十里中香不断，青羊宫到浣花溪。"⑤可见宋代成都园林之多，举凡西园、合江园、东园、中园、赵园、刘园、房季可园、王氏庄、瑶林庄等都是当时著名的官私园林，其中尤以成都西园最为有名，游乐也最盛。西园是宋代成都府路转运司在后蜀权臣故宅的基础上营建的规模最大的园林，也是成都最著名的官府园林。吴中复《西园十咏并序》云："成都西园楼、榭、亭、池、庵、洞最胜者凡十所"。西园有西楼、众熙亭、竹洞、方物亭、

---

① （清）吴任臣：《十国春秋》卷四九《后蜀二》，中华书局1983年版。
② （宋）扈仲荣编：《成都文类》卷三二冯浩《江渎庙醮设厅记》，载《成都旧志》，李勇先主编，成都时代出版社2007年点校本。
③ （宋）李昉：《太平广记》卷四〇九，中华书局1961年版。
④ （明）杨慎：《全蜀艺文志》卷一九冯时行《默林分韵诗序》，线装书局2003年点校本。
⑤ （宋）陆游：《放翁先生剑南诗稿》卷五〇《梅花绝句》，宋刻本。

翠柏亭、圆通庵、琴坛、流杯池、乔楠亭、锦亭诸胜[1]。其中尤以西楼最著,"为成都台榭之冠",充分体现出宋代文人园林与绘画艺术完美结合的特点。吴师孟《重修西楼记》也说:"成都楼观之盛,登览殆遍。独西楼直府寝之北,谨严邃静,非参僚宾客不得辄上。每春月花时,大帅置酒高会于其下,五日纵民游观,宴嬉西园,以为岁事。"西楼建筑壮观,环境清幽,花木繁丽,成为当时成都官吏和士大夫聚会游乐的好去处。自天禧三年(1019)知益州赵稹开西园纵民游观以来,这里成为成都士庶同游的最佳盛地。《岁华纪丽谱》说,宋代成都寒食节,官府"辟园张乐,酒垆、花市、茶房、食肆过于蚕市。士女纵观,太守会宾僚凡浃旬,此最府廷游宴之盛。近岁自二月即开园,逾月而后罢"。甚至"酒人利于酒息,或请于府展其日,府尹亦许之"[2],反映了宋代成都市民休闲娱乐观念的开放。同时,在西园里还可以欣赏到精彩的杂戏表演。杂戏在唐代成都即已繁荣,到宋代,成都杂戏公开演出的规模更大。庄绰《鸡肋编》卷上说:北宋"成都自上元至四月十八日,游赏几无虚辰。使宅后圃名西园,春时纵人行乐。初开园日,酒坊两户各求优人之善者,较艺于府会。以骰子置于合子中撼之,视数多者得先,谓之'撼雷'。自旦至暮,惟杂戏一色。坐于阅武场,环庭皆府官宅看棚,棚外始作高橙,庶民男左女右立于其上如山。每诨一笑,须筵中哄堂,众庶皆嚎者,始以青红小旗各插于垫上为记。至晚,较旗多者为胜。若上下不同笑者,不以为数也"[3]。从中可见

---

① (同治)《重修成都县志》卷一三,载《成都旧志》,李勇先主编,成都时代出版社2007年点校本。
② (元)费著:《岁华纪丽谱》,载《成都旧志》,李勇先主编,成都时代出版社2007年点校本。
③ (宋)庄绰:《鸡肋篇》卷上,中华书局1983年点校本。

成都西园戏剧演出期间士庶同乐的盛况，并首开民间酒商出资、在官府园林举办长达数月的杂戏演出活动的先例，这是唐代成都没有出现的盛况。

《岁华纪丽谱》说："成都游赏之盛，甲于西蜀，盖地大物繁，而俗好娱乐。凡太守岁时宴集，骑从杂沓，车服鲜华，倡优鼓吹，出入拥导。四方奇技幻怪，百变序进于前，以从民乐，岁率有期，谓之故事。及期，则士女栉比，轻裘袨服，扶老携幼，阗道嬉游。或以坐具列于广庭，以待观者，谓之遨床，而谓太守为遨头。"[1] 太守带头游遨，谓之"遨头"，民众带着坐具跟着游乐谓之"遨床"，"遨"是成都游乐文化的主要特征。

北宋中期以后，成都遨游之风更加盛行。宋任正一也说："成都之俗，以游乐相尚。"[2] 张咏在北宋前期曾三任成都地方长官，对蜀中情况有亲身的感受和体会，他在《悼蜀诗》中说，成都"蜀国富且庶，风俗矜浮薄。奢僭极珠贝，狂佚务娱乐。虹桥吐飞泉，烟柳闭朱阁。烛影逐星沈，歌声和月落。斗鸡破百万，呼卢纵大噱。游女白玉珰，骄马黄金络。酒肆夜不扃，花市春渐作"[3]。从该诗的描述中可以看出，宋代成都的游乐生活丰富多彩，不仅有丝竹歌舞，也有斗鸡走马、饮酒赌博，还有郊外踏春，街市观花。游乐不分昼夜，酒肆通宵不闭。游乐之风不仅在地域上扩展到主要的商业街市，而且还表现在居民休闲娱乐在时空上的极大延展上，既

---

[1] （元）费著：《岁华纪丽谱》，载《成都旧志》，李勇先主编，成都时代出版社2007年点校本。

[2] （宋）扈仲荣编：《成都文类》卷四六任正一《游浣花记》，载《成都旧志》，李勇先主编，成都时代出版社2007年点校本。

[3] （宋）扈仲荣编：《成都文类》卷二张咏《悼蜀诗》，载《成都旧志》，李勇先主编，成都时代出版社2007年点校本。

有民俗节日的大众狂欢,也有日常酒楼茶坊娱乐的通宵达旦。宋田况也说,近年来治理蜀地的官吏,都把民众游乐作为政务的一个重要组成部分①。故田况《成都遨乐》诗中多处提到成都"遨游空闾巷""顾此欢娱俗""登舟恣游娱"②。《宋史·吴元载传》也说:"蜀俗奢侈,好游荡,民无赢余,悉市酒肉为声妓乐。"③ 其他诸如成都"俗尚嬉游""家多宴乐"④"岁时游乐""遨头行乐""驰骋游遨"等记载,充分体现了成都游乐文化的独特个性。

两宋时期,成都游乐活动丰富多彩,如春游锦江与浣花溪,以及登山游、寺院游、园林游、赏花游等吸引了众多市民甚至近郊民众参加,形成"遨游空闾巷""车马拥行道"的壮观场面⑤。如每年二月二日踏青节,大地回暖,百花盛开,成都士女纷纷出郊踏青,"络绎游赏,缇幕歌酒,散在四郊"⑥。起初没有固定游乐的地方,历任郡守"虑有强暴之虞,乃分遣戍兵于岗阜坡冢之上立马张望",采取严密的监视和控制措施。后来张咏镇蜀,始撤去戍兵,认为与其"虑有他虞","不若聚之为乐"。于是每逢踏青节,从万里桥开始,为彩舫数十艘,张咏"与郡僚属官分乘之,妓乐数船,

---

① (宋)田况:《浣花亭记》,《全宋文》第 30 册,上海辞书出版社 2006 年点校本。
② (宋)扈仲荣编:《成都文类》卷九田况《成都遨乐》诗,载《成都旧志》,李勇先主编,成都时代出版社 2007 年点校本。
③ (元)脱脱:《宋史》卷二五七《吴元载传》,中华书局 1977 年点校本。
④ (明)杨慎:《全蜀艺文志》卷四五刘锡《至道圣德颂》,线装书局 2003 年点校本。
⑤ (宋)扈仲荣编:《成都文类》卷九田况《成都遨乐诗》,载《成都旧志》,李勇先主编,成都时代出版社 2007 年点校本。
⑥ (宋)江少虞:《宋朝事实类苑》卷六二《风俗杂志》,上海古籍出版社 1981 年影印本。

歌吹前导，命曰游江"①，即"小游江"，"盖指浣花为大游江也"。成都士女"骈集于八九里间，纵观如堵，抵宝历寺桥，出宴于寺内。寺前创一蚕市，纵民交易。嘻游乐饮，复倍于往年"②。从此开启了成都太守率郡府僚属结队游江、百姓聚观的先河。至赵抃任成都守臣后，"彩舫至增数倍"。③ 除二月二日踏青节外，成都其他重要节庆大都在官府的主导下进行。正如韩琦所说，张咏知益州，"蜀风尚侈，好邀乐。公从其俗，凡一岁之内，游观之所与夫饮馔之品皆著为常法，后人谨而从之则治，违之则人情不安"④。成都城市游乐的兴盛，促使官府园林定期向公众开放，客观上反映了宋代官府园林向公共园林过渡的历程，也是宋代大变革时期社会进步的反映⑤。

二、巴蜀旅游文献历代撰述情况

我国旅游文献出现很早，先秦时所撰《穆天子传》（一名《周穆王游行记》），是我国有文字记载以来最早的游记，周穆王也成为我国最早的旅行家。

汉唐时期，旅游文献数量逐渐增多，旅游著作主要以赴西域寻

---

① （宋）陈元靓：《岁时广记》卷一《游蜀江》，台北商务印书馆1986年影印文渊阁《四库全书》本。

② 马蓉等校点：《永乐大典方志辑佚》，中华书局2004年点校本。

③ （元）费著：《岁华纪丽谱》，载《成都旧志》，李勇先主编，成都时代出版社2007年点校本。

④ （宋）韩琦：《安阳集》卷五〇《张公神道碑铭》，明刻安氏校刻本。

⑤ 以上参见李闻杰：《宋代巴蜀郡圃兴盛及其原因浅析》，《四川民族学院学报》2016年第3期。

法礼佛类行记为主，如西晋释道安《释氏西域记》，东晋释法显《佛国记》（又名《法显传》《历游天竺记》）、高居诲《于阗国行程录》，南朝宋竺法维《佛国记》、智猛《游行外国传》、法盛《历国传》，北魏宋云《宋云家记》、僧道荣《道荣传》、僧慧生《使西域记》（一名《慧生行传》），唐玄奘《大唐西域记》、慧超《往五天竺国传》、圆照《悟空入竺记》、王玄策《中天竺国行记》（一名《西国行记》）、杜环《经行记》、常愍《历游天竺记》、佚名《圣地游记述》《往印度行记》等。

在这一时期，有关边疆民族地区游记、名山礼佛游记也开始增多，如三国佚名《东夷诸国行记》，隋裴矩《西域图记》，唐程士章《西域道里记》、达奚通《海南诸番行记》（一名《海外三十六国记》）、袁滋《云南记》、窦滂《云南行记》、刘希昂《南诏使程录》、贾耽《皇华四达记》、李翱《来南录》、李蕃《入蕃道里记》、刘元鼎《使吐蕃经见纪略》、韦齐休《云南行记》、张建章《渤海国记》、王仁裕《入洛记》、顾愔《新罗国记》、章僚《海外使程广记》（一名《高丽国海外使程广记》）、佚名《往五台山行记》《诸山圣迹志》《使吐蕃行记》等。

到了宋代，游记类著作更为丰富，如北宋王延德《西州使程记》（一名《高昌行记》）、辛怡显《至道云南录》、路振《乘轺录》、欧阳修《于役志》、宋敏求《入蕃录》、李复《冯翊行记》、张舜民《郴行录》《南行录》、黄庭坚《黔南道中行记》、李途《青唐录》、赵鼎臣《游山录》、檀林《大理国行程》、蒋概《巴东龙昌洞行记》等。南宋以后，"以文化名胜地理为主要内容、以趋时应景为主要目的的胜览型"①著作大量出现,其中以王象之《舆地纪胜》、祝穆《方舆胜览》为代表。王象之在自序中专门谈及撰述此书的目的:"世之言地理者尚矣,郡县有志,寰宇有记,舆地有记,或图两界之山河,或纪历代之疆域,其书不为不多,然不过辨古今,析同异,考山川之形势,稽南北之离合,资游谈而夸辨博,则有之矣,至若收拾山川之精华,以借助于笔端,取之无禁,用之不竭,使骚人才士于一寓目之顷,而山川俱若效奇于左右,则未见其书,此胜览之编所以不得不作也。"故王象之在《舆地纪胜》一书中专门列有风俗形胜、景物、古迹、仙释、碑记、诗、四六等门类,重视对山川景物、名胜古迹、风俗形胜等内容的记载。当时李壁评价《舆地纪胜》"使人一读便如身到其地,其土俗、人才、城郭、民人与夫风景之美丽,名物之繁缛,历代方言之诡异,故老传记之放纷,不出户庭皆坐而得之,仪父之用心可谓厪矣"。而成书于理宗嘉熙三年(1239)的《方舆胜览》七十卷,体例与《舆地纪胜》类似,门类划分更细,主要有建置沿革、郡名、风俗、形胜、土产、山川、井泉(池井、园池)、堂楼(堂院、楼阁、楼观)、亭榭(园亭、轩榭)、苑圃、馆驿、桥梁、学校、祠庙(祠墓、宗庙)、坛壝、寺观(寺庙、佛寺、宫观、道观)、宅舍、古迹、名宦、人物、名贤、题咏、外邑、四六等目。该书在内容上,着重介绍风土名胜、名人事迹及题咏、四六等内容,文字较《舆地纪胜》简略。吕午对《方舆胜览》大加赞赏:"学士大夫端坐窗几,而欲周知天下,操弄翰墨,而欲得助江山,当览此书,信乎其为'胜览'也。"在这种纪胜兴游风气影响下,南宋游记撰述之风盛极一

---

① 郭声波:《唐宋地理总志从地记到胜览的演变》,《四川大学学报》2006年第6期。

时,其中以范成大、陆游、吕祖谦、周必大、楼钥等人游记最为著名。著作如范成大《吴船录》《揽辔录》《骖鸾录》、陆游《入蜀记》、周必大《乾道庚寅奏事录》《壬辰南归录》《归庐陵日记》《泛舟游山录》、楼钥《北行日录》、吕祖谦《入越录》《入闽录》等。

在宋代,还出现了几部有关西域求法和域外游记著作,对后世产生了重要影响,如纪业三藏《西域行程》、施护《天竺行述》、陈靖《使高丽记》、徐兢《宣和奉使高丽图经》、朱彧《萍洲可谈》、周去非《岭外代答》、赵汝适《诸蕃志》、佚名《蒲甘国行程略》等著作。此外,还有一类出使辽、金、元时所撰写的行记也可看作是游记的一部分,如沈括《熙宁使房图钞》(一作《使契丹图钞》)、张舜民《甲戌使辽录》、陶悦《使北录》、赵良嗣《燕云奉使录》、许亢宗《宣和乙巳奉使行程录》、李若水《山西军前和议奉使录》、郑望之《靖康城下奉使录》、洪皓《使金行程记》、程卓《使金录》、邹伸之《使鞑日录》等著作。

元朝大一统结束了自五代以来长期战乱与分裂的局面。这一时期的游记文献尽管数量不多,但从留下的游记来看,在当时国家大一统局面下,中国人旅游的时空范围空前扩大,一批边疆游、海外游著作相继问世,影响深远,如耶律楚材《西使录》、李志常等《长春真人西游记》、周达观《真腊风土记》、刘郁《使西记》、黎崱《安南志略》、汪大渊《岛夷志略》、周致中《异域志》、张立道《安南录》《云南风土记》、徐明善《安南行记》、佚名《圣武亲征录》等。

明清以来,各类游记至少在千种以上,这些游记文献大致可分为四类:一是区域和边疆游记,如明徐宏祖《黔游日记》、陈诚《西域番国志》、清温睿临《出塞图画山川记》、潘世恩《使滇日记》、张汝南《浙游日记》、李燧《晋游日记》、陈鼎《滇黔纪游》等。二是海外游记，如明马欢《瀛涯胜览》、费信《星槎胜览》、巩珍《西洋番国志》、黄省曾《西洋朝贡典录》、陈侃《使琉球录》、清曾纪泽《出使英法日记》、潘鼎珪《安南纪游》等。三是山水游记，如明王士性《五岳游草》，清袁枚《游桂林诸山记》《游黄山记》等。四是外国人游历中国记，如朝鲜崔溥《漂海录》、洪命夏《燕行录》，日本策彦周良《入明记》，越南阮公基《使臣日录》、邓文启《华程略记》，美国晏打臣《四川旅行记》等。

随着游记一类著作的不断增多，明清以来，开始出现以选编或汇编中外游记的丛书或个人游记集。其中比较著名的有明何镗原辑、王世贞增辑、清吴秋士选编《天下名山游记》，清王泰来辑《天下名山胜景记》、王锡祺《小方壶斋舆地丛钞》，民国劳亦安等编《古今游记丛钞》、胡寄尘编辑《近人游记丛钞》、张英编《本国新游记》、王瀛洲编《漫游志异》、杨荫深等编《古今名人游记选》、中华书局编《新游记汇刊》、姚祝萱编《新游记汇刊续编》、琴石山人编《续天下名山胜景记》、姜亮夫编《游记选》、孙季叔编《中国游记选》、江伯训编《中外新游记》、吴宗慈辑注《庐山古今游记丛钞》等，艺坛画报社还出版了《旅行天地》杂志，收录了大量中外游记文章。中华人民共和国成立后，学界和出版界选编出版了多种游记丛书，如吴丰培《川藏游踪汇编》、刘家平与周继鸣编《古籍珍本游记丛刊》、蒋静编《中国游记精选》、徐中玉编《中国历代游记丛书》、生活书店编译所编《游踪》、戴叔清辑《模范游记文选》、孙季叔编注《中国游记选》、杨晋豪编《青年游记》、中学生社编辑《我的旅行记》、黄九如编《中国十大名城游记》《中国名胜游记》、李书华等著《禹贡学会游记丛书》、吴仲伯编《中国游记选》、董志渊编《我们的游记》等。其中清王泰来辑《天下名山胜景记》收录历代名山游记一百五十四篇。中华书局编《新游记汇刊》为清代及民国年间的游记选编,依行政区域分五十卷,收录游记包括《峨眉山游记》《长江旅行笔记》等一百八十七篇。琴石山人辑《续天下名山胜景记》收录清代山水胜景游记三百九十余篇,分上、下两册,下册有四川部分游记。中学生社编《我的旅行记》收文十四篇,包括许钦文《蜀游杂记》、高觉敷《峨眉之游》有关巴蜀游记的文章。

就历代巴蜀旅游文献来看,数量也十分可观。以历代游记为例,唐以前巴蜀旅游文献以扬雄、左思等《蜀都赋》为代表。唐五代巴蜀游记主要有段成式《游蜀记》、韦庄《峡程记》《蜀程记》。唐朝末年,新罗人崔致远来到四川,其所著《桂苑笔耕集》记载了成都罗城以及彭州、龙州、壁州、绵州等地山水名胜,成为最早记载巴蜀名胜古迹的外国人著作。到了宋代,有关巴蜀游记著作主要以李用和《游蜀记》、陆游《入蜀记》、范成大《吴船录》为代表。其中如陆游《入蜀记》云:"乾道五年十二月六日,得报差通判夔州,以久病未堪远役,至次年闰五月十八日晚始即路,十二月二十七日至夔州,凡途中山川易险、风俗淳漓及古今名胜战争之地无不排日记录。"[①]《四库全书总目提要》也称赞《入蜀记》"叙次颇为雅洁,辨订亦多有根据"[②]。宋范成大《吴船录》二卷,淳熙丁酉(1177),范成大自四川制置使召还,取水程赴临安,随日记所阅历,作成此书,"于古迹形胜言之最悉,亦时有所考验"[③]。而南宋

---

① (清)钱曾撰:《读书敏求记》卷二,清乾隆十年(1745)沈尚杰双桂草堂刻本。
② (清)纪昀等编:《钦定四库全书简明目录》卷六,清乾隆年间刻本。
③ (清)纪昀等撰:《钦定四库全书简明目录》卷六,清乾隆年间刻本。

人（一作李公麟）所绘《蜀川胜概图》则以绘画的形式生动再现了当时蜀江两岸的景物风貌。元代有关巴蜀游记以意大利人马可·波罗《马可波罗行记》为代表，书中关于成都城池、河流、廊桥以及历史传说的记载，证明了马可·波罗亲自来过成都。此外，元代日本人雪村友梅《岷峨集》、高丽李齐贤《益斋乱稿》等，都不同程度地对巴蜀之游作了记载。

到了明代，有关巴蜀游记著作主要有富好礼《入蜀稿》、孟淮《入蜀稿》、黄希宪《入蜀稿》、郝郊《入蜀纪见》、曹学佺《蜀中宦游记》、黄清《蜀游经略》、林有麟《蜀游纪程》、吴运《嘉游记》、杨伯柯《蜀游记》、林培《剑南游记》等。

清代巴蜀游记数量更多，如郎廷槐《宦蜀纪程》、王沄《蜀游记略》、金钺《蜀游日录》、沈镐《蜀游记》、王志沂《汉南游草》、高士魁《蜀游手记》、王鸿朗《游蜀纪程》、潘诵捷《蜀游日记》、姚莹《康輶纪行》、吕烜《楚蜀纪游》、李德仪《使蜀纪程》《蜀輶吟草》、何远庆《松潘纪略》、黄云鹄《彭游纪行》《重游石斗山游记》、张香海《宦蜀纪程》、张习孔《使蜀纪事》、葛忠弼《蜀程偶记》、方象瑛《使蜀日记》、王定柱《滇蜀纪程》、孟超然《使蜀日记》、冯云骧《蜀游稿》、韩锡之《蜀輶偶吟》、何庆恩《蜀游鸿雪集》、苏本洁《蜀道纪闻》、钟灵《川楚纪游》、陶思曾《藏輶随笔》、蒋恺元《赴川日记》、盛大士《游剑门记》、吴涛《游蜀日记》、王培荀《青城游记》、佚名《蜀游偶记》等。

民国时期，巴蜀旅游文献数量众多，内容丰富，如傅崇榘《松潘游记》、黄乐诚《滇蜀游草》、高罗熏《渝游鸿雪》、罗文汉《旅蜀日记》、舒新城《蜀游心影》、刘咸荥《峨眉游草》、徐金源《川边游记》、葛绥成《四川之行》、陈友琴《川游漫记》、王天元《近西游副记》、陈兴亚《蜀游纪略》、罗文汉《旅蜀日记》、庄泽宣《陇蜀之游》、徐心余《蜀游闻见录》、李磊夫《蜀游通信》、江庸《蜀游草》、臧卓《秦蜀旅行记》、舒君实《成都散记》、潘泰封《川康游踪》、冯玉祥《蓉灌纪行》《川南纪游》、周应龙《蜀南游记》、张目寒《渝灌纪游》《蜀中纪游》《川西纪游》《川北纪游》《川南记游》《川东纪游》、任乃强《西康诡异录》、孙诒《蜀行日记》、唐柯三《赴康日记》、吴景洲《蜀西北纪行》、冯石行《蜀行漫记》、张了且《入川纪行》、蒋冬白《新四川》、程裕淇《西康剪影》、鲁儒林《西昌之行》、薛绍铭《黔滇川旅行记》、潘泰封《川康游踪》、汪永泽《川缅纪行》、陈万里《川湘纪行》、章士钊《游泸草》、向尚《西南旅行杂写》、王成敬《川西北步行记》等。其中如傅崇榘《松潘游记》为赴松潘任县知事时沿途见闻。书分二卷,包括由成都至灌县、至龙溪、至东界、至索桥、至板桥、至凤毛、至茂县、至沟口、至大定、至沙湾、至镇坪、至隆昌、至松潘、松潘之现状等十四节。徐金源《川边游记》根据地方文献和民国四年(1915)赴石渠县考察回忆编成。全书二十一编,涉及地理、政治、险要、风俗、宗教、文艺、矿产、建筑、饮食、服饰、制造、动物、植物、菜蔬、名称等内容。曹埃布尔《游川日记》记述由上海乘船入川沿途风景名胜、民情风俗等,书中有大量图片,书后附《旅行途程表》。贺伯辛著《八省旅行见闻录》包括《从宜宾到重庆》《在成都》《旅沪见闻》等五十九篇。庄泽宣著《陇蜀之游》分《西北视察记》《蜀游日志》两部分。其中《蜀游日志》为日记体游记。陈重生著《西行艳异记》为作者民国十三年(1924)与英国传教士韦尔游西川松茂进入川边等游记,内分四川西区情形、西康东部情形、西康西部情形等内容。周俊元《宜渝道上》收录从宜昌到重庆沿途游记，共二十二篇。薛建吾《湘川道上》共收日记体游记三十四篇，记载民国二十九年（1940）随张治中从湖南到重庆旅途见闻。赵君豪编《西南印象》收西南各省记游十七篇，其中有张恨水《重庆旅感录》等。味辛编《新西南游记》收《向新都行进》《古城成都》等游记二十四篇。汪永泽著《川缅纪行》收《渝沪江行散记》《川滇道上》等五篇。易君左等著、潘泰封编《川康游踪》收天涯游子《川东壮游》、髯公《三峡记胜》、林业建《游华严寺》、万峰《金佛山》、刘仁耀《乌尤寺游记》、路易斯（Louis）《川康边境游记》等三十余篇，书后附陈树人《旅川杂诗》五首。陈友琴著《川游漫记》收《江行初写》《巫山县长说巫山》《在成都》《向川北进发中》《昭化与广元》《潼川道中》等二十二篇游记。葛绥成等编著《四川之行》，收葛绥成《四川之行》、刘济群《成都两周记》、许钦文《峨眉山上的景物》三篇游记。王天元著《近西游副记》，该书共三篇，上篇为《自成都起身至迭溪折回》，中篇为《各番部各寺院之游记》，下篇为《游松指南》。陈兴亚著《蜀游纪略》，记民国二十年（1931）到四川旅游情况，书前有风景图片四十余幅，书后附《蜀游打油诗草》五首、高尚志《蜀游吟草原韵》及前人诗共四十七首。黄炎培著《蜀道》分十一章，所收游记包括《入川境以前》《三峡》《自重庆飞成都》《灌县与青城山》《成都第一旬》《川北行》《重庆与北碚》《自内江自流井回成都》《峨眉》《再留成都两旬》《归去来兮》等。段公爽著《入康记》，为康定地区考察游记，包括《雨中别山城》《两种成都人》《雅安一月记》《康定拾零》等二十篇。梁乙真著《蜀道散记》收民国三年（1914）经新都、绵阳至广元，然后顺嘉陵江南下、返渝途中所写日记体游记七十九篇。鲁儒林著《西昌之行》收游记十一篇，记述西昌地区地理、民族、政治、社会、教育、风俗习惯等内容。吴景洲（原题吴瀛）著《蜀西北纪行》共收游记十篇，包括《锦城风物》《益都古迹》《灌县青城之胜》《仁寿之行》《川北各县》《川北归程》《峨眉之游》《乐山之行》《由蓉归渝》等。梁瓯第著《我怎样通过大小凉山》，全书分《到了昭觉》《向大凉山行进》《大凉山的感受》《小凉山》等六部分。冯玉祥著《川西南记游》全书分四部分，共收自流井、威远、荣县、五通桥、嘉定、夹江、眉山、彭山、新津、双流、成都等地游览日记一百零四篇。冯玉祥另一著作《川南记游》共收游记一百二十六篇，如《内江自流井之行》等。程裕淇著《西康剪影》共收游记十一篇，涉及西康沿革、天然景观、民族、经济、交通、宗教诸方面。冯石竹著《蜀行漫记》，收《白帝城巡礼》《重庆旅感录》《成都胜迹》《灌县都江堰游访记》《青城山》《淡写峨眉山》《李庄杂写》《话别成都》等游记八篇。此外，还有外国人撰写的有关巴蜀的游记著作，如英人博拉脱著、林善骧译《中国西部纪游》，分《由扬子江西上到宜昌》《沙市与百里洲》《由嘉定到华山》《在回宜昌的旅途上》《峨眉山》《经上海返国》等十五章。

为方便旅游者了解巴蜀名胜古迹、山水胜景、风土民俗、交通道路等信息，民国时期还编写了许多导游、指南类著作，如民国傅崇榘编《旅渝指南》、郑璧成《四川导游》、莫钟骙《成都市指南》、胡天《成都导游》、嘉陵江三峡建设实验区编《三峡游览指南》、唐幼峰《重庆旅行指南》、杨世才《重庆指南》、社会部重庆社会服务处编《重庆旅居向导》、山川出版社编译所编《成都指南》、徐德光《成都灌县青城游览指南》、刘上焘《峨眉导游详记》、邓少琴《峨眉导游》、程振华《峨山向导》、朱尘根《峨山导游》、徐德光《峨眉导游》、蒋益明《峨眉导游》等等。其中上海商业储蓄银行旅行部编《游川须知》，分启程前之预备、长江轮船、汉口至宜昌轮船、宜昌、川江、重庆、成都等十三章，书后有长江航线和川江航线图。秦季平编《灌县山水》为四川灌县导游手册。友声旅行团编《到四川去》介绍入川旅行团的宗旨、缘起、简章和往返行程安排，以及入川路线、沿线风景名胜、城市、乡镇，水陆交通等状况。嘉陵江三峡乡村建设实验区编《嘉陵江三峡游览指南》分游地纪略、游程大要、旅费船资价目、物产名录等五部分。南泉青年会编《南泉导游》介绍重庆南温泉及游览事项，有图片十一幅。杜若之《旅渝向导》，分入境问俗、登岸、日之夕矣君何在、吃、娱游、风土记等，书后附《重庆市街道图》《各种车船价目表》。灌县县政府编《灌县游览指南》分沿革、名胜区、游览日程等三部分，书中有插图多幅。周家驹编《灌县导游》分总说、古迹名胜、文化、交通、食、住、游览须知等八编，书后附《灌县街道简略图》。北碚管理局编《北碚游览指南》分概述、风景名胜、旅行须知等三部分。此外，在民国时期，科考旅游著作也开始出现，主要有李星学《南川地质旅游指南及南川西部之古生代地质》、李承三《西康地质调查旅行记》等①。

除巴蜀游记文献外，反映巴蜀城市风貌、人文掌故、民情风俗、土特物产等方面的旅游著作也不少，如反映成都和重庆等城市风貌的文献除上面所列举的以外，还有周芷颖《新成都》、民国重庆市政府编《重庆要览》、陆思红《新重庆》、董镜桂《特写陪都》、钱歌川《迁都重庆》、何玉昆《陪都鸟瞰》、周俊元《陪都要览》、司马呀《重庆奇谭》、美国巴齐尔著《重庆什谭》、林如斯《重庆风

---

① 以上参见北京图书馆编：《民国时期总书目》，书目文献出版社1986年至1997年版。

光》、佚名《重庆四郊交通名胜要览》《北碚概况》等。其中如重庆市政府秘书处编辑《重庆市一览》，该书分疆域、气候、户口、官署、学校及教育辅助机关、会社、自来水及电力、医院、团务、交通、名胜古迹、历代名宦纪要、历代名人纪要、补遗及勘误等部分，书前有重庆市地图、交通图、风景图片等十八幅。陆思红《新重庆》分市政沿革、历史上之重庆疆域、新市区、名胜、交通、风俗、生活状况、工商业、物产等二十章，书前有风景照片九幅。吴济生《新都见闻录》，为民国二十七年（1938）重庆旅游观感，分重庆之沿革与简史、山城地形、气候、城区巡礼、市区交通工具、社会花絮、吃在重庆等二十部分。书前有重庆市区图。周俊元编《陪都要览》，分陪都素描、话古、述胜、散记、调查统计、南泉、北碚等七部分，书前有陪都风光图片七幅、街道图、新旧街道对照表。黄克明编《新重庆》分市区概况、风景名胜、文化交通、机关团体等二十一部分，书前有风景照片三幅。贺耀组《重庆要览》分十四节介绍重庆历史沿革、地理环境、行政组织、户口与保甲、社会、警卫、财政、工务与公用、公共卫生、教育与文化、地政、物价与金融、交通、生活供应等。佚名编《重庆风光》分沿革、概况、交通、文化、教育、工业、商业、名胜古迹、医药卫生、体育与娱乐、旅居向导等部分，有地图及照片多幅[1]。

有关巴蜀人文掌故、民情风俗、土特物产的著作主要有东汉赵宁《乡俗记》，蜀汉谯周《巴中异物志》，南朝梁李膺《益州记》，唐段成式《锦里新闻》、张周封《华阳风俗录》，宋杨备恩《蜀都故事》、宋郊《剑南方物略图赞》、郭友直《剑南广记》、宋祁《益部

---

[1] 以上参见北京图书馆编：《民国时期总书目》，书目文献出版社1986年至1997年版。

方物略记》、黄休复《茅亭客话》、句台符《青城山方物志》、孙汝听《梓潼风俗谱》《眉州江乡记》《梓潼古今记》，元费著《成都游宴记》，明何宇度《益部谈资》、曹学佺《蜀中方物记》《蜀中风俗记》，清崔映棠《江津县礼俗志稿》、韩镇阳《蜀州风俗故事》《蜀州余绪》、蔡寿祺《蓉城偶笔》，民国胡颜立《四川省重要物产分布图》、江昌绪《四川省之主要产物》、周子云《眉山资谈》等等。其中宋祁撰《益部方物略记》，因宋祁知益州时，有鉴于沈立所著《剑南方物》二十八种，"按名索实，尚未之尽"，于是遍询西人，又益数十物，遂补其阙遗，共得六十五种，列而图之，而系以赞，并注其形状于赞后，更名《益部方物略记》。今图已佚，惟赞与注存，文词古雅。《岁华纪丽谱》一卷，附《笺纸谱》一卷、《蜀锦谱》一卷，元初费著所撰。费氏官蜀中时，尝撰《成都志》，复作此三篇。《岁华纪丽谱》仿梁宗懔《荆楚岁时记》之体，其首条为总序，以为"成都游赏之盛甲于西蜀，盖地大物繁，而俗好娱乐"，因述太守岁时宴集，尤其以北宋为最盛。至费著时，兵燹之后，早已没有往时游赏之风。于是费著将"元日以至冬至"风俗故事加以追记，从中"可以想承平之遗风焉。《笺纸谱》《蜀锦谱》则以二者皆斯地素所擅名，故并及之。其书皆为一方而作，非时令书及谱录之比也"。明何宇度撰《益部谈资》三卷。何宇度明万历中官夔州府通判，是书所记皆四川山川物产及古今轶事，分上、中、下三卷，以体例不似图经，故署名"谈资"，实亦地志之支流[1]。明陆深撰《蜀都杂钞》，"是编乃其官四川左布政使时随笔札记，凡四十一则，皆蜀中山川、古迹、物产、琐闻之类，颇有证据，故不涉于泛滥"。清陈祥裔撰《蜀都碎事》六卷，陈祥裔康熙中官成都府督

---

[1] [日本]河田罴：《静嘉堂秘籍志》卷一九，日本大正年间静嘉堂铅印本。

提通判,是编即其官成都时所作。该书所载轶事:"或得之典籍,或采之见闻,而考证亦颇精博,至于沿革废兴、山川风土,靡不言之周晰,独其于物产不之及,岂以宋子京已有《益部方物略》一书,故不复载欤?"①

三、《巴蜀珍稀旅游文献汇刊》的编纂情况

《巴蜀珍稀旅游文献汇刊》将历代有关巴蜀珍稀旅游文献汇编在一起,共收录文献三十余种。在编纂体例上,《汇刊》分全境旅游、区域旅游、城市旅游、人文掌故、风俗物产等类,每类之下又按作者时代或出版时间先后顺序排列。每种文献的扉页上注明朝代、作者姓名、书名以及版本等信息。第一册卷首有全书总目,每册有分册目录,为读者检索相关文献提供方便。需要说明的是,有关巴蜀行程记、巴蜀山水志、名胜古迹志、寺观祠庙志以及巴蜀游诗等文献已分别编入《巴蜀珍稀交通文献汇刊》《巴蜀珍稀山水文献汇刊》《巴蜀珍稀名胜古迹文献汇刊》《巴蜀珍稀宗教文献汇刊》《巴蜀珍稀文学文献汇刊》之中,如宋程大昌《嶓冢辨》、彭韶《蜀山川形胜述》,明陆炳《蜀迹辨》,清孙澍、孙锜纂辑《杜主开明前志》(一名《望帝杜宇丛帝鳖令前志》)《岷阳古帝墓祠后志》、潘时彤纂辑《昭烈忠武陵庙志》、罗用霖纂修《重修昭觉寺志》,近代蒙文通《汉㵲亭考》等,读者可对照参阅。还有不少蜀籍学者撰写的巴蜀以外游记著作,如清王正谊《皖游杂录剩存》、王正玺《滇

---

① (清)周中孚:《郑堂读书记补逸》,民国二十九年(1940)商务印书馆《国学基本丛书》铅印本。

游杂存》《黔游杂存》、何如翰《粤西游草》、傅增湘《南岳游记》《北岳游记》《五台山游记》《游中岳记》《塞上行程录》、罗一士《十万程游草》、张维垠《续南游日记》、罗醇仁《中巴纪闻》、顾鸿《游浙诗草》、屈升瀛《二南草》《滇游草》、赵惟熙《宦游诗草初集》《宦游诗草二集》、宋育仁《泰西各国采风记》、沈宗元《西藏风俗记》等，因其内容与巴蜀旅游无关，故不收入《汇刊》中。

巴蜀历代教育发展与教育文献述略

教育为立国之本。巴蜀教育在历史上经历了几次重大转折。从最初蜀人"不晓文字"到汉初文翁在蜀地兴学,设石室讲堂,开全国地方官办学校之先河;从唐宋巴蜀书院的兴起到清末学校教育的革新,巴蜀教育的每一次重大转折都大大地促进了巴蜀教育的发展,从而带动了蜀学的复兴。巴蜀地区历代人才辈出,涌现出了如司马相如、扬雄、谯周、三苏、魏了翁、虞集、杨慎、来知德、彭端淑、李调元、廖平、骆成骧、吴虞、吴玉章等众多杰出人物,都与巴蜀教育的发展密切相关。

一、历代巴蜀教育发展概况

巴蜀教育肇端于西汉初年文翁兴学。汉景帝末年,文翁任蜀郡守,深感蜀郡地处偏僻,犹存"蛮夷风",便决定兴办教育,以改变民风,并率先在成都修建郡学,"教民读书法令",为蜀地培养了大批人才。自司马相如"以文辞显于世,乡党慕循其迹",后有"王褒、严遵、扬雄之徒,文章冠天下,繇文翁倡其教,相如为之师"[1]。在文翁兴学之影响下,蜀地风气大变,"蜀本无学士,文翁

---

[1] (东汉)班固:《汉书》卷二八下《地理志》,中华书局1962年点校本。

遣相如东受《七经》，还教于民，于是蜀学比于齐鲁"①。汉武帝将文翁办学经验向全国推广。从此以后，蜀学开始以成都为中心，很快辐射到整个巴蜀地区②。故常璩在《华阳国志》中说：文翁立学之后，"学徒鳞萃，蜀学比于齐鲁，巴、汉亦立文学。孝景帝嘉之，令天下郡国皆立文学。因翁倡其教，蜀为之始也。"③ 自此以后至隋唐时期，巴蜀地区以郡学、乡、校为代表的官学和民办私学都得到了很大发展。

五代时期，前蜀王建自开国之始，即颁发诏令："国之教化，庠序为先；民之威仪，礼乐为本"，下令在成都建立国子监，恢复州县学校和孔庙。后蜀兴学，不减前蜀。"绍汉庙学，遂勒石为《九经》，又作郡内二县学馆，置师弟子讲习，以儒远人。"④ 其中后蜀宰相毋昭裔在国子监和州县学发展过程中起到了重要作用，正如《资治通鉴》所说："自唐末以来，所在学校废绝，毋昭裔出私财百万营学馆，且请刻版印《九经》。蜀主从之，由是蜀中文学复盛。"⑤

宋元时期，巴蜀教育事业继续发展，官学、私学遍及各地，并涌现出了一批著名的教育家，如魏了翁、虞集等。

宋代建国后，实行重文抑武国策，巴蜀地区教育在前、后蜀基础上得到进一步发展和繁荣。尤其在北宋仁宗时期，范仲淹主持

---

① （西晋）陈寿《三国志》卷三八《蜀志·秦宓传》，中华书局1975年点校本。
② 《成都通史》（第二卷）《秦汉三国（蜀汉）时期》第九章《发达的蜀学》，四川人民出版社2011年版。
③ （东晋）常璩：《华阳国志》卷三《蜀志》，清嘉庆十九年（1814）廖氏题襟馆刻本。
④ （宋）扈仲荣编：《成都文类》卷三一（宋）张俞《华阳县学馆记》，载《成都旧志》，李勇先主编，成都时代出版社2007年点校本。
⑤ （宋）司马光：《资治通鉴》卷二九一，中华书局1987年点校本。

"庆历新政",将精贡举、兴办州县官学作为改革的重要举措,以培养和造就统治者需要的人才。在范仲淹等人的大力推动下,宋仁宗下诏天下"州若县皆立学"。由此,全国掀起了兴办教育的热潮,巴蜀教育在这一时期得到很大发展。其中,成都府学(益州州学)尤为突出,有"郡国之学,最盛于成都"之说,"蜀学(即成都府学)之盛,冠天下而垂无穷者,其具有三:一曰文翁之石室,二曰周公之礼殿,三曰石壁之《九经》"①。四川自西汉文翁创办中国最早的地方官学石室学宫以来,虽屡经战乱,但学宫随毁随建,历代不绝。至北宋皇祐初年,在学宫旧址兴建经史阁。经史阁气势宏大,栋宇雄奥,聚书万卷,宝藏其间。堂中列像追逾百人,皆历代"遵德景行"之人②。至熙宁初年,经史阁建成,正值范仲淹次子范纯仁任成都府路转运使,蜀中士人以为"蜀有学自文翁始",本朝郡县有学自范文正公始,遂以文正公画像为请,并图于经史阁西庑,诸生岁时谒款于前。到哲宗元祐二年(1087),始建范文正公祠堂于礼殿之东,屹然与石室对峙③。南宋时,成都知府席益也说:"蜀儒文章冠天下,其学校之盛,汉称石室、礼殿,近世则'石壁《九经》',今皆存焉。"④南宋蜀籍著名史学家李心传也指出:"郡国之学,最盛于成都。学官二人,皆朝廷遴选,弟子员至

---

① (宋)吕陶:《净德集》卷一四《府学经史阁落成记》,台北商务印书馆1986年影印文渊阁《四库全书》本。
② (宋)扈仲荣编:《成都文类》卷三〇吕陶《经史阁记》,载《成都旧志》,李勇先主编,成都时代出版社2007年点校本。
③ (宋)扈仲荣编:《成都文类》卷三家安国《范文正公祠堂记》,载《成都旧志》,李勇先主编,成都时代出版社2007年点校本。
④ (明)杨慎:《全蜀艺文志》卷三六席益《府学石经堂记》,线装书局2003年点校本。

四百人，他学者亦数百人。"①

在府州县官学蓬勃发展的同时，宋代书院的兴起和发展也有力地促进了巴蜀地区教育的发展和繁荣。"书院是中国历史上一种特殊的教育组织，它具有教育、学术研究和道德教化的社会功能，在各个历史时期培养了社会所需的各种人才，积累了浩瀚的图书典籍，为中国传统文化的繁衍和发展起了积极的促进作用。"② 据著名宋史专家胡昭曦先生考证，按《大清一统志》记载，巴蜀地区书院之名早在蜀汉时就已出现："果山书院，在（顺庆）府城北五里，蜀汉谯周建。"③ 史无佐证。但至迟在唐代巴蜀地区就已出现了几所书院，如张九宗在潼川府城西南书台山上创办书院，"以唐张九宗得名"④。巴州南龛山唐张曙读书处建有丹梯书院，南溪县唐杨发读书处建有南溪书院（一作凤翔书院），大足县也建有南岩书院。宋代以后，四川地区的书院有了很大发展，不仅数量多达二十七所，包括成都华阳县沧江书院，邛州蒲江县鹤山书院，黎州玉渊书院，嘉州洪雅县修文书院，夹江县同人书院，眉州东馆书院，丹棱县巽崖书院，潼川府张九宗书院，郪县云山书院，普州安岳县岳阳书院，蓬州果山书院，梓州盐亭县东台书院、太元书院，合州瑞应山房（濂溪书院前身），泸州州治江阳书院、五峰书院、穆清书院，江安县龙门书院，叙州宜宾县蟠龙书院，富顺县柳沟书院，涪州州

---

① （宋）李心传：《建炎以来朝野杂记》甲集卷一三《蜀学》，台北商务印书馆1986年影印文渊阁《四库全书》本。

② 胡昭曦：《巴蜀历史考察研究》之《近代四川书院与蜀学人才培养》，巴蜀书社2007年六月出版。

③ 《大清一统志》卷六八《顺庆府》，台北商务印书馆1986年影印文渊阁《四库全书》本。

④ （宋）王象之：《舆地纪胜》卷一六三《潼川府》，李勇先校点，四川大学出版社2005年版。

治北岩书院,夔州静晖书院、少陵书院,大宁监凤山书院,长宁军山阴书院,咸淳府龙渠县宏文书院等,而且四川书院在全国书院教育中也名列前茅,在中国书院史上占有重要地位[①]。

元朝建立后,各地学校、书院因经过长期战争破坏,多已毁圮,亟待恢复。蒙古统治者为稳固政权需要,基本上沿袭前代制度,采取笼络汉族士人策略,在恢复和发展生产的同时,重视和发展儒家教育,委派儒官,加强府、州、县学重建,巴蜀地区的教育事业因此得到了一定程度的恢复和发展。兴学校,礼师儒,建夫子庙,一时间"士兴于学"。"振兴文教",也促使巴蜀地区学校教育得到了很大改观。尤其是庙学在这一时期得到进一步发展,同时属于启蒙教育的社学、书塾也成为元代教育的重要组成部分。根据相关学者统计,元代四川一百三十二个路府州县中,共有庙学八十九所,数量位居全国第六位[②]。元朝政府对书院教育相当重视,出台了许多保护、鼓励书院发展的措施,将书院山长、讲学等列为学官,纳入官员铨选、考核、任免范围。再加上宽松的文化管理政策,客观上有利于讲学之风的盛行和书院的创办。不过巴蜀地区自宋末以来遭受严重兵燹,社会经济遭到严重破坏,战后恢复缓慢,到元代中期书院才开始复苏,而且书院数量远少于宋代,尤其是川东地区战争持续时间长、破坏严重,书院更少。当时四川书院主要有汉州绵竹县紫岩书院,潼川府射洪县金华书院,剑州亲民书院,武连驿文贞书院,忠州龙虎书院,成都墨池书院、石室书院等。一些蒙古、女真贵族出于对汉文化的崇敬和尊重,乐于捐资助学,对

---

① 胡昭曦:《四川书院史》之《四川书院的兴起与形成制度》,巴蜀书社2000年版。
② 胡务:《元代庙学:无法割舍的儒家教育链》第三章,巴蜀书社2015年版。

巴蜀书院的恢复和发展起到了一定的推动作用①。

明代学校教育机构仍然分为官学和私学两大类。明朝建立后，明太祖朱元璋就下诏："治国以教化为先，教化以学校为本。京师虽有太学，而天下未兴，宜令郡县皆立学校。"② 明朝于是在南京和北京设立国子监，在地方上设府、州、县学，在一些少数民族地区设立土司儒学，教学内容主要是儒家经典。明代巴蜀各府州县学均在前代原有官学遗址上得到重建，官学在社会上占据主导地位。各地方官不遗余力地兴建府州县学，成绩显著。明代书院与前代相比，不仅在制度上更加完善，而且在数量上成倍增加。到了明中后期，由于政治腐败，吏治废弛，政府对官学经费投入减少，仅支付学官俸禄，其余经费全靠地方筹措。由于官学经费来源得不到保障，大多数官学因经费拮据而陷入困境，学宫大多毁坏。明朝中后期，随着学校教育功能的弱化和学术文化思想的活跃，书院再度兴起。在成化、嘉靖时期出现了一个发展高峰，直到万历十年（1582）政府诏令禁毁书院为止。

就明代巴蜀地区而言，书院经历了发展、繁荣和停滞三个阶段，形式既有官办书院，也有私建书院。明代全国共建的一千二百三十九所书院中，四川就占了九十所，其中著名的有成都大益书院、潜溪书院，保宁府兼山书院、锦屏书院，顺庆府果山书院，夔州府龙池书院，重庆府凤山书院、龙虎书院，叙州府涪翁书院、翠屏书院，马湖府楼山书院，潼川州岳阳书院、武信书院，眉州鹤山书院，邛州鹤山书院，嘉定州东坡书院、子云书院，泸州石岩书

---

① 胡昭曦：《四川书院史》之《四川书院的兴起与形成制度》，巴蜀书社2000年出版。

② （清）张廷玉等编：《明史》卷六九《选举制》，中华书局1974年点校本。

院、雅州月心书院,松潘军民指挥使司筹边书院,等等①。

作为入主中原的统治者,清朝政府十分重视教育的作用。清政府自结束战乱、实现全国统一后,开始重建府、州、县官学、书院、义学,恢复传统教育,开科取士。各省设提督学政一员,作为管理全省教育的最高行政长官。按照清代职官编制,四川省设提督学政一员,掌管四川全省学校政令,监督岁、科两大考试。随着四川社会经济的恢复和发展,教育事业也迅速得到恢复,各地府州县官学纷纷建立,如成都府学、重庆府学、简州州学、华阳县学等。除官学外,清代四川书院在明代基础上得到进一步发展和繁荣,不仅数量众多,而且在办学质量和管理方面与前代相比有了很大改善,书院制度更加完备,书院教育功能得到更大发挥。有清一代,四川共创办书院三百九十四所。在这些书院中,既有官办书院,也有私立书院,著名的官办书院如成都府锦江书院、尊经书院,成都县芙蓉书院、墨池书院,华阳县潜溪书院,重庆渝州书院、缙云书院、东川书院等等,皆由政府出资创办,聘请地方长官或名儒担任或兼任山长(院长),实行较为严格的管理制度。由于官办书院所需经费由政府承担,一般而言规模都较大。此外,还有许多私人创办的书院,多建于名贤遗址,由地方富绅或不愿仕进的大儒创办,比较著名的有涪州北岩书院、绵竹紫岩书院、彰明青莲书院、射洪金华书院等。这些地方都是唐代李白、陈子昂,宋代程颐、张浚,读书、生活和居住过的地方,在此地设书院的主要目的在于表彰前贤,激励后进。

---

① 参见陈世松、李映发:《成都通史》第五卷《元明时期》第九章《学校科举与生员》,四川人民出版社2011年版;胡昭曦:《四川书院史》之《四川书院的兴起与形成制度》,巴蜀书社2000年版。

遍布于四川全省的书院，对四川近代社会政治、经济、文化的发展产生了深远影响，不仅成为后来维新变法的阵地、学术研究的基地和人才培养的摇篮，而且在振兴蜀学、发展蜀学方面起到了积极作用。全省著名蜀学人物如富顺刘光第、宋育仁、李宗吾、雷铁崖，资州骆成骧，合川张森楷，南充张澜，新繁吴虞，彭县尹昌衡，绵竹杨锐，荣县赵熙、吴玉章，名山吴之英，巴县向楚、邹容，剑州李榕，广安杨森、王右木等，他们都是成都锦江书院、尊经书院、芙蓉书院、重庆经学书院、东川书院、嘉定九峰书院、自流井三台书院、炳文书院、旭川书院，广安紫荇书院，江油登龙书院，龙安府匡山书院等培养的精英人物①。

鸦片战争以后，外国列强入侵，民族危机空前加深，中国逐渐沦为半殖民地半封建社会，原来作为传统教育体制的书院已经不能适应社会发展的需要。19世纪七八十年代，以康有为、梁启超为代表的维新派主张维新变法，救国图强，提出重视学校教育、改革旧式教育制度、废止科举、兴办新学等主张。原来以学帖括、习八股为教学内容，以应对科举为目标的书院制度已经不能适应社会发展的需要，而书院长期存在的各种积弊愈益凸显。在维新派人士的大力推动下，光绪二十四年（1898），正在积极准备推行新政的光绪皇帝颁布了《改书院为学校上谕》，光绪二十七年（1901）清廷又颁布《改书院为学堂上谕》，光绪二十八年（1902）清廷发布《钦定学堂章程》（史称"壬寅学制"），这是中国历史上"废科举、兴学堂"的重大举措，也是近代中国第一个完整地向西方学习的新学制。光绪二十九年（1903）又公布修订了《奏定学堂章程》（史

---

① 胡昭曦：《巴蜀历史考察研究》之《近代四川书院与蜀学人才培养》，巴蜀书社2007年版。

称"癸卯学制")。自此以后，包括四川在内的全国各地书院纷纷改为新式学堂或学校。1911年辛亥革命，推翻了清王朝统治，传统的书院教育体制也基本完成了向近代新式学堂迈进的改革，从此延续一千余年的书院制度正式结束[①]。

此外，清代巴蜀各地还创办有数量众多的私塾和义学，成为官办府州县学和书院的重要补充。

唐宋以后，巴蜀地区教育，无论是官办府州县学、书院，还是私学等，都无不与科举制度密切相关。由于科举取士成为朝廷选拔人才的主要途径，因此，各类教育主要围绕科举考试来设置课程。

科举制度是中国历史上考试选拔官员的一项基本制度。它创始于隋朝，确立于唐朝，完备于宋朝，兴盛于明、清两朝，废除于清朝末年。隋朝科举仅开设"秀才""进士"两科。唐朝建立后，科举制度作为新兴的选官制度得到了很大发展。到了宋代，科举考试制度日趋完善和严密。士子通过在地方州府的乡试后，再赴京城参加由礼部主持的省试，最后参加皇帝主持的殿试（廷试）。

对巴蜀地区而言，南宋时期以成都为中心的川陕地区（主要是四川地区）长期存在一种独特的科考形式——类省试，即类同于礼部主持的省试，故简称"类试""四川类省试"。四川类省试实施一百余年来，不仅为国家选拔了一大批治国理政的优秀人才和学术精英，如李焘、李壁、魏了翁等，对维护南宋政权在四川地区的统治、抵御金朝和蒙古的进攻方面起到了重要作用，而且有力地促进了巴蜀地区文化教育事业的发展[②]。

[①] 参见胡昭曦：《四川书院史》之《四川书院的兴起与形成制度》，巴蜀书社2000年版。

[②] 粟品孝：《成都通史》第四卷《五代（前后蜀）两宋时期》第三章《宋朝在成都的特殊统治》，四川人民出版社2011年版。

科举制发展到元代，出现了阶段性的变化。在元代前期，科举废止不行，直到中期才开始恢复，且时断时续。有元一代，共开十六科，录取进士一千一百余人，据（万历）《四川总志》等资料统计，元代共录取四川进士六十余人，尽管数量极少，但通过科举考试脱颖而出了一批优秀人才，如文允中、郭文焕、宇文公谅，其中文允中是元代四川唯一一名状元，由元顺帝亲自策问，授翰林国史院编修，官至四川儒学提举[①]。

明代是中国科举制度发展史上承前启后的重要阶段。从明代开始，科举实行八股文取士，虽"科目沿唐宋之旧，而稍变其试士之法"，专取"士子书及《易》《书》《诗》《春秋》《礼记》五经命题取士"[②]。明代科举考试在程序上具体分为郡试、乡试、会试、殿试等四个阶段。郡试即各府州县举行的考试，将优秀学子送到省城参加乡试。乡试是全国规定在同一时间（子、卯、午、酉年八月）举行的由各地郡试合格者参加的当年在省再进行的考试，合格者称为举人。明代四川乡试在成都举行，共考三场，每隔三天考一场，每场考一天。第一场考"四书"义、经义，第二场考论文、诏、诰、表等，第三场考经史、时务策等。四川乡试每次录取举人一般在二三十人左右。会试由各省举人在乡试后第二年（丑、辰、未、戌年）在京城参加的由礼部举行的考试。而殿试是以皇帝的名义召试会试中合格者进行考试，又称为廷试。殿试合格者称为进士，分一、二、三甲录取。一甲取三名，即状元、榜眼、探花，赐进士及第；二甲录取若干人，赐进士出身；三甲录取若干人，赐同进士出

[①] 参见陈世松、李映发：《成都通史》第五卷《元明时期》第九章《学校科举与生员》，四川人民出版社2011年版。

[②] （清）张廷玉等编：《明史》卷六九《选举志》，中华书局1974年点校本。

身。根据蓝勇、吴德宣、陈国生等学者相关研究统计，自洪武十八年（1385）至崇祯十六年（1643）共二百五十年中，明代四川文举进士共录取一千三百余人至一千四百余人之间[①]。

清代科举制度多沿袭明制，只是各项规定更加详细完备。清代科举考试分为生员考试、举人考试和进士考试三种。参加乡试的考生是生员（秀才），生员在参加乡试之前先要通过本省学政巡回举行的科考和岁试。童生在学校（州县庠生）肄业，按照清政府规定，每三年分别举行岁考（逢丑、辰、未、戌年）和科考（逢寅、巳、申、亥年）各一次，由学政主持，考试分生员、文童、武童考试三种。童生必须经过严格的县试、府试、院试三级考试，成绩优秀者才能被录取为府州县学生员。县试、州试分别由本州知县、知州主持，分级淘汰，精益求精。院试由学政主持，经过两级筛选后按定额录取为府州新生，获得生员（廪生、增生、附生）资格。而廪生、增生、附生在学政主持的复试（岁试和科试）中取得一、二等和三等前五名者才有资格参加省城乡试。而会试是清代科举考试中级别最高的考试，也是清政府选拔人才的主要方式，每三年举行一次，称为"大比""春闱""礼闱"。会试录取者称为贡士，贡士第一名称为"会元"。会试录取的全部进士还要参加由皇帝主持的考试，称为"殿试"，其制与明代相同。下面仅就清代四川乡试略加叙述。

清代乡试通常每三年在各省省城举行一次。由于是在秋季举行，所以又称为秋闱。乡试正榜取中者称举人，此外每正榜五名取

[①] 参见蓝勇：《西南历史文化地理》，西南师范大学出版社1997年版；吴德宣：《明代进士的地理分布》，香港中文大学出版社2009年版；陈国生：《明代四川进士的地域分布及其规律》，《西南师范大学学报》1996年第3期。

副榜一名，亦称副贡。发榜之期在九月，第一名称解元，第二名至第十名称"亚元"。中举者可按科无限期参加礼部会试。

清代乡试时间为三年一科，逢子、卯、午、酉举行，称正科。若遇皇帝万寿、登基等庆典，则增加一次，称恩科。如遇庆典之年适逢正科之岁，则改是年正科为恩科，原正科改在此前或此后一年举行。清代乡试分三场进行。考试内容，清顺治初年规定第一场考《四书》《五经》，用八股文，谓之制义，亦称制艺、时艺、时文。第二场考论一篇，判五道，诏、诰、表择作一道。第三场考经、史、时务策五道。乾隆五十二年（1787）后，改第一场考《四书》文三篇，五言八韵诗一首。第二场考经文五篇。第三场考策问五道，策问内容为经史、时务、政治等。清代举人中式后即取得参加会试的资格。会试在乡试后第二年春天由礼部举行，所以会试又称为礼闱、春闱。参加会试的举人，取中后称为贡士，第一名称为会元。会试后一般要举行复试。经会试、复试和殿试取中者称为进士。殿试是皇帝主持的考试，考策问。参加殿试的是贡士，取中后统称为进士。殿试分三甲录取。第一甲赐进士及第，第二甲赐进士出身，第三甲赐同进士出身。第一甲录取三名，第一名俗称状元，第二名俗称榜眼，第三名俗称探花，合称为三鼎甲。乡试是中国明清科举考试中规模和影响最大的考试，也是竞争最为激烈的考试。明末顾公燮曾说："乡试难而会试易。乡试定额，科举三十名中一人，不过二三千人入场。""至于会试，进士有三百余人，其途宽矣"，故有"金举人银进士"之说[①]。如清光绪二十九年（1903）癸卯四川恩科乡试，当年参加乡试的考生有一万二千余人，录取九

---

① （清）顾公燮：《丹午笔记》，载《江苏地方文献丛书》，江苏古籍出版社1985年点校本。

十四人，录取率约为0.78%①。根据规定，清代乡试是一种全国统一组织的考试，统一时间，统一考试大纲，除顺天乡试《四书》题和帖试题由皇帝钦命外，其余考试内容由各省主考、同考官命题。

明清两代不断有人抨击八股取士不能选拔人才。鸦片战争后，清王朝处于内忧外患之中，迫切需要经世应变之才以维持其统治，而八股取士的科举制度已经不能适应时代发展的需要。当时西方科学技术以及内政外交所需的其他知识均超出科举士人的旧学视野。在这种情况下，科举制度的改革就被提上了议事日程。同治元年（1862），清政府认识到国子监"专课文艺，无裨实学"，下令"兼课论、策""奖励留心时务者"。同治十年（1871），下令考取生员的童试加试算学。光绪二十一年（1895），又下令加试时务，与算学任选一门。在戊戌维新运动中，废除八股是维新派的一项基本主张。百日维新中，光绪帝发布上谕，指出八股文不能"励实学而拔真才"，下令"自下科为始，乡会试及生童岁科各试，向用《四书》文者一律改试策论"。不久，根据张之洞、陈宝箴建议，光绪又发布上谕，详细规定了考试改革的具体内容："乡、会试仍定为三场。第一场试中国史事、国朝政治论五道；第二场试时务策五道，专问五洲各国之政、专门之艺；第三场试《四书》义两篇，《五经》义一篇。"又规定"嗣后一切考试，均以讲求实学实政为主，不得凭楷法之优劣为高下，以励硕学而黜浮华"。不久，戊戌政变发生，慈禧下令废除各项新政，上述有关科举考试内容的改革也被废除。光绪二十七年（1901），清政府下令改革考试内容，废止八股文体。规定从次年开始，乡、会试头场试中国政治史事论五篇，二场试各

---

① （民国）王荣商：《容膝轩文集》卷四《四川乡试录序》，民国年间刻《四明丛书》本。

国政治艺学策五篇，三场试《四书》义二篇、《五经》义一篇。从清光绪二十九年（1903）四川恩科乡试题来看，第一场有关中国政治史事论五篇，题为：《子产不毁乡校论》《李悝尽地力论》《苏武留匈奴当持汉节论》《陆贽谏置琼林大盈库论》《范仲淹以〈左氏春秋〉授狄青论》。第二场各国政治艺学策五篇，题为：《泰西最重艺学然公卿大夫之选仍以通达政治为主其义安在策》《周官泉府即今之官银行其行贷民取息敛货待时皆足以维持商务行之何地尤为相宜策》《泰西兵制甚精而不轻于开衅与司马法不忘战不好战之义是否相合策》《外国机器日新月异其切实可用者有几彼创我因宜择善而从勿作无益害有益策》《东西洋报馆多有裨于国政其体例若何中国可否仿而行之以广流通而资采择策》。第三场《四书》义二篇、《五经》义一篇，题分别为：《举直错诸枉则民服义》《能言距杨墨者圣人之徒也义》《浚畎浍义》等。从中可见，光绪二十九年（1903）四川恩科乡试内容已经脱离了八股取士的格局，改为讲求经世致用，充分反映了当时科举改革的要求。

根据清政府规定，乡试考官为正、副主考，每省各一人，负责命题、阅卷、录取。正副主考均由皇帝钦命简放，专用翰林进士出身官员。其中顺天乡试用一、二品大员，其他省用侍郎、内阁学士、翰林院、詹事府、都察院官员。除正、副主考外，各省乡试还任用同考官参与阅卷，同考官也称"房官"，各省八至十八人不等。各省乡试同考官由担任乡试"监临"督抚考选，专用邻省接界三百里以外在籍进士、举人。"监临"负责监察、总摄考场事务。光绪二十九年（1903）四川恩科乡试第十三房蒲殿俊获当年四川乡试第一名。光绪三十年（1904），蒲殿俊赴京参加中国历史上最后一次科举考试，考中进士，被授刑部主事。光绪三十一年（1905），清廷派蒲殿俊到日本法政大学留学，成为中国近代民族资产阶级立宪派的代表人物，四川保路运动发起者和组织者之一。除蒲殿俊以外，该年恩科录取中式举人还有第九房陈作栋，重庆府涪州附生，中式第二名，副魁；第十三房刘咸焌，成都府双流县附生，中式第十七名；第十三房颜寿，夔州府开县廪生，中试第十八名；第九房朱运昌，顺庆府岳池县学廪生，中式第八名；第十三房黄煦昌，叙州府宜宾县廪生，中式第二十四名；第九房唐受潘，直隶州邛州学增生，中式第四十五名；第九房熊国璋，夔州府学优行廪生，中式第五十六名等等。此外，该年四川乡试恩科堂备名单如第九房有王镇藩、薛澍、唐锡桐、刘显猷、刘向阁、郭庆琮、李青云、惠兴、锡璋等。所谓堂备，即清代乡试中以备录取之卷。清制，各省乡试考官在发榜前，还要在未录取试卷中找一些较好的试卷作为备用卷，以备在填榜对卷时忽然遇到取中卷内有问题仓猝撤去后得以临时补入。这些试卷内有"堂"或"堂备"字样，故称为"堂备卷"，以堂备卷取中者列于榜末。

　　明清科举取士，先由同考官分别阅卷，并按一定比例向主考官推荐自己选中的试卷，这些试卷称为"荐卷"。荐卷上必须有同考官何以选中的评语，但不定名次。所有荐卷到主考官处后，由主考官最终决定录取试卷及名次，称"中式卷"或"取中卷""中卷"。未被录取的试卷称"落卷"，包括同考官未荐或同考官已荐而主考官未取之卷，也称"遗卷"。同考官、主考官须分别在落卷上略加批评，说明不荐或不取中的理由。以光绪二十九年（1903）四川乡试第九房考生为例，这些获得荐卷机会的考生，既有来自四川成都、华阳、双流、温江、新都、崇庆、邛州、大邑、眉州、安县、东乡、新宁、蓬溪、遂宁、绵州、德阳、南充、安岳、简州、荣县、乐山、富顺、理番、定远、营山、仁寿、九姓乡、丹棱、三台、太平、内江、资州、西昌、苍溪、涪州、合江、合州、永川、巴县、江津、万县、江北、隆昌、奉节、长宁、巫山、秀山等地的廪生、增生、附生、拔贡，还有成都驻防的正蓝旗、正白旗子弟。除旗人子弟外，汉族考生都在同年参加恩科乡试。根据清政府关于乡试所录人数按各省文化程度、人口多少、缴纳赋税多少而有所不同，四川乡试一般录取举人名额在三十名左右。

科举制度作为一种历史现象，有它产生的必然性。作为封建政府选拔人才的制度，自唐宋至明清，基本上没有多大变化，且一直延续到清末。清光绪二十四年（1898）宣布废除八股文，清光绪二十九年（1903）八月九日至十五日恩科乡试。因慈禧太后次年七十大寿，各省贡院按章同步举行恩科乡试。该年是中国科举考试特别忙碌的一年：三月于河南开封举行补行辛丑、壬寅恩、正并科会试，五月举行殿试，六月举行从戊戌变法以来多次酝酿的经济特科考试及复试，八月各省又举行恩科乡试。光绪二十九年（1903）癸卯恩科乡试成为最后一科乡试，该科举人也成为了中国科举史上最后一批举人。光绪三十一年（1905）宣布废除科举制，从此延续千余年的科举取士制度正式退出历史舞台。

晚清时期，随着全国政治、经济、文化领域的深刻变化，以及近代西方进步思想、科学技术、教育制度对中国的影响，巴蜀地区教育与全国各地一样也出现了重大变革，废科举、改书院、兴学堂、创办新式学校成为主流。持续上千年的封建教育制度已经不能适应社会发展的需要而走向衰落，代之而起的是新式教育的兴起。光绪二十七年（1901）清政府实行新政后，四川文化教育事业得到了迅速发展。民主革命思想以学堂、学校为基地迅速得到传播，不仅开化了社会风气，也将20世纪初四川革命活动推向高潮，为后来的辛亥革命准备了思想上和人才上的条件。

19世纪90年代，四川部分书院开设西学课程，1892年，川东重镇重庆出现了第一所新式学堂。1896年，四川总督鹿传霖奉光绪特旨创办四川中西学堂。它是西南地区最早的近代高等学校，距今已有一百二十余年的历史，与今天四川大学有直接渊源。1898年，宋育仁执掌成都尊经书院，实行教育改革，宣传维新思想。尊经书院一时成为培养成都乃至四川新型知识分子的摇篮。20世纪初，清政府实行新政，各种新式学堂在四川各地纷纷建立。新式学堂的课程设置和教学内容与传统教育相比也发生了很大变化，在儒家经典之外增加了自然科学和外国历史、地理、法律等近代人文学科知识，打破了长期以来儒家经典在教育中的一统局面。随着西方自然科学和人文知识的普及，新学扩大了学生的视野，有利于培养学生新的思想观念。光绪二十八年（1902），锦江书院与尊经书院合并，成立四川通省大学堂，旋即更名为四川省城高等学堂，成为四川高等教育的起点。以宋育仁为代表的维新派人士创办报刊，组织学会，设立学堂，宣传新学，鼓吹变法，一时间言时务、谈西学成为社会风气。而宣统二年（1910）由美国、英国、加拿大基督教会共同创办的华西协合大学，无论专业设置、课程计划还是教学管理均采用欧美标准，是中国西部第一所真正现代意义上的大学。这些接受新式教育的高级人才成为传播新思想、普及新知识的重要群体，并对巴蜀社会风气、生活方式、城市文化风尚等都具有重要的引领和示范作用。

民国时期，国民政府为恢复和发展教育做出了不懈努力，推动教育改革和新式教育的多元化发展，如改革教育行政机构、教育宗旨和管理办法，加强学校管理；改革教科书，实行新学制；鼓励勤工俭学，加强留学教育。这些鼓励发展新式教育的政策对四川教育事业的发展产生了积极影响。

与此同时，四川社会教育事业也得到迅速开展。社会教育机构如民俗教育委员会、中华平民教育促进会四川分会，各地通俗讲习所、通俗图书馆、通俗教育馆、陈列馆、博物馆、民众阅报处、识字处、读书处、戏剧改良会、孤贫教养院、盲聋哑学校、音乐学校、社教训练机关、平民教育师范讲习所等纷纷成立。同时政府加强对平民教育师资的培训，大力发展体育、卫生、电化教育，普及科学文化知识。民国时期四川社会教育在行政当局、社教人员和社会各界大力支持和配合下取得了很大的成就。①

抗日战争期间，重庆成为国民政府陪都，四川成为抗战大后方。沪、津、宁等地大量学校遭到日军轰炸，纷纷内迁四川。重庆的北碚、巴县、万县，成都、三台、泸州、乐山等地成为内迁学校最集中的地方。如抗战时期，川东万县、巫山、奉节等地因大量学校内迁，出现了教育空前繁荣的局面。民国二十六年（1937）十一月，日军入侵南京，金大附中宣布停课；民国二十七年（1938）三月，金大附中内迁到抗战大后方——四川万县沙河子复校，并在成都另设分校。当时迁入重庆万县的中学有十一所，高等学校二所，其中私立安徽旅鄂中学、私立金陵大学附属中学、私立大公中学等规模较大，并聘请了一批流亡来川的名师执教，教学质量较高，容纳学生数量众多。后来，山东省立医学专科学校、上海法学院商科相继迁到万县。这一时期，内迁学校云集万县，据不完全统计，全县公私立中学、师范、职校共有三十所，在校学生一万四千余人。

---

① 何一民：《成都通史》第七卷《民国时期》，四川大学出版社2011年版。

抗战时期虽然国家教育事业受到严重影响，但由于大量沿海学校内迁，万县地区中学教育出现了短暂的繁荣局面，在乱世中为国家培养了不少优秀人才。

再以成都为例，抗日战争前，成都的大学不多。民国十九年（1930），成都市高等学校只有国立成都大学、国立成都师范大学、公立四川大学、私立华西协合大学等。民国二十一年（1932）成立的大学和专科学校除国立四川大学、私立华西协合大学外，还有四川省立工学院、四川省立农学院、私立敬业学院、志诚法学院、尚志学院、四川女子法政学院、四川医学专门学校、四川艺术专科学校、东方美术专科学校、四川医学院、四川高等国医学校等。抗战爆发后，随着战区高等学校迫于战火相继西迁，成都高校数量迅速增加。自民国二十六年（1937）底至民国三十一年（1942）夏，迁到成都的高等学校有国立中央大学医学院、国立中央大学农学院畜牧兽医系、国立中央大学牙科专科学校、私立光华大学、私立金陵大学、私立金陵女子文理学院、私立齐鲁大学、私立燕京大学、私立朝阳学院等。成都高等教育规模空前扩大，当时一大批著名学者、专家、教授云集成都，学术研究空前繁荣，学术交流极为活跃。成都的高等院校在抗战时期仅次于重庆，成为全国高校数量居第二位的文化教育中心。全国高校内迁对成都文化教育的发展产生了重要影响。

抗战期间，在内迁高校带动和影响下，成都市高等学校也有所发展。民国二十七年至民国三十三年（1938—1944），成都陆续创办了四川国医专科学校、私立民本体育专科学校、四川省立艺术专科学校、私立川康农工学院、四川省立会计专科学校、四川省立体育专科学校等六所。而各高校招生，均以川籍学生居多。这种学府林立的优势培养了一大批知识精英,造就了西南学子,为四川乃至西南地区经济、文化做出了重要贡献。

与高等教育一样,抗战期间,成都中等教育也有一定发展。据统计,民国二十四年(1935),全市有普通中学二十九所,中等师范学校二所,共有教职员工九百余人,学生一万余人。到民国三十一年(1942),普通中学有三十六所(含内迁三所),师范学校三所,学校数虽增加不多,但学校规模增大,教职员工达一千一百余人,学生达二万余人。此外,成都市中等职业教育发展较快,全市中等职业学校已达十六所,教职员工三百三十余人,学生二千五百余人。与此同时,作为补充教育的中等实习学校也纷纷创建,不少实习学校不仅颇具规模,且声誉较好,如青年会英文专修班、励进会计实习班、肇闻数学补习学校、实用补习学校等,学生均在百人以上。到民国三十一年(1942),全市中等实习学校共三十一所,八十五个班次,教职员工二百六十余人,学生二千七百余名。据不完全统计,截至民国三十一年(1942)底,成都市大、中学校(班)有九十七所(个),教师三千二百余人,学生三万一千二百余人,当时被称为"学校城"。由此可见,成都市的高等教育和中等教育事业在抗日战争极其艰苦的环境下得到显著发展。

二、巴蜀历代教育文献的编撰情况

历代关于巴蜀教育文献的记载,主要见于正史选举志、职官志,方志中的学校志、科举志、艺文志,文集中的各类学馆记、书院记、修学记、儒学记、府(州县)学记、庙学记、义学记、学田记、经史阁记、讲堂记、祠堂记、科贡题名记、神道碑、墓志铭,政书中的《学校考》等。除此以外,宋代以后,就已出现了有关教育方面的专门文献,主要以乡试录、进士录、登科录、书院志为主。这些文献尤其以明、清两朝最多。民国时期,四川各地有关初等教育、中等教育、高等教育以及社会教育方面的文献也相当丰富,成为研究巴蜀教育史的重要资料。

(一) 巴蜀科举文献

我国科举取士肇始于隋朝,但有关科举的专门记载却始于宋代。现存最早的科举文献为南宋初年所编《绍兴十八年进士登科录》,以及宋末《宝祐四年登科录》,其中就有关于四川进士登科的记载。另外,宋代著名史学家眉州丹棱人李焘著有《科场沿革》一卷,总论科举制度。到了元代,现存重要的科举文献为《元统元年进士题名录》,其中记载四川学子在元统元年中进士的情况。明代以后,既有包括四川在内的全国会试录取、进士登科情况的文献,如朱希召《宋元科举题名录》、钱习礼《正统十年会试录》、佚名编《皇明进士登科考》等,也有专门记载四川乡试的文献,如《成化元年乙酉科四川乡试录》《嘉靖十九年庚子科四川乡试录》等,这类文献有一百余种,数量可观,史料价值珍贵。到了清代,有关四川的科举文献出现了新的特点:一是《四川乡试录》文献众多,如《雍正十年壬子科四川乡试录》《乾隆乙卯四川乡试录》《乾隆五十九年恩科四川乡试题名录》《嘉庆戊辰恩科四川乡试题名录》《嘉庆二十一年丙子科四川乡试题名录》《道光乙酉科四川乡试同年齿录》《道光十二年壬辰科四川乡试题名录》《道光甲辰恩科四川乡试同年齿录》《咸丰八年戊子科四川乡试题名录》《咸丰九年己未恩科四川乡试题名录》《同治六年丁卯科带补壬戌恩科四川武乡试题名录》

《光绪二年丙子科四川乡试题名录》《光绪二十八年补行庚子恩正科四川乡试同门录》《宣统元年己酉科四川选优卷》等。二是出现了汇编清代四川贡举、朱卷类著作,如清代孙桐生《国朝全蜀贡举考要》《国朝全蜀贡举备考》、朱善祥《四川试牍》、唐亢宗《四川试牍完醇》、向时鸣《四川乡试朱卷》、佚名《四川文乡试录》等,尤其是宋育仁《全蜀登科记》(收入(民国)《重修四川通志稿》)完整地收录了自南宋隆兴元年(1163)至清末历朝各科举人名录,尤详于明、清两代。《全蜀登科记》对清顺治二年(1645)至光绪三十年(1904)科举中试情况作了统计,涪陵中进士三十三人为最,举人成都县中五十八人为最。著名方志学专家彭邦明指出,此类资料的查寻,进士有《明清进士题名碑录》可凭,可举人以下却无专书可资,今有此一编,则事省矣①。此外,清人郭人经、郭和熙、郭毓端、郭毓龙、周克恭、黄秉、黄纬、赵昉熙、赵晟熙、霍润生、骆成骧、顾元熙、蒲殿俊、缪荃孙、罗迪楚、钱保塘、吴煊、董清峰等都编有《四川乡试朱卷》或《乡试闱墨》《同门姓氏朱卷》《四川优行贡卷》等。郑孔道、张百熙、骆秉章、乌拉布、刘恩溥等纂辑有《四川乡试录》《四川乡试题名录》《选拔齿录》《四川乡试同年齿录》等。一些四川籍学者还汇编有全国科举文献资料,如清代骆成骧编《历科状元策》、傅增湘辑《光绪乙酉科会试朱卷》《光绪戊戌会试朱卷》等,其中也包括四川士子参加会试的内容。三是巴蜀学者专门论述科举制度方面的著作,如清代李调元《续制义科琐记》、费密《历代贡举合议》、傅增湘《清代殿试考略》(附缪彤《胪传纪事殿试策目录》)等。

---

① 彭邦明:《宋育仁与民国〈重修四川通志稿〉》,《四川图书馆》2012年第1期。

（二）巴蜀府州县学文献

巴蜀自西汉文翁创办石室讲堂以来，历代府州县学不断发展，尤其到两宋明清时期出现了兴盛局面，但历代有关巴蜀府州县官学的专门著述却较少。清光绪年间，有佚名辑《四川简州遵办学田章程册》《四川府厅州县视学章程》，主要是关于办学章程的相关规定，具有一定的史料价值。

（三）巴蜀书院文献

巴蜀地区第一所确切可考的书院始于唐代，巴蜀书院至明清出现空前兴盛局面。明代有关巴蜀书院的文献主要是明崔廷槐《大益书院志》五卷。清代有关巴蜀地区书院的文献专著主要集中在锦江书院和尊经书院。锦江书院是清代四川的最高学府，影响力很大。有关锦江书院的著作主要有清张晋生《锦江书院存稿》、敬华南《锦江书院学约》。有关尊经书院的著作主要有张之洞《四川省城尊经书院记》、廖平《尊经书院日课题目》、王闿运《尊经书院初集》、伍肇龄《尊经书院二集》、刘岳云《尊经书院课艺三集》《四川尊经书院讲议》等，这对研究巴蜀书院教育具有重要的参考价值。

（四）巴蜀近代各类新式学校文献

清末民国时期，巴蜀地区各类新式学堂、学校如雨后春笋般出现，（民国）《重修四川通志稿》专门列有《四川国立省立私立各级学校一览表》，对四川省及各县学校作了详细统计，在研究巴蜀学

校史、教育史方面价值甚高①。民国时期巴蜀新式教育文献,大致可以分为以下四类:

一是有关全省教育文献

民国时期全省教育文献主要由四川省教育厅制定、颁布和实施,如佚名编《四川学务处调查表》、四川省政府教育厅编《各县办理教育应特别注意事项》《地方教育行政视导标准》《四川省教育行政报告书》等,区域性的教育文献如《万县教育一览》《四川省边地教育实施》等。这类有关全省的教育文献既有公报、月刊、年报等,也有关于全省教育的施政计划、发展近况、经费概况、工作总结、档案管理、会议记录等(参见《民国时期四川省教育文献一览表》)。

民国时期四川省教育文献一览表

书　　名	编纂者	出版机构	出版时间
《四川省教育厅公报》		四川省政府教育厅	民国二十二年(1933)
《四川教育》	四川省教育厅编	四川省政府教育厅	民国二十六年至三十年(1937—1941)
《四川教育评论月刊》			民国二十六年(1937)
《四川省教育近况》	四川省教育厅编	四川省立教育科学馆	民国二十八年(1939)
《四川教育厅二十九年度施政计划》	四川省教育厅编	四川省政府教育厅	民国二十八年(1939)

---

① 彭邦明:《宋育仁与民国重修〈民国四川通志稿〉》,《四川图书馆》2012年第1期。

(续表)

书　名	编纂者	出版机构	出版时间
《民国二十八年度四川教育年报》	四川省政府教育厅编辑	四川省政府教育厅	民国二十九年（1940）
《四川教育经费概况》	四川省政府教育厅编	四川省政府教育厅	民国二十九年（1940）
《四川省政府教育厅重要工作报告》	四川省教育厅编	四川省政府教育厅	民国二十九年（1940）
《四川省政府教育厅文书档案处理办法》	四川省教育厅编	四川省政府教育厅	民国二十九年（1940）
《四川省政府教育厅施政报告》	四川省政府教育厅编	四川省政府教育厅	民国二十九年（1940）
《四川省新教育视导制之实际》	章柳泉编著	四川省政府教育厅	民国三十年（1941）
《四川省国民教育指导月刊》	四川省国民教育指导月刊编	四川省国民教育指导月刊社	民国三十年（1941）
《四川省政府教育厅三十二年度施政计划》	四川省政府教育厅编	四川省政府教育厅	民国三十一年（1942）
《中国教育学会四川分会报告》	中国教育学会四川分会编	中国教育学会四川分会	民国三十三年（1944）
《四川省三十三年度教育部门施政计划》	四川省教育厅编	四川省政府教育厅	民国三十三年（1944）
《抗战时期之四川教育》	四川省政府教育厅编	四川省政府教育厅	民国三十四年（1945）
《中华民国三十五年度四川省政府工作计划》	四川省政府编	四川省政府	民国三十五年（1946）
《四川全省县视学第一次会议录》			民国年间铅印本

(续表)

书名	编纂者	出版机构	出版时间
《中国教育学会四川分会报告》（关于缩短现行学年培养建设人才暨战后世界和平与教育改进之意见及会务概况）	中国教育学会四川分会编		
《三十年来之西康教育》	张敬熙著	商务印书馆	民国二十八年（1939）
《西康建省一年来之教育概况》	西康省政府教育厅秘书室编	康定启康印刷公司	民国二十九年（1940）

二是关于巴蜀高等学校文献

巴蜀地区高等学校出现于清末民初。除私立华西协合大学由英、美、加等国基督教会联合创办以外，其余多由清末书院、学堂发展而来，如国立四川大学等。也有不少新成立的大学，主要以私立大学最多。抗战时期，内迁四川的大学在抗战结束后多迁回原地，留下少部分发展成为本地大学，如现今的西南交通大学、西南财经大学、西华师范大学皆如此。而有关巴蜀高等学校的历史文献，就现存情况来看，主要以国立四川大学、国立成都师范大学、省立重庆大学、私立华西协合大学、私立光华大学为多（参见《民国时期四川高等学校文献一览表》），国立四川大学和国立成都大学还专门编有《校刊》和《校报》。有关其他大学的文献很少，如《四川乡村建设学院一览》。这些文献成为研究巴蜀高等学校沿革变迁、教育制度的重要史料。

民国时期四川高等学校文献一览表

书　名	编纂者	出版机构	出版时间
《国立成都大学一览》	国立成都大学编	国立成都大学	民国十八年（1929）
《国立成都大学五周年纪念特刊》	国立成都大学编	国立成都大学	民国十八年（1929）
《国立成都大学组织大纲》	国立成都大学编	国立成都大学	民国十九年（1930）
《国立成都师范大学概览》	周光鲁编		民国十九年（1930）
《国立四川大学学则》	国立四川大学编	国立四川大学	民国二十年（1931）
《国立四川大学暂行学则、试验规程、训育规则合编》	国立四川大学编	国立四川大学	民国二十一年（1932）
《国立四川大学一览》		国立四川大学秘书处出版课	民国二十四年（1935）
《国立四川大学二十五年度招考新生、转学生简章》	国立四川大学注册课编	国立四川大学	民国二十五年（1936）
《国立四川大学一览》		国立四川大学	民国二十五年（1936）
《国立四川大学入学须知》	国立四川大学注册课编	国立四川大学注册课	民国二十五年（1936）
《国立四川大学教务统计一览》	国立四川大学注册课编	国立四川大学注册课	民国二十五年（1936）
《四川省政府办理川大迁移校地委员会一年来会务进行状况及工作报告书》	四川省政府办理川大迁移校地委员会编	四川省政府办理川大迁移校地委员会	民国二十六年（1937）

(续表)

书名	编纂者	出版机构	出版时间
《国立四川大学外国语文学系课程指导书》	国立四川大学编	国立四川大学	民国二十七年（1938）
《国立四川大学应用化学研究处报告书》	国立四川大学应用化学研究处编	国立四川大学应用化学研究处	民国二十八、二十九年（1939、1940）
《四川省政府民政厅联合在川各大学考察县政总报告》	四川省民政厅编	四川省民政厅	民国二十八年（1939）
《国立四川大学学生须知》	国立四川大学训导处生活指导组编	国立四川大学训导处生活指导组	民国二十九年（1940）
《国立四川大学简况》	国立四川大学出版组编	国立四川大学出版组	民国三十一年（1942）
《国立四川大学训导概况》	国立四川大学训导处编	国立四川大学训导处	民国三十二年（1943）
《国立四川大学理学院物理系气象测候所十周年纪念特刊》	国立四川大学理学院物理系测候所编辑	国立四川大学出版组	民国三十二年（1943）
《国立四川大学训导概况》	国立四川大学训导处编	国立四川大学训导处	民国三十二年（1943）
《川大十六年》	萧萍编辑	川大学生出版社	民国三十六年（1947）
《国立四川大学十六周年校庆纪念特刊》	国立四川大学教务处出版组编辑	国立四川大学教务处出版组	民国三十六年（1947）
《方文培教授任教国立四川大学十周年纪念册》	方文培教授任教国立四川大学十周年纪念筹备会编		民国三十六年（1947）
《国立四川大学农学院营养专报》	国立四川大学农学院编辑委员会编	国立四川大学农学院编辑委员会	民国三十六年（1947）

(续表)

书　名	编纂者	出版机构	出版时间
《国立北京大学重庆同学会同学录》	国立北京大学重庆同学会编	国立北京大学重庆同学会	民国三十二、三十三年（1943、1944）
《四川省立重庆大学一览》	重庆大学秘书处编辑	重庆大学出版股	民国二十四年、二十六年（1935、1937）
《四川省立重庆大学一览》	四川省立重庆大学编	四川省立重庆大学	民国二十六年（1937）
《四川省立重庆大学图书馆中文书籍目录》	重庆大学图书馆编	重庆大学图书馆	民国二十四年（1935）
《四川省立重庆大学图书馆图书目录》	重庆大学图书馆编	重庆大学图书馆	民国二十四年（1935）
《四川省立教育学院农事试验场售品目录》	四川省立教育学院农事试验场编	四川省立教育学院农事试验场	民国二十六年（1937）
《复旦大学校友节北碚立校纪念特刊》	谢六逸主编，朱经冶、周本渊、张元松编辑	复旦大学	民国二十七年（1938）
《私立华西协合大学一览》	私立华西协合大学编	私立华西协合大学	民国十七年、十九年、二十六年（1928、1930、1937）
《私立华西协合大学一览》	私立华西协合大学编	蓉新印刷工业合作社	民国三十一年（1942）
《华西协和大学西北考察团报告》	华西协和大学西北考察团编著	军事委员会运输统制局西北公路工务局	民国三十一年（1942）
《张岳军先生在华西协合金陵齐鲁金陵女大四大学联合毕业典礼演词》	张岳军著	四川大学联合会	民国三十年（1941）

(续表)

书　名	编纂者	出版机构	出版时间
《私立光华大学分设成都始末记附成都分部十二载毕业生总名录》	光华大学辑		1949年
《私立光华大学成都十年记》	私立光华大学成都分部办事处编	私立光华大学成都分部办事处	民国三十六年（1947）
《私立川北农工学院筹备经过及成立概况》	私立川北农工学院编	私立川北农工学院	民国三十五年（1946）
《私立川北农工学院董事会第四次常会扩大会议纪录》	私立川北农工学院编	私立川北农工学院	民国三十七年（1948）

以上所列举文献从一个侧面反映了四川部分高校的历史变迁。以四川大学为例，四川大学前身之一是1875年张之洞创办的尊经书院，它与锦江书院同属于四川省官办最高学府，成为全川"学霸"的聚集地和培养巴蜀才俊的摇篮。尊经书院自创立后，培养了无数出类拔萃的人才，如廖平、吴之英、骆成骧、吴玉章、吴虞等。光绪二十年（1894），清光绪皇帝分别为尊经书院和锦江书院御赐匾额"风同齐鲁""文雅修明"。作为四川省最高教育长官、四川学政张之洞为矫正巴蜀地区不良学风，以"通经学古课蜀士"，专门制定了书院章程《四川省城尊经书院记》，为书院学生"提示治学门径"。他还为四川学子编撰了《輶轩语》和《书目答问》。《輶轩语》是张之洞为学生撰写的训诫之言，主要是他的治学经验和心得。《书目答问》是一部供初学者在浩如烟海的典籍中迅速找到"应读书目"的目录著作，至今仍是国学研究者重要的参考书。谭宗浚继任四川学政后，又从全省学校和书院所呈上千篇有关经、

史、词章方面作品中遴选优秀习作，编成《蜀秀集》，其中尊经书院诸生就达三十二人，占一半以上。此后为鼓励诸生学习，尊经书院山长王闿运、伍肇龄以及刘岳云先后编选、刊刻尊经书院学生优秀习作集《尊经书院初集》《尊经书院二集》《尊经书院课艺三集》。其中王闿运还撰有《四川尊经书院举贡题名碑》，2013年4月在四川大学望江校区（东区）出土，具有重要的文献价值。自高赓恩任学使，课士尊经书院，以"蜀学编"命题，命肄业诸生搜集巴蜀先哲言行，考订学术。后来高赓恩因方守道、童煦章所辑本加以厘正，汇为一编，与伍肇龄共同参订刊行。高氏差竣回京，复考正史及历朝学案、先儒传记、范鄗鼎《理学备考》正、续编，增入二十二人，并对前收诸人增补部分事迹，"大率增者什三，删者数十，而一其人皆无关于学脉者也"①。计收汉代十四人，唐代一人，宋代三十二人，元代三人，明代十五人，清代九人。该书借鉴《北学编》体例，于文章、经济并有采录，收录范围比较严格，"是编固以学问为归，而兼有经济者，并述其政绩，采其奏议，以著体用兼备之谊。但或学术不传，第以勋业节烈著闻，蜀中名臣如何武、田锡、陈尧叟、杨栋、任伯雨者尚多，不敢泛入"②。此书之作，意在清理蜀学学脉。高氏认为，蜀学之脉凡四五，汉则传经重大师，为洙泗之脉。宋则有伊洛之脉、湖闽之脉。元承宋学，明初承元学，嘉靖之后薛、吕、陈、王之学皆有趋之者，第一次对蜀学发展脉络进行了系统梳理和总结。《蜀学编》经方守道初辑、高赓恩覆辑、伍肇龄参订后，于光绪二十七年（1901）由锦江书局重刻传

---

① （清）方守道、高赓恩：《蜀学编》卷首《续刻蜀学编序》，清光绪二十七年（1901）锦江书局刻本。

② （清）方守道、高赓恩：《蜀学编》卷首《蜀学编旧例》，清光绪二十七年（1901）锦江书局刻本。

世。伍肇龄，字崧生，大邑人，道光进士，选翰林院庶吉士，后授编修、侍讲及侍讲学士。长期从教，先后主讲邛州鹤山书院、成都锦江书院和尊经书院。伍肇龄任山长多年，培育人才众多，有"天下翰林皆后辈，蜀中名士半门生"之誉。工书法，善诗文。著有《石堂藏书》《石堂诗钞》等，并与董贻清等合修（同治）《直隶绵州志》。此外，被誉为四川历史上"睁眼看世界"第一人的宋育仁还在尊经书院创办"蜀学会"，发行成都第一份报纸《蜀学报》，大力宣传维新变法思想，成为四川维新派重要舆论宣传阵地。

光绪二十八年（1902），在全国废书院、兴学堂风气影响下，四川总督奉旨宣布将锦江书院、尊经书院与光绪二十二年（1896）成立的四川中西学堂合并成立四川通省大学堂，稍后改称为四川省城高等学堂，从而揭开了四川近代高等教育史上新的一页。其中四川按察使刘德芳于清康熙四十三年（1704）在文翁石室旧址创办的锦江书院距三校合并已有一百余年的历史。有关锦江书院的历史文献有清人李承熙编《锦江书院纪略》，是一部稀见的四川书院志。

民國五年（1916），四川省城高等学堂与光绪三十一年（1905）成立的四川师范学堂合并，成立国立成都高等师范学校，为全国六大国立高师之一。后来以此为基础创立了国立成都大学、国立成都师范大学。在这一时期，相关历史文献主要有《国立成都大学一览》《国立成都大学五周年纪念特刊》《国立成都大学组织大纲》《国立成都师范大学概览》等。

民國十六年（1927），四川公立国学、法政、外国语、工业、农业专门学校组合成立公立四川大学。民國二十年（1931）11月9日，国立成都大学、国立成都师范大学、公立四川大学合并，由教育部定名为国立四川大学，成为当时西部地区唯一一所国立大学

——国立四川大学。民國二十七年（1938）前的国立四川大学，其校址在成都市中心明代蜀王府（俗称皇城）旧址（今天府广场），自民國二十四年（1935）任鸿隽任国立四川大学校长后，看到当时皇城里明清建筑大多已经破败，便聘请国内顶级建筑设计大师基泰工程公司杨廷宝作总体规划设计，在紧靠望江楼的锦江河畔新建国立四川大学校舍。2016年9月，在成都古旧书店淘书斋意外发现一幅《国立四川大学鸟瞰图》，该图绘制于民国二十七年（1938），此时正是四川大学望江校区规划建设时期。从《国立四川大学鸟瞰图》中可以看到整个校区建筑、道路、绿化等鸟瞰分布情况。从功能布局来看，四川大学望江新区可分为四大区域：一是以荷花池为中心，周围分布了理学院、农学院、法学院、文学院、大礼堂、总办公楼等。第二个区域是工学院，工学院占地面积大，在该区域内设有一处发电厂。第三个区域是住宿区，既有学生住宿的一宿舍、二宿舍、三宿舍、四宿舍，也有紧靠学生宿舍的教职员宿舍，还有女生宿舍和校长住宅。在图书馆与教职员宿舍之间，有一栋学生公社楼，应该是学生开展业余活动的地方。为了方便教职工子女入学，在教职员宿舍区旁设有附小。第四个区域是学校医院和体育馆。此外，从《国立四川大学鸟瞰图》中可以看到，总办公室前面正对大门，总办公室旁有左侧门和右侧门，这与今天四川大学东校门朝向不同。从现在四川大学望江校区来看，尽管当时修建的部分建筑或已撤除，或后来兴修了许多新的建筑，但整个校区布局和建筑风貌至今没有发生根本变化。民國二十八年（1939），因日空军轰炸成都，国立四川大学从皇城坝迁到峨眉山办学。民國三十二年（1943），黄季陆出任国立四川大学校长后，学校从峨眉山搬迁回望江楼旁的新校址，即现在四川大学望江校区东区。

这一时期，有关国立四川大学的历史文献众多，主要分为四类：第一类是关于国立四川大学规章制度如学则、章程方面的历史文献，如《国立四川大学学则》《国立四川大学暂行学则、试验规程、训育规则合编》《国立四川大学二十五年度招考新生、转学生简章》《国立四川大学入学须知》《国立四川大学学生须知》。第二类是关于国立四川大学概况介绍的历史文献，如《国立四川大学一览》《国立四川大学简况》等。第三类是关于国立四川大学教务处、院系相关教学工作、校址搬迁等事务方面的历史文献，如《国立四川大学教务统计一览》《四川省政府办理川大迁移校地委员会一年来会务进行状况及工作报告书》《国立四川大学外国语文学系课程指导书》《国立四川大学应用化学研究处报告书》《国立四川大学训导概况》《国立四川大学理学院物理系气象测候所十周年纪念特刊》《国立四川大学农学院营养专报》等。第四类是关于国立四川大学十六周年校庆方面的历史文献，如《川大十六年》《国立四川大学十六周年校庆纪念特刊》等。

以《国立四川大学一览》为例，该书卷首为插图，以下分为《本大学沿革》《本大学大事记》《规章》《课程》《概况》《图表》等六个部分。卷首插图主要是四川大学各院系、图书馆、礼堂建筑以及实验室、军训等照片，其中四川大学校徽是一幅彩色图案，非常引人注目。照片上的图书馆是任鸿隽校长上任后聘请国内顶级建筑设计师基泰工程公司杨廷宝亲自设计。当时图书馆二楼悬挂有"十万卷楼"匾额。据民國三十二年（1943）统计，四川大学图书馆藏书已相当丰富，其中珍藏有包括宋、元刻本及唐代敦煌经卷《大般若波罗蜜多经》等众多稿本和抄本。该馆镇馆之宝是清乾隆年间宫廷画家董邦达等主持彩绘《清初以来四川通省山川形胜全图》（即

《四川全图》）。该图册原来存放于清宫廷内，八国联军侵入北京后，便散落到民间，民国年间就已归国立四川大学图书馆庋藏，具有极高的艺术价值和学术研究价值。《国立四川大学一览》其余部分则概述了国立四川大学历史沿革、重要事件、学校规章制度、课程设置、实验室、图书馆、附属中小学等内容。书末图表反映了国立四川大学各学院、各院系学生人数、学生籍贯、男女学生比例，以及历年来毕业学生人数、学生成绩、教员学历及籍贯、大学职员数量等情况，对研究四川大学校史具有重要的参考价值。2000年，华西医科大学与由原四川大学、原成都科技大学于1994年合并而成的四川大学再度合并，组建新的四川大学，成为教育部直属全国重点大学。而历史上的华西协合大学也有相关校史文献传世，如《私立华西协合大学一览》《华西协和大学西北考察团报告》《张岳军先生在华西协合金陵齐鲁金陵女大四大学联合毕业典礼演词》等，成为研究原华西协合大学珍贵的历史文献。

三是关于巴蜀师范专科学校和中小学教育文献

巴蜀师范专科学校和中小学教育作为我国近代新式教育的重要组成部分，相关文献除清曾世礼《初等小学中国地理教科书》等少数几种清末所编著作以外，基本上都集中在民国时期，尤其是抗战时期。如《川东师范乡村师范专科一览》《四川省中等教育统计》《四川中等学校第一届至第十一届会考统计》《重庆法政专门学校章程》《川东联合县立师范学校附小概况》《四川嘉陵高级中学一览》《重庆市市立第一小学半年来之经过》《重庆市私立临江小学一览》《重庆广益中学校同学录》等文献对研究民国时期师范和中小学教育具有重要的参考价值（参见《民国时期四川师范学校和中小学文献一览表》）。

民国时期四川师范学校和中小学文献一览表

书 名	编纂者	出版机构	出版时间
《四川国学专门学校附设存古书局十三年新订书价表》	存古书局辑		民国十三年（1924）
《重庆法政专门学校两周年纪念册》	吴宾鸿编		民国二十年（1931）
《四川省立第四师范学校一览》	四川省立第四师范学校校长办公室编辑	四川省立第四师范学校事务处	民国二十二年（1933）
《川东共立师范学校一览》	川东共立师范学校编	川东共立师范学校	民国二十二年（1933）
《四川省二十年度至二十三年度师范学校概况》	四川省政府教育厅编	四川省政府教育厅	民国二十六年（1937）
《四川省立成都女子师范学校一览》	四川省立成都女子师范学校编	四川省立成都女子师范学校	民国二十七年（1938）
《国立西康技艺专科学校之创设与进展》	国立西康技艺专科学校编	国立西康技艺专科学校	民国二十九年（1940）
《国立西康技艺专科学校要览》	国立西康技艺专科学校编	国立西康技艺专科学校	民国二十九年（1940）
《国立西康技艺专科学校教职员录》	国立西康技艺专科学校编	国立西康技艺专科学校	民国二十九年（1940）
《国立重庆师范学校过去现在与未来》	国立重庆师范学校编	国立重庆师范学校	民国三十二年（1943）
《重庆艺专》	重庆艺术专门学校编	重庆艺术专门学校	民国年间

(续表)

书名	编纂者	出版机构	出版时间
《四川省廿年度至廿三年度中学概况》	四川省政府教育厅编	四川省政府教育厅	民国二十三年（1934）
《四川省第三届中等学校学生毕业会考成绩一览》	四川省政府教育厅编	四川省政府教育厅	民国二十五年（1936）
《四川省第四届中等学校学生毕业会考成绩一览》	四川省政府教育厅编	日新印刷工业社	民国二十五年（1936）
《四川省二十六年度义务教育实施报告》	四川省政府教育厅编辑	四川省政府教育厅	民国二十五年（1936）
《四川省二十七年度初等教育统计》	四川省立教育科学馆编	四川省政府教育厅	民国二十九年（1940）
《四川省中等学校第一届至第十一届会考统计》	四川省立教育科学馆主编	四川省政府教育厅	民国三十年（1941）
《创办中的国立成都大学实验学校》（第一编）	邓健等编		民国十九年（1930）
《创办四川华侨公学暂行简章草案》	佚名撰		民国年间铅印本

四是关于巴蜀社会教育文献

民国时期，国民政府在社会教育方面做了很多工作，包括促进国民就业的职业学校、补习学校、为普通民众创办旨在扫除文盲的识字班、读报处，以及创办公共图书馆、博物馆、民众教育馆等。政府为此出台了相应政策、法令，并汇编成集，如四川省国民教育委员会编《国民教育视导纲领》《四川社会教育法令辑要》等，并对开展落实情况进行统计，如四川省政府教育厅第三科编《四川省各县市国民教育统计总表》等(参见《民国时期四川社会教育文献一览表》)。这些文献成为研究民国时期四川社会教育的重要史料。

民国时期四川社会教育文献一览表

书　名	编纂者	出版机构	出版时间
《四川社教概况》	四川省政府教育厅编	四川省政府教育厅	民国二十八年(1939)
《四川省最近职业教育计划汇编》	四川省政府教育厅编辑	四川省立教育科科学馆	民国十七年(1928)
《重庆市战时民众补习教育推行委员会民众学校专任教员手册》	重庆市战时民众补习教育推行委员会编	重庆市战时民众补习教育推行委员会	民国十七年(1928)
《重庆各图书馆所藏西南问题联合书目》	国立中央图书馆筹备处编	国立中央图书馆筹备处	民国十七年(1928)
《四川省实施国民教育办法要览》	四川省政府教育厅编辑	四川省政府教育厅	民国二十九年、三十年、三十一年(1940、1941、1942)
《四川省国民教育实施概况》	四川省政府教育厅第三科编	中华书局	民国三十年(1941)
《四川省社会教育实施》	四川省政府教育厅编	四川省政府教育厅	民国二十年(1931)
《四川省各县市国民教育调查及统计》	薛鸿志著	商务印书馆	民国三十一年、三十三年(1942、1944)
《社会部重庆游民训练所三年工作概况》	王培源撰	社会部重庆游民训练所	民国三十一年(1942)
《四川省各县市国民教育调查及统计》	薛鸿志著		民国三十一年(1942)
《重庆市教育局概况统计要览》			民国三十六年(1947)

(续表)

书　名	编纂者	出版机构	出版时间
《万县公立图书馆概要》	万县公立图书馆编	万县公立图书馆	民国八年（1919）
《重庆总商会职业学校五年概况报告》	重庆总商会职业学校辑		民国十九年（1930）
《四川省立女子职业学校三周年纪念特镌》	四川省立女子职业学校编	四川省立女子职业学校	民国十一年（1922）
《四川省立重庆高级工业职业学校一览》	四川省立重庆高级工业职业学校编	四川省立重庆高级工业职业学校	民国十四年（1925）
《四川省立戏剧教育实验学校课程纲要》			民国二十七年（1938）
《四川省立民众教育馆南充实验区规章办法汇要》	四川省立民众教育馆编	四川省立民众教育馆	民国十七年（1928）
《四川省立南充民众教育馆廿七年工作概况》	四川省立南充民众教育馆编	四川省立南充民众教育馆	民国十七年（1928）
《四川省立南充民众教育馆二十八年工作概况》	四川省立南充民众教育馆编	四川省立南充民众教育馆	民国二十九年（1930）
《国立四川造纸印刷科职业学校三年来之概况》	国立四川造纸印刷科职业学校编	国立四川造纸印刷科职业学校	民国三十二年（1943）
《国立四川造纸印刷科职业学校》	国立四川造纸印刷科职业学校编	国立四川造纸印刷科职业学校	民国三十二年（1943）
《四川省立教育科学馆五年概况》	国立编译馆编	国立编译馆	民国三十三年（1944）
《重庆大公职业学校一览》	重庆大公职业学校编	重庆大公职业学校	民国三十四年（1945）

三、《巴蜀珍稀教育文献汇刊》的编纂情况

巴蜀珍稀教育文献是《蜀藏》系列丛书的重要组成部分。通过对这些珍贵文献的搜集和整理，为研究巴蜀地区从州县学教育、书院教育到近代新式教育提供了重要资料。本次所收录巴蜀珍稀教育文献，既有完整收录的专门文献，也有辑录与巴蜀教育相关的文献，尤其是历代科举文献，绝大多数都是辑录、重编而成。对于地方志中有关巴蜀教育方面的文献，以及民国时期大量教育文献，我们将在今后作为《蜀藏》丛书延伸成果，编成《巴蜀近代教育文献汇刊》《巴蜀地方志教育文献汇刊》等加以出版。

巴蜀历代交通发展与交通文献述略

交通的发展与进步是文明交流和城市发展的基础，它的发展能力反映了城镇辐射范围的大小。交通工具的演变是生产力发展和人们生活方式演变的一种反映，同时给城镇发展、民众日常生活和社交范围的扩大奠定了重要的物质基础。历史上巴蜀交通的发展对促进巴蜀地区经济文化的发展和繁荣起到了十分重要的作用。

一、巴蜀历代交通发展概况

四川盆地四周皆山的地理环境被认为是交通闭塞的"四塞"之地。但实际上，早在先秦时期，巴蜀已经是"栈道千里，无所不通"[1]。巴蜀陆上交通在先秦时期开辟出了"蜀道""南方丝绸之路"等几条重要交通道路，并发明了用于跨越高山峻岭和深川峡谷的栈道和笮桥。《战国策·燕策》说："蜀地之甲，轻舟浮于汶，乘夏水而下江，五日而至郢。"《史记》也说："秦西有巴蜀，方船积粟，起于汶山，循江而下，至郢三千余里。"[2] 若"舫船载卒，下水而浮，一日行三百余里……不至十日而距扞关"。当时巴蜀境内

---

[1]　（西汉）司马迁：《史记》卷一二九《货殖列传》，中华书局1959年点校本。
[2]　（西汉）司马迁：《史记》卷七〇《张仪列传》，中华书局1982年点校本。

水上交通便利，岷江、沱江、嘉陵江以及长江航道成为重要的水上交通要道，现存最早的历史地理文献《禹贡》有"沱、潜既导"之句，对沱江、嘉陵江水上交通作了最早记载。

先秦时期，既有联系秦陇、中原、吴楚以及西南夷等地的东、西、南、北四路重要通道，如早在商周时代就已经开通的褒斜道、故道等，也有经过云南通往南亚、中亚、西亚等异域的"南方丝绸之路"——"蜀身毒道"。中国丝绸很早就经此道由四川、云南通过缅甸、印度转销到西亚[①]。褒斜道是经由褒水和斜水河谷抵达汉中的道路。古褒水和古斜水同出于今陕西境内秦岭太白山，褒水南流至旧褒城县注入汉水，斜水北流至郿县注入渭水。两水之间，虽山势陡急，但两水河谷相连最为近捷，故称褒斜道，或称斜谷道。此道南段即与汉中入巴蜀的金牛道相连，秦国和蜀国都曾出动人力进行过维修，甚至可能经历了一次大规模扩建开路的过程。据东晋常璩《华阳国志》记载，古蜀杜宇时期，其治理疆域已经扩大到汉中地区："乃以褒斜为前门，熊耳、灵关为后户。"说明蜀国的疆域已到了今天陕西汉中一带，与秦国接壤。《华阳国志》记载，古蜀开明王卢帝攻秦至雍（今陕西凤翔县），说明四川通往关中的道路已可行军。《华阳国志》云："周显王之世，蜀王有褒、汉之地。因猎谷中，与秦惠王遇。"说明蜀王到汉中的道路已很畅通。蜀王派五丁护送秦王赠送给他的五位美女以及五头能便金的石牛等，说明在古蜀时期，秦、蜀之间已经存在官方或民间商贸的道路。《华阳国志》记载蜀王"别封弟葭萌于汉中，号苴侯，命其邑曰葭萌焉"。葭萌即今昭化、广元等地，这里是金牛道必经之路。从《史记》"蜀人来赂""蜀取我南郑""蜀人来朝"到《华阳国志》"周武王伐

---

① 参见陈茜：《川滇缅印古道初考》，《中国社会科学》1981年第1期。

纣，实得巴蜀之师"等记载可以看出，金牛道的开辟并不始于"秦惠王作五石牛，诈言牛能便金，遗蜀，使蜀人开道"，而是在此之前的周代古蜀人就已开通了连接蜀秦之间的道路。公元前316年秋，秦惠文王趁蜀王攻打私通巴国的苴侯（蜀王之弟，封于葭萌）、巴国请求秦国出兵的大好机会，派"秦大夫张仪、司马错、都尉墨等从石牛道伐蜀，蜀王自于葭萌拒之，败绩。王遁走至武阳，为秦军所害。其傅、相及太子退至逢乡，死于白鹿山，开明氏遂亡"。"冬十月，蜀平，司马错因取苴与巴。"《华阳国志·巴志》也说："周慎王五年……秦惠文王遣张仪、司马错救苴、巴，遂伐蜀，灭之。仪贪巴、苴之富，因取巴，执王以归。"秦灭巴蜀后，对原来蜀道进行了大规模扩修，从此以后，"栈道千里，通于蜀汉，使天下皆畏秦"。《史记》记载：古蜀四塞之地，"栈道千里，无所不通，惟褒斜绾毂其口，以所多易所鲜"①。蜀道成为历史上沟通成都与长安，连接南、北两条丝绸之路的重要通道，在中国政治、经济、文化、对外交往中都具有十分重要的地位。

先秦时期，古蜀国为长江上游航道的整治做出了重要贡献。《山海经·海内东经》云："出蜀，而东南流注江。"《太平御览》卷一三六《征应》引《蜀记》云："鳖令乃凿巫山，开三峡口。"扬雄《蜀王本记》也说："时巫山峡壅，而蜀水不流，帝令鳖令凿以通江水也。"《华阳国志》卷三《蜀志》记载，司马错、田真黄对秦惠文王说："（蜀）水通于楚，有巴之劲卒，浮大舶船以东向楚，楚地可得，得蜀则得楚，楚亡则天下并矣。"从中可以看出先秦时期巴蜀地区交通四通八达，与关中、中原、吴楚等地的经济文化交流也很畅通。

---

① （西汉）司马迁：《史记》卷一二九《货殖列传》，中华书局1959年点校本。

秦汉魏晋南北朝时期，巴蜀交通得到了空前发展。秦代开通了巴蜀内部以及巴蜀与关中之间的交通道路，汉代则主要开通了巴蜀通向西南夷、西南夷内部以及从西南夷通向其他外部地区的交通道路。秦汉时期基本奠定了西南地区的交通格局。这些交通道路历代沿用，虽有局部路径的调整，或名称的变化，但大体走向与位置并无太大改变，这是由西南地区自然环境所决定的。

巴蜀境内的交通建设方面，蜀守李冰做出了重要贡献。随着秦人入主巴蜀，为加强对这一地区的控制和治理，对巴蜀地区开展了大规模的交通建设。如蜀守李冰"凿离堆，辟沫水之害。穿二江成都之中，此渠皆可行舟，有余则用溉浸"①，又"发卒凿平溷崖，通正水道"，遇有崖岩滩石"不可凿"，"乃积薪烧之"②，加强对岷江等水道的治理。川东巴郡水上交通也日益繁荣，"郡治江州，结舫水居五百余家，承三江之会"③。

在对外交通方面，巴蜀交通建设主要表现在蜀道的整治、开辟和西南夷道的开通上。汉朝建立后，关中地区成为全国政治、经济和文化中心。西汉政府一直将西南巴蜀地区作为经济文化联系的优先方向，加强对这一地区交通道路的修建和整治。汉武帝时，曾"发数万人作褒斜道五百余里"④。褒斜道是沟通巴蜀与关中地区重要的交通道路。从褒斜道沿途留下众多石刻可以看出当时道路使用频繁。但因褒斜道水流湍急，谷中多乱石，漕运不便，西羌骚扰

---

① （西汉）司马迁：《史记》卷二九《河渠书》，中华书局1959年点校本。
② （东晋）常璩：《华阳国志》卷三《蜀志》，清嘉庆十九年（1814）廖氏题襟馆刻本。
③ （东晋）常璩：《华阳国志》卷一《巴志》，清嘉庆十九年（1814）廖氏题襟馆刻本。
④ （东汉）班固：《汉书》卷二九《沟洫志》，中华书局1962年点校本。

时，临时东修子午道入川，乱平之后，又恢复褒斜道作为川陕主要通道。汉末三国时期，诸葛亮北伐，多取道褒斜道，并于斜谷口造邸阁以储军粮①。除褒斜道外，巴蜀地区通往汉中和秦陇的交通线路还有金牛道、陈仓道、子午道、阴平道等。

金牛道，又称石牛道、剑阁道，与褒斜道南段相连，始于汉中，经陕西勉县（汉沔阳）西南行，越七盘岭入川，经广元（唐利州）朝天驿至昭化分道。一条顺嘉陵江河谷南下，经阆中、南充至重庆；一条由西南行经剑阁（唐剑州）、梓潼（汉广汉）、绵阳（汉涪县，唐绵州）抵达成都。剑阁道为入蜀咽喉，是历代由汉中入蜀的大道，凡由汉中入蜀者必经此道。秦国入蜀、钟会入剑阁皆经此道。历南北朝至金、元一千多年间，每逢蜀中有难，金牛道必为战场。历史上此道有许多关隘，如阳平关、五丁关、牢固关、棋盘关、剑门关等著名关隘。"子午道"，古称"蚀中"，其名虽始于王莽时期，但子午道的开通则在西汉初年刘邦入汉中之际（一说在战国时期）。秦末，刘邦走子午道入汉中，北定三秦，由陈仓道返。蜀汉钟会伐蜀，曾分兵经子午道入汉中。东晋桓温北伐前秦，也曾出子午谷进入长安。学术界有一种观点认为，拓跋魏时期，还开凿连通了褒斜道与嘉陵陈仓道之间的回车道，即经今陕西留坝县越岭与凤州相连。

从汉中到四川还有一条重要蜀道，即米仓道。该道由汉中往南，循汉水支流濂水谷道和嘉陵江支流南江到达巴中（唐巴州），继续顺流而下，经平昌（唐归仁）、渠县（唐渠州）、合川（唐合州）抵达重庆（唐渝州），此道因经过米仓山而得名，它是联系汉中与四川东部的主要通道。三国时张郃守汉中，由米仓道进军巴

---

① （西晋）陈寿：《三国志·蜀志·诸葛亮传》，中华书局1975年点校本。

中，在渠县八濛山为张飞所败。宋绍定四年（1231）蒙古军攻入洋州，由米仓道直取巴州，南宋川峡四路遂全线失守。

除川陕交通外，开拓于先秦时的川甘交通也是巴蜀通往外地的重要通道，其中著名的有仇池道和阴平道。仇池道又名祁山道，从甘肃天水南越秦岭西段和岷山，沿白龙江河谷而下，经成县、武都、文县而与阴平道相接，再经四川青川、江油，进入四川盆地，抵达成都。《史记·秦本纪》记载：秦昭王二十七年（前280）"使司马错发陇西，因蜀攻楚、黔中，拔之"，此次秦国伐楚的军队就是通过阴平道由陇西进入蜀地。从成都经汶川、茂县通松潘去西北的道路也曾经是连结四川与甘肃、青海的一条古道。（光绪）《灌县志》记载灌县紫坪古道旁曾立有西汉建平、东汉永平年间两块修路碑，说明自灌县溯岷江而上早有行人往来于此道。魏晋南北朝时期，由于中原和河西被十六国和北朝所控制，东晋南朝与西域交往皆取道四川，然后进入青海吐谷浑地区，再通往西域各国。

秦汉魏晋南北朝时期，巴蜀通向西南边陲的交通道路得到开辟。在秦朝，主要修五尺道，从僰道（今宜宾）向南进入夜郎地区（今贵州北部）。据《史记·西南夷列传》记载，秦始皇曾命令秦吏常頞"略通五尺道，诸此国颇置吏焉"[①]。西汉武帝进兵西南夷时，又重新扩建此路，并使之成为汉代官道——南夷道的一部分。

到了汉代，政府加强对西南夷地区的经营，形成了三条固定的贯通巴蜀与西南地区的官道：西夷道、南夷道和牂牁道。西夷道分为两段，北段为灵关道，大致从成都经青衣江至邛都（今西昌），又从邛都延至不韦（今云南保山）。南段为博南道，是汉武帝第二次进兵西南夷前后开通的，这条从成都向今云南西部的道路史称

---

① （西汉）司马迁：《史记》卷一一六《西南夷列传》，中华书局1959年点校本。

"身毒道",最初是一条从成都通往今缅甸和印度(古称身毒)的民间商道。汉代以后,这条道路一直在使用。南夷道也是巴蜀通往西南地区的重要通道,它北边与秦五尺道重合,南边继续向南延伸,并与西夷道会合。汉武帝进兵西南夷,置益州郡前后,又将此道延伸至滇池一带,并最终向西延伸与西夷道会合于大理,并继续往西南伸展至今保山、腾冲一带,从而贯通了从成都通往今缅甸、印度的道路。南夷道将印度和中国的西南地区与中亚地区的丝绸之路衔接起来,成为千百年来中印经济文化交流的大动脉。牂牁道,即《史记·西南夷列传》所载唐蒙为攻打南越所开之道。在汉朝势力到达西南夷地区之前,夜郎国就已经从水路沿牂牁江到达南越国都城番禺。到汉武帝时,这条水路更是成为从牂牁郡到南海郡的主要通道。司马相如认为"西夷邛、筰可置郡"①。汉武帝采纳其建议,致力于开发西南夷地区,大力整修交通道路,"发巴蜀卒治道,自僰道指牂牁江",即将道路从犍为郡僰道修到夜郎国牂牁江一带。《史记·平准书》说,"唐蒙、司马相如开路西南夷,凿山通道千余里,以广巴蜀,巴蜀之民罢焉"②,自此以后,"巴蜀四郡通西南夷道,戍转相饷"③。自汉初"略通夜郎,因通西南夷道"后,邛、筰等地君长也要求"与汉通",于是汉武帝又派司马相如"略定西南夷,邛、筰、冉、斯榆之君皆请为臣妾。除边关,边关益斥,西至沫、若水,南至牂牁为徼,通灵山道,桥孙水,以通邛、筰"④。

正是由于秦汉时期政府在蜀地开凿了金牛道、五尺道等,大大提高了巴蜀对外交通能力,加强了巴蜀与关中以及西南边疆地区的

---

① (东汉)班固:《汉书》卷九五《西南夷传》,中华书局1962年点校本。
② (西汉)司马迁:《史记》卷三〇《平准书》,中华书局1959年点校本。
③ (东汉)班固:《汉书》卷九五《西南夷传》,中华书局1962年点校本。
④ (东汉)班固:《汉书》卷五七《司马相如传》,中华书局1962年点校本。

经济文化联系，并使巴蜀地区通往西夷道、南夷道、牂牁道等连接缅甸、印度等国的"南方丝绸之路"国际交通线进一步畅通，加强了巴蜀地区与东南亚、南亚、西亚国家的经济文化联系①。

除陆上交通外，秦汉魏晋南北朝时期，以长江干流为主、岷江、沱江、嘉陵江等众多支流组成的水上航运网初步形成，并具有较高的利用率，从而使巴蜀在全国的地位得到进一步提升。岷江是联系成都平原和长江干流必不可少的水上通道。从成都顺岷江至长江干流，再沿江而下的路线早在先秦时就已使用，张仪所谓"起于汶山，浮江而下"即指此道，是沿江而往成都的必经之路。嘉陵江早在秦汉时期便已通航，从巴郡出发，北面溯西汉水（今嘉陵江）至葭萌（今广元昭化）、南郑（今汉中），再经褒斜道越秦岭可达长安。在长江干流以南，乌江自思南以下皆可通航，至涪陵入长江干流②。

隋唐时期，巴蜀境内外交通得到进一步发展，主要表现在川陕、川甘、川滇交通的拓展上。

一是在川陕交通方面。随着国家大统一局面的出现，关中长期作为帝王所居，向南与汉中、巴蜀的联系更加紧密。在这一时期，关中与巴蜀之间的交通得到了进一步开拓。唐朝定都长安，富饶的巴蜀地区是其重要的后方基地，而川陕间的蜀道将关中与巴蜀连接起来。唐王朝自始至终都非常重视对蜀道的开拓、修筑和维护。由于南北两段蜀道的畅通，从长安通向山南、剑南各地以及吐蕃、南诏各国的驿道上，信使驿卒、车马行人来往频繁，络绎不绝。蜀道

---

① 参见吴晓秋：《滇黔古代交通要道考》，《贵州大学学报》2011年第9期。
② 参见罗开玉、谢辉：《成都通史》第二卷《秦汉三国（蜀汉）时期》，四川人民出版社2011年版。

交通的开辟对盛唐经济文化发展做出了重要贡献，它不仅是唐王朝的生命线和控制巴蜀的孔道，而且也是南北经济文化交流、各民族交往融合的走廊①。具体来看，由于四川盆地北缘大巴山一线因嘉陵江在广元、昭化切出一个缺口，四川盆地与陕南联络自然利用此便利，昭化至成都交通多沿盆地边缘山麓地带抵达剑阁。大巴山裂开的一条隘路，即有名的剑门关。由于翻越米仓山、大巴山联系四川盆地内的道路终点不是像汉中那样集中，因此，穿越大巴山就有四条通道。当时蜀道的北段，陈仓道、褒斜、傥骆、子午四线均先后被辟为驿道，汉魏之际开通始于周至（汉、唐盩厔）经洋县华阳镇（唐华阳县）、洋县（唐兴道县）、城固县到汉中的傥骆道（又称为骆山道），即从今陕西周至县西南沿骆河谷（今黑河）上溯，越十八盘岭、骆谷关，经傥水谷南下至洋县，成为连接关中与汉中的一条便捷通道。这条道路在三国时期，是秦岭间用兵最频繁的道路。但至中唐以后，傥骆道变为官道。唐德宗避乱入蜀，皆经由此道；文人雅士宦游蜀地，也多经此道。如唐代著名诗人元稹九次入蜀，八次皆经过此道。唐玄宗时代，连接长安至汉中经过秦岭子午谷、宁陕县、洋县境内的子午道，因杨贵妃爱吃鲜荔枝，特地加以整修，经万源、达县，抵达重庆和涪陵②，用快马运送鲜荔枝，所谓"一骑红尘妃子笑，无人知是荔枝来"，时称"荔枝道"。其南段称"洋巴道"，北与子午道相通。此外，褒斜道在唐代已成为入川官驿，共设有十一站。在褒斜道江口镇以南东侧，又开辟了文川道，西侧由武休关向西北修筑了通往凤州、大散关的驿道。在川西北，扩展了自灌口经桃关、汶川，过松、茂诸州而入吐蕃、西域的

---

① 参见梁中效：《唐代蜀道的地位和作用》，《成都大学学报》1992年第2期。
② 参见黄盛璋：《川陕交通的历史发展》，《地理学报》第二三卷，1957年第4期。

道路。作为连接剑南与陇右地区重要交通线的"西山道"（即"藏彝孔道"）是一条重要的出川通道。该古道从松州（今松潘县）开始分为两途，一条向西北经迭州（今甘肃迭部县）、洮州（今甘肃临潭县）通河湟，与"西北丝绸之路"相连，这里曾是吐谷浑、吐蕃、党项各族与唐宋茶马贸易的大道。另一条折向东北，经扶州（旧南坪，今九寨沟县）、文州（今甘肃文县），武州（今甘肃武都县）、成州（今甘肃成县），至凤州（今陕西凤县），与成都去长安的故道相衔接。在川西南，复开清溪道，由成都出发，经临邛、嶲州入南诏而至天竺，使西晋以来阻塞的交通得以恢复和畅通。

值得一提的是，茶马古道在唐代出现了前所未有的兴盛局面。茶马古道的得名源自唐代开始的茶马互市，它是指唐、宋以来至民国时期汉藏之间进行茶马交易形成的一条交通要道。这条道路的开辟，据相关考古发现，最早应是人类早期族群迁移的古道。茶马古道可分为滇藏道、川藏道南北两条路线。其中川藏道起点为今天四川雅安，从雅安到康定，自康定起，川藏道又分成南、北两条支线：北线从康定向北，经道孚、炉霍、甘孜、德格、抵达昌都；南线则是从康定向南，经雅江、理塘、巴塘、芒康、左贡至昌都，再由昌都通向卫藏地区。另外还有由雅安通向松潘乃至连通甘南，以及由川藏道北部支线经原邓柯县（今四川德格县境）通向青海玉树、西宁的支线。到了唐代，唐朝政府与吐蕃的交往、使节与公主进藏、禅宗向吐蕃传播等，都促进了饮茶等生活方式在藏区上层人士之间的传播，从而刺激了茶马贸易的发展，促进了茶马古道的大规模开辟。至两宋时期，因与辽、金、西夏和蒙古战争对战马的大量需求，使得茶马古道呈现出繁盛局面①。

唐代，西南地区重要的交通路线莫过于南诏通往唐王朝的道路。据严耕望考证，南诏通唐共有五道，其一为清溪道，其路线基本循汉之西夷道；其二为石门道，即取汉之南夷道，发展自秦汉五尺道基础上，其三为叶榆水、古涌步道，即由今昆明至越南河内之道；其四为牂牁、黔中道，由昆明经曲靖、贵阳至涪陵；其五为邕州道，取道南盘江而下岭南。这五条道路中，有三条与巴蜀有关，其中清溪道最为便捷，但唐中叶以后，受到吐蕃威胁，其重要性让位于石门道。南诏称入川清溪道为南路，石门道为北路。迄至宋初，石门道一直可通行。石门道较清溪道更难行，驿馆等设施也不如清溪道，但可避免吐蕃威胁。此外，在唐代西南方向，还有两条重要通道，一是安南通天竺道，即经由南诏、大理的国际交通线，横贯今越南北部和滇东南、滇中、滇西和滇西徼外。此道途中既有陆道，又有舟行的水道。一是大雪山道，它最早见于宋代记载。熙宁七年（1074），成都人杨佐到大理商议买马，在云南馆驿见到里堠碑，"东至戎州，西至身毒国，东南至交趾，东北至成都，北至大雪山，南至海上，悉著其道里之详"。此道走向为今大理经丽江入四川，经康定、天全、雅安达于成都。以上唐代的川滇、滇缅通道作为西南地区重要的交通干道，除了政治、军事和文化上的意义外，还在于其重要的商业贸易价值②。

隋唐时期，长江水道的经济意义显著上升，江上贸易往来非常频繁。杜甫"门泊东吴万里船""即从巴峡穿巫峡，便下襄阳向洛

---

① 参见聂和平、杨洋：《古代巴蜀地区对外陆路交通小考》，《齐齐哈尔大学学报》2012年第6期。

② 蓝勇：《唐宋川滇、滇缅通道上的贸易》，《中国历史地理论丛》19991年第1期。

阳"等诗句都反映了唐朝人利用长江水道的情况。故陈子昂云："蜀为西南一都会，国家之宝库……人富多粟，顺江而下，可以兼济中国。"

宋元时期，巴蜀内外交通格局总体上没有大的变化。在宋代，川滇、川黔交通梗塞，川陕交通受到军事上的制约，惟峡路横贯东西，成为四川与东部惟一通途。宋代著名文学家陆游溯江而上，来到巴蜀，留下大量诗篇，并撰有《入蜀记》。南宋另一位著名文学家范成大则顺江而下，撰有《吴船录》。元代基本上奠定了巴蜀交通格局。由于元代疆域辽阔，大力推进水陆交通建设，在巴蜀地区，元代以成都为中心形成了陆上交通网点基本格局，尤其是向川边土司地区交通网的延伸均为前代所不及。元朝在四川与吐蕃交界处设宁河驿，后发兵"开吐蕃道"，开通了西经邛州、雅州至吐蕃的道路。成都至罗罗斯宣慰司（今西昌一带）设有马站二十九处，配置马匹一千二百余匹。在省际交通方面，元朝加强四川与云南、湖广驿路建设。如至元十一年（1274）云南行省建立后，元朝开通的川滇驿道主要有三条，一是中庆（今昆明）经建昌（今西昌）至成都道，二是由中庆经乌蒙（今昭通）至叙州（今宜宾）道，三是中庆经乌撒（今威宁）至泸州（今泸州）道。明、清两代基本沿袭这一格局，并无多大改变。在水上交通建设方面，元代至元十五年（1278）平定巴蜀后，开始设置水驿，"自叙州达荆南府"[①]，陆续整治四川境内以及省际水道，添设水驿、站夫和船只，且水驿数量超过陆上站赤，主要水道交通仍然是长江、岷江、嘉陵江、涪江和沱江等。水上交通线路若以成都为起点，一是沿岷江、长江水路可至湖广，再由湖广可远至江浙，沿京杭大运河可入大都；二是沿岷

---

① （明）宋濂：《元史》卷一〇《世祖纪》，中华书局1976年点校本。

江、金沙江水路可至云南。在整个元代，形成了川东以重庆、万州为中心，川西以成都府、淮安军为中心的水上交通枢纽①。

明清时期，巴蜀地区水陆交通得到进一步改善。明朝平定四川后，着手加强对四川交通道路的恢复、整治、疏浚、改进和延伸，并开辟新的线路，使四川交通较前代有了长足发展。据万历《大明会典》记载，四川驿站数量居全国第一。在陆路方面，四川陆路交通以成都为中心，主要有成都至重庆府，转水陆两路可入湖广；成都至龙州，可北去陕西；成都至会川卫，过金沙江可入云南。以上线路在明隆庆四年（1570）黄汴《一统路程图记》中有明确记载。明政府在元代的基础上不仅加强和完善了原有入藏驿路建设，还同时开设新的线路，添置新的驿站，使得从湖广进入四川至成都、成都至雅州交通，康定至昌都、拉萨的交通较元朝有了很大改观，并逐渐取代了原来主要由甘肃、青海入藏的交通枢纽地位。明中期以后，成都已成为入藏主要驿路的新起点。至此，成都作为西南地区交通枢纽中心的地位得以确立，并为清朝加强对西藏的管理奠定了基础。在水路方面，明代川江水路得到进一步完善和发展，凡能通航的较大河流均置有水驿或水马驿。明正德年间，朝廷在四川境内长江、岷江、嘉陵江等干流和支流上设有七十处水驿，如嘉陵江在南充县设有嘉陵水驿，在大竹县设龙溪水驿等。在所有水路中，最重要的是从成都锦官驿出发，沿岷江经眉州、嘉定州、叙州府进入长江水道，再经泸州、重庆、夔州，出三峡，然后与湖广驿路相接。明代所有旱驿和水驿都由政府统一管理②。

---

① 以上参见李孝聪：《中国区域历史地理》，北京大学出版社2004年版。
② 参见陈世松、李映发：《成都通史》第五卷《元明时期》，四川人民出版社2011年版。

清朝平定四川后，对明朝所设水陆驿站进行裁并、充实，继续加强对驿站的管理。同时，清政府还设有铺司或塘铺，每间隔十里或数十里设一铺，配备铺夫、铺兵递送往来文书。为保证驿路畅通，清政府还加强了对川陕北路、川滇南路、川藏西路等驿道的整治和修饬。乾隆三年（1738）、二十七年（1762），清政府曾两次对川陕栈道进行大规模维修，保证了四川通往北京的大道——川陕驿道的畅通。

清代巴蜀水上交通也得到很大改善。长江上游水道成为沟通巴蜀地区内部以及巴蜀地区与长江中下游地区联系的主要交通线。（雍正）《四川通志》卷三四记载："凡川货之通荆襄，达吴粤，与夫各省诸货之至蜀者，无不由此出入也。"突出了长江水道的重要地位。清政府进一步加强了全川水驿制度化管理，在沿江、沿河主要府、州、县设置塘汛，增置哨船，负责巡逻。同时，为改善水上交通安全，清雍正年间，政府还在夔州府至宜昌段数百里险滩处设置救生红船①。此后政府在长江、岷江等主要航道险滩处都配备救生红船，设置航道标识。同时，政府为改善长江等航道安全，对狭窄滩路和长江三峡、川江上游岷江、金沙江、沱江、嘉陵江以及川、滇、黔接壤地带河道险滩、暗礁进行大规模整治，从而大大改善了巴蜀境内以及通往省外的水上交通状况，推动了以成都和重庆为中心的长江上游商品经济的发展。清光绪十六年（1890），中英两国在北京签订了《烟台条约续增专条》（俗称《重庆通商条约》），其中明确规定："重庆即准作为通商口岸无异"，"英商自宜

---

① 蓝勇根据（同治）《归州志》卷一〇据周昌期《修黄魔神庙记》记载，认为长江上游救生红船应起于明代天启年间，而不是最早设置于清康熙五年（1666），不过大规模设置救生红船确实始于清康熙年间。详见《西南历史文化地理》第十二章《西南历史交通文化地理》，西南师范大学出版社1991年版。

昌至重庆往来运货，或雇佣华船，或自备华船，均听其便"。光绪二十一年（1895），中国与日本又签订了丧权辱国的《马关条约》，清政府被迫开放重庆、沙市、苏州和杭州为商埠，日本可以在中国通商口岸开设工厂。重庆在不平等条约的规定下成为对外开放又一内河通商口岸，客观上促进了以重庆为中心的川东工商业的发展。重庆也因此成为巴蜀地区最重要的城市[①]。

清代后期，巴蜀处于由传统农业时代向工业时代过渡转型时期。在这一时期，巴蜀地区形成了以成都和重庆为中心的两大区域交通枢纽。如成都陆路形成了以成都为中心向四方呈放射状的四条交通线路：（一）东大路，即以东路驿站为基础，联络成都和重庆的干道。（二）中大路，由成都东行，翻越龙泉山脉出盆地，东至南充、渠县、梁平等地。（三）西大路，成都赴川边和西藏的道路。（四）北大路，由成都向东北延伸到陕西。水路以岷江、沱江、嘉陵江、黔江为依托，与长江相连接，形成了以重庆为中心，上达泸州、宜宾、乐山，下通涪陵、万州、夔州、宜昌、武汉、南京、上海的较为发达的水上交通贸易航线。

经过明、清两代对巴蜀水陆交通的整治和管理，巴蜀地区无论是省际交通还是省内交通都很畅达，既有利于中央政权更好地管控巴蜀地区，同时也有利于本地区经济文化的发展。

清末民国时期，巴蜀交通继续改善，这主要表现在铁路交通、公路交通的发展，以及航空运输业的出现上。铁路交通以开办川汉铁路为标志。清光绪二十九年（1903），四川总督锡良奏请设立川

---

① 参见张莉红、张学君：《成都通史》第六卷《清时期》，四川人民出版社 2011 年版；张友谊：《重庆开埠以来川江航运业研究》，《重庆三峡学院学报》，2003 年第 4 期。

汉铁路公司。次年，川汉铁路总公司在成都成立，这是四川交通史上的大事。光绪三十四年（1908），聘请詹天佑为川汉铁路总工程师，宣统元年（1909）在宜昌川汉铁路工程局举行开工典礼。宣统三年（1911），由于清政府实行铁路国有政策，导致保路运动爆发。此后，川汉铁路改由汉粤川铁路督办公署负责。民国十五年（1926），汉宜、汉夔铁路各工程局全部撤销，交由湘鄂铁路局代管。民国二十五年（1936），民国政府铁道部在重庆成立成渝铁路工程局。抗日战争爆发后，成渝铁路建设因资金、材料、人力等原因进展缓慢，直到1949年前，成渝铁路仅完成少量土石方及桥梁、隧道工程。

民国初年，作为新兴汽车运输业的公路交通开始出现。四川公路建设始于民国二年（1913）修建成灌公路，这成为四川交通运输业发展的标志性事件。民国十一年（1922），成立省道局，公布了《四川省道条例》，制定了以成都为中心，连通巴县、万县、嘉定、康定、灌县、广元等六条省道干线公路规划。同时省道局还令各县筹设省道分局，为修建县道作准备。从此以后，四川省迎来了公路建设的新时代。从民国十四年（1925）四川境内第一条公路——成灌公路建成，到民国二十二年（1933）成渝公路建成通车为止，全川共修筑公路四十三条，包括成康公路、成仁公路、成温邛公路、成彭公路等，通车里程达二千七百余公里。同时，在民国时期，出川省际公路也在规划和建设中，如川陕公路、川康公路、川鄂公路、川湘公路、川滇公路、川黔公路等。民国二十二年（1933），刘湘结束四川军阀混战局面以后，任四川善后督办。他为适应新的军事和政治需要，于是着手整修公路，统筹管理全省路政，成立四川公路总局（后改组成立四川公路局），先后颁布了《四川公路管理章程》《四川陆上交通规划书》，第一次提出了以川西北成都和川东南重庆为两大中心的四川省公路建设总体规划设想，具体规划建设成陕、成万、成渝、成滇、成康、渝陕、渝鄂、渝黔等八条线路。截至民国三十二年（1943）底，以成都为中心已建成的省内公路就有成灌、成阆、成邑、成崇、成嘉等线路，省际公路有川陕、川鄂、川湘、川滇、川康、川黔等线路，大大改善了四川省内及省际之间的交通运输条件。此外，在民国时期，四川境内的水路也得到部分整治，民国三十年（1941）前后，政府大力整治内河航运，内河航运线得以进一步延伸。与此同时，四川航空运输在抗战时期得到空前发展[①]。

二、历代巴蜀交通文献的编纂情况

先秦、秦汉、三国时期有关巴蜀交通的记载主要见于《山海经》《禹贡》《战国策》《史记》《汉书》以及出土文献《古本竹书纪年》之中，还没有专门关于巴蜀交通的著述。

魏晋南北朝时期，有关巴蜀地区的交通记载主要散见于《三国志》《华阳国志》等著作中。到了隋唐五代时期，有关巴蜀交通的记载除唐樊绰《蛮书》、梁载言《十道志》（即《十道四蕃志》）、李泰《括地志》、贾耽《贞元十道录》、李吉甫《元和郡县图志》等地理书以及正史新、旧《唐书》，新、旧《五代史》外，专门记载巴蜀交通文献的专篇主要以唐末五代韦庄《峡程记》《出峡记》为

---

① 参见何一民：《成都通史》第七卷《民国时期》，四川人民出版社2011版；侯德础：《抗战时期四川内河航运鸟瞰》，《四川师范大学学报》1990年第3期。

代表。韦庄，字端己，长安杜陵人。唐天复元年（901），韦庄从长江水道入蜀为王建掌书记。天祐四年（907），韦庄劝王建称帝，任左散骑常侍，判中书门下事，定开国制度。官终吏部侍郎兼平章事。他将自己入蜀经历撰写成对后世具有重要史料价值的《峡程记》《出峡记》。此外，在唐五代时期，许多文人雅士还创作了与蜀道有关的诗歌，其中以李白《蜀道难》为代表。这首诗也可看作是巴蜀交通文献的重要篇章。

宋元时期，有关巴蜀交通的记载当以陆游《入蜀记》和范成大《吴船录》为代表。此外，见于《宋史·艺文志》等相关文献著录的还有郑文宝《蜀川纪略》、司马俨《峡山履平集》、潘子韶《峡山利涉集》、李常《东京至益州地理图》、陈延禧《蜀北路秦程记》等。

明清时期，有关巴蜀交通的文献非常丰富。如明代张鸣凤《西迁注》、张瀚《松窗梦语》，清代郎廷槐《宦蜀纪程》、张习孔《使蜀纪事》、刘智《入蜀日记》、谢鸣篁《出峡记》、孙鸿勋《蜀道难》、王定柱《滇蜀纪程》、张素含《蜀程纪略》、谭光佑《四川水道源流简明说》、方浚颐《蜀程日记》、陈钟祥《岷江纪程》、洪良品《巴船纪程》、文祥《蜀轺纪程》《川船记》、吴庆坻《入蜀纪程》、胡薇元《蜀道驿程考略》、孙海环《夔辖日记》、周之桢《蜀游集》、张香海《宦蜀纪程》、李鸿浚《遵饬勘估自成都至关外巴里一带路工清册并图说》、陈明申《夔行纪程》、构山《使蜀日记》、王鸿朗《游蜀纪程》、张怀渭《续云栈纪程》、潘清荫《直省分道属境歌略并图》、傅崇榘《川省赴会之程途》《江程蜀道现势书》《入蜀旱程记》、钟灵《川楚纪游》、李稷勋《四川商办川汉铁路宜昌工场志痛之碑》、佚名编《同治甲子至丁卯寓蜀日记》《自成都至巴塘日记》《蜀江纪程》《四川省实业交通第一次统计报告》《四川省实业交通第二次统计报告》《四川省实业交通第三次统计报告》等。明清时期，许多文人雅士撰写了不少蜀游诗，如明代沈朝焕《入蜀诗》、清代杨思圣《蜀吟》、周煌《蜀道吟》(《蜀吟》)、李骥元《云栈诗稿》、姚桐生《还蜀草》、张懋畿《回蜀纪程诗钞》、周庄《峡中吟诗稿》等，也可看作是巴蜀地区重要的交通文献。

民国时期，巴蜀交通得到很大改善。这一时期的交通文献著作非常多，主要包括反映全省交通、区域交通、省际交通等方面的文献。全省交通文献如刘绍荃《四川内河航运史》、四川省政府建设厅秘书室编审股《四川的驿运》、佚名《四川驿站调查》《四川新交通计划书》《四川全省各要地水陆程途》《四川水陆交通研究》《四川全省陆上交通规划书》《修正四川公路局组织规程》《四川省公路改组前后概况报告》《川路公司民国二十三年总册册》《川路总公司文牍函电汇编》等。区域交通文献如四川成灌铁路股份有限公司编《四川成灌铁路之缘起及将来》、吴景洲《蜀西北纪行》、张目寒《蜀中纪游》、李仪祉、张任《视察四川灌县水利及岷江航运报告》、张云波《雷马屏峨纪略》、冯玉祥《蓉灌纪行》、佚名《重游西蜀纪程》《渝简马路巴县区段工程规划大纲》等。

民国时期，四川省际交通有川楚、川黔、川滇、川藏、川陕、川康、川藏线等。关于省际交通的文献主要有：一是川康藏、川滇缅交通文献，如唐柯三《赴康日记》、蒙藏委员会编《川青康藏驿路站程及青康藏喇嘛寺庙之分布》、曾昭抡《滇康道上》、谢天沙《康藏行》、吴丰培《察炉道里考》、吴崇光《川藏哲印水陆记异》、佚名《西康之交通》《西康公路史料》《整理成康交通之具体方案》、陈万里《川缅纪行》、佚名《川滇纪略》等。二是川汉沪交通文献，如傅崇榘《川汉水陆程途》、周俊元《宜渝道上》、重庆中国银行编《宜昌到重庆》、佚名《为川汉铁路当先修成渝灌谨告全蜀文》、顾久宽《长江上游宜渝段航行指南》、徐蔚南《从上海到重庆》等。三是川湘交通文献，如薛建吾《湘川道上》、陈万里《川湘纪行》等。四是川黔交通文献，如张森楷辑撰《川路第三次股东会选举总公司总理报告书》、薛绍铭《黔滇川旅行记》、罗竟忠《川黔公路工程述略》、佚名《川黔两省公路交通大概观》等。

关于清末民初四川铁路建设相关文献，除上面提到的部分文献以外，还有百余种。这些文献，大致可分为六类：第一类是各类报告书，如《川滇铁路勘测队总报告书》《川路公司第一次股东会查账报告》《川路公司第四次股东大会查账报告书》《川路公司董事关于违法清算报告书》《川路驻渝办事处报告书》《川路总公司查账人第四次股东会报告书》《川汉铁路驻京代表交涉报告书》《川汉铁路总公司国有接收交涉报告书》《川汉铁路改进报告》《川汉铁路改进会报告》《四川商办铁路驻宜公司第一期报告册》《四川商办铁路驻宜公司第二期报告册》《四川商办铁路驻宜公司第三期报告册》《四川川汉铁代表报告书》《四川铁路总公司附注铁道银行总行报告书》《四川铁道银行北京分行报告书》《前川汉铁路总公司清算处第二次报告书》《川汉铁路总公司清算处报告书》《前川汉铁路总公司驻汉清算员刘极光报告》《商办四川川汉铁路总公司报告》《渝汉沪办事处及航业查账报告书》《驻渝川路办事处报告书》《川汉驻宜公司报告清单》《驻汉四川铁路公司办事处第七次报告书》等。第二类是各种章程，如《川汉铁路按租抽谷详细章程》《川汉铁路总公司集股章程》《改订川汉铁路租购各股草章》《奏改商办川省川汉铁路有限公司章程》《商办川省川汉铁路有限公司章程》等。第三类是会议记录文件,如《川路特别股东总会详文》《川路临时股东总会议案志要》《四川川汉铁路特别股东会速记录》《四川川汉铁路总公司用款交通部派员接收交涉会议速记录》《商办川路临时股东总会速记录》《四川铁路股东大会纪事》等。第四类是各种统计表,如《川汉驻宜公司宣统二年工程成绩年计表》《商办川省川汉铁路总公司进行一览表》《商办四川川汉铁路总公司董事局议案摘由一览表》《川汉铁路总公司总纂实收支存数目简明表册》《四川川汉铁路总公司租购股本息比较表册》《川路国有交陟完结呈文部批总网摊还表概要》等。第五类是各种劝告书、宣言书、广告书、说明书、计划书、意见书等,如《建设川汉铁道商办公司劝告书》《川路旅京股东提议案宣言书》《为川汉铁路宜先修成渝谨告全蜀父老》《川路公司总理董事关于违法抗命之清算处特别广告》《四川川汉铁路公司白话广告》《重庆铜元分局亏空川汉铁路公司款项之真相》《川汉铁路计划书》《川路公司股东准备会提案及意见书》《川路公司股东徐宗益等呈省长暨质问省议会质问书》《改良川汉铁路公司议》等。第六类是公司大事记、股东名册、股票、股息等内容,如《四川川汉铁路公司大事纪略》《四川商办川汉铁路开工述略》《商办川路驻汉办事处移交始末记》《四川川汉铁路公司改组川路公司简明股东名册》《商办川省川汉路有限公司股票》《商办四川川汉铁路租股零数息折》等。

在民国时期,还有一类以"蜀道"命名的交通文献。从广义上说,所有入川的交通道路包括川汉、川滇、川黔、川陕、川甘路线等都可称为"蜀道",即入蜀的道路。而狭义的"蜀道"仅指连接川陕、川甘之间的道路,如阴平道、陈仓道、褒斜道、子午道、金牛道(石牛道、剑阁道)、傥骆道(骆谷道)、米仓道、荔枝道等,其中金牛道从成都出发，经广汉、德阳、梓潼、广元，进入陕西境内，沿褒河，过石门，越秦岭，出斜谷，直通八百里秦川，全长一千多公里，距今已有三千多年的历史，是保存至今的人类最早的大型交通遗存之一。其中金牛道上的剑门蜀道全长二百七十余里，包括剑门、昭化、广元、朝天、翠云廊、翠云湖等六大片区，以剑门关为中心。剑门关是蜀中四大名胜（峨眉天下秀、青城天下幽、剑门天下雄、夔门天下险）之一，它和翠云廊是我国乃至世界罕见的古关隘和惟一保护得最好的林荫古大道，也是保护最完整、最精华、保留文化要素最充分的一段，具有极高的历史、文化、科研和旅游价值。唐代大诗人李白《蜀道难》诗云："噫吁嚱，危乎高哉！蜀道之难，难于上青天！"这首传诵千古的诗句，咏叹了自古以来蜀道的惊险巍峨和崎岖难行。"蜀道"之名最早见于三国，魏鱼豢《魏略》有"仪绝蜀道"之语。实际上，蜀道的开凿早在先秦古蜀国时期就已开始，这条惊险奇绝的古道是人类筑路史上的奇迹，也是世界文化的奇迹。

千年蜀道上，保留的历代文人雅士歌咏题刻众多，如连云栈道心红峡摩崖石刻群有"长虹饮涧""幽丽奇处""云栈第一佳处""千流飞雪，万迭堆青""翠峰排秀"等众多石刻，与连云道风光交相辉映。尤其是褒斜道上的石门石刻更是享誉中外，其中《石门颂》（《故司隶校尉犍为杨君颂》）为著名汉隶摩崖刻石。20世纪70年代初，因修褒河水库，包括《石门颂》《石门铭》《修山河堰记》等以汉魏刻石为主体的"褒斜道石门及其摩崖石刻"（又称"石门十三品"）被凿刻下来，被国务院列入全国第一批重点保护文物名录，珍藏于汉中市博物馆（古汉台），而石门隧道及其它摩崖题刻均被褒河水库淹没①。

蜀道又有"文道"之称。历代文人墨客、官宦士大夫如唐代李白、杜甫、岑参、元稹、白居易、薛能、孙樵、王勃、王维、欧阳詹，宋代苏轼、陆游，明代杨本仁、靳学颜、辛思齐，清代王士禛、林则徐、张问陶等都曾在蜀道上留下众多石刻遗迹、诗文佳作或游记著述，如明代王士性《五岳游草·入蜀记》，清代王士禛《蜀道驿程记》《秦蜀驿程后记》、李德淦《蜀道纪游》、方象瑛《使蜀日记》、江权《蜀道吟》、汪承需《蜀行纪事草》、孙鸿勋《蜀道难》、韩锡之《蜀轺偶吟》、王培荀《寓蜀草》、王培荀和王者政《蜀道联辔集》等，国外学者如日本竹添光鸿也著有《栈云峡雨日记》、日本山川早水著《巴蜀》有《自蜀赴秦驿程》一章等，这为后人从事蜀道研究提供了极其宝贵的资料。

民国时期，以"蜀道"命名的著作还有很多，如李之勤《蜀道话古》、黄炎培《蜀道》《蜀道杂诗》、罗常培《蜀道难》、梁乙真《蜀道散记》、吕佛庭《蜀道万里记》、张恨水《蜀道难》、罗莘《蜀道难》、重庆铁道协会编《蜀道》、上海蜀道周刊社编《蜀道》、罗莘田《蜀道难》等。中华人民共和国成立后，以"蜀道"命名的著作还有铁道部第二工程局政治宣传部辑《蜀道不难》、郭沫若《蜀道奇》、康庆良和贺俊文编《祖国各地：第五集蜀道篇》、中央电视台社教部编电视系列片《蜀道》解说词等。这些以"蜀道"命名的文献绝大部分所指为狭义蜀道，但也有指川江水道等广义的蜀道。此外，民国时期还有部分著作虽然不以"蜀道"命名，但也与广义或狭义"蜀道"有关，如唐鼎元《入蜀稿》、孝顺武《川行日记》

---

① 参见冯岁平：《近年来蜀道及石门石刻研究概述》，《中国史研究动态》1994年第4期。

（附录《入蜀水陆记程》）、刘端棻《宦蜀纪略》、张了且《入川纪行》、孙诒《蜀行日记》、冯石竹《蜀行漫记》、曹埃布尔《游川日记》等。这些民国时期的相关著述对研究巴蜀交通史具有重要的参考价值。

巴蜀历代科技发展与科技文献述略

巴蜀人民在几千年历史发展过程中，通过长期不断的生产生活实践，取得了一系列领先中国和世界的科技成果，为巴蜀地区社会经济发展和人类文明进步做出了巨大贡献，有的科技成果至今仍发挥着重要作用。这些科技成果主要体现在天文历算、气候气象、冶金制造、纺织技术、钻井与井盐天然气、石油开采、造纸与雕版印刷、医药卫生、水利兴修等许多方面[①]。巴蜀历史上为后人留下了许多宝贵的科技文献资料，这些文献具有十分重要的学术价值。

一、巴蜀历代科技成就及其文献成果

（一）巴蜀天文历算与气象及其相关文献

我国是农耕文明最为发达的国家之一。人们在长期的生产生活实践中积累了有关昼夜交替、日月盈昃、星宿出没、四季变化、阴晴雨旱等天文气象知识，并总结了天文、气象变化的特点和规律。为了更好地安排农事活动，指导农业生产，我国出现了最初的历

---

① 有关巴蜀科技史研究著作主要有：冯汉镛《巴蜀科技史研究》，四川大学出版社1995年版；袁庭栋《四川文化史》，上海人民出版社1998年版；查有梁、周邅志《巴蜀科技史略》，四川人民出版社2010年版。

法，即所谓"观象授时"。先秦文献《山海经》中被公认为巴蜀人著作的《海内经》《大荒经》里就已有"日月所出""日月所入"的记载，这是我国古代典籍中较早观测天象的资料。目前已知巴蜀最早的天文学家是先秦和汉代典籍中所记载的苌弘。他精通天文、历法、气象，凡"天地之气，日月之行，风雨之变，律历之数，无所不通"[①]。巴蜀最杰出的天文学家当推汉武帝时期巴郡阆中人落下闳。他"明晓天文，隐于洛下"，在汉武帝授命下，编制了我国第一部比较完整的历法《太初历》，代替了秦代的颛顼历，确定了以孟春正月为岁首（春节从此确立）的历法制度，"然后日辰之度与夏正同"，并将二十四节气纳入历法，一直沿用到现代。落下闳主张的浑天说，是当时全世界最先进的宇宙结构学说。为此，他第一次制作了重要的天文仪器浑天仪和浑天象，"始立仪象之权舆"[②]，为我国天文学的发展做出了极其重要的贡献。除落下闳以外，巴蜀地区还出现了众多知名的天文学家，如桓子《新论》云："扬子云好天文，问落下闳以浑天之说。"此外，续修蔡邕《续汉书·天文志》的三国蜀汉巴西西充国人谯周，"精天文数术"、制作黄道游仪和水运浑天仪的唐代梁令瓒，被誉为"推步之妙，天下一人"、编制《武成永昌历》《正象历经》的唐司天监、蜀人胡秀林，制造世界第一台用水银驱动的太平浑天仪和机械钟的北宋巴中人张思训，绘制世界上公认最早一幅完整石刻天文图的南宋隆庆府普城人黄裳，南宋端宗时作《本天历》的蜀人杨某[③]，著有《心香阁考订中星图》的清代江津人江蕙等，都是我国古代巴蜀著名的天文学家。

---

① （汉）刘安等：《淮南子》卷一三《汜论训》，中华书局2009年点校本。
② （民国）朱文鑫：《天文考古录》，民国二十二年（1933）商务印书馆铅印本。
③ 《本天历》与《奉元》《会天》三种历书皆不传于世。

其中，蜀人梁令瓒创造的黄道游仪为唐代先进历法《大衍历》的编修提供了重要基础。他还同高僧一行合制水运浑天仪，在世界天文学史上具有划时代的意义。他在天文仪器制造史上的另一伟大贡献，是在和一行制造浑天仪的同时发明了自动报时装置，这是世界上最早的机械钟。南宋天文学家黄裳于光宗绍熙元年（1190）绘制的《天文图》，是世界上现存星数最多、时间最早、准确度较高的星图。全图共绘恒星一千四百四十颗，而欧洲直到15世纪著录于星图和星表的星数才一千零二十二颗。英国著名科技史专家李约瑟在其巨著《中国科学技术史》中高度赞扬黄裳的《天文图》，评价他绘制的《天文图》比欧洲领先三百多年。以上这些天文学家及其成就都是"天数在蜀"的最好证明[①]。而历代研究天文历法的巴蜀学者也有相关著作传世，主要有西汉扬雄《难盖天》一卷，东汉翟酺《援神钩命解诂》十二篇，唐代有袁天罡《太白会运逆兆通代记图》一卷、李远《龙纪圣异历》一卷、赵蕤《长短经天文篇》一卷，宋代有张商英《三才定位图》一卷、《大象列星图》三卷、张大机《盖天图新式翠微洞隐书宝轴司天玉匣秘书金键要诀》一卷、贾浚《历法九议》一卷、张方《夏时考异》一卷、李焘《七十二候图》一卷、魏了翁《正朔考》一卷，明代有冷逢辰《周正考》一卷、杨慎《夏小正解》一卷，清代有唐乐宇《步天简法图》一册、寇宗《菊逸山房天学三正考》、李调元《夏小正笺》《月令气候图说》各一卷、吕调阳《释天》一卷、《重订谈天正义》一卷、何志高《浑天易象》一卷，清末民初有廖平《汉志三统历表》一卷、吴之英《天文图考》四卷、宋育仁《夏小正说例》一卷、《夏小正文法今释》一卷、《夏小正文法举例》一卷，民国有陈观浔《尧典月

[①] 参见袁庭栋：《四川文化史》第四章《科技》，上海人民出版社1998年版。

令中星异同说》一卷。其中后汉翟酺，字子超，广汉雒人，拜光禄大夫，迁将作大匠，善图纬、天文、历算，是当时著名的天文历算学家。

在气象气候方面的成果，主要是民国学者利用现代科学技术和方法对巴蜀气象气候进行观测记录以及相关研究，这与传统气象气候知识有根本不同。民国时期，四川省政府建设厅专门编有《气象年报》，共五卷，在民国二十六年至民国三十年（1937—1941），由四川省政府建设厅铅印出版。而学者个人的研究成果主要有：蔡廉洲辑《调查川边各县沿革疆域气候表》、胡焕庸《峨眉山之气候》、刘世楷《四川气候志》等，这为我们研究民国时期四川气象气候史提供了宝贵的资料。

在与天文历法紧密相关的算学方面，巴蜀地区也做出了巨大贡献。其中著名的有两位人物，第一位是唐代岐州雍县人精通天文、历算、阴阳、道家之说的李淳风，他晚年与袁天罡一起定居于具有悠久天文学传统的阆中，一生中重要的天文、历算学著作都是在这里完成的。他所著《乙巳占》不仅是一部重要的占星学著作，而且也是世界气象史上最早的专著。唐初修撰《晋书》，其中《天文》《律历》《五行》三志为李淳风所撰，尤为精微。李淳风在数学方面的主要贡献，是编定和注释了包括《周髀算经》《九章算术》《海岛算经》《孙子算经》《夏侯阳算经》《张丘建算经》《缀术》《五曹算经》《五经算术》《缉古算术》等著名的十部算经，后被用作唐代国子监算学馆的数学教材。第二位是北宋学者安岳人秦九韶，撰有《数书九章》十八卷，该书采用的大衍求一术、三斜求积术和秦九韶算法，都代表了中世纪世界数学发展的最高水平，在世界数学史上占有崇高地位。清代数学家宋景昌为该书作《札记》四卷。

(二) 巴蜀冶金制造技术及其相关文献

巴蜀铜、铁等矿物资源蕴藏丰富,《史记·货殖列传》记载:"巴蜀亦沃野,地饶卮、姜、丹砂、石、铜、铁、竹木之器。"《华阳国志·蜀志》云"其宝则有璧玉、金、银、珠、碧、铜、铁、铅、锡、赭……丹黄、空青"[①] 等,这为冶金业的产生和发展提供了重要条件。三星堆和金沙遗址中发现了古蜀时期大量青铜器、金银器,从中可见古蜀人精湛复杂的冶铸技术,尤其是在青铜合金、焊镀、雕镂、箔饰等方面的技术已相当成熟。巴蜀冶铁历史可以追溯到先秦时期,《禹贡》有梁州贡铁的记载,这可从近年来在巴蜀地区陆续出土的斧、削等铁器中得到证明。

巴蜀冶铁技术的大发展是在秦汉时期。临邛不仅成为西南冶铁之都,而且也是秦国最大的冶铁基地。政府在成都还专门设立铁官进行管理,极大地推动了巴蜀冶铁业的发展,成为当时科学技术和生产技术革新的重要标志。秦汉时期,政府设立了许多大型官营作坊,秦设蜀郡"工室"(东工),汉设蜀郡"工官"(西工),蜀汉设"作部",专门从事铁器、车船制造以及冶铜、漆器、蜀锦、制玉、制陶、制盐等手工制作。官营作坊的设置使科技水平得到进一步提高。蜀汉时期,还根据杠杆原理制造出的我国具有较高自动化水平的木牛流马,反映了当时巴蜀的制造技术水平。

在非冶金类制造技术方面,主要体现在巴蜀制玉、制陶、制作漆器等方面。广汉三星堆遗址就发现了二百多件圭、璋、琮等类型各异的玉器。成都金沙遗址中出土的玉器更多,有近二千件。这些考古发现足见当时成都玉器制作技术和工艺的成熟。巴蜀地区的漆

---

① (东晋)常璩:《华阳国志》卷三《蜀志》,清嘉庆十九年(1814)题襟馆刻本。

器最早见于三星堆遗址中,其精致的雕花木制漆器反映出当时漆器制作的精湛水平。后来在成都商业街战国船棺中更是出土了大量种类多样,制作工艺精妙,图案色彩丰富的漆器,包括漆乐器、漆礼器和漆生活用具。西汉扬雄《蜀都赋》就记载成都漆器业的繁荣景象,"雕镂扣器,百技千工"[①]。汉代以后,成都一直是全国漆器的重要生产基地。到了唐代,以漆器为代表的手工制造技术达到了新的高峰。金银平脱漆器工艺在唐代十分流行,制作精巧,花纹美观,反映了当时高超的漆器制作水平[②]。

关于巴蜀金属铸造和器物制造方面的文献,值得一提的有费著的《钱币谱》和《器物谱》。《钱币谱》记载了巴蜀地区历代铸造钱币的情况、钱币的种类、币值以及相互换算。谱中述及蜀中古代使用铜钱情况。公孙述据蜀,废铜钱,置铁官钱。谱中特别记述了唐宋时期巴蜀铸造钱币、钱币使用以及先后多次改铸的情况,是研究当时四川经济状况的重要文献资料。而《器物谱》是宋代巴蜀地区流传的各种器物的集锦,主要叙述了玉璧、玉印、淳于(古礼器)、古铁鉴、铜印、古器、唐铁券等,这些精美的器物反映了当时巴蜀工匠的精湛工艺技术。

(三)巴蜀纺织技术及其相关文献

巴蜀纺织业历史悠久,在我国纺织史上占有重要地位。早在先秦时期,巴蜀之地就以织锦和织布闻名于世。传说中的嫘祖(又名累祖)为西陵(今四川盐亭县)氏之女,轩辕黄帝元妃,她发明了

[①] (汉)扬雄:《蜀都赋》,载(宋)扈仲荣等编:《成都文类》卷一,《成都旧志》,李勇先主编,成都时代出版社2007年点校本。

[②] 参见谢元鲁:《成都通史》第三卷《两晋南北朝隋唐时期》,四川人民出版社2011年版。

养蚕，史称"嫘祖始蚕"。传说古蜀国第一位蜀王蚕丛氏也是以种桑织锦为业，说明古蜀时期很早就成为中国丝绸的发源地，这可从近年来出土的蜀锦实物残片和织锦机残件得到证明。在成都土桥曾家包东汉石刻上，刻有织布机和织锦机的图像，皆为足踏织机。这是当时世界上最先进的织机，科技含量很高[1]。成都富于"锦、绣……桑、漆、麻、纻之饶"[2]，也因此成为我国南方丝绸之路的起点。秦汉三国时期，政府不断扩大织锦规模，并设立专门的锦官进行管理，将蜀锦作为财政收入的重要来源。《华阳国志》记载，司马错灭蜀后，在夷里桥南设立"锦官"，"得其布、帛、金、银，足资军用"。除蜀锦外，蜀布也是巴蜀所产的重要纺织品，曾畅销海外，如汉代张骞出使大夏时就发现有出产于蜀地的细布。秦汉三国时期，成都是蜀锦生产制作的主要基地，并设锦官进行管理。两晋隋唐时期，巴蜀丝织业得到进一步发展。西晋左思《蜀都赋》描述成都"阛闠之里，伎巧之家，百室离房，机杼相和"的盛况。《隋书·地理志》也说蜀地"人多工巧，绫锦雕镂之妙殆侔于上国"[3]。蜀锦不仅工艺精湛，而且色彩富丽，织造技术处于全国最高水平。唐人张何《蜀江春日文君濯锦赋》对唐代蜀锦作了相当细致的描述。这些精美的蜀锦不仅畅销全国，而且还通过丝绸之路销往东南亚、南亚、西域诸国以及西亚等地。到了宋代，巴蜀仍然是"丝帛所产，民织作冰纨绮绣等物，号为冠天下"[4]。这种盛况显然继承

---

[1] 参见罗开玉、谢辉：《成都通史》第二卷《秦汉三国（蜀汉）时期》，四川人民出版社2011年版。
[2] （东晋）常璩：《华阳国志》卷三《蜀志》，清嘉庆十九年（1814）题襟馆刻本。
[3] （唐）魏徵等：《隋书》卷二九《地理志》，中华书局1973年点校本。
[4] （宋）杨仲良：《续资治通鉴长编纪事本末》卷一三《李顺之乱》，书目文献出版社2003年点校本。

了唐代以来的繁荣。可以说，在唐宋以前上千年以织锦为代表的高级丝织品生产中，成都始终保持在全国的中心地位[①]。

总结巴蜀古代纺织工艺的著作中，以宋末元初成都人费著所撰《蜀锦谱》最具代表性。该书记述了宋代元丰六年（1083）吕大防知成都府时官办锦院织锦和民间机户织锦的情况及其变迁。其中关于宋代蜀锦的品种和花样的记述，是古代文献中最为系统而详尽的。

（四）巴蜀建筑技术及其相关文献

巴蜀建筑也是巴蜀科技成果的重要体现。从广汉三星堆遗址和成都十二桥发掘的商代晚期大型木结构遗址可以看出，巴蜀建筑不仅在结构和用途上充分体现其用于民居、宫廷、陵墓、庙宇等方面的多样性，而且其构件之丰富、建筑结构之复杂，反映了当时巴蜀建筑技术已处于相当高的水平。巴蜀人在建筑方面卓有成就者首推隋代著名工艺家、建筑家何稠。何稠字桂林，益州郫（今成都郫都区）人，从小聪明伶俐，善制作。主要成就有设计建造"行殿"及"六合城"，为隋炀帝制造交通工具"任意车"等。另外，巴蜀地区现存的明清重要祠观寺庙建筑、藏羌碉楼、栈道桥梁建筑等都体现了巴蜀人巧夺天工、独具匠心的建筑技术。

（五）巴蜀农业技术及其相关文献

巴蜀农业文明起源于新石时器时代晚期。现存古代文献《山海经》就记载中国农业始祖后稷死后葬于成都平原核心地带广都。这

---

① 参见谢元鲁：《成都通史》第三卷《两晋南北朝隋唐时期》，四川人民出版社2011年版。

说明"都广之野"在中国农耕文明史上所具有的重要地位。《山海经·海内经》记载:"西南黑水之间,有都广之野,后稷葬焉。爰有膏菽、膏稻、膏黍、膏稷,百谷自生,冬夏播琴,鸾鸟自歌,凤鸟自儛,灵寿实华,草木所聚,爰有百兽,相群爰处。"司马迁说:"后稷之兴在陶唐、虞、夏之际。"① 这些记载说明早在蚕丛、鱼凫之前的后稷时代广都就已开始农耕生产,故《山海经》列举出当时广都地方已经种植菽、稻、黍、稷等多种农作物。到殷周之际,杜宇入蜀,教民务农,号称杜主君,农业种植技术不断提高。春秋战国时期,鳖灵、李冰治水,兴修水利,使"民得安居""蜀得陆处",为蜀地农业经济发展提供了优越条件,出现"民食稻鱼、亡凶年忧,俗不愁苦"② 的局面。秦汉时期,巴蜀地区自流灌溉技术得到推广,尤其是都江堰灌溉工程"旱则引水浸润,雨则杜塞水门",省力效增。随着铁制农具、日常生活用具的广泛使用,以及牛耕技术的普及,极大地促进了巴蜀地区农业经济的全面发展,盆中丘陵和盆周山地得到进一步开发,农耕面积不断扩大,精耕细作水平和农作物产量也不断提高,冬水泡田、施肥、水牛耕地、耙地、播种育秧、插秧、除草、稻田养鱼等农业技术不断提高③。此外,巴蜀农业技术成就还表现在畜牧、渔猎等方面。在农产品加工方面,主要体现在酿酒、制茶和制糖等方面。

历代巴蜀学者对农业科技成果也进行了大量总结,其代表性著作主要包括:在农业生产经验总结方面,有宋陈旉《农书》三卷,清张宗法《三农记》(一名《全致富奇书三农纪合纂》)二十四卷、

---

① (西汉)司马迁:《史记》卷四《周本纪》,中华书局 1959 年点校本。
② (东汉)班固:《汉书》卷二八下《地理志下》,中华书局 1962 年点校本。
③ 参见罗开玉、谢辉:《成都通史》第二卷《秦汉三国(蜀汉)时期》,四川人民出版社 2011 年版。

陈开沚《神农最要》三卷；在制茶、茶艺和茶史研究方面有五代前后蜀毛文锡《茶谱》一卷，宋唐庚《斗茶记》一卷，明万邦宁《茗史》二卷；在蚕桑养殖方面，有宋孙光宪《蚕书》二卷、陈旉《蚕书》一卷，明陈述《农桑风化录》一卷，清李拔《蚕桑说》一卷、赵敬如《蚕桑说》一卷、李凤翰《蚕桑说》以及曾逢吉刻石《蚕桑十二事图》；在动物养殖方面，有明杨慎《动物考》一卷；在酿制用曲方面，有宋田锡《曲本草》一卷；在酿酒工艺方面，有宋苏轼《酒经》一卷；在提炼蔗糖工艺方面，有宋王灼《糖霜谱》一卷；在饮食烹饪制作技术方面，有清李化楠《醒园录》二卷；在园艺栽培技术方面，有宋陆游《天彭牡丹谱》一卷，明杨慎《植物考》一卷，清李调元《醒园花谱》二卷。其中《蚕桑十二事图》为清嘉庆十七年（1812）昭化县令曾逢吉所绘。曾逢吉，湖北京山县人，为政清廉惠民。他曾下令在县内驿路及书院、寺庙植桑树十万余株，百姓因此养蚕致富。他嘉庆二十二年（1817）任广元县令，继续倡导农桑。他上任第二年，全县植桑二十三万一千六百三十九株，并造册上报，缺一补二，同时发出告示，规定赏格，"亲写匾额，旌表勤劳"。经过官民十二年的苦心经营，至道光七年（1827），"千里驿道，皆桑树成荫"。同年，升任松潘同知，在离任前，他为了让继任者不要荒废这项惠民政策，曾逢吉精心绘制了《蚕桑十二事图》，刻碑立于昭化县先蚕祠内。《蚕桑十二事图》碑高一点三米，全长五点八米。《蚕桑十二事图》碑中《选桑椹》《种桑》《树桑》《条桑》四图，展现了我国清代培植桑树的情景。这些方法在今天植桑活动中仍然被广泛采用。《窝种》《种蚕》《喂蚕》《起眠》《上簇》《分茧》《腌茧》《缫丝》八图，一一展现了清代人养蚕、缫丝全过程。这组石刻图碑成为我国十分珍贵的实物史料和古代科普创作艺术的瑰宝。他还著有《栽桑琐言八则》《树桑三利》《树桑五法》《书院官桑记》等书。

民国时期，随着西方农业科技知识在巴蜀的传播和普及，出现了一系列有关巴蜀农业资源调查、农田耕作、育种育苗、家畜养殖、蚕桑改良等方面的著作。在稻麦、棉花种植与果园改良方面，有四川省稻麦改进所辑《四川省稻麦改进所工程报告》、柯象寅《川西平原之稻作》、经济部中央农业实验所编《四川植棉浅说》、钱复初《种梨全法附复园推广改良苍溪种雪梨树苗说明书》；在蚕业改进方面，有尹良莹《四川蚕业改进史》；在家畜保育方面，有四川省家畜保育所编《四川省家畜保育所近况概述》《第二届建设行政会议四川省家畜保育所工作报告书》；在农牧资源调查方面，有李明良《四川宁属农牧调查报告》、曲仲湘《西康泰宁附近草地之初步研究》、四川省农业改进所编《四川省农业改进所施政报告》；在动植物研究方面，有方文培《峨眉植物图志》（第一、二卷）等。其中，尹良莹所撰《四川蚕业改进史》共分十章，详述四川自然条件与养蚕业的关系，自上古以来的养蚕沿革，蚕业与桑树的分布区域，产量与运销情况统计，高、中等专科教育，南充、西充、三台、盐亭、成都、乐山、合川等各主要养蚕县份的蚕业史、产量及贸易概况，蚕苗的繁殖、原种培育、蚕桑茧丝的试验研究及改进蚕业管理等。

(六) 巴蜀采盐、采气技术及其相关文献

食盐是人类生活不可或缺的日用必需品，历史上有些重大移民活动与战争便与争夺盐产地有关。而巴蜀之地富于盐泉。《华阳国志·蜀志》记载，南安（今乐山市）有"盐溉"，为"蜀王开明故治"①，说明早在开明时期，南安就已成为古蜀国取卤煮盐的重要产地。

随着秦汉时期铁器的广泛使用，巴蜀盐井开采范围不断扩大，开采数量和凿井深度也不断增加。秦汉三国时期，巴蜀是全国最著名的井盐生产区，尤其是成都的井盐生产技术，代表了全国最高水平。秦人李冰在任蜀郡太守时，首先在广都开凿盐井。据《华阳国志·蜀志》记载："秦孝文王以李冰为蜀守，冰能知天文地理……又识察水脉，穿广都盐井"，"蜀于是盛有养生之饶焉"②。西汉宣帝时，又"穿临邛、蒲江盐井二十所"③，并在当地增设盐铁官进行管理。到西汉晚期，巴蜀已有十余县产盐④。东汉三国时期，巴蜀豪族纷纷私开盐井，井盐业得到空前发展，以至于"家有盐铜之利"。到了唐代，随着盐井开采技术的进步，陵州盐井得到开发，可"直下五百七十尺，透两重大石，方及咸泉"⑤。《元和郡县图志》记载："益部盐井甚多，此井最大。"⑥到了北宋，陵州井研县出现了小口深井的卓筒井，"自庆历以来，始因土人凿地植竹，为之卓筒井，以取咸泉，煮炼盐色"。由于该法"一筒致水数斗，凡筒井皆用机械，利之所在，人无不知"⑦，于是"其民尽能此法，

---

① （汉）郦道元：《水经注》卷三三《江水注》，《水经注珍稀文献集成》，李勇先、高志刚主编，巴蜀书社2017年影印本。
② （东晋）常璩：《华阳国志》卷三《蜀志》，清嘉庆十九年（1814）题襟馆刻本。
③ （东晋）常璩：《华阳国志》卷三《蜀志》，清嘉庆十九年（1814）题襟馆刻本。
④ 参见罗开玉、谢辉：《成都通史》第二卷《秦汉三国（蜀汉）时期》，四川人民出版社2011年版。
⑤ （唐）杜光庭：《道教灵验记》，载《云笈七签》卷一一九，《正统道藏》本。
⑥ （唐）李吉甫：《元和郡县图志》卷三三，中华书局1983年点校本。
⑦ （宋）苏轼：《东坡志林》卷六，中华书局2007年点校本。

为者甚众"①，使"筒井"②技术得到推广，巴蜀井盐产量得到很大提高。到了清代，随着人们对盐矿地质结构知识的积累日益丰富，凿井技术不断创新，钻井深度可达到一千米，打出了世界上最深的盐井，并且发明和掌握了当时最先进的地下注水工艺。这种异井注水方法大大提高了盐井产量，从而促进了川南自流井、川北南部、阆中等地井盐业的发展和繁荣③。

巴蜀地区天然气储量也十分丰富，全世界较早开采利用天然气的地方也是巴蜀。我国先秦文献《周易》《山海经》中很早就发现了"泽中有火""阴火潜燃"、令丘之山"多火"等现象，说明巴蜀地区从战国晚期在挖掘盐井过程中就发现了天然气资源。西汉扬雄《蜀都赋》里最早出现"火井"名称，说明至少在西汉时期巴蜀人就对"火井"有了比较深入的了解和认识。《太平御览》卷八六九引扬雄《蜀王本纪》记载："临邛有火井，深六十余丈，火光上出。人以筒盛火，行百余里犹可燃也。"④ 东汉三国时期，临邛在采盐过程中充分利用天然气煮盐，"取井火煮之，一斛水得五斛盐，家火煮之，得无几也"⑤。晋左思《蜀都赋》、郭璞《盐池赋》中都专门提到"火井"，所谓"火井，盐井也"⑥。由于天然气长期与卤水并出，从明代开始，自流井地区的天然气资源得到大规模开发，成

---

① （宋）文同：《丹渊集》卷三四《奏为乞差京朝官知井研县事》，台北商务印书馆1986年影印文渊阁《四库全书》本。

② （宋）苏轼：《东坡志林》卷六，中华书局2007年点校本。

③ 参见袁庭栋：《四川文化史》第四章《科技》，上海人民出版社1998年版。

④ （宋）李昉：《太平御览》卷八六九引扬雄《蜀王本纪》，台北商务印书馆1986年影印文渊阁《四库全书》本。

⑤ （东晋）常璩：《华阳国志》卷三《蜀志》，清嘉庆十九年（1814）题襟馆刻本。

⑥ （梁）萧统：《文选》卷四载左思《蜀都赋》刘逵注引《地理志》，民国年间上海商务印书馆影印《四部丛刊》本。

为全世界开发利用天然气时间最长、历史最久的气田。同时，在天然气开发利用过程中，伴生的石油也得到开发。杨慎《丹铅总录》《艺林伐山》、李时珍《本草纲目》、曹学佺《蜀中广记》、张瀚《松窗梦语》、何宇度《益部谈资》等书中，有"其泉皆油""油井""油水""石油""井水如油"等记载。这些被开采的石油主要用于日常照明。四百多年前，巴蜀的石油开采利用技术无疑也是走在世界前列的[①]。

巴蜀地区独特的地质结构，蕴藏了丰富的天然气、盐、铁、煤等矿物资源。人们在开采利用这些资源的过程中，对地质矿藏构造、分布的认识不断加深。我国第一部矿物岩石著作《山海经》对矿物岩石的描述非常细致，所记录的矿物岩石多达八十九种，产地四百余处，描述的内容有矿物硬度、颜色、光泽、透明度、磁性、形状、功用、共生关系、可熔性等方面，从矿物命名中也可以看到，《山经》把矿物分为金、玉、石、土四类，这是世界上最早的矿物分类。就岩矿知识而论，《山经》比古希腊最早的狄奥弗拉斯特（Theophrastos）的《石头志》还要早，内容也更加丰富。《山海经》对地质矿藏的记载就包括有关巴蜀地区的内容。而反映巴蜀地质矿藏研究成就的专著主要集中在民国时期。在此以前，关于巴蜀地质矿物的内容主要分散记载于各类地理文献、地方志、类书等著作中，专门著作较少。其中比较重要的有清吴鼎立《自流井风物名实说》、佚名《四川南阆盐务图说》等。民国时期，相关论著已经相当丰富，主要有四川省政府建设厅编印《江巴富泸间地质矿产调查报告》、四川省政府建设厅特派矿区测绘队辑《四川省政府建设厅特派矿区测绘队二十五年度工作报告暨二十六年度工作计划

[①] 参见袁庭栋：《四川文化史》第四章《科技》，上海人民出版社1998年版。

书》、四川省政府建设厅编《川西南地质矿产调查报告》《上川南地质矿产调查报告》、实业部地质调查所等编《四川地质调查报告书》、刘丹梧《四川矿产勘查纪实》、赵亚会《秦岭山地及四川之地质研究》、刘之祥《宁属北部地质与矿产》、李承三《西康地质调查旅行记》、谭锡畴等《四川西康地质志》《西康东部矿产志略》。其中《上川南地质矿产调查报告》，调查记录了"上川南"包括成都、华阳、双流、仁寿、青神、井研、犍为、乐山、屏山、峨眉、荣县、威远、富顺、资阳、简阳等地的矿产资源。具体到盐、煤、铅等矿藏方面的著作，有熊楚《自贡地质产盐业问题》、钟荣敏等撰《自贡之盐业》、经济部工矿调整处编《嘉陵江下游煤矿视察报告》《马边铅矿探矿报告与小规模炼铅厂工程计划书》等。其中，《嘉陵江下游煤矿视察报告》介绍铁路沿线各矿以及裕蜀、宝源、燧川煤矿，龙王洞煤田等情况，包括其位置、交通、组织、地质煤层、储量、产额、运输、煤价等。此外，民国时期新编地理著作如郑励俭《四川新地志》、黄尚毅《四川地理学》、胡焕庸《四川地理》、张克林《四川地理表解》、楼云林《四川》、叶育之《四川史地表解》、陈宗棠《四川乡土常识》、林超《嘉陵江流域地理考察报告》等书中也有关于四川地质、矿藏、气候、水利、农业、畜牧业等内容的记载。

（七）巴蜀造纸与雕版印刷技术及其相关文献

我国早在东汉时期就发明了造纸技术，是世界上最早发明造纸术的国家。成都造纸业的兴起始于隋代。宋末元初，成都学者费著《笺纸谱》就说："双流纸，出于广都……疑纸名自隋始也，亦名小灰纸。"双流即今成都市双流区。虽然当时的广都纸质量不高，价格便宜，所谓"品最下"，"价亦最贱"，但"用最广"，具有很强的适用性。到了唐代，成都已成为全国著名的造纸业中心，主要以生产"大小黄白麻纸"出名。这种纸是官府指定用纸，无论是皇帝诏令、政府公文用纸，还是昭文馆、集贤院、官府藏书机构等部门的指定用纸，又称为"蜀郡麻纸"①"益州麻纸"②"小麻纸"③等。可见当时成都麻纸产量之高，深受社会各界广泛喜爱。此外，成都造的皮纸、薛涛笺、金花笺、十色笺、鱼子笺、滑石笺等都是其中具有代表性的品种，是当时文人雅士不可或缺的书写用品④。唐代巴蜀造纸业的发达又为雕版印刷业的兴起提供了物质条件。

我国是世界上最早发明雕版印刷术的国家。目前世界上发现最早的印刷品是在敦煌石窟中发现的唐懿宗咸通八年（867）刊刻的《金刚经》。中唐以后，雕版印刷逐渐在民间普及，成都发展成为全国最主要的印刷业中心。宋代朱翌说："雕印文字，唐以前无之，唐末益州始有墨板。"⑤我国国内现存最早的印刷品是唐代成都府成都县龙池坊卞家印本《陀罗尼经咒》，该物民国三十三年（1944）出土于成都市望江楼一唐人墓中。在国内外现存的几件印刷品中，凡标明了刻印地点的都是"西川过家真印本"。此外，光绪三十三年（1907）斯坦因在敦煌发现的《剑南西川成都府樊赏家历》雕印于唐僖宗中和二年（882），它是成都樊赏私家刻印的历书。从中可

---

① （宋）欧阳修：《新唐书》卷五七《艺文志》，中华书局1975年点校本。
② （唐）李隆基撰、（唐）李林甫等注：《唐六典》卷九《太府寺》，清光绪二十一年（1895）广雅书局刻本。
③ （宋）王溥：《唐会要》卷三五《经籍》，上海古籍出版社1991年版。
④ 参见谢元鲁：《成都通史》第三卷《两晋南北朝隋唐时期》，四川人民出版社2011年版。
⑤ （宋）朱翌：《猗觉寮杂记》卷六，台北商务印书馆1986年影印文渊阁《四库全书》本。

见，当时民间刻印的历书"已满天下"①。在我国所发现的早期印刷品中能够确定刻印地点都在成都，由此推知全世界雕版印刷术的发源地很可能就在成都，至少雕板印刷"尤以益州成都较为发达"②。唐僖宗避乱入蜀时，著名藏书家柳玭曾在成都访书，见到"重城之东南，其书多阴阳杂记、占梦、相宅、九宫五纬之流，又有字书、小学，率雕版印纸，浸染不可尽晓"③。甚至成都西川刻印的《唐韵》五卷、《玉篇》三十卷还通过日本僧人传入到东瀛。随着唐代佛教的兴盛、社会文化的繁荣，人们对佛经、历书、术数、字书以及启蒙类书籍的大量需求，促使此类雕印书籍大量出现，而唐代成都造纸业的发达，又为雕版印刷的产生和发展提供了必要条件④。

五代时期，巴蜀地区安定的社会环境继续维持雕版印刷业的兴盛局面。前蜀时，曾用五年时间刻印杜光庭《道德真经广圣义》三十卷，该书堪称精品。前蜀还刻印了一部僧贯休《禅月集》，这是目前确知我国古代所刻印的第一部个人诗文集。后蜀宰相毋昭裔除主持蜀石经刊刻外，还主持雕版刻印《九经》《文选》《初学记》《白氏六帖》等，这是目前所知我国古代刻印的第一批文学总集和类书。到了宋代，成都地区的雕版印刷更臻于完美，成为全国三大印刷业中心之一，有"宋时蜀刻甲天下"之说。宋初刻印的《开宝藏》，又称《蜀藏》，是我国历史上也是世界历史上刻印的第一部

---

① （清）董诰等辑：《全唐文》卷二四，中华书局1983年版。
② 刘国钧：《中国书史简编》，书目文献出版社1981年版；张秀民：《中国印刷史》，上海人民出版社1989年版。
③ （宋）叶寘：《爱日斋丛钞》卷一柳玭《柳氏家训序》，台北商务印书馆1986年影印文渊阁《四库全书》本。
④ 参见谢元鲁：《成都通史》第三卷《两晋南北朝隋唐时期》，四川人民出版社，2011年版。

《大藏经》。南宋时，成都还雕刻了两部大型类书《太平御览》和《册府元龟》，各一千卷，规模宏大。此外，眉山是继成都之后巴蜀地区又一处刻书业中心，南宋绍兴年间所刻《宋书》《魏书》等"眉山七史"工程浩大。其他如什邡、临邛、双流、金堂、泸州、铜梁、潼川、遂宁、绵竹、嘉州、犍为、忠州、资州、夔州等地都有大量坊刻图书。

反映宋代雕版印刷精湛工艺的还有北宋成都刻印的世界上第一张纸币——交子。当时制作交子"同用一色纸印造，印文用屋木人物，铺户押字各自隐密题号，朱墨间错，以为私记"[①]，属套色印刷，上有加密印记，工艺复杂。参与印制的有掌典十人，帖书六十九人，印匠八十一人，雕匠六人，铸匠二人，杂役凡十二人，从中可见当时用楮皮纸印制交子的工艺和规模，表明成都雕版印刷水平已经远远地走在了世界的前列[②]。

对于蜀纸制造技术的总结，首先要推北宋蜀人苏易简所撰《文房四谱·纸谱》，它是全世界第一部论述造纸的专著。另一部有关造纸的著作是宋末元初费著的《蜀笺谱》。该书记述了成都地区造纸原料、造纸过程、造纸工具和造纸业集中地点百花潭，这为研究成都造纸史提供了重要史料。从《蜀笺谱》可知，蜀纸的制造都采用蔡伦法，"笺纸有玉版，有贡余，有经屑，有表光"，都是用浣花潭水造纸。书中还详细记述了蜀纸的种类，当时有百韵笺、青白笺、学士笺、小学士笺、以及仿苏州纸做的杂色粉纸"假苏笺"，"纸以人得名者，有谢公，有薛涛"。谢公有十色笺，而薛涛制笺只

---

① （宋）李攸：《宋朝事实》卷一五《财用》，台北商务印书馆1986年影印文渊阁《四库全书》本。

② 参见袁庭栋：《四川文化史》第四章《科技》，上海人民出版社1998年版。

深红一色。书中还对唐代女诗人及其创制薛涛笺作了记述,并将蜀纸与苏州纸、徽州纸、池州纸进行比较,并记述了广都纸的品种和用途,以及当时仿制的五代南唐后主李煜所特制的名纸"澄心堂纸"的情况。

对于成都印制世界上第一张纸币——交子的情况,费著《楮币谱》也有详细记载。北宋真宗时,蜀人发明的交子最初只在民间发行和流通。天圣元年(1023),交子改由政府发行,在成都设立专门机构——交子务。该书记载所印交子"表里印记,隐密题号,朱墨间错,私自参验,书缗钱之数,以便贸易",具体反映了交子发行的经过和南宋庆元三年(1197)以前四川地区纸币交子和钱引发行中的重要事件。如大中祥符末设置"益州交子务",熙宁年间设置钞纸院,大观元年(1107)改交子务为钱引务,绍熙五年(1194)始创钞纸场,即造纸作坊等。同时书中记述了交子、钱引的改造额和每界的流通时间、交子的不同面额、钱引的印制数量、名称和色彩。对于成都设立钞纸场专门制造纸币的记载,以及南宋四川钱引图案样式的详细记述,为人们了解宋代纸币发行提供了珍贵资料。

(八)巴蜀医药卫生及其相关文献

巴蜀医学发展的历史源远流长,在先秦文献《山海经》中就已经对巴蜀医药有明确记载。《海内西经》记载:"开明东有巫彭、巫抵、巫阳、巫履、巫凡、巫相,夹窫窳之尸,皆操不死之药以距之"。《大荒南经》记载:"有巫山者,西有黄鸟,帝药八斋。"《山海经》共记录了各种药物一百三十余种,记录各种疾病三十多种以及相关的治疗方法。这些都是在《神农本草经》之前极其宝贵的医药史料,反映了古代巴蜀地区早期医学发展的情况[①]。

巴蜀地区复杂多样的地理环境蕴藏了丰富的药材资源。《华阳国志·巴志》就记载"其药物之异者有巴戟、天椒"。我国最早记载药物产地的《名医别录》中记录了产于巴蜀的药物有八十种,以至有"天下有九福,药福数西蜀""炎皇览众草,异种多西州"等说法,这就为巴蜀医学的发展奠定了物质基础。早在东汉时期,就出现了像涪翁、程高、郭玉等几位确切可考的巴蜀名医。西汉末、东汉初涪县(今绵阳市)人涪翁被誉为"针灸之祖",其所著《针经》和《诊脉法》是我国最早的针灸学与脉学专著之一。涪翁传弟子程高,程高再传郭玉,郭玉后为太医丞,针灸之法遂广传宇内。东汉另一位著名学者是广汉新都人段翳。他精制"合膏药",为人治疗头部外伤,见于《后汉书·方术列传》。这是我国古代文献中记载最早使用膏药的人。唐宋时期,巴蜀医学得到全面发展,出现了一大批医学名家,如唐代成都名医昝殷,擅长妇产科和药物学。唐大中年间,他将前人有关经、带、胎、产及产后诸症的经验效方及自己的临症验方共三百七十八首编成《产宝》三卷,又名《经效产宝》,其后周颋作《三论》附于书后。该书是我国现存最早、流传最广的妇产科专著,对后世医家产生了巨大影响,具有很高的文献学和临床学价值。北宋青神名医杨子建在此基础上撰写的《十产论》,是我国医学史上专论产科的重要著作。唐代还有一部重要的医学著作是陆贽的《陆氏集验方》。陆贽,字敬舆,苏州嘉兴人,为裴延龄所譖,贬忠州别驾。在州十年,家居瘴乡,人多疠疫。陆贽乃抄撮方书为《陆氏集验方》五十卷行于世。五代前蜀时,波斯籍人李珣定居蜀地梓州,他将世代积累的香药知识与亲身实践经验

[①] 参见袁庭栋:《四川文化史》第四章《科技》,上海人民出版社1998年版。

结合起来，撰写了一部专记海外药物的专著《海药本草》。该书是我国第一部专门记载外来药物的药典，在《证类本草》和《本草纲目》中被大量引用。五代后蜀时期，由韩保升主持编修的《蜀本草》（原名《重广英公本草》）是整个五代时期最重要的本草著作。我国最早的本草著作《神农本草经》记载药物三百六十五种。南朝梁代著名医药家、炼丹家陶弘景增《名医别录》三百六十五种，因著《本草经集注》七卷。唐显庆年间，苏恭请重修《本草》，唐高宗命长孙无忌等又增一百十四种，广为二十卷，谓之《唐本草》。至后蜀孟昶时，韩保升等又加以"补缉辩证"，"增益之，谓之《蜀本草》"。到了宋代，成都名医唐慎微编撰了一部《经史证类备急本草》，该书规模宏大，内容详博，药物众多，方药并举，集宋代以前中药学成就之大成，将我国本草学在《神农本草经》、南朝梁陶弘景《本草经集注》、唐苏敬《新修本草》以及宋刘翰主修《开宝新详定本草》《开宝复位本草》、掌禹锡等主修《嘉祐补注神农本草》、苏颂主修《嘉祐图经本草》等基础上向前推到了一个新的高度，是一部集前代和当代本草学之大成的巨著。该书是研究中药学的重要文献，明代李时珍《本草纲目》就是以《证类本草》为基础和蓝本来编撰的。与唐慎微大体同时，四川阆中人陈承也将《嘉祐本草》和《图经本草》合编为《重广补注神农本草并图经》，从中可见唐宋时期巴蜀地区是我国以本草学为重心的传统医学最受关注的地区之一[①]。

唐宋时期，巴蜀医学还在食疗本草、曲药本草等领域取得了重要成果。相关著作有唐昝殷著《食医心鉴》，五代客居蜀地的陈士

---

① 参见粟品孝：《成都通史》第四卷《五代（前后蜀）两宋时期》，四川人民出版社2011年版。

良著《食性本草》，宋初田锡著《曲本草》、郭长孺《蔬食》等。其中，《食性本草》是古代食疗学中规模最大的著作。而《蔬食》作者郭长孺，成都人，博学多闻，经史诸子、浮屠黄老、阴阳地理、医卜之术，皆究其妙，善治杂病，又精食物疗法，著《阴阳杂证图说》《蔬食》两书。在生物医学方面，巴蜀医学也做出了重要贡献。皇祐初，赵尚宽任忠州知州，"俗故有畜蛊杀人，乃揭方书于衢，教人服药，造毒者悉捕杀之，由是乃息"，"方书"即《治蛊方书》。宋代大文豪眉山人苏轼也对医学颇有研究，后人将其医学著作与另一位科学家沈括有关医学方面的论述合编为《苏沈良方》，并传于世。此外，宋代巴蜀人在研究《难经》方面有突出贡献。《难经》又名《八十一难》《黄帝八十一难经》，是在《素问》《灵枢》基础上提出八十一个问题进行重点讨论，然后归纳成书。《难经》最早见著于《隋书·经籍志》，该书提到三国时吴太医令吕广曾注《难经》，这是已知的《难经》最早注本。唐代杨玄操在吕广注本基础上重新编次，并明确提出《难经》为秦越人所作。北宋初期，王九思、王鼎象、王惟一曾先后校勘《难经》。其中，翰林院医官王惟一校勘的《难经》是在吕注本和杨注本的基础上完成的，并刊行于世。南宋时，李元立以秦越人原著为基础，汇集整理南宋以前九家校注《难经》著作，编成《难经十家补注》。后人据此书重刻改订，编成《王翰林集注八十一难经》，简称《难经集注》。而四川仁寿人虞庶也著有《注难经》五卷。虞庶曾"寓居汉嘉，少为儒"，后"弃其业，习医，为此书，以补吕、杨所未尽"。在针灸学方面，四川成都人史崧著《灵枢经音注》二十四卷，贡献最大。《灵枢经》，即《黄帝内经·灵枢》，简称《灵枢》，是一部中医理论著作。《素问》与《灵枢》同为《黄帝内经》之重要组成部分。《黄帝内经》

是我国现存最早、最重要的一部医学著作，是中医学理论体系形成的奠基之作。《灵枢经》早期为九卷，八十一篇。南宋绍兴年间，成都人史崧"校正本文九卷八十一篇，增修音释"，将其改编为二十四卷本《灵枢经音注》，成都转运使司"为之详定，以送秘书省"，成为现存最早的《灵枢》版本。

明清时期，巴蜀医学继续得到发展，许多重要的医学著作不断问世，如明泸州韩愗《韩氏医通》，清代成都女医学家曾懿《医学篇》、邛州郑寿全《医理真传》《医法圆通》《伤寒恒论》、新都杨凤庭《失血大法》、彭州唐宗海《中西汇通医经精义》《六经方证中西通解》《血证论》等。其中，曾懿的著作被后人重辑为《诊病要诀》《杂病秘籍》《幼科指迷》《寒温指迷》《妇科良方》《外科纂要》等六种，以《曾女士医学全书》之名铅印传世，该书是我国医学史上罕见的女医学家著作。唐宗海提出"中西医汇通"的主张，并贯穿于他的医疗实践及其著作之中，他是我国中西医结合成就最高的一代宗师①。从根本上说，巴蜀医学的产生和发展与西蜀的道教关系密切，尤其是道教的丹道养生思想对巴蜀医学贡献甚巨。

（九）巴蜀水利工程技术及其相关文献

巴蜀地区，尤其是成都平原，因其特殊的地理环境，经常遭遇洪水侵害。传说中的大禹是中国历史上治水英雄，《尚书·禹贡》记载："大禹导江，东别为沱。"全国各地都有大禹治水的传说，所谓"芒芒禹迹，画为九州"。此后鳖灵继承大禹之志，治理巴蜀洪水。到战国时期，李冰任蜀郡太守期间，"乘势利导，因时制宜"，建造都江堰，立万世之功，同时又治理文井江，导洛治绵，"自湔

---

① 参见袁庭栋：《四川文化史》第四章《科技》，上海人民出版社1998年版。

堰上分穿羊摩江，灌江西"①，解决了岷江右岸的农业用水，使成都平原"水旱从人，不知饥馑"，使郫、繁为"膏腴"，绵、洛为"浸沃"。西汉时期，蜀守文翁也在蜀中大兴水利，"穿湔江口，灌溉繁田千七百顷"②。此后，历代巴蜀水利兴修持续不断，并形成行之有效的岁修制度。巴蜀人在长期治水过程中，积累起了无坝引水、杩槎、竹络笼石、干砌卵石埂与木桩、分水治沙、行水输沙、竹编拦水等先进且科学的水利工程技术③，这为巴蜀地区农业发展提供了重要保障。而巴蜀著名水利专家除大禹、李冰以外，还有明代普州人（今安岳县人）汤绍恩，他在明嘉靖年间任绍兴知府时，主持修建了中国古代规模最大的挡潮排水闸工程——三江闸。四百多年来，三江闸及其堤坝成功地阻挡了海潮的一次次侵袭，保护了绍兴平原不再受咸潮之害，使绍兴平原成为旱涝保收的膏腴之地，这是中国水利史上继夏禹治水、秦守李冰修都江堰之后又一伟大治水工程，代表了我国传统水利工程建筑的最高水平。

关于巴蜀水利工程技术的相关文献，在《巴蜀历代水利发展成就与水利文献述略》篇中有详细论述，此处不再赘述。

二、《巴蜀珍稀科技文献汇刊》的编纂情况

巴蜀在几千年的历史发展中，取得了举世瞩目的科技成就，在各个领域创造了一系列中国第一和世界第一，并为后世留下了大量

---

① （东晋）常璩：《华阳国志》卷三《蜀志》，清嘉庆十九年（1814）题襟馆刻本。
② （东晋）常璩：《华阳国志》卷三《蜀志》，清嘉庆十九年（1814）题襟馆刻本。
③ 参见罗开玉、谢辉：《成都通史》第二卷《秦汉三国（蜀汉）时期》，四川人民出版社2011年版。

的珍贵文献。《巴蜀珍稀科技文献汇刊》作为《蜀藏》丛书的重要组成部分,经过长达十年的资料搜集、整理和编纂,第一次对巴蜀科技文献成果进行全面、系统的整理。全书分气候气象、地质矿产、动植农牧、天文历算四类,每类之下又按照作者时代先后顺序进行排列。其他如医学类、水利类则分别编入《巴蜀珍稀医学文献汇刊》和《巴蜀珍稀水利文献汇刊》之中。

巴蜀历代艺术发展与艺术文献述略

巴山蜀水，人杰地灵，巴蜀先民在几千年历史发展进程中，不仅创造了辉煌灿烂的物质文明，而且在文化艺术等精神文明方面也做出了巨大贡献。这主要体现在音乐舞蹈艺术、戏剧艺术、书画艺术等诸多方面。

一、巴蜀历代艺术成就及其文献成果

（一）巴蜀音乐艺术及其相关文献

巴蜀音乐历史悠久，在广汉三星堆和成都金沙遗址发掘出土的青铜礼器中，就有编钟等乐器。另外，巴蜀地区还发掘出土了打击乐器石磬、吹奏乐器石埙等。在重庆涪陵小田溪发掘的巴国编钟一套共十三枚。从新时器时代晚期开始到春秋战国时代，巴蜀先民就已经开始使用石璧、石磬、陶埙以及铜编钟、铜钲、铜铎、铜铃等乐器。成都百花潭中学出土的战国早期水陆攻战纹铜壶上的宴乐图中，就有乐队二人击编磬五枚，二人击编钟四枚以及击鼓、吹奏笙和排箫等场景。在巴蜀地区出土的大量汉画像石、画像砖中，有许多反映文化生活的宴饮乐舞、舞乐百戏等图案。如安徽马鞍山出土蜀汉宫闱宴乐图漆器，成都出土观伎画像砖、羽葆鼓吹画像砖，彭州出土七盘舞、杂技画像砖,新都出土驼舞画像砖、骑吹画像砖等。此外,出土文物还有吹笛、抚琴、鼓瑟、舞蹈、说唱等陶俑,如成都出土的东汉说唱俑、抚琴陶俑,郫县宋家林出土的东汉墓说唱俑等。当时所使用的乐器从出土文物和画像砖来看主要有编磬、箫、鼓、笛、竽、笙、琴、铜鼓等,从一个侧面反映了汉代巴蜀地区社会生活状况。

从历史文献记载来看,《华阳国志·蜀志》记载:"九世有开明帝,始立宗庙,以酒曰醴,乐曰荆。"说明来自于荆楚之地的开明氏在其庙堂演奏的音乐称为荆乐,它与"荆人鳖灵"之"荆"息息相关①。《华阳国志》还记载,开明王也非常喜欢音乐,为讨爱妃开心,亲自为她作"《东平之歌》以乐之"。爱妃去世后,蜀王哀悼不已,更"作《臾邪歌》《陇归之曲》"以诉悲伤之情。先秦文献《尚书·尧典》《世本·作篇》中都记载巴国之地有乐官夔"典乐"的记载,即所谓"夔作乐"。《水经注·江水》说:"县故归乡。《地理志》曰,归子国也。《乐纬》曰:昔归典叶声律。宋忠曰:归即夔乡矣。"② 从中可见古代巴国音乐已达到很高水平,而且影响广泛。又据《汉书·礼乐志》记载,犍为郡从水中发现了"古磬十六枚"。在汉代画像砖《宴乐图》中也有使用众多乐器进行演奏的场景,说明编磬这类乐器在巴蜀之地长期得到流传和使用。

唐宋时期,巴蜀音乐艺术的发展进入到一个新的阶段。一是巴蜀是道教的发源地,佛教也很兴盛,宗教音乐特别是道教音乐是唐代巴蜀音乐的一大特点。唐末,道士杜光庭随唐僖宗避乱入蜀,号

---

① 参见段渝:《成都通史》第一卷《古蜀时期》,四川人民出版社2011年版。
② (北魏)郦道元:《水经注》卷三四《江水二》,《水经注珍稀文献集成》,李勇先、高志刚主编,巴蜀书社2017年影印本。

"广成先生",晚年隐居青城山,创制了以其道号命名的"广成韵"。广成韵又称"南韵",后来称为"洞经音乐",融佛教法曲和民间俗乐于一炉,曲风细腻,活泼轻快,极具民间地方特色[①]。二是巴蜀产生了一批著名的治器大师,创制了一批极负盛名的乐器,在整个中国古代音乐史上都占有重要地位。《云烟过眼录》记载:"古今斫琴名手,雷威、雷珏、郭亮,并蜀人。"[②] 其中巴蜀最著名的乐器是唐代雷琴,以其选材精良、形制完美、音色细腻、音质清响而为人们所喜爱。据宋人黄休复《茅亭客话》记载:"琴最盛于蜀制,斫者数家,惟雷氏而已。"[③] 西蜀雷氏是造琴世家,传世有玉玲珑、飞泉、九霄环佩等珍品,其中尤以九霄环佩最为独特、古老。宋代著名文学家欧阳修、苏轼都曾收藏过雷氏琴。此外,五代前蜀王建墓永陵地宫石刻龟兹乐队二十四女乐舞伎棺床出土,为我们研究唐五代巴蜀音乐提供了实物材料。在这组二十四幅石刻雕像中,乐队手持乐器有琵琶、拍板、正鼓、和鼓、齐鼓、笛、大觱篥、小觱篥、羯鼓、鼗牢鼓、鸡娄鼓、答腊鼓、毛员鼓、篪、排箫、筝、竖箜篌、笙、贝、铜钹等,这些乐器编制属龟兹乐系统,反映了唐五代豪华的龟兹乐队演出时的盛况。

巴蜀著名音乐家代不乏人,唐代有李琬、雷威,现代有王光祈等。在音乐理论研究方面,隋代有何妥。何妥,字栖凤,西域人,隋代著名音乐家、哲学家。隋开皇十二年(592),何妥以国子博士受命考定钟律,著《乐要》一卷。

到了宋代,有关乐律方面的著作更加丰富,成果更为突出。主

---

① 参见谢元鲁:《成都通史》第三卷《两晋南北朝隋唐时期》,四川人民出版社2011年版;侯光:《浅说洞经古乐源流》,《文史杂志》2007年第2期。
② (宋)周密:《云烟过眼录》卷下,中华书局1985年校点本。
③ (宋)黄休复:《茅亭客话》卷一○《黄处士》,中华书局1991年校点本。

要有房庶《补亡乐书总要》三卷，房审权《太乐演义》三卷，魏汉津《乐指法》三卷（一作二篇）、《大晟乐书》，郭友直《历代沿革乐书》十三卷，苏轼《杂书琴事》一卷，范镇《乐论》八篇、《元祐新定乐法》一卷、《乐书》一卷、《乐议》一卷，杨杰《元祐乐议》，黄裳《乐记论》一卷，佚名《律吕气数》十二卷。其中宋人房庶《补亡乐书总要》（一作《乐书补亡》）三卷，房庶为益州进士，"晓音律"。宋祁、田况极力向皇帝推荐。其子房审权亦撰《太乐演义》三卷，范镇于元祐初所奏新乐实用其说。范镇对古乐也颇有研究，曾著《乐论》八篇，自叙云："臣昔为礼官，从诸儒难问乐之差谬，凡十余事。厥初未习，不能不小抵牾。后考《周官》《王制》、司马迁书、班氏志，得其法，流通贯穿，悉取旧书，去其抵牾，掇其要，作为八论。"范镇另著有《乐书》一卷。元丰初年，宋神宗诏征秘书监致仕刘几议乐，并与户部侍郎致仕范镇共同参考得失。晁公武《郡斋读书志》云，范镇论乐"宗房庶，潜心四十余年，出私财铸乐器，元祐中上之"。到徽宗崇宁元年（1102），宰臣蔡京置讲议司更定大乐，博求知音之士，而魏汉津时年九十余，自言居西蜀师事唐仙人李良授鼎乐之法。早在皇祐年间，魏汉津与房庶曾同被荐至朝廷，与房庶论指尺，作书二篇，叙述指法。

明代乐书著作有陈于陛《国史乐律志》四卷，杨慎《音乐考》。清代乐书著作有胡世安《操缦录》十卷，吕调阳《古律吕考》，张合修、张孔山同修、唐彝铭纂集《天闻阁琴谱集成》（一名《天闻阁琴谱》）十六卷、卷首三卷。民国乐书著作有宋育仁著《乐律举隅》等。其中《天闻阁琴谱》是中国古琴谱。清咸丰年间，由蜀派古琴大师、青城山道士张孔山在成都与唐彝铭共同搜集古琴秘谱，按照宫音、商音、角音、徵音、羽音、黄钟调、太簇调、姑洗调、蕤宾调、夷则调、无射调等音调分类，共精选一百四十余首古琴曲谱，加以考订、汇编，其中包括冯彤云所作、弟子张孔山改编的"七十二滚拂"名曲《流水》，流传广泛，影响深远。清光绪二年（1876），成都叶宗祦校刻初本传世，该书共十九卷，收谱一百一十四首。后又有补刻本，共二十一卷，收录琴曲一百四十一首。该书是明清以来集琴曲最多的琴谱，具有极高的学术和文献价值。清人对唐宋以前巴蜀音乐发展这样评价："巴歌渝舞，渐近雅声，而王充《论衡》言阳城作乐，极窅冥之深，亦蜀之知乐者也。自是以后，扬雄著《琴清音》，杨统与司律鲁恭定音律，又皆于乐有助。何妥考定钟律，作《乐要》。隋开皇中制乐，专用其说。黄钟之音绝而复续。夫古律沦亡，议者不一，魏汉律以三指法，异于汉儒之用累黍。房庶父子持以律生尺之说，用汉法也。范镇取旧章乐书，去其抵牾，各为之论，其所上之《乐法》，则犹依准房庶也。"①

（二）巴蜀歌舞艺术及其相关文献

巴蜀歌舞历史也十分悠久，从考古资料来看，在成都百花潭中学出土的战国早期水陆攻战纹铜壶上的宴乐图，就刻绘有佩剑持矛而舞的场景。广汉三星堆出土的青铜面具、黄金面罩很有可能是在举行大型祭祀时用于歌舞表演的道具。从文献记载来看，早在先秦文献《山海经》中就有"巫祝二人舞""璆冕舞""干舞"等记载，这些都有可能与巴蜀地区有关。而古代巴蜀已知最古老的歌舞是巴渝舞，据《尚书》等书记载，周武王伐纣时，巴师勇锐，歌舞以凌殷人，"故世称之曰武王伐纣，前歌后舞也"，跳的就是巴渝舞。《华阳国志·巴志》又记载："阆中有渝水，賨民多居水左右，天性

---

① （清）王闿运辑：《尊经书院初集》卷九，清光绪十年（1884）四川省城刻本。

劲勇，初为汉前锋，陷阵，锐气歌舞。帝善之，曰：'此武王伐纣之歌也。'乃令乐人习学之，今所谓'巴渝舞'也。"在汉初统一战争中，生活在嘉陵江一带善于使用盾的賨人"板楯蛮"勇猛善战。巴歌激昂，巴舞勇锐，深得汉高祖欣赏，遂命人习之，纳入宫廷乐府之中，命名为"巴渝舞"，正式成为宫廷乐舞之一，直到隋文帝才取消。但巴渝舞并没有消失，而是走向民间，继续在民间流传，并发展演变成为下里巴人喜闻乐见的竹枝歌舞，一直到近代仍长盛不衰，从原来的核心区域川东扩散到包括成都在内的巴蜀其他地方。如清嘉庆九年（1804），杨燮就刻印了一本《锦城竹枝词》（一作《成都竹枝词》）。除手持竹枝、踏地为节且有说有唱、有歌有舞的竹枝歌舞而外，在巴蜀民间还有山歌、号子、花灯等民间歌舞，具有浓郁的地方文化特色[①]。

值得一提的是，唐代成都音乐歌舞盛极一时。在唐玄宗、僖宗先后避难成都期间，大批宫廷音乐艺术家也来到成都，客观上促进了成都音乐的繁荣。唐玄宗"安史之乱"时入蜀，从马嵬坡经武功入大散关，沿河池、剑阁到达成都。朝廷大批文武高官、宫廷艺人也随皇帝入蜀，带来了像张野狐等宫廷音乐家，加上燕乐的推广，从此唐朝宫廷音乐迅速传到巴蜀民间，客观上促进了巴蜀地区音乐艺术的发展和繁荣。唐代大诗人杜甫《赠花卿》诗中有"锦城丝管日纷纷，半入江风半入云。此曲只应天上有，人间能得几回闻"[②]。意思是说原来只有皇帝大臣才能欣赏到的高雅宫廷音乐，现在已经普及到巴蜀民间。正因为如此，成都才有"锦城丝管日纷纷，半入江风半入云"的盛况。作为唐朝"南京"的成都已成为"喧然名都

---

① 参见袁庭栋：《四川文化史》，上海人民出版社1998年版。
② （清）彭定求编：《全唐诗》卷二二六《赠花卿》，中州古籍出版社1996年版。

会,吹箫间笙簧"的音乐之都。唐末僖宗避乱,也通过蜀道进入四川,带来金五云等宫廷歌手。陈陶有《西川座上听金五云唱歌》诗,形容前后蜀时期"蜀王殿上华筵开,五云歌从天上来"[①] 的盛况。金五云是唐代宫廷著名艺人,来自福建的陈陶在成都还能听到他精湛的音乐表演。五代前后蜀期间,北方的一些宫廷乐舞也传入蜀王宫内,许多原本服务于宫廷的音乐家和舞蹈家也纷纷来到成都,为成都艺术的繁荣做出了重要贡献。成都市内至今保存的前蜀王建"永陵"地宫棺床上所刻二十四个龟兹乐队的女乐舞伎浮雕石像。她们身材丰腴,面貌圆润,西边乐伎执拍板,东边乐伎弹琵琶,正面舞伎四人,两两相向,正随着音乐翩翩起舞,据专家考证,演奏的正是《霓裳羽衣曲》,从中可以看出西域文化对成都的影响。

(三)巴蜀戏剧艺术及其相关文献

巴蜀地区有着悠久的戏剧传统。在成都平原出土的东汉说唱陶俑一手执鼓,一手执锤,表情诙谐,形态逼真。它反映了我国最早出现的说唱艺术,可以看作是巴蜀最早的戏剧表演的体现。汉代巴蜀地区出土画像石、画像砖上丰富的"百戏图"以及刻画牛郎织女、荆轲刺秦王等场景很有可能与戏剧有关。三国蜀汉时期,学士许慈与胡潜二人矜己忌妒,相互攻击,互不相让,刘备便让宫内倡优假扮二人形象,将他们相互攻击的情景排演成讽刺剧在宫中演出,所谓"使倡家假为二人之容,效其讼阋之状,酒酣乐作,以为

---

① (清)彭定求编:《全唐诗》卷七四五《西川座上听金五云唱歌》,中州古籍出版社1996年版。

嬉戏，初以辞义相难，终以刀杖相屈"①。这是我国戏曲史上有关戏剧演出较早的记载，也是川剧中最富特色的讽刺喜剧的鼻祖。在这一时期，巴蜀地区还出现了反映李冰治水化作苍牛大战江神的"《斗牛》之戏"②。此戏往往在春冬进行演出，明代王圻《三才图会·人事》认为"蜀不复病水，由是有《斗牛》之戏，今世尚或有之，盖自秦世之始"。虽然始于秦朝之说言之过早，但从一侧面反映了巴蜀地区戏剧起源之早，至少在汉晋时期已经出现。唐宋时期的《灌口神》、宋代官本杂剧《二郎神变》、元杂剧《灌口二郎斗健蛟》等，都是这一戏目在不同时代的发展。唐宋时期，是巴蜀戏剧发展的黄金时代，成都"管弦歌舞之多，伎巧百工之富"③远远越过扬州。故著名戏曲史专家任半塘先生有"蜀戏冠天下"④之说，对蜀戏推崇备至。当时著名的剧种有科白、歌舞讽刺剧、武打戏、傀儡，主要剧目有《刘辟责买》《义阳主》《旱税》《西凉伎》《麦秀两歧》《灌口神队》《蓬莱采莲舞》等。蜀中戏剧演员成都西市帖衙俳儿于满川、白迦、叶珪、张美、张翱等"五人为火"⑤，组织了我国历史上最早的戏班子。在我国戏剧史上，"杂剧"这一名称也首先出现在唐代。唐文宗大和三年（829）南诏入侵成都，在掳去的近万人中有"子女锦锦""杂剧丈夫"⑥，都是表演杂剧的女优和男优。唐僖宗时，成都还有反串旦角名伶男扮女装的"弄假妇人"

---

① （西晋）陈寿：《三国志》卷四二《蜀志·许慈传》，中华书局1975年点校本。
② （宋）李昉：《太平广记》卷二九一《李冰》条引卢求《成都记》，中华书局2013年点校本。
③ （清）董诰：《全唐文》卷七四四，中华书局1983年点校本。
④ 任半塘：《唐戏弄》上册，上海古籍出版社1984年点校本。
⑤ （唐）段成式：《酉阳杂俎·续集》卷三，中华书局1981年点校本。
⑥ （唐）李德裕：《李文饶文集》卷一二《论故循州司马杜无颖第二状》，民国年间上海商务印书馆影印《四部丛刊初编》本。

刘真，这是有关男扮女装演员的最早记载。能演"弄假妇人"的演员除刘真以外，知名的还有孙干饭、刘璃瓶、郭外春、孙有熊等①。

在五代前蜀时期，成都还是我国用机械方式进行舞台布景和专业表演服饰设计的发源地。据田况《儒林公议》记载：当时表演的舞台"庭为山楼，以彩为之，作蓬莱山。画彩罗，为水纹地衣，其间作水兽芰荷之类，作折红莲队"。为制造水纹地衣波动的效果，"于山内鼓橐，以长钥引于地衣下，吹其水纹，鼓荡若波涛之起伏"。当时舞台表演的场景非常壮观，"以杂戏为二舟，辘辘转动，自山门洞中出，载妓女二百二十人，发棹为舟，周游于地衣之上，采所折莲列阶前。出舟致辞，长歌复入，周回山洞"②等。任半塘先生称誉"天下所无蜀中有，天下所有蜀中精"③。唐代西蜀的杂剧为宋明八百年杂剧南曲的发展奠定了坚实基础。

唐宋以后，巴蜀戏剧的发展出现了两种不同的发展路径：一支发展为单纯的讲唱艺术，如扬琴、评书、相书、竹琴、金钱板、四川清音等曲艺；另一支向有情节、多人表演的方向发展，演变为戏剧，如宋代就已出现"川杂剧"名称，所谓"戏出一棚川杂剧，神出鬼面几多般"④，说明在宋代，巴蜀杂剧已有专门的表演场所"棚"或"看棚"。宋人庄季裕在其《鸡肋编》中描述了成都转运司西园举办的春季文艺表演活动的场景："自旦至暮，唯杂戏一色，

---

① 任半塘：《唐戏弄》第四章《脚色》引段安节《乐府杂录》，上海古籍出版社1984年版。
② （宋）田况：《儒林公议》卷下，中华书局2016年点校本。
③ 任半塘：《唐戏弄》上册，上海古籍出版社1984年点校本。
④ （宋）兰溪道隆：《大觉禅师语录》卷下《颂古》，载《大正新修大藏经》第八十册。日本"大正新修大藏经刊行会"1960年重印本。

坐于阅武场,环庭皆府官宅看棚,棚外始作高凳,庶民男左女右,立于其上如山"①,可谓盛况空前。

巴蜀戏剧经过元代的衰落之后,到明代又逐渐得到恢复和发展,形成所谓"不南不北乔杂剧"巴蜀独有的地方文化特点,当时称为"川调"②或"川戏"③。明代"川戏"艺人还远赴金陵举办演出。明末清初,昆曲、梆子腔(即秦腔、又名乱弹)、皮黄腔、弋阳腔、青阳腔、湖北汉调、徽调等声腔随移民传入四川,乾隆、嘉庆年间与当地薅秧调、川江号子、地方小调、宗教音乐等逐渐融合,成为流行至今的川剧昆腔、高腔、胡琴和弹戏,后来渗入川北灯戏,完成了外来声腔"四川化"的演变过程。乾隆年间,四川金堂人魏长生到京师演"乱弹",因演技高超,"名动京城,观者日至千余,六大班顿为减色"④,"京师梨园以川旦为优人,几不知有姑苏矣"⑤,这位"名动京师"⑥的魏长生极大地提高了川剧在全国的知名度。辛亥革命前后,高腔、昆曲、胡琴、弹戏以及四川本土的灯戏在同台演出过程中融为一体,共享同一套打击乐器伴奏,五种声腔并存,演出风格统一,从而形成"五腔共和"的近代四川地方剧种——"川剧",一直传承到现在。民国元年(1912),各路声腔戏班的艺人在成都组成"三庆会"剧社,集五种声腔于一班,正式形成了五腔同台的演出形式。川剧成为我国地方戏曲中水平高、影

---

① (宋)庄季裕:《鸡肋编》卷上,中华书局1983年校点本。
② (明)王世贞:《艺苑卮言》,明嘉靖年间(1522—1566)刻本。
③ (明)陈铎:《坐隐先生精订秋碧轩稿》,明万历三十九年(1511)环翠堂刻《坐隐先生精订陈大声乐府全集》本。
④ (清)吴长元:《燕兰小谱》卷五,清乾隆五十年(1785)刻本。
⑤ (清)李调元:《雨村诗话》卷一〇,清乾隆六十年(1795)绵州李调元万卷楼刻《函海》本。
⑥ 昭梿:《啸亭杂录》卷八《魏长生》,中华书局1980年校点本。

响大的著名剧种，不仅让大量文人雅士如杨潮观、李调元、黄吉安、赵熙、林思进、冉樵子等参与川剧剧本创作，而且还诞生了一大批川剧表演艺术家，如康子林、萧楷臣、周慕莲、唐荫甫、唐广体、贾培之等。巴蜀文化研究专家袁庭栋先生认为："由于川剧是综合各家、广收博采而形成的，又在长期竞争之中发展，所以在短短几十年中取得了很大的成就，成为我国地方戏曲中水平高、影响大的著名剧种。"袁庭栋还进一步总结了川剧的两大特色：一是从剧本看，川剧剧本来源广泛，剧目十分丰富，傅崇榘《成都通览》所列剧目就有三百六十三出，老艺人中流传的传统剧目有四千多本；二是从表演上看，川剧表演程序分类最细，仅表演手法、身段、步法就有几百种，川剧各种声腔共有曲牌腔调八百余种，其中高腔曲牌就有三百多种①。

巴蜀戏剧相关的研究和资料汇编文献主要集中在民国时期，在民国以前则以清代李调元《剧话》《雨村曲话》为代表。民国时期编印的川剧剧本最多，如川汉研究社编印《川剧大观》《新编标准川剧大观》、罗乃予《川剧选粹》、冉炯叔《蜀剧苑》、阎金谔《川剧序论》、佚名编《川剧正宗》《川剧原本》《川剧唱词》（即《订正川剧唱词》）《川剧钞》。其中《蜀剧苑》收有高腔《红梅阁》《杀家告庙》，弹戏《春秋配》《黑水分舟》等剧本，其他单刻剧本更是不计其数。以上这些文献为人们研究巴蜀戏剧艺术提供了重要的参考资料。

（四）巴蜀书画雕刻艺术及其相关文献

巴蜀书画雕刻艺术源远流长，早在先秦时期就已出现。在成都

---

① 参见袁庭栋：《四川文化史》，上海人民出版社1998年版。

平原出土的漆器上大都绘有龙、马、鸟、鱼、花草、云彩、几何纹等色彩鲜艳的图案，从中可以看出古蜀人高超的绘画艺术水平。同时，广汉三星堆和成都金沙遗址出土的青铜纹饰图案和青铜造型雕像反映出古蜀人娴熟的绘画雕刻艺术水平。在汉代画像石、画像砖、陶俑和漆器中出现了用单色或多色刻绘反映西王母、伏羲、女娲、三皇五帝传说故事，仙人、仙鹿导引升天以及乐伎、庖厨、六博、戏猿、出行、女乐、秘戏等为主题的图画。所刻画的各类人物形象以及仙鹿、天马、玉兔、凤凰、朱雀、青龙、白虎、龙马、麒麟等奇禽异兽图案栩栩如生。这些铜饰、木雕、陶塑、石刻上的图案基本上都出自专业画师之手。史书记载东汉桓帝时蜀郡太守刘褒所绘《云汉图》《北风图》等已达到了传情入神的最高境界[①]。

　　巴蜀绘画最辉煌的时代是唐末到北宋。在这一时期，巴蜀画家辈出，在全国画坛居于领先地位。自唐"安史之乱"以来，中原动荡，"是时唐衣冠之族多避乱在蜀"[②]，不少文人雅士往往将巴蜀作为他们避乱的最佳选择。唐玄宗和唐僖宗相继入蜀，带来了一大批高水平的绘画人才，其中就有孙位、赵公佑、范琼、卢楞伽、张南本、常粲、常重胤、丰偃、滕昌佑、张询等。他们不仅带来了新的画风、技巧和经验，而且还带来了大量图书名画，所谓"蜀因二帝驻跸，昭宗迁幸，自京入蜀者将到图书名画，散落人间，固亦多矣"。使蜀人大开眼界。如赵德玄"将到梁、隋及唐百本画，或自模拓，或自粉本，或自墨迹，无非秘府散逸者，本相传在蜀，信后

---

① 参见罗开玉、谢辉：《成都通史》第二卷《秦汉三国（蜀汉）时期》，四川人民出版社2011年版。
② （宋）司马光：《资治通鉴》卷二六六，中华书局1987年点校本。

学之所幸也"①。这些画家来到蜀地,使巴蜀地区聚集了一大批高水平的画家,尤其在西蜀形成了一个数量庞大、流派众多的创作群体,人称西蜀画派。宋人郭若虚《图画见闻志》卷二列出的五代画家有九十一人,其中蜀中画家就有三十人,占了三分之一②。前后蜀朝廷设立了专门的画院机构来管理,前蜀设有内廷图画府,后蜀设有翰林图画院。著名画家、成都人黄筌被授予翰林待诏,权院事,赐紫金袋,担任画院院长。

这一时期西蜀画派的作品对后世影响最大的除宗教绘画以外,还有以常重胤、张玫、李文才为代表的人物画,以李升为代表的山水画,以滕昌佑、刁光胤、黄筌、黄居寀、孔嵩等为代表的花鸟画。其中,黄筌是土生土长的成都画家,黄筌及其子黄居宝、黄居寀开创的工笔花鸟画派,在宋代被称为"院体",对后世影响巨大。黄筌《写生珍禽图》,是我国现存最早的花鸟画作品,他的花鸟画已达到了出神入化的地步。宋徽宗热衷艺事,继续扩充翰林图画院,使北宋画坛达到极盛。在北宋画院兴盛的同时,北宋文人画也日趋活跃,当时又称"士人画",画家辈出,形成重要流派,其中文同、苏轼、邓椿等人对后世文人画影响最大。从中可见,蜀中画家不仅领先于全国画坛,而且以自己独特的风格与技巧对后世产生了极为重要的影响③。

特别需要强调的是,唐宋时成都大慈寺曾以拥有众多名家壁画而著称于世,是唐宋时期国内少见的一座壁画宝库。当时佛教流行,风行一时的壁画装饰了成都大小寺庙,成为天下奇观。而在成

---

① (宋)黄休复:《益州名画录》卷上《赵德玄传》,民国四年(1915)四川存古书局刻本。
② 王瑛:《论前后蜀文化的发展及影响》,《中华文化论坛》2007年第1期。
③ 参见袁庭栋:《四川文化史》,上海人民出版社1998年版。

都诸寺中,大慈寺是拥有壁画数量最多、画技最精的一处胜地。著名画家唐代吴道子、孙位,前蜀李昇、诗僧贯休,后蜀黄筌父子都在寺内留有壁画。当时参加大慈寺壁画创作的著名画家还有赵公佑、范琼、卢楞枷、张南本、左全、孙知微、高道兴、常粲等。整个大慈寺壁画基本上都是唐末五代时期的作品。北宋李之纯曾惊叹:"举天下之言唐画者,莫如成都之多。就成都较之,莫如大圣慈寺之盛。"[1]他对大慈寺九十六院进行统计,按阁殿塔厅堂房廊计算,共有八千五百二十四间,共绘诸佛如来一千二百十五尊、菩萨一万零四百八十八尊,帝释梵王六十八尊,罗汉祖僧一千七百八十五尊,天王明王大神将二百六十二尊,佛会、经验变相一百五十八,"诸夹纻雕塑者不与焉"。作者多是唐宋名家,或待诏行在,或禄仕两蜀,"皆一时绝艺,格入神妙"。直到南宋,大慈寺壁画依然保存完好。范成大《成都古寺名笔记》说:"成都画多名笔,散在诸寺观,而见于大圣慈寺者为多,今犹具在。"[2]书中并对各院主要壁画及其作者一一作了记录。正是由于唐玄宗、僖宗二帝相继入蜀避难,使大批宫廷艺人纷纷入蜀,从而促进了成都绘画艺术的发展和繁荣。《益州名画录·序》说:"盖益都多名画,富视他郡,唐二帝播越及诸侯作镇之秋,是时画艺之杰者游从而来。"[3]《宣和画谱》也称"世俗多以蜀画为名家"。

明清时期,巴蜀寺院壁画和各地年画颇为兴盛。现存佛寺壁画

---

[1] (明)杨慎:《全蜀艺文志》卷四一李之纯《大圣慈寺画记》,线装书局2003年点校本。

[2] (明)杨慎:《全蜀艺文志》卷四二范成大《成都古寺名笔记》,线装书局2003年点校本。

[3] (宋)黄休复:《益州名画录》卷首李畋《序》,民国四年(1915)四川存古书局刻本。

精品有剑阁觉苑寺明代仿吴道子画风的佛祖本生故事画，新津观音寺、新繁龙藏寺和蓬溪宝梵寺明代壁画堪称上乘。此外，年画作为民间艺术的一种新的形式，以我国四大年画之一的绵竹年画最为著名。

先秦以前，巴蜀尚无现代意义的书法可言，从广汉三星堆、成都金沙遗址出土文物中所发现的巴蜀图语印章是当时流行的文字符号。而真正的书法要从秦统一巴蜀后中原汉字传入并得到普及以后才出现。在秦汉三国南北朝时期，西汉著名辞赋家司马相如曾根据四季鸟兽屈伸变化之形创制了"气候值时书"书法，自成奇格。成都龙泉区山泉乡"北周文王碑"是魏晋南北朝隶书精品。巴蜀各地所发掘的墓葬中出土的铜、铁、漆器上出现用篆、隶文字书写或刻划的铭文、印章，以及碑文、崖墓题刻、石刻、砖刻、瓦当等文字。如成都汉阙刻石、新繁出土汉代文字砖、郫县东汉王孝渊题记残碑等，这些都是出自专业匠人之手，已表现出成熟的书法艺术水平。唐宋时期，巴蜀书法名家众多，如唐代大诗人李白，宋代苏轼，现代赵熙、谢无量、刘东父、余中英、郭沫若等都是书法大家，其作品为世所珍，在全国都有很大影响力。

巴蜀学者历代书画著作和作品也相当丰富，对后世影响深远。如宋代有王著《法帖》十卷，苏轼《苏东坡书赤壁赋》一卷、黄休复《益州名画录》（一名《成都名画记》）、邓椿《画继》十卷等。《益州名画录》作者黄休复，字归本，一作端本。北宋初年人。长期寓居成都（一作成都人），与当时四川文人李畋、张及、任玠及画家孙知微、童仁益等为友。通《春秋》学，兼精画学，收藏甚富，除撰有《茅亭客话》十卷以外，还著有《益州名画录》。该书分上、中、下三卷，收录自唐肃宗乾元元年（758）至宋乾德年间巴蜀地区著名画家"图画之精者"五十八人，其中流寓入蜀者二十一人，品以逸、神、妙、能四格，另附录有画无名、无画有名者若干人。在黄休复评定画艺最高的"逸格""神格"和"妙品上格"艺人中，几乎全都是避难入蜀的艺人。《四库全书》评此书："叙述颇古雅，而诗文典故所载尤详，非他家画品泛题高下、无所指据者比也。"该书"皆取其事迹之系乎蜀者，而不尽为蜀产"，为人们了解和研究唐代中期以来至宋初巴蜀地区绘画艺术提供了重要史料，开创了地方绘画史撰写的新体例。陈振孙《直斋书录解题》引《中兴书目》认为，该书李畋所撰，休复所著书已亡佚。按此书有景祐三年序，不著名氏，而叙休复，为其所撰明甚。又有黄休复自为后序，"则固未尝亡也，未知题李畋者与此同异"[①]。《画继》作者邓椿，字公寿，成都双流人，生活在两宋之际，曾官通判。家富书画收藏，见闻颇广。因感张彦远《历代名画记》、郭若虚《图画见闻志》之后九十余年无人续著绘画史，乃稽考文献，据所见闻，撰成一部反映宋代绘画史著作。以此书续二家之著，故名《画继》。该书记载时间上起北宋熙宁七年（1074），下至南宋乾道三年（1167），共撰有二百一十九名画家小传。全书搜辑遍及私家所藏画目、评画所论及画苑轶闻，具有重要的史料价值。该书提倡"画者文之极也"，极力提倡画家的文学修养，推崇文人自然清逸的画风，对宋代"所尚专以形似"的刻板院体画风加以贬斥，为宋代以后文人画的发展奠定了重要的理论和思想基础。

明代以来至民国时期，巴蜀著名书画家和书画史研究专家还有杨慎、曹学佺、张鹏翮，顾光旭、王炳麟、何维朴、包崇让、童槭、卓秉恬、卓云、胡薇元、骆成骧、赵熙、颜楷、顾印愚、包弼

[①] （清）王闿运辑《尊经书院初集》卷九，清光绪十年（1884）四川省城刻本。

臣、吴之英、余沙园、谢无量、薛天沛、张大千等人，其中代表性著作：明代有杨慎《升庵画品》一卷、《升庵书品》一卷、《法帖神品目》一卷、《名画神品目》一卷、《墨池琐录》《碑帖》，曹学佺《蜀中画苑》，清末民初有张香海《益州书画录补遗》、罗元黼辑《蜀画史稿》、薛天沛纂《益州书画录》《益州书画录续编》《神州论画录五种》。其中《神州论画录五种》又名《神州论画录丛刻》《神州论画录初编》，包括清道济《画语录》（又名《苦瓜和尚画语录》《苦瓜和尚画语》）一卷、龚贤《画诀》一卷、笪重光《画筌》一卷、张庚《论画》一卷、方熏《画论》二卷等，是一部有关中国画论的艺术专著。民国有刘咸炘《弄翰余沈》，张善孖、张大千、张君绶《蜀中三张画集》，张大千《大风堂临摹敦煌壁画》（第一、二集）、《大风堂书画录》一卷，佚名编《绵州画人物花卉册》《四川先哲遗墨》等。其中《益州书画录》编者薛天沛，字志泽，成都九里堤人。他有感于蜀中书画文献"纂辑无人，散溷湮灭，而蜀士又不喜标榜，于乡邦文献每付厥如，书画一科更多有不能举其名氏者"，于是编纂《益州书画录》及其《续编》《补遗》《附录》，记载从清初到民国三十五年（1946）川籍和在川书画名人生平事迹、著述及其艺术风格，共计一千零五十六人，对收集、鉴定古字画提供了可贵的资料。

除书画以外，巴蜀篆刻印谱名家也不少，许多书画家本身就是篆刻印谱方面的大家。现存篆刻印谱代表作有清代周彦《二树紫藤花馆印选》不分卷，民国刘家谟《汉印临存》不分卷、高景山《诸葛武侯前出师表印谱》等。

此外，巴蜀地区在游戏、灯谜、杂技、体育竞技等游艺活动以及文房四宝、博物收藏等方面也有自身特点，历代也留下了不少相关文献，如在游艺方面有清冯誉骢《七砚斋集联》、民国蜀籍吴人亢廷钤《纸醉庐春灯百话》二卷、林思进《清寂堂联语》（一名《清寂堂联语辑录》）一卷；在博物方面主要有宋苏易简《文房四谱》五卷、李石《续博物志》，费著《蜀锦谱》一卷、《蜀笺谱》一卷，明杨慎《异鱼图赞》四卷、《玉名诂》《墨池琐录》四卷，清胡世安《异鱼图赞笺》四卷、《异鱼图赞补》三卷、《异鱼赞闰集》一卷等。

二、《巴蜀珍稀艺术文献汇刊》的编纂情况

巴蜀艺术在几千年的历史发展中，取得了瞩目的成就，为后世留下了大量的珍贵文献。《巴蜀珍稀艺术文献汇刊》作为《蜀藏》丛书的重要组成部分，经过长达十年的资料搜集、整理和编纂，业已出版。《汇刊》将历代巴蜀籍学者以及非巴蜀籍学者所编有关巴蜀艺术方面的著述按照一定的体例进行编纂，全书分为书画、篆刻、音乐、戏剧、游艺、博物等类，每类之下又按照作者时代先后顺序进行排列，为学术界从事相关研究提供方便。

巴蜀历代舆图文献述略

我国地图绘制的历史相当悠久。先秦儒家经典《周礼》就记载职方氏"掌天下之图",司险"掌九州之图"。1986年在甘肃天水市放马滩战国秦汉墓群中出土了七幅战国末期木板地图,这是我国也是世界上已知最早、最古老的实物地图。1973年在湖南长沙马王堆三号汉墓中出土三幅命名为《地形图》《驻军图》《城邑图》的帛绘地图,其中《地形图》是我国最早绘出大海的地图。从放马滩和马王堆出土地图可以看出,我国地图绘制水平已领先世界水平。巴蜀地区地图绘制的历史也十分悠久,并对后世产生了深远影响。

一、中国地图编绘的历史与地图学成就

早在先秦时期,我国专门的地图绘制就已经出现。先秦儒家经典之一的《周礼》(又名《周官》《周官经》)记载了包括地图、地形、土地规划等地理方面的内容,尤其是记载许多职官的职掌都与地图有关。如《天官》小宰"听闾里以版图",司书掌"邦中之版,土地之图";《地官》大司徒"掌建邦之土地之图""以天下土地之图周知九州之地域广轮之数,辨其山林、川泽、丘陵、坟衍、原隰之名";小司徒若遇讼,"以图正之",土训"掌地道图,以诏地

事"；职方氏"掌天下之图，以掌天下之地，辨其邦国、都、鄙、四夷……之人民，与其财用九谷、六畜之数要，周知其利害"；司险"掌九州之图，以周知其山林川泽之阻而达其道路"。《周礼》中讲到的地图种类包括农业图、地形图、道路交通图、矿产图、区划图等等，说明地图在先秦时期得到广泛应用。先秦另一部著作《管子·地图》篇，专门论述了地图在军事上的重要作用："凡兵主者，必先审知地图……然后可以行军袭邑，举错知先后，不失地利，此地图之常也。"这是中国最早论述地图功用的著作。另据南朝梁任昉《述异记》提到春秋时鲁班曾刻《禹九州图》于洛城石室山，被认为是最早绘制的《禹贡》地图。而明确记载绘制《禹贡》地图的是《后汉书·循吏列传》：东汉明帝永平十二年（69），王景主持修治黄河河道，汉明帝即赐王景"《山海经》《河渠书》《禹贡图》"①。三国时司马昭"命有司撰访吴蜀地图"，见姚振宗《补三国艺文志》《补晋书艺文志》著录。西晋时，裴秀所绘《禹贡地域图》，一名《禹贡九州地域图》，凡十八篇，是世界上见于文字记载最早的以历代政区沿革为主要内容的历史地图集，其中梁州地域图主要包括四川、重庆以及陕西、云南、贵州的部分地区。裴秀对古代地图绘制经验加以总结，第一次明确提出了中国古代地图的绘制理论，即具有划时代意义的"制图六体"，包括分率（比例尺）、准望（方位）、道里（距离）、高下（地势起伏）、方邪（倾斜角度）、迂直（河流、道路曲直），成为绘制地图必须遵守的六项原则。裴秀制图六体对后世地图绘制产生了十分深远的影响。直到后来西方的地图投影方法在明末传入我国以后，制图学理论才得以革新。裴秀按照制图六体绘制的《禹贡地域图》，古今地名相互对照，不仅

---

① （南朝宋）范晔：《后汉书》卷七六《循吏列传》，中华书局1965年点校本。

是当时最完备、最精详的地图，而且更重要的是它采用了科学的绘制方法。《禹贡地域图》流传的时间不长，《隋书·经籍志》已不见记载，估计已经失传。不过，裴秀所撰《禹贡地域图·序》被保存在《晋书·裴秀传》及《艺文类聚》《初学记》等类书中。序中详细叙述了他绘制地图所运用的方法，是一篇很有科学价值的珍贵文献，体现了裴秀在制图理论上的卓越见解，在我国地图学发展史上具有划时代意义。裴秀也被称为中国科学地图学的创始人，英国科学史专家李约瑟称他为"中国科学制图学之父"，部分西方学者认为裴秀完全可以与古希腊著名地图学家托勒密相提并论。裴秀还在前人所绘《天下大图》的基础上，运用制图六体方法，缩绘成《地形方丈图》。该图将名山、大川、城镇、乡村等各种地理要素清楚地标示在图上，一直流传了几百年。东晋以前还有一幅《五岳真形图》，见唐人裴孝源《贞观公私画史》著录，《太平广记》卷三引《汉武帝内传》也提到此图，相传是太上老君测绘的最早的山岳地图。北周时，有《周地图》传世。据《舆地纪胜》引《周地图》云："县界首有铁山，诸葛亮取为刀器。周封宇文度为铁山侯。"南朝梁元帝时，曾编绘有《职贡图》一卷。

唐代，地图的绘制也取得了重要成就。如李德裕绘《黠戛斯朝贡图》一卷，元结曾为《九疑山图》撰记一篇，吴道子也绘有《三峡图》。唐代杜甫曾于广德二年（764）为《岷山沱江画图》作《奉观严郑公厅事〈岷山沱江画图〉十韵》，被看作是中国咏画诗之祖。这幅《岷山沱江画图》既是一幅山水画，也可看作是一幅山水地图。而唐代对地图贡献最大的是著名地理学家贾耽和李吉甫。贾耽是唐代著名的地理学家，撰有《皇华四达》十卷、《贞元十道录》四卷、《三代地理志》六卷、《地理论》六卷。唐贞元十七年，贾耽编绘了一幅《海内华夷图》（一名《寰海华夷图》），另绘有《国要图》一卷、《方志图》二卷，其中《国要图》被视为"国图"《海内华夷图》的略本，以上三种地图皆已失传。根据《新唐书·艺文志》记载，李吉甫除著有《元和郡县图志》五十四卷外，另绘有反映贞元时期全国行政区域地图《贞元十道图》十卷。据《舆地纪胜》引《唐贞元十道图》记载："黔、涪、夷、费、思、播、溱、珍、南等九州，自分十道，属江南道，其涪州开元中改属山南道，天宝中复属江南道，乾元中又属山南东道。"此外，巴蜀是道教的发源地，《崇文总目》《宋史·艺文志》等目录文献中著录了不少反映道教名胜的地图，这些地图都与巴蜀有关，如唐司马承祯《天地宫府图》、司马子微《上清天地宫府图经》（二卷）、朱闵《玄化图》、杜光庭《二十四化图》以及佚名绘《岳渎福地图》《山水穴窦图》《正一真人二十四治图》《五岳名山图》（一作《五岳图》）等。

宋代是我国地图学发展史上的重要时期，地图制作与摹绘在士大夫阶层更加普及。不仅绘图技术得到进一步发展，而且在绘制理论方面也取得了重要成果，如沈括"飞鸟图"绘制法、"彩画地图"法，黄裳、朱熹立体地图制作法等。地图形式多种多样，包括手绘地图、石刻地图、木刻地图、碑拓地图等等，反映了当时地图绘制技术的创新。就彩绘地图而言，宋代所绘地图中就已经有不少彩绘地图。绍圣四年（1097）泾原路经略使章楶将有关泾原路山川形势、道路险易、有无泉水等"据种朴彩画到地图签贴圆备"。元祐六年（1091）御史中丞苏辙所绘治理黄河地图"彩绘成图，随事笺贴"。这说明宋代地图绘制已有了娴熟应用色彩的技巧和方法。

宋代地图所反映的内容也相当丰富，包括政区图、军事图、民事图、文教图、览胜图等，如反映全国政区的地图有《淳化天下图》《十八路州军图》《十八路图》《天下州县图》等。其中《十八路图》有一卷，《图副》二十卷，为熙宁间天下州府军监县镇图。北宋景德年间，宋真宗诏令翰林院遣画工分诣诸路，图画山川形势、地理远近，付枢密院。到宋神宗熙宁年间，赵彦若、沈括等人先后绘制了天下总舆图，其中沈括绘有《天下郡县图》一卷。据《宋史》卷二〇四《艺文志》记载，有关宋代所绘本朝以及前代全国性地图还有王曾《九域图》三卷、赵珣《开元分野图》一卷、孙结《唐国鉴图》一卷、曹璠《元和国计图》十卷、马敬寔《诸道行程血脉图》一卷、崔峡《列国入贡图》二十卷、韦瑾《域中郡国山川图经》一卷、佚名绘《唐十道图》等。北宋地理学家乐史曾将《海内华夷图》加以缩略改编，绘成《掌上华夷图》。据乐史《太平寰宇记》记载，宋太祖得天下，"以持玉斧画《舆地图》，自大渡为界，曰：'此外吾不有也。'故三百余年无南诏之患，远虑如此"。可见，北宋初年就已经绘制有全国性地图《舆地图》。此外，宋度宗咸淳二年（1266）有明州木刻《舆地图》，现藏于日本京都东福寺塔头栗棘庵内，是现存最早的木刻地图。

在宋代所绘地图中，还有两类地图最有特色，一类是宋人所绘《禹贡》地图，另一类是石刻地图。

《禹贡》是中国古代儒家重要经典著作《尚书》中的一篇，是现存最早的一部科学价值很高的地理总志性质的著作，被公认为世界地理名著，是研究中国上古时期经济、地理、社会的重要文献，在中国地理沿革史先秦有极其重要的地位，被视为中国地理学之祖，对我国数千年来历史地理学产生了深远影响，具有极高的价值。由于《尚书》被认为是经孔子所编定，历代学者也因此将《禹贡》奉为"万世不易之书"，从不怀疑。明代地理学家艾南英《禹贡图注序》说："《禹贡》一书，古今地理志之始祖。"清人李振裕《禹贡锥指序》也说："自禹治水，至今四千余年，地理之书无虑数百家，莫有越《禹贡》范围者。"现存宋元明清方志，几乎每部省志、府志、县志都会提到《禹贡》。高度繁荣的宋代文化，也直接推动了宋代《禹贡》研究，使《禹贡》从原本依附于经学的文献发展成为史学中的一门专门之学——禹贡学。在宋代，《禹贡》研究名家辈出，如苏轼、林之奇、程大昌、傅寅、史浩、毛晃、朱熹、魏了翁等等，并问世了一批具有重要学术价值和社会影响的禹贡学论著，如程大昌《禹贡论》《禹贡后论》《禹贡山川地理图》、傅寅《禹贡集解》、毛晃《禹贡指南》、易祓《禹贡疆理广记》、戴蒙《禹贡辨》等近三十部。此外还有近百种宋人《尚书》论著中的《禹贡》篇章，如宋蔡沈《书集传》、林之奇《尚书全解》等，特别是程大昌、傅寅、毛晃等学者的禹贡学著作一直为当时和后世所推崇。如《禹贡指南》"其书大抵引《尔雅》《周礼》《汉志》《水经注》《九域志》诸书，而旁引他说，以证古今山水之原委，颇为简明……而援据考证，独不泥诸儒附会之说"；《禹贡论》一书"论辩尤详……要其援据厘订，实为博洽，至今注《禹贡》者终不能废其书也"；《禹贡说断》"书中博引众说，断为己意，具有特解，不肯蹈袭前人。其论《孟子》'决汝、汉，排淮、泗，而注之江'，为古沟洫之法，尤为诸儒所未及，洵卓然能自抒所见者"。这些书图文并茂，博引先儒众说，折衷明断，甚多独特见解，亦属宋代难得的地理名著。一些已失传的禹贡学著作，如易祓《禹贡疆理广记》等，"仅见于它书所引，昆山片玉，弥觉贵重"。其他如苏轼、叶梦得、张九成、林之奇等"诸家于《禹贡》尤为精审，发前人所未发"。宋代学者除著有大量研究《禹贡》著作外，还绘制有众多与

《禹贡》内容有关的地图。禹贡图的绘制虽始于汉代，如汉永平时诏王景治汴河而赐以《禹贡图》，至三国、西晋间裴秀绘制帛书《禹贡地域图》十八篇，对后世影响较大，但久已失传。至北宋出现的《禹迹图》，不仅是中国第一幅石刻地图，而且代表了当时地图绘制的最高成就。在宋代，禹贡学论著大都图文并茂，生动直观。宋真宗景德时，林洪范绘有《禹贡山川图》。到南宋时，程大昌所著《禹贡山川地理图》绘制有三十余幅地图，傅寅《禹贡说断》附有《禹贡山川总汇之图》等四幅地图。傅寅另著《群书百考》，时人见书中《禹贡图》曰："是书可为集先儒之大成矣！"其他如孟先《禹贡治水图》三卷、王柏《禹贡图》一卷、黄千能《禹贡图说》等书都绘有地图。传世吕祖谦《禹贡图说》虽未见图，但其原稿肯定有地图。郑东卿《尚书图》也包括许多反映《禹贡》内容的地图[1]。

我国现存最早的石刻地图是北宋神宗元丰三年（1080）所刻《长安图》，该石刻图于半个世纪以前在西安出土，保存了部分残碑，它是我国现存最早的城市地图。在宋代所有石刻地图中，现存的石刻地图主要有五种：

第一种是陕西西安《华夷图》，该图以宋代疆域政区为中心，反映周边四夷的地理位置。该图在绘制过程中，参考了唐代贾耽《海内华夷图》。图中既保存了一些唐代地名，但也有些已改用宋代地名。该图刻于伪齐阜昌七年（1136）十月岐州官学，现保存于西安碑林。

第二种是陕西西安《禹迹图》，刻于伪齐阜昌七年四月，与

---

[1] 以上参见辛德勇：《说阜昌石刻〈禹迹图〉与〈华夷图〉》，《燕京学报》第二十八期，北京大学出版社2010年版。

《华夷图》镌刻于同一通石碑的前后两面。该图是在宋代政区图基础上反映《禹贡》所记载的古代地理，地图方向为上北下南，描绘了宋朝时期中国全景。该图水系雕刻描述尤为详细，包括标注了三百八十多个行政区名，近八十条河流和七十余座山脉的名称。图中河流位置、走向以及海岸轮廓线与实际状况非常接近，显示出中国古代很早以前就已掌握了高水平的地理测绘技术。该图是传世中国古代地图中最早使用裴秀计里画方的网格符号表现比例的地图，同时也是我国现存最早的一幅全国地图。西方学者李约瑟盛赞此图，认为它是"当时世界上最杰出的地图，是宋代制图学家的一项伟大成就"。

第三种是江苏镇江《禹迹图》。绍兴十二年（1142），镇江府学教授俞箎刻于镇江府府学，现藏于江苏镇江博物馆。从镇江《禹迹图》题记可知，该图是"北宋元符三年正月依长安本刊"，说明在元符年间《禹迹图》已在长安刻石，其祖本应源于唐代，而后陆续有所增改，只是这些石刻《禹迹图》已不传于世。

第四种是四川荣县《九域守令图》。该图刻于宣和三年（1121），是中国现存最早以县为基本单位的全国行政区域图，现藏于四川省博物馆。

第五种是江苏苏州《地理图》。刻于南宋理宗淳祐七年（1247）苏州府学，宋黄裳绘，现藏于江苏省苏州市碑刻博物馆（文庙）。以上所有石刻地图都有巴蜀部分。

此外，我国现存最早的一部全国历史地图集出现在宋代。北宋元符二年（1099），蜀人税安礼撰（一作苏轼撰）《历代地理指掌图》共绘有四十四幅地图，通绘从古至今各个历史时期政区建置沿革，被视为中国古代地图珍品，其中《古今华夷区域总要图》一脉相承于贾耽《海内华夷图》。按史书记载，税安礼少通经史，熟谙掌故，尝遍游名山大川，博广见闻，著有《历代地理指掌图》一卷、《春秋列国图说》一卷，唯《历代地理指掌图》尚存，其正讹纠谬，考据详明，颇为时人所重。哲宗元符二年（1099），税安礼欲以是书进上朝廷，未果而卒。

明清时期，除巴蜀地方志以外，许多全国性地理总志、类书中所编绘的地图有许多与巴蜀有关。如明代《大明一统志》《地图综要》《广舆图》《皇舆考》《图书编》《三才图会》《大明舆图》《杨子器跋舆地图》《大明一统山河图》，清代《大清一统志》《钦定大清会典》《二京十八省疆域全图》《历代舆地图》《内府地图》《皇朝一统舆图》《皇朝舆地略》《天下舆地便览》《历代地理沿革图》《大清帝国全图》《大清中外一统舆图》《乾隆府厅州县图志》《中外地舆图说集成》《中国近世舆地图说》等文献中都有巴蜀部分。另外，明清时期西方人士所绘地图或所撰图志著作，如利玛窦《坤舆万国全图》、南怀仁《坤舆全图》、杜赫德《中华帝国全志》、卫匡国《中国新地图集》《中国新地图册》《中国新图志》《中国新地志》、李希霍芬《中国最新地质图》中也有巴蜀部分。

二、巴蜀地图编绘的历史与地图学成就

巴蜀地图的源头可以追溯到与古蜀历史相关的《山海经》。据众多学者研究，《山海经》相关内容分别出自巴人、蜀人或寓居于巴蜀的楚人之手，可以看作是巴蜀最早传世的文献著作，是巴蜀史学的源头。早期《山海经》很有可能图文相配，文字是对图的说明。当代学者芦鸣曾根据《山海经》原文进行解析，第一次复原了

完整版《山海经》古图①。而巴蜀地图有确切记载的是东晋常璩所著《华阳国志》。《华阳国志》卷三《蜀志》引但望疏曰："谨按《巴郡图经》，境界南北四千，东西五千，周万余里，属县十四；盐铁五官，各设丞史；户四十六万四千七百八十，口百八十七万五千五百三十五；远县去郡千二百至千五百里，乡亭去县或三四百，或及千里。"②从中可见，东汉桓帝永兴二年（154）巴郡太守但望在其奏疏中已提到《巴郡图经》，这是我国有文献记载以来明确记载的最早图经。《补后汉书艺文志》认为："桓帝时巴郡守但望上疏引《巴郡图经》，则图经之名起于汉代，诸郡必皆有图经，特无由考见耳。"说明在东汉时图经必不限《巴郡图经》一种。由于地图多，轴幅大，易于破散，难以保存，再加上受传统印刷术的限制，大都图亡而文存，而绘有巴郡地图的《巴郡图经》也没有流传下来。

图经这类体裁的史书经过南北朝沉寂之后，到隋唐时期已取代地记的地位开始盛行起来，见于文献著录的《隋区域图志》是一部反映隋朝统一后全国地理总志，其中肯定包括许多巴蜀地图内容，可惜该书一样没有流传下来。唐代图经编纂也很盛行，如源乾曜《夔州图经》、李国纬《夔州旧图经》等。李吉甫所撰《元和郡县图志》是现存第一部反映全国政区的地理总志著作。该书成于元和八年（813），首起京兆府，末尽陇右道，共四十七镇，每镇篇首有图。《元和郡县图志》继承和发展了东汉以来地理志、图记、图经的优良传统，对各项地理内容作了翔实记载，又在府州下增加府境、州境、八到、贡赋等项，这是以往地理志、地理总志所没有的，是李吉甫首创，并为后来地方志、地理总志所效法。现存《元

---

① 芦鸣：《山海经探秘》，北京时代华文书局2014年版。
② （东晋）常璩：《华阳国志》卷三《蜀志》，清嘉庆十九年（1814）题襟馆刻本。

和郡县图志》不仅内容残阙，而且原书中的地图在南宋以后也已亡佚。

北宋是我国图经编纂的鼎盛时期，不仅有宋真宗大中祥符年间李宗谔所编全国性《祥符图经》，而且包括巴蜀地区在内的全国许多州县都编有图经，仅见于《舆地纪胜》《宋史·艺文志》《永乐大典》等引录或著录的宋代巴蜀图经就有不少（参见《两宋时期巴蜀路府州军图经一览表》）。

两宋时期巴蜀路府州军图经一览表

书名	卷次	作者	附录
《祥符图经》	九十八卷，又一种七十七卷	李宗谔	有巴蜀部分
《域中郡国山川图经》	一卷	韦瑾	有巴蜀部分
《川陕路图经》	三十卷	佚名	
《益州路图经》	八十二卷	佚名	
《利州路图经》	六十三卷	佚名	
《夔州路图经》	五十二卷	佚名	
《梓州路图经》	六十九卷	佚名	
《潼川府图经》	十一卷	袁观	
《叙州图经》	三十卷	俞闻中	
《祥符渝州图经》		李宗谔	
《祥符泸州图经》		李宗谔	
《永康军图志》	二十卷	虞刚简	
《果州图经》	五卷	佚名	
《思州图经》	一卷	佚名	
《简州图经》		佚名	简州另有《简池志》

(续表)

书　名	卷　次	作　者	附　录
《崇庆府图经》		佚名	
《茂州图经》		佚名	郡守史宪有序
《荣州图经》		勾演	
《叙州图经》	三十卷	俞闻中	
《新明县图经》		佚名	
《江州图经》	一卷	佚名	
《南平郡图经》	一卷	佚名	
《南平军图经》		佚名	
《忠州图经》	一卷	佚名	
《珍州图经》	三卷	佚名	
《夔州图经》	四卷	刘德礼	
《大宁监图经》	六卷	佚名	
《梁山军图经》		黄震仲	作者为梁山县教授
《云安军图经》		佚名	
《潼川府图经》	十一卷	袁观	
《嘉定州图经志》		佚名	

其余不以"图经""图志"为名的宋代地方志，如杨泰之《普州志》三十卷、宇文绍奕《临邛志》二十卷、王宽夫《古涪志》十七卷、王震《阆苑记》三十卷、马导《夔州志》十三卷、任逢《垫江志》三十卷、佚名《宕渠志》二卷以及《续永康志》《茂州志》《雅安志》《嘉定甲志》《嘉定乙志》《眉州志》《成都志》《隆州隆山志》《叙南续志》《涪陵记》《龟陵志》《龟陵新志》《南宾志》《靖南志》《南浦志》《万州新志》等应该大多都绘有地图。到了明代，所

编方志中也有部分图志，据《文渊阁书目》著录，以"图志"名命的方志有《利州图志》（一册）、《重庆府图志》（二册）、《成都府图志》（十册）、《保宁府图志》（二册）、《马湖府图志》（三册）、《永宁宣抚司图志》《嘉定州图志》（二册）、《雅州图志》（三册）、《顺庆府图志》（三册）、《天全六番图志》（三册）、《四川眉州图志》（一册）、《剑州图志》（一册）、《蓬溪县图志》（一册）、《泸州图志》（十三册）等。在这些图志类方志中，或亦存在绘有相应府州县地图之情况。

对于专门绘制的巴蜀地图，除前面已经提到巴蜀历代方志尤其是图经、图志类方志中基本上都绘制有巴蜀地图以外，早在唐文宗太和年间，就出现了有文献记载以来首幅巴蜀地形全图。唐太和四年（830），李德裕任剑南西川节度使，曾在成都西郊建筹边楼。据《资治通鉴》记载："德裕至镇，作筹边楼，图蜀地形，南入南诏，西达吐蕃。日召老于军旅、习边事者，虽走卒蛮夷无所间，访以山川、城邑、道路险易，广狭远近。未逾月，皆若身尝涉历。"李德裕为了加强蜀地军事防御，专门绘制了一幅反映巴蜀全境山川关隘、地形地貌的军事地图，这是有明确记载的最早巴蜀全图。到了宋代，专门绘制的巴蜀地图不仅种类多，而且对后世影响大。如巴蜀物产图有宋祁《剑南方物略图》一卷（宋郊撰图赞），巴蜀交通图有佚名《蜀程图》一卷、《东京至益州地里图》等。宋代还有一类反映巴蜀风景名胜的地图或图画，如何霸《三峡放舟图》、戚文秀《摹嘉陵江水图》、宋迪《潇湘八景图》、范宽《长江万里图》、夏圭《长江万里图》（一作《巴船出峡图》）等。在这些山水名胜图中，最著名的是相传北宋李公麟所绘《蜀川胜概图》。据《蜀川胜概图》标注有"崇庆府界"可知，崇庆府原名蜀州，南宋绍兴十四年（1144）以宋高宗潜藩升蜀州为崇庆军，淳熙四年（1177）升为崇庆府，治晋源县（今四川崇州市）。而李公麟生于北宋仁宗皇祐元年（1049），卒于宋徽宗崇宁五年（1106），不可能标注南宋崇庆府地名，据此认为《蜀川胜概图》作者不是李公麟，实为南宋人所绘。据《宋史·艺文志》著录有"《江行图志》一卷，《地理图》一卷，《指掌图》一卷"，《宋史艺文志补》著录"王观之《舆地图》十六卷"。按王观之乃《舆地纪胜》作者王象之兄长，宋宁宗嘉定十六年（1223）任夔州路转运使，王象之《舆地碑目·夔州碑记》于《晋桓温隶字碑》下注云"嘉定癸未漕使王观之"可证。又据南宋陈振孙《直斋书录解题》卷八云："王象之《舆地图》十六卷，至西蜀诸郡尤详，其兄观之漕夔门时所得也。"可见，王观之所得《舆地图》有十六卷，其中以"西蜀诸郡尤详"，也就是有关川西成都平原内容颇为详细。而王观之又任夔州路转运使，自然对川东三峡一带自然和人文地理也相当熟悉，而现存《蜀川胜概图》对川西成都平原和川东夔州地区地名标注非常详细，而嘉定府、叙州、泸州、渝州、涪州等地却没有出现在地图中，据此可以推知《蜀川胜概图》或与王象之兄弟有关。

明清时期，巴蜀地方志和其他史地文献中已有大量巴蜀地图，如黄锡焘《峨山图说》不分卷、廖笙堂《峨山图说》二卷有数十幅峨眉山名胜图，清国璋辑《峡江图考》（一作《行川峡江必要图考》）绘有川峡水道图，《峡江救生船志》有图一卷，以上地图主要见于图志、图考、图说类著作中。而专门绘制的巴蜀地图在明清时期数量更多，内容更丰富，见于《文渊阁书目》《国史经籍志》《近古堂书目》《澹生堂藏书目》《钱遵王读书敏求记》《绛云楼书目》《抽毁书目》《内阁大库书档旧目补》《清史稿艺文志补编》《徐家汇藏书楼所藏古籍目录稿续编》《江苏省立国学图书馆图书总目初编》《四川省图书馆藏古籍书目》等目录文献著录中，如明代绘制的反映茶马贸易道里的《四川省四路关驿图》、明代纸本彩绘《四川省道里总图》（三幅）、《四川险易图》（一册）、《剑阁山图》、吴应台绘《叙南边图》、周汝勤绘《建昌诸夷图》一卷、佚名绘《建昌疆场图志》四卷，清代《清初四川通省山川形胜全图》（简称《四川全图》）《四川分县详细图说》《全川营汛增兵图》《清溪至昌都图》《四川图》一卷，以及《重庆府境全图》（彩绘）、《四川地理图》一卷、《川贵图》（一张）、《四川省全图》（一幅）、《川省全图》（四十幅）、《四川省额设救生船只驿站渡船水手挑夫各项数目图说》、国璋《重庆府治全图》、傅崇榘《新绘四川全省明细舆图》等等，仅仅见于国家图书馆所藏巴蜀古旧地图就有三百余种，一千七百余幅，四川省图书馆所珍藏的巴蜀古旧地图有一百七十八种，一千二百余幅（参见《四川省图书馆藏巴蜀古旧地图一览表》）。

四川省图书馆藏巴蜀古旧地图一览表

图　名	图　幅	作者(单位)	版　本
《四川地舆全图》	一幅	清姚觐元编绘	清同治十二年(1873)刻本
《四川省图》	一幅		清纸本彩绘
《四川省沿革图说》	四折册		清墨绘并钞本
《川省全图》	四十幅		清光绪彩色绘制本
《川省全图》	一幅		清刻本
《四川省全图》(附中国全图成都府城图)	一幅		清宣统三年(1911)商务印书馆套色石印本
《四川省全图》	一幅	民国商务印书馆编译所编	清宣统三年(1911)石印本

(续表)

图 名	图 幅	作者（单位）	版 本
《川边全图》		民国王映极编绘	民国五年（1916）
《四川省明细全图》（附川边特别区域）	一幅	民国佚名编纂	民国六年（1917）上海商务印书馆著色石印本
《四川产盐区域全图》	正一幅附二十五幅	民国四川盐运使署编辑	民国八年（1919）成都石印本
《川边各县舆地图说》	一册	民国蔡廉洲编绘	民国九年（1920）北平京华印书局石印本
《四川省全图》	一幅		民国十年（1921）四川陆军测量局制石印本
《川边地图》	一幅	民国四川督理署制	民国十三年（1924）套色石印本
《四川省各县区乡镇略图》	一百三十五幅	四川省政府民政厅编	民国二十八年（1939）九月出版
《四川省行政区划及公路交通图》	一幅	民国四川省政府制	民国二十九年（1940）成都套色石印本
《四川经济地图集》	七十二幅	民国周立三等编纂	民国三十五年（1946）北碚中国地理研究所蓝色石印本
《军用四川全省交通要图》	一幅	民国二十军参谋处编绘	民国十七年（1928）四川万县套色石印本
《四川军用地形图》	四百六十幅		民国二十九年（1940）四川陆军测量局绘制石印本

(续表)

图 名	图 幅	作者(单位)	版 本
《四川全省交通图》	一幅		民国二十五年(1936)亚新地学社石印本
《四川及川边交通图》	一幅	民国郑上荣作图	民国十六年(1927)成都文通印刷局石印本
《四川邮务区舆图》	一幅	民国西川邮务局制	民国二十三年(1934)成都套色石印本
《四川全省分区水陆全图》	一幅		民国二十四年(1935)成都迪毅印刷社编印本
《川陕甘青康滇黔湘鄂边区图》	一册	民国军事委员长行营参谋团编制	民国二十四年(1935)参谋团第一处石印本
《四川分县详图》		民国金擎宇编绘	民国二十六年至三十年(1937—1941)上海亚光舆地学社出版
《四川旅行适用新地图》			民国二十六年(1937)重庆振亚书局出版
《四川省分县地图》(附各县人口密度邮电路线成都省会巴县及江北各图)	一幅		民国二十八年(1939)上海地图社套色石印本
《四川省各县区乡镇略图》	一百三十六幅	民国四川省政府民政厅编制,唐心一、罗孟贤绘图	民国二十八年(1939)成都制图社蓝色石印本
《西南各省详图》		民国王守成编绘	民国二十八至三十年(1939—1941)上海亚光舆地学社出版

(续表)

图　名	图　幅	作者(单位)	版　本
《四川省明细地图》			民国二十八年(1939)亚新舆地学社出版
《四川省教育文化地图》	一册	民国四川教育厅测绘	民国三十年(1941)成都西南印书局套色石印本
《四川分县详图》(附四川地势各县人口密度成都重庆万县市街图)	一幅	民国张起文编制	民国三十年(1941)上海亚光舆地学社套色石印本
《四川最新明细全图》	一幅		民国石印本
《川边图》	一幅		木刻
《四川水道图说》	一册	民国佚名编绘	钞本
《川康滇黔分县详图》		民国卢怀远编绘	民国二十八至三十年（1939－1941)上海亚光舆地学社出版
《青康藏地图》			民国三十三年(1944)中华书局出版
《西康明细地图》	一幅		民国二十四年(1935)亚新地学社套色石印本
《西康分县新图》	一幅		民国二十四年(1935)亚新地学社套色石印本
《西康省地图》	两种计八十四幅		民国二十八年(1939)西陲文化院绘制石印本

(续表)

图　名	图　幅	作者(单位)	版　本
《西康全省详图》(附索引及里程表)	八十四幅		
《西康省全图》	一幅	民国傅嵩炑绘	民国年间石印本
《四川省城街道舆图》	四幅	清吴绍伯摹绘	清光绪五年(1879)保甲总局刊本
《四川省城街道图》	一幅	清吕兰测绘	清光绪刻本
(新测考订)《四川成都省内外街道全图》(附《青海西藏云南合图》一张)		清傅崇榘绘	清光绪二十八年(1902)成都刻板
《成都街道图》(附民国六年七月成都兵灾被焚街道一览表)	一幅		民国六年(1917)石印本
《成都街市图》	一幅		民国二十二年(1933)成都套色石印本
《成都市郊外地图》	一幅		民国二十九年(1940)单色石印本
《成都市城区街道图》	一幅		民国二十九年(1940)成都蓝色石印本
《成都街道图》	一幅	民国成都警厅监制	民国成都石印本
《成都市区图》	一幅	民国成都市政府地政科制	民国三十一年(1942)成都启文印刷局单色石印本

巴蜀历代舆图文献述略

(续表)

图 名	图 幅	作者(单位)	版 本
《成都市街道详图》	一幅		民国三十七年(1948)启文印刷局套色石印本
《成都市区地图》	一幅		1951年成都套色石印本
《重庆府城图》		清沈铉绘	清光绪六年(1880)刻本
《重庆市全图》	一幅		民国三十七年(1948)重庆安庆印书馆石印本
《重庆市区经界全图》	一幅	民国重庆指南编辑社	民国北星书局石印本
《重庆市附近交通详图》		民国金擎宇、阮国梁合编	重庆亚光舆地学社
《重庆市区地图》	一幅		民国社会部重庆社会服务处石印本
《最新重庆街道图》	一幅	民国唐幼峰编制	民国重庆指南社石印本
《修正最新重庆街道图》	一幅		民国二十九年(1940)西南出版社套色石印本
《彭山县图》	一幅	民国彭山县政府制	民国二十八年(1939)单色石印本
《井研县图》	一幅		民国井研石印本
《犍为县全图》(附城市图)	一幅	民国陈汝弼据四川陆地测量局本编	民国十八年(1929)成都印刷公司石印本
《屏山县全图》	一幅		成都珍记石印局石印本

(续表)

图　名	图　幅	作者(单位)	版　本
《茂县全图》	一幅		民国成都钧益印刷馆套色石印本
《马边县略图分图》	各一幅	民国马边县政府制	民国二十五年(1936)成都套色石印本
《雷马屏峨边地略图》	一幅		民国成都套色石印本
《测勘川滇铁路简明全图》	一幅		民国二十七年(1938)石印本
《川滇铁路简明全图》(叙昆干线及冕宁)	一幅		
《荣县略图》	一幅		民国荣县救济院五色套印本
《荣县全图》	一幅		民国荣县救济院石印本
《仁寿县图》	一幅		民国二十三年(1934)仁寿印刷局石印本
《资阳县最近略图》	一幅		民国二十五年(1936)资阳县政府石印本
《隆昌全图》	一幅		民国隆昌文宝斋三色石印本
《合江县疆域形势图》	一幅		民国石印本
《纳溪县地图》	一幅		民国石印本
《宜宾县图》	一幅		民国十九年(1930)石印本

(续表)

图　名	图　幅	作者(单位)	版　本
《宜宾县全图》	一幅		民国二十四年(1935)叙府新新印刷局石印本
《南溪县简明地图》	一幅		民国二十四年(1935)石印本
《兴文全县地图》	一幅	民国兴文县政府制	民国二十五年(1936)三色套印本
《珙县地图》	一幅	民国珙县政府制	民国二十六年(1937)石印本
《高县地图》	一幅	民国高县政府制	民国二十八年(1939)石印本
《筠连县略图》	一幅		民国石印本
《筠连县略图》	四幅	民国罗洪钧等测绘	民国套色石印本
《彭水县地图》	一幅		民国彭水文元堂石印本
《璧山县图》	一幅	民国璧山县政府制	民国二十五年(1936)重庆蜀新石印社套色石印本
《江津县全图》	一幅		旧彩色绘本
《江北县全图》	一幅		民国重庆余庆印书馆石印本
《巴县舆图》(计县境全图、山水全图、重庆城郊图、分区图)	八幅		民国四色套印本

(续表)

图 名	图 幅	作者(单位)	版 本
《巴县县治迁建新址分区地形图》	一幅	民国胡公涂测绘	民国三十年(1941)晒蓝样图本
《綦江水道整理图》	一册	民国导淮委员会制	民国二十七年(1938)重庆晒蓝版本
《永川县全图》	一幅	民国吴明庚绘	民国石印本
《荣昌县地图》(附县城街道图)	一幅	民国辜文湘测绘	民国二十六年(1937)荣昌广荣斋复色石印本
《大足县图》	一幅	民国漆润绘制	民国三十年(1941)石印本
《铜梁县全图》	一幅	民国铜梁县政府制	民国二十九年(1940)石印本
《内江县县治图》	一幅		民国二十三年(1934)套色石印本
《内江县县治图》	一幅	民国罗玺监制	民国二十三年(1934)五色套印本
《内江县治略图》	一幅	民国内江县政府制	民国二十六年(1937)两色石印本
《威远县分区图》	一幅	民国威远县政府制	民国石印本
《威远县境略图》	一幅	民国威远县政府制	民国二十七年(1938)单色石印本
《大竹县地形图》	一幅	民国大竹县政府制	民国二十七年(1938)大竹套色石印本

(续表)

图 名	图 幅	作者(单位)	版 本
《大竹县分区地图》	一幅		石印本
《万县全境略图》	一幅		民国二十五年(1936)石印本
《四川巫溪县图》	一幅		民国巫溪石印本
《四川巫溪县图》	二幅		三色石印本
《巫山县略图》	一幅		民国三色石印本
《奉节县图》	一幅		民国三色石印本
《忠县行政区域图》	一幅	民国忠县政府制	民国二十七年(1938)五色套印本
《忠县行政区域图》(附单色县域简图一幅)	一幅		七色套印本
《忠县地舆全图》	一幅	民国吴江绘制	民国十六年(1927)石印本
《梁山县分区图》	一幅		民国石印本
《梁山县全境明细舆图》	一幅	民国张焯绘制	民国八年(1919)刻本
《酆都县分区地图》	一幅	民国酆都县政府制	民国二十八年(1939)五色套印本
《酉阳直隶州图》	一幅	清熊济文绘	清光绪三十三年(1907)贵阳刻本
《秀山舆图》	一幅		民国十三年(1924)秀山湘华石印局石印本
《秀山全县形势道路略图》			民国石印本

(续表)

图 名	图 幅	作者(单位)	版 本
《四川顺庆府营山县图》	一卷		钞本
《南充县舆全图》	一幅	民国罗恺测量,王渊明绘图	石印本
《南部最新地图》	一幅	民国南部县政府鉴定	民国石印本
《南部全县地图》	一幅		石印本
《南部县全图》			民国单色笔绘本
《阆中县舆图》	一幅	民国阆中县政府制	民国二十六年(1937)杜文焕三色石印本
《苍溪县图》	一幅		民国油印本
《仪陇县境略图》	一幅	民国仪陇县政府三科制	民国二十五年(1936)油印本
《营山县全图》	一幅		民国二十一年(1932)石印本
《蓬安县全图》	一幅		民国蓬安益友石印社石印本
《蓬安县全图》	一幅	民国黄忠源制	民国二十一年(1932)石印本
《岳池县全图》	一幅	民国罗恺测量,王邦烟绘图	民国十七年(1928)石印本
《岳池县全图》	一幅	民国岳池县政府制	民国二十八年(1939)南充益新印刷局五色套印本

(续表)

图　名	图　幅	作者(单位)	版　本
《岳池县全图》	一幅		民国三十六年(1947)岳池长虹石印社套色石印本
《武胜县地图》	一幅	民国黎致平绘制	民国十七年(1928)石印本
《西充县地图》	一幅		民国三色石印本
《德阳县全图》	一幅		民国二十四年(1935)成都协美印刷公司石印本
《绵竹县舆图》	十三幅		民国九年(1920)石印本
《安县略图》	一幅		民国成都十色套印本
《北川县疆域全图》	一幅		民国油印本
《平武县略图》	一幅		民国铅华绘制本
《遂宁县全图》	一幅		民国二十三年(1934)县教育局石印本
《蓬溪县全图》	一幅		民国二十五年(1936)蓬溪县政府三色石印本
《蓬溪县全图》	一幅		民国二十九年(1940)单色石印本
《潼南县全图》	一幅		石印本
《潼南县略图》	一幅		民国两色石印本
《安岳全图》	一幅		清光绪刻本
《安岳县全图》	一幅		民国二十八年(1939)安岳县政府石印本

(续表)

图 名	图 幅	作者(单位)	版 本
《乐至县图》	一幅		民国乐至福记石印社石印本
《中江县略图》	一幅	民国中江县政府制	民国中江凯夫石印社单色石印本
《中江县略图》	一幅		四色套印本
《盐亭县全图》	一幅	民国盐亭县政府制	民国二十五年(1936)两色石印本
《射洪县全图》	一幅		民国单色石印本
《蒲江县分区略图》	一幅	民国蒲江县政府制	民国二十六年(1937)五色套印本
《邛崃县全县舆图》	一幅		民国邛崃套色石印本
《邛崃县学校设置图》(附县城图)	一幅		民国石印本
《大邑县地图》	一幅	民国大邑县政府翻制	民国大邑大路石印社单色石印本
《嘉陵江三峡乡村建设实验分区图》	一幅		民国二十九年(1940)三峡乡村建设实验区署制石印本
《峨眉县图》	一幅		民国绘制本
《峨眉县镇地图》	八幅		民国四川陆地测量局石印本
《灌县全图略图》(附城厢街道图)	一幅		民国二十六年(1937)灌县县政府设计室复色笔绘本
《雅安市区地图》	一幅		1950年石印本
《绵阳学区简明地图》	一幅		民国石印本

(续表)

图　名	图　幅	作者(单位)	版　本
《彰明县学区地图》	一幅	民国彰明县政府制	民国二十七年(1938)五色套印本
《江油县图》	一幅		民国石印本
《江油县全图》	一幅		民国三色绘制本
《昭化县行政区域略图》	一幅		民国蓝色石印本
《广元县地图》	一幅	民国广元县政府制	民国二十五年(1936)石印本
《剑阁县图》(附四色染制油印县图一幅)	一幅	民国四川省第十四区保安司令部参谋室制	民国二十五年(1936)石印本
《梓潼县略图》	一幅		民国绘制本
《自贡市市区图》	一幅	民国自贡市市政筹备处编制	民国二十八年(1939)自贡市兴华印书局单色石印本
《彭县全图》	一幅		民国成都五色套印本
《彭县全图》(附城区图)	一幅		民国复色石印本
《彭县湔堰水利工程平面图》	一幅	民国水利工程协会制	民国二十六年(1937)单色石印本
《广汉县图》	一幅		民国二十年(1931)翻四川测量局三色套印本
《金堂县地图》	一幅	张廉制	民国成都聚昌印刷公司石印本
《金堂县全图》(附县城街道图区镇各种概况表)	一幅	民国金堂县政府制	民国二十六年(1937)成都迪毅印刷社套色石印本

(续表)

图 名	图 幅	作者（单位）	版 本
《华阳县八区舆全图》	一幅		清莫友芝刻本
《华阳县境全图》	一册	民国华阳县续修县志局测绘	民国二十三年（1934）成都日新印刷工业社石印本
《双流县详细地图》	一幅	民国双流县政府绘制	民国二十九年（1940）双江印刷社五色套印本

明末清初西方传教士采用了经纬测量法对我国进行全国范围经纬度测量，并利用投影技术对中国进行地图编绘活动，如利玛窦完成了最早采用经纬测量法绘制的中国地图。在"西学东渐"的浪潮下，中国制图者们也开始逐渐主动学习西方制图技术，并不断与传统舆图绘制方法相融合，从而引起近代地图绘制方法的转型。尤其是晚清时期，在洋务运动、戊戌变法等救亡图存运动的推动下，中国形成了全国性的地图绘制热潮。制图者们在绘制过程中大多采用西方绘图技术，规定制图技术标准，开始探索三角、水平测量和系列比例尺地形图的测绘。清光绪二十二年（1896），上海创立译印西文地图公会，同年该公会迁至武昌，改名武昌舆地学会，这是我国第一个地理学会。学会在译印地图的同时，广泛开展舆地学术研究，并创中国尺与英国尺的比例绘图，这是运用中外多种比例尺的开端。在光绪新政期间，清政府所设立的军事学堂中设置有专门的地图学课程，这为中国地图学的发展奠定了重要基础。清政府还设有测绘学堂，选派人员出国学习测绘和制图技术，使我国地图绘制逐步进入到专业化和正规化的轨道。

辛亥革命以后，南京临时政府设立陆地测量总局，民国二年

(1913)四川成立陆军测量局,民国二十年(1931)又更名为四川省陆地测量局。晚清民国时期,巴蜀地图出现了许多反映新的测绘技术的地图。这在气象气候、地形地貌、土壤植被、河道治理、矿产资源开采以及适应新式交通工具而修建的公路、铁路等地图上得到反映,如《四川西康地质志附图》《岷江江口宜宾段地形图》《四川省水利局岷江临时水平标点图》《沱江水道图》《嘉陵江苍溪合川间阶地分布图》《灌县至华阳县中和场土壤纵剖面图》《彭县关口镇煤矿矿区图》《四川贵州广西部分地区路线调查图稿》《四川省公路图》《成渝公路路线图》《成渝铁路路线图》《初勘成都省至万县铁路图》等。清末民初的巴蜀古旧地图逐渐开始出现比例尺、晕渲法、等高线法等,如《大清天下各省地舆全图·四川省图》《大清帝国全图·四川省图》《中国分省全图·四川全图》《四川各府直隶厅州图》等是其中代表,使近代地图的科学性逐渐增强。

同时,近代社会制度和社会治理转型也对巴蜀地图的绘制形式和内容产生了重要影响。或者说近代巴蜀地图反映了这一时期的社会转型。

一是社会制度的转型对巴蜀地图绘制的影响。晚清时期,随着中日甲午战争惨败,中国社会危机加剧。清廷迫于压力,宣布实行"预备立宪",于光绪三十四年(1908)颁布《钦定宪法大纲》,同年颁布《调查户口章程》。宣统元年(1909),成都正式成立四川咨议局,其后又在成都设立四川宪政会和地方议事会。这些机构的设立使资产阶级君主立宪思想广为流传,逐渐深入人心。四川咨议局的成立,也是四川两千多年以来封建专制统治向近代民主政治转型中第一次出现的新事物,是四川社会生活中的一件大事。咨议局虽然还不是省级立法机构,但却称得上是近代地方议会的雏形,对后来四川政治产生了重要影响。当时咨议局设立在南门附近，远离传统政治功能集中的城市中部与东部，体现了其政治取向的不同。同时按照《各省咨议局章程》规定，议员名额需要按区按人口数量选派。在这种背景下，城市分区逐渐明确，户籍状况由基层上报到区署，再由区署汇总后上报到总厅，并编制成册，相关的分区地图和人口分布图陆续得以编绘。如《四川全省府厅州县调查户口划分区域图》《四川城镇自治分区图》等。其中《四川全省府厅州县调查户口划分区域图》绘制于清宣统三年（1911），分天、地、人三册，共一百六十幅，全部为手工彩绘图稿。它与四川大学馆藏清乾隆年间彩绘《四川全图》一样，均为孤本，具有十分重要的文献价值和史料价值。因为各区选举都要依靠人口调查核定数目，"清查户口所以为今日必办之要政者"，关键在于它是地方议会选举的基础。四川省根据清廷旨令开展户口调查统计工作。在此之前，各地必须先绘制政区图，在图上标明分区范围，以便为下一步户口调查统计提供依据，故该图集即以"四川全省府厅州县调查户口划分分区图"为名。

从该图集绘制的情况来看，具有以下几个方面的特点：第一，该图集各府州县都用不同颜色标明各区范围，并在图内用文字加以说明，从中可以研究清末户口调查以及四川各府厅州县选区划分情况和划分原则。第二，根据卷首"图说"，该图集是根据"各厅州县所申之图为本，所有边界、犬牙形势以及山脉形势都照原图部位摹临填写"，这对考察清末各府州县政区界线具有重要参考价值。第三，根据卷首"图说"，该图集"各府州县所申之图详略各异，是图详略亦如之"，图内所标注地名主要包括乡村场镇、治署机构、山川河流、寨堡关隘、寺观祠庙、桥梁津渡、塘汛铺驿、军营驻扎等方面内容，这对研究清末四川各地自然与人文地理具有重要的史料价值。该图集完成于清宣统三年（1911），正值辛亥革命爆发，清政府迅速灭亡，该图集遂流落民间，距今已有一百余年的历史。二〇一八年，笔者因访求巴蜀古旧地图，才从民间藏书家手中寻到。

二是社会管理的转型对巴蜀地图绘制的影响。尤其是在城市管理方面，最明显的变化是市政组织的设立及其相应的管理机构的出现。近代中国社会的巨变使传统城乡合治的城市管理体制无法适应现实需要，从而启动了我国城市管理体制从传统向近代转型的历程。所谓城市近代化管理，一般是把城市作为有别于农村的另一种载体，针对城市的社会经济活动和特殊问题进行单独管理。政府自上而下建立适合于城市社会、经济、市政建设等专门的管理机构，使政府的管理控制力到达社会下层。以成都市和重庆市为例，民国十三年（1924）以前，成都城区分别由成都县和华阳县管治。民国十三年（1924），国民政府鉴于成都人口已达三十万，符合建市标准，决定成立成都市政公所，管理成都、华阳两个县城区部分的街道和治安。民国十七年（1928）7月，南京国民政府公布《特别市组织法》和《普通市法》，按照国民政府要求，成都市政公所改名为成都市政府。民国十年（1921），重庆设商埠督办处，任命杨森为督办，也开始筹办市政。民国十一年（1922），将商埠督办处改为市政公所。民国十五年（1926），又改为商埠督办公署，拓展城区，开始进行城市建设。民国十六年（1927），又将商埠督办公署改为市政厅，划定重庆两江上下游南北两岸三十华里为市区。民国十八年（1929），重庆正式建市，编制为国民政府二级乙等四川省辖市。随着成都和重庆市级政区的设立，在地图绘制上正好反映了这一变化，如《四川省城街道图》《成都街市图》《重庆市全图》《重庆市区地图》《重庆市街道详图》等。

晚清时期，政府建立了较为健全的城市管理机构，扩大了城市管理范围，对诸如邮政、桥梁、水电等城市基础设施建设加大投入。为适应城市管理的需要，在近代创设了警政制度。警政制度是中国城市管理向近代化转变的重要标志性事件，对中国城市近代化进程意义十分重大。清光绪二十七年（1901）八月，清政府发布上谕，令各省将军督抚将原有绿营"精选若干营，分为常备、续备、巡警等军"正式拉开了清末办警的序幕。光绪二十八年（1902），岑春煊在成都试办巡警；光绪三十三年（1907），设立专门的警政管理机构巡警道。这一时期，巡警机构的职能非常广泛，除了维持治安以外，还负责城市交通、公共卫生、救灾防疫、整顿风俗等各种事项。可见巡警机构并非单纯的社会治安机构，它实际上成为当时城市管理机构。警政制度的引入改变了过去城市管理与政治统治职能相统一的局面，开始建立专门的管理机构来负责街道维修、卫生清洁等事宜，实现了城市管理近代化的第一步。这一时期，包括警署和分驻所的分布位置、巡警巡逻路线等在内的警政要素开始出现在城市地图中。此外，随着巡警制度的发展，警区分划逐渐发生变化，城市地图集中反映了不同时期警区的变化。尽管最初的成都警政区划只是为这些区署划定执行警务的地域范围，但是这种正规完善的区域划分却实际上为后来成都的行政分区奠定了基础。

其次，市政建设方面出现了一些新的变化，如建立商业场。古代成都商业繁华，但没有专门集中的大型商业活动场所，一般是以寺庙兼作定期的商业贸易场所，如青羊宫花会和大慈寺夜市等。近代以来，商业空间的组织形式发生变化，集中型商场的出现改变了传统商业"街巷为市"的分散模式。如光绪三十三年（1907），周善培兴建了成都第一个以商业为主兼有文化娱乐服务功能的综合性商场，初名"劝业场"，后来更名为"商业场"。商业场的兴建，标志着在成都城市近代化过程中经济性设施开始得到发展，成都城市经济功能逐渐增强。

市政建设的另一个明显变化，是具有近代意义的城市公园的兴建。如古代成都城市中私家花园甚多，一般市民不得游览。清代成都满城对于汉民更属禁区，金水河航船也仅限于满城水关（即半边桥）。清末由于筹备立宪，废除旗米供给制度，旗人生计发生困难，成都将军玉昆在满城旗仓空地创建亭园，种植花木，出售门票任人参观，以此解决旗人生计，是为少城公园。同时，成都城内开放私家花园作为公园的还有丁公祠、贵州馆等。新政时期，成都书院大多改为新式学堂。如潜溪书院改为华阳县立中学，仍主要由士绅经办。此外还设立官办法政学堂和绅办法政学堂，以及通省师范、优级选科师范等学堂。

除成都、重庆等大城市外，全省其他城市也先后经历了近代社会治理转型的过程，并反映在这一时期地图编绘中，如《四川省邮路图》《东川邮务区舆图》《西川邮务区舆图》《四川省府厅州县城厢巡警分区图》《四川省教育文化地图》《绵阳县学校分布图》《重要城市及人口分布图》《重庆租界商埠图》等，这些地图对研究巴蜀社会近代化转型具有十分重要的价值。

三、《巴蜀珍稀舆图文献汇刊》的编纂情况

近年来，四川大学历史地理研究所长期致力于巴蜀古旧地图的

整理与研究，目前正与成都市地方志编纂委员会办公室合作，对巴蜀古旧地图进行全面、系统的搜集和整理，并主要开展两个方面的工作：一是地图资料搜集。经过多年不懈努力，投入大量人力和物力，从国内外相关图书馆、博物馆、档案馆以及收藏家手中购买或复制了大量巴蜀地图。这些地图，既有单幅古旧地图，也有地图集。既有彩色手绘地图，也有单色地图，数量相当可观。在地图搜集过程中，我们还十分重视现存于各类文献中尤其是历代地方志中有关巴蜀地图的搜集和整理。根据《中国地方志联合目录》统计，巴蜀现存旧志约七百种，包括四川通志、府、州、县、乡志以及乡土志等，在全国各省市中数量位居第一。在这些方志中，大都绘有地图。即使在全国总志中，也绘有巴蜀地图，这些地图都在我们搜集范围之内。二是逐步开展地图编纂、整理和研究工作。目前，我们计划整理出版两类巴蜀地图整理系列：首先以地方志中的巴蜀地图为主，编纂一部《巴蜀珍稀舆图文献汇刊》；其次以单幅、图集和地图长卷古旧地图为主，编纂出版多卷本《巴蜀古旧地图集》。在参与者的共同努力下，《巴蜀珍稀舆图文献汇刊》已顺利出版，而多卷本《巴蜀古旧地图集》正在紧张有序的编纂过程中。

巴蜀人物传记文献整理及其价值

巴蜀历史源远流长，巴蜀大地人才辈出。自古数风流人物，不仅有春秋、战国时期的苌弘、李冰父子，汉代的司马相如、落下闳、扬雄、王褒，三国魏晋南北朝时期的陈寿、常璩，还有隋唐五代时期的何稠、陈子昂、李白、昝殷、杜光庭、王建，宋代的苏洵、苏轼、苏辙、张商英、圆悟克勤、张栻、魏了翁、李焘、李心传、秦九韶，元明时期的虞集、杨升庵、来知德、唐甄，清代以来的李调元、廖平、宋育仁、吴虞、刘咸炘、吴玉章、巴金、唐君毅等等。他们之中有的建功立业，显赫一时；有的博学睿智，在哲学、史学、宗教、科技、教育等领域硕果累累；有的学富五车、成就卓著，成为文学史上耀眼的大家。如司马相如是汉大赋的奠基者，扬雄在文学、哲学和语言学上达到汉代最高成就，陈子昂是振六朝颓靡、开唐代诗文新风的奠基者。南宋理学家魏了翁一生著述宏富，讲学授徒，弟子遍及天下，开创了鹤山学派，为宋代蜀学的鼎盛作出了重要贡献。明代杨慎一生著述多达四百余种，是我国文化史上最具特色的百科全书式的大学者，在整个明代，其"记诵之博，著作之富，推慎为第一"，他所编纂的《全蜀艺文志》是今天研究巴蜀文化的基本史料。清代乾隆时出现了"蜀中三才子"：丹棱彭端淑、罗江李调元、遂宁张问陶。其中最有成就的是李调元，他倾毕生精力第一次对巴蜀学者著作进行汇集，编纂了一部古代巴蜀百科全书《函海》，为巴蜀文化的发展做出了巨大贡献。可以说，巴蜀人的开放和善于学习，铸就了巴蜀文化博大包容的特质。勤劳智慧的巴蜀人为中华民族文化的繁荣、社会的发展做出了不可磨灭的贡献。

一、巴蜀人物传记资料及其价值

在巴蜀历史上，无论是传说中的神话人物还是普通民众，无论是做出过重要贡献的思想家、文学家、史学家、教育家、政治家、艺术家，还是在各个历史时期涌现出的无数忠勇义士、节孝士女等，除历代正史、别史、方志、文集、碑传、族谱等记载以外，还有不少巴蜀人物传记对其作了专门记载。

早在西汉时期，郫县人扬雄专门为历代蜀王撰写了《蜀王本纪》，始于古蜀国先王蚕丛，迄于秦代。此后又有八家《蜀本纪》、常宽《蜀后志》等历史书，有三家《巴蜀耆旧传》、二陈《益部耆旧传》等人物志。这些著作的问世对后世巴蜀人物传记产生了重要影响。尤其是东晋常璩《华阳国志》创造了一种更加完备的地方志新体裁。从《华阳国志》内容来看，是将地理、历史、人物三结合；从体裁上说，是地理志、编年史、人物传三结合，这两个三结合构成了《华阳国志》一个显著特点。可见，《华阳国志》非常重视对巴蜀人物的记载。北宋吕大防说："晋常璩作《华阳国志》，于一方人物，丁宁反复，如恐有遗。虽蛮髦之民，井臼之妇，苟有可纪，皆著于书。"① 南宋李𡐦也说：该书"于一方人物尤致深意。虽休离之氓，贱俚之妇，苟有可取，在所不弃。此尤足以弘宣风教，使善恶知所惩劝，岂但屑屑于山川物产以资广见异闻而已乎？"② 自此以后，无论是巴蜀方志还是人物传记都非常重视对巴蜀人物的记载。

从现存有关巴蜀人物传记来看，主要有以下几类：

一是个人传记、年谱、年表、墓志铭。如宋王宗稷《东坡先生年谱》、施宿《东坡先生年谱》、何抡《眉阳三苏先生年谱》、傅藻编《东坡纪年录》、李焘编《苏颖滨年谱》、孙汝听编《苏颖滨年表》，明杨慎自定《杨升庵年谱》、古之贤等编《太史来瞿唐先生年谱》，清程封编辑《杨升庵年谱》、张仙洲编《张氏续谱》、张邦伸编《云谷年谱》、王闻远编《西蜀唐圃亭先生行略》、简绍芳编《杨文宪公年谱》、杜焕章编《畬经老人自述年谱》、李调元编《李太白年谱》、计恬编《罗锦堂先生家传》、骆秉章《前任四川总督吁门宫保骆公年谱》、杨芳编《宫傅杨果勇侯自编年谱》，民国清史馆编《西充徐提督列传》③、王世芬编《张船山先生年谱》④、佚名编《四川提督马果肃公传》、廖幼平编《廖季平年谱》、刘师培编《清四川彭县知县康君墓志铭》等。

二是某一朝代人物传记著作。如汉扬雄撰《蜀王本纪》，三国谯周撰《蜀本纪》，明过庭训纂撰《明朝京省人物考》之《四川人

---

① （宋）吕大防：《华阳国志序》，《华阳国志》卷首，明嘉靖四十三年（1564）成都刘大昌刻本。
② （宋）李𡐦：《重刻华阳国志序》，《华阳国志》卷首，明嘉靖四十三年（1564）成都刘大昌刻本。
③ （民国）清史馆：《西充徐提督列传》，民国华阳颜楷楷书石印本。
④ （民国）王世芬撰：《张船山先生年谱》，民国十三年（1924）江都于氏刻本。

物考》，清万斯同编《（蜀）汉将相大臣年表》《蜀将相大臣年表》《后蜀将相大臣年表》[1]，民国刘咸炘撰《赵宋四川人物补考》《赵宋四川世族表》[2]等。

三是巴蜀通代人物传记著作。如益部自建武后，蜀郡郑伯邑、太尉赵彦信及汉中陈申伯、祝元灵、广汉王文表皆以博学洽闻，作《巴蜀耆旧传》。陈寿以为不足经远，乃并巴、汉撰为《益部耆旧传》十篇[3]。此后又有五代张靓撰《锦里耆旧传》、宋句延庆撰《续锦里耆旧传》、刘甲撰《蜀人物志》[4]，清王轔撰《川省人物考》[5]等。

四是区域人物传记。如唐佚名撰《西南蛮入朝首领记》[6]，清张邦伸纂辑《锦里新编》、宁缃编《邛州前贤史传辑略》《邛州八贤史传》，民国林思进撰《华阳人物志》等。

在巴蜀人物传记中，有不少著作按照文学、忠义、节孝、艺术、僧道人物进行分类编纂。有关巴蜀文史哲人物如清李调元辑《蜀雅小传》，戴纶喆编《四川儒林文苑传》，童枢编《蜀哲萃编》[7]，方守道初辑、高赓恩覆辑、伍肇龄同订《蜀学编》，童煦章辑《蜀学编》，民国姜方锬著《蜀词人评传》等；巴蜀忠义人物传记如明徐如珂《攻渝诸将小传》，清四川省采访总局编《四川通省

---

[1]　《二十五史补编》，民国二十五至民国二十六年（1936—1937）上海开明书店铅印本。

[2]　（清）刘咸炘：《双流刘鉴泉先生遗书》，成都古籍书店1996年影印本。

[3]　（东晋）常璩：《华阳国志·陈寿传》，明嘉靖四十三年（1564）成都刘大昌刻本。

[4]　以上参见（明）曹学佺《蜀中著作记》卷三，台北商务印书馆1986年影印文渊阁《四库全书》本。

[5]　（清）刘元熙编纂：嘉庆《宜宾县志》卷三八，清嘉庆十七年（1812）刻本。

[6]　（后晋）刘昫：《旧唐书》卷四六《经籍志》，中华书局1975年点校本。

[7]　（清）童枢编：《蜀哲萃编》，清光绪新津童氏缮正稿本。

忠义总录》、余鸿观撰《蜀爇死事者略传》、佚名编《清四川全省营额官员录》、佚名编《四川陆军同官录》①，民国朱之洪编《蜀中先烈备征录》等；巴蜀节孝人物传记如清罗定昌纂辑《全蜀节孝录》、新繁合邑士绅采辑《新繁节孝录》、高瀛《叙州府节孝录》等；巴蜀贤良能吏传记如清佚名编《蜀粤名宦录》②、樊镇辑《蜀绵州思贤堂九贤传略》，民国张瑛撰《秦蜀郡太守李冰父子事迹考》等；巴蜀科举人物传记如《四川乡试辛亥恩科同年齿录》《四川选拔齿录》、天池外史编《全蜀登科记》③、宋育仁等编《全蜀登科记》④、乌拉布等编《光绪八年壬午科四川乡试题名录》、蒲殿俊编《光绪癸卯恩科四川文闱乡试录》等；巴蜀科技人物传记如清钱茂编、王人文删定《都江堰工小传》；巴蜀戏剧人物传记如清愚斋编《成都鞠部题名》（又名《诸伶小传》）、中隐楼主编《蜀伶选粹初编》，民国唐幼峰编《川剧人物小识》；巴蜀宗教人物传记如明曹学佺撰《蜀中高僧记》《蜀中神仙记》，清佚名撰《汉天师世家》、陈怀仁撰《川主五神合传》、释通醉撰《锦江禅灯录》《昭觉丈雪禅师纪年录》、释含澈撰《蜀僧记》，民国无名氏撰《青城道士》等。

此外，有关巴蜀人物中，还有一类诸如职员录、题名录、同乡录等也可视为传记类著作中的一种。如民国赵增樵辑《续刊旅京四川同乡录》⑤、四川省政府秘书处编译室编《四川省政府职员录》、佚名辑《四川第一次法官考试题名暨齿录》《四川大学职员录》、佚

---

① （清）佚名编：《四川陆军同官录》，清宣统二年（1910）成都印书公司石印本。
② （清）佚名编：《蜀粤名宦录》，清康熙年间刻本。
③ （清）天池外史编：《全蜀登科记》附《历科解元》，清光绪八年（1882）聚珍阁木活字本。
④ （民国）宋育仁等编：《全蜀登科记》，载宋育仁、张森楷、龚煦春、刘咸炘等撰《四川重修通志稿》，稿本。
⑤ （民国）赵增樵辑：《续刊旅京四川同乡录》，民国三年（1914）北京铅印本。

名编《四川高等学校同学录》、光华大学辑《私立光华大学分设成都始末记附成都分部十二载毕业生总名录》等。

以上各类巴蜀人物传记内容丰富，涉及面广，对研究巴蜀人物生平事迹、历史文化、思想传承、文学艺术、宗教文化等都具有非常重要的价值。如宋句延庆《锦里耆旧传》，记载"起咸通九载，迄乾德乙丑平蜀之后朝廷命令、官僚姓名及政事、因革，以至李顺、王均、刘旰作乱之迹皆略载之"。宋末元初成都人费著撰《氏族谱》，该谱以起家先后依次记述了成都吴氏、范氏、郭氏、李氏、张氏、宋氏、勾氏、常氏、房氏、吕氏、杜氏、宇文氏、北刘氏、南刘氏、北郭氏、杨氏、城南郭氏、施氏、杨氏，郫县何氏、王氏、邵氏、申氏、詹氏、张氏、王氏、杨氏、张氏、文氏，新繁彭氏、周氏，双流宋氏、邓氏、张氏、郭氏、梁氏、李氏，广都费氏、马氏、张氏，温江文氏、袁氏、蹇氏，新都沈氏等，对各个氏族逐一述其族源、子孙繁蕃、登科仕宦以及各氏族重要人物等，是研究宋代成都地区家族史的重要参考资料。如《蜀学编》以"绍先哲，起蜀学"为学术宗旨，着力于传统蜀学的振兴和"蜀学之脉"承先启后的发展[1]，所引正史、历朝学案、先儒传记、私家传志、郡邑志乘等"书籍无虑百十种"[2]，首次系统地梳理了自汉代至晚清蜀学发展进程中的代表人物，第一次建构起了蜀学学统。《锦里新编》分名宦、文秩、武功、儒林、孝友、节烈、高僧、方伎诸类，书末附《林方伯事略》《二贤尹事略》。其所载巴蜀名宦"系蜀省贤员，有已附国史馆立传者，有未立传者"，"兹就其懋绩循声、

---

[1] （清）方守道初辑、高赓恩覆辑、伍肇龄同订：《蜀学编》卷首《续刻〈蜀学编〉序》，清光绪二十七年（1901）锦江书局刻本。

[2] （清）方守道初辑、高赓恩覆辑、伍肇龄同订：《蜀学编》卷首《序》，清光绪二十七年（1901）锦江书局重刻本。

脍炙人口及身所亲见者略志大端，以示景慕"①。《华阳人物志》"以华阳立县为断"，"凡正史有传者全录，其文不加增省；正史所无而别见记载者，博考群书以补之"。该书共为二百余位历代华阳人物立传，尤其对清道光、咸丰以来的人物，其资料多"本诸家世见闻，与夫侪友诏告"，内容可靠，"皆信而有征，无向壁虚造之谈"②。这部分传记资料非常珍贵。尤其是该书为许多原无专门传记的华阳前代人物立传，如卷二的李畋、郑少微、费枢传等。通过这些人物传记，可以充分反映成都华阳的社会状况和时代变化。如卷八《崔荆南传》记载了道光年间"成都剧部昆曲最盛"，而到了光绪年间"徽调、巴歌犷犷满成都"，成为研究巴蜀戏剧史的珍贵史料；卷十一《马长卿传》详细记载了成都望江公园的由来，成为研究成都城市园林史的重要资料。《四川通省忠义总录》共胪列"西川官绅军民妇女不下五万九千六百余员名口，皆系咸、同两朝遭蓝、李、石、赖各逆之乱抗节不屈、为国捐躯，以及霆军出征阵亡者也"③，全书共分三十一案，按府县分别编纂，同一县内根据某一战事将死难人姓名集中编在一起，相关人名之下又简要注明其官职、科举出身等，如"团练""团首""团勇""管带""教习""军功""炮夫""武举""文童""文生""武生""监生""增生"，等等。每次战事皆详记时间、地点，这对研究清代中后期巴蜀重要历史事件以及职官制度、科举人物、地名文化等都具有重要的参考价值。

---

① （清）张邦伸纂辑：《锦里新编》卷首《凡例》，清嘉庆五年（1800）刻民国二年（1913）四川成都存古书局补刻本。
② （民国）林思进等：《华阳人物志》卷首《华阳人物志例》，民国二十一年（1932）成都美学林排印本。
③ （清）四川省采访总局编：《四川通省忠义总录》卷首白裕祥《序》，清光绪二十五年（1899）成都采访总局刻本。

二、《巴蜀珍稀传记文献汇刊》的编纂情况

自清末民初以来，一些学者开始重视对我国历代人物传记资料的搜集和整理，编纂相关工具书、辞典，汇编相关传记文献。如清吴荣光编《历代名人年谱》、民国时期邓元鼎、王默君编《宋元学案人名索引》、二十五史刊行委员会编著《二十五史人名索引》、商务印书馆编《中国人名大辞典索引》、庄鼎彝纂录《两汉不列传人名韵编》等，在这些著作中，就包括了有关巴蜀人物的传记资料。

中华人民共和国成立后，各种断代或通代人物传记资料陆续出版，从编纂形式来看，既有索引、引得、简目、辞典供查阅、检索等工具书，也有年谱、家谱、碑传等人物传记资料汇编成果；从时间断限来看，既有反映某一朝代的传记著作，也有贯通各代的著作；从内容上来看，既有包含各种人物的综合著作，也有关于某一方面人物的传记著作。其中索引、目录类工具书如李国玲编《宋人传记资料索引》及《补编》、沈治宏编《中国地方志宋代人物资料索引》、昌彼得编《宋人传记资料索引》、王继祥编《中国近现代人物传记资料索引》、王德毅编《中国历代名人年谱总目》《元人传记资料索引》、中华文化复兴运动推行委员会编《四库全书传记资料索引》、台湾中央图书馆编《明人传记资料索引》、陈龙贵编《国立故宫博物院所藏族谱简目》、潘英编《中国上古人名辞汇及索引》、傅璇琮编《唐五代人物传记资料综合索引》、盛清沂编《国学文献馆现藏中国族谱资料目录》、国家档案局二处编《中国家谱综合目录》、姜亮夫编《历代名人年里碑传总表》、陈乃乾编《清代碑传文通检》；辞典、人物传略类著作如中国社科院近代史研究所编《中

华民国史资料丛稿译稿·民国名人传记辞典》、陈建初编《中国语言学人名大辞典》、张㧑之等主编《中国历代人名大辞典》、廖盖隆编《中国人名大词典》、方宾观等编《中国人名大辞典》、李盛平编《中国近现代人名大辞典》、尚恒元编《中国人名异称大辞典》、震华编《中国佛教人名大辞典》、比丘明复编《中国佛学人名辞典》、史宇广编《中国中医人名辞典》、朱铸禹编《唐前画家人名辞典》《唐宋画家人名辞典》、孙鱍公编《中国画家人名大辞典》、赵景深编《方志著录元明清曲家传略》等；资料汇编成果如吴洪泽编《宋人年谱丛刊》、周和平编《北京图书馆藏珍本年谱丛刊》、国家图书馆编《地方志人物传记资料丛刊·西南卷》、陈建华编《中国家谱资料选编》、于浩编《丛书人物传记资料类编》、徐自强编《中国历代禅师传记资料汇编》、中国社会科学院近代史研究所编《中华民国史资料丛稿·人物传记》、国家图书馆编《清代民国名人家谱选刊》、钱基博编《碑传合编》、卞孝萱编《辛亥人物碑传集》《民国人物碑传集》等，以上各类人物传记著作都有许多关于巴蜀人物的资料。但到目前，除任一民编《四川近现代人物传》、何崇文编《巴蜀文苑英华》等传记著作以外，还没有一部专门汇集历代巴蜀传记的文献成果问世。

近年来，四川大学历史文化学院与成都市地方志编纂委员会办公室合作，致力于加强巴蜀珍稀文献的搜集和整理，历时数年，编纂完成《巴蜀珍稀传记文献汇刊》。这是迄今为止第一部有关巴蜀传记资料的汇编成果，为学术界从事相关研究提供了十分丰富的资料。

在此需要特别说明的是，一是限于篇幅，我们没有收录巴蜀各地数量众多的家谱和族谱。由于此类文献规模庞大，仅四川省图书馆所藏巴蜀家谱、族谱就多达数百种（参见《四川省图书馆藏清末民国时期巴蜀家谱族谱一览表》），这其中还不包括其他图书馆以及民间收藏的家谱、族谱资料。家谱、族谱作为记载以血缘关系为主的家族世系繁衍和重要人物事迹的特殊图书，涉及历史沿革、世系繁衍、居住迁徙、人口流动、族产名绩、科举仕宦、传记艺文、婚丧祀典、族规家法等众多方面，对历史学、民俗学、人口学、社会学、经济学的相关研究均有不可替代的价值。故清代著名史学家章学诚说："夫家有谱，州有志，国有史，其义一也。"把家谱、族谱与国史、方志相提并论，可见其重要性。如果要整理现存巴蜀地区家谱、族谱资料，是一件非常庞大的系统工程，需要联合省、市、县档案馆、方志办、文化馆、图书馆、高校科研院所以及社会力量共同努力才能完成。

四川省图书馆藏清末民国时期巴蜀家谱族谱一览表(选录)

省市县	名称	卷数(册数)	作者	版本	附注
四川	《艾氏族谱》	存一册		清光绪四川刻本	
	《西蜀江氏族谱》	一卷,一册		清同治钞本	
	《四川叶氏族谱》	存一册		四川刻本	
	《杨氏族谱》	一册	(清)杨峨编	民国八年(1919)四川杨氏嘉定刻本	
	《蜀西叶氏族谱》	一册	(清)叶维崇续编	清咸丰叶氏刻本	
	《陇西郡李氏族谱》	一册	(清)李锡鹏修	民国十六年(1927)四川李氏成都大同印刷局排印本	
	《四川郑氏族谱》	二册	(民国)郑光中等增修	民国十四年(1925)泸县鸿文印书局石印本	附刻本一册
	《四川巫氏族谱》	五卷,四册	(民国)巫孝锡编辑	民国十七年(1928)成都巫氏昌明石印馆石印本	
	《张氏蜀谱》		(清)张守鉴编	清光绪十四年(1888)张氏刻本	
	《曾氏通谱蜀支谱》		(清)曾启濂修	民国三年(1914)成都曾氏墓祠刻本	
	《叶氏宗族全谱蜀谱》		(清)叶宗诰修	清咸丰三年(1853)刻本	
	《蜀西崇阳王氏族谱》		(清)王浚章修	民国二十五年(1936)石印本	
	《熊氏族谱》	存一册	(清)熊兴旦等纂	清四川熊氏传钞乾隆本	
	《周氏宗谱》	存第二卷,一册		民国四川周氏石印本	
	《庐陵胡氏族谱》	二卷,二册	(民国)胡志锐编	民国四川胡氏明德堂石印本	
	《四川毓青蓝氏族谱》	存一册		民国十年(1921)四川石印本	
	《闵氏族谱》(川高珙黔毕节支)	不分卷,存一册		排印本	
	《袁氏族谱》	存二册		四川袁氏活字本	

(续表)

省市县	名　称	卷数(册数)	作　者	版　本	附　注
成都	《成都氏族谱》	一册	(元)费著撰	民国五年(1916)浙江吴兴张氏《适园丛书》刻本	有双流刘咸炘批语
	《成都庄氏族谱》	存三卷,三册	(清)光绪新都庄氏祠刻本		存一、二、四卷
	《傅氏宗谱》	六卷,六册	(清)傅义迁编辑	清咸丰傅氏成都刻本	
	《成都君平张氏家谱》	(清)张仕声编	清光绪三十一年(1905)东湖刻本		
	《秦氏族谱》	存一册	(清)秦兴延编	清咸丰成都秦氏刻本	
	《成都钟氏族谱》	三册	(清)钟翼达等修辑	清宣统成都钟氏活字本	
	《叶氏宗族全谱》	八卷,八册	(清)叶大可续增	民国二年(1913)成都叶氏祠石印本	
	《阳川孙氏留川世系分谱》	二卷,一册	(民国)孙兆坛纂修	民国十八年(1929)成都孙氏石印本	
	《叶氏宗族全谱》	八册	(民国)叶祖学续增	民国三十二年(1943)成都叶氏石印本	
	《成都傅氏宗谱》	十卷,十册	(民国)傅泰圻重修	民国八年(1919)成都傅氏石印本	
	《吴兴沈氏家谱》	一册	(民国)沈缵绪编	民国七年(1918)成都沈氏聚昌公司排印本	
	《蓉城德符堂王氏宗祠再续谱》	六册	(民国)王秉璠修	民国十年(1921)成都鼎记排印本	

(续表)

省市县	名　称	卷数(册数)	作　者	版　本	附　注
华阳	《华阳张氏族谱》	存三卷,三册	(清)张继辕纂	清光绪张氏石印本	缺三卷
	《华阳宁氏族谱》	二卷,二册	(清)宁宗愚修	清光绪华阳宁氏家刻本	
	《阮氏族谱》	二册	(清)阮国珏纂	清咸丰四川华阳阮氏祠刻本	
	《谢氏蜀谱》	一册	(民国)谢益何等重修	民国九年(1920)华阳谢祠排印本	
	《续修谢氏蜀谱》	一册	(民国)谢世琼等续修	民国三十七年(1948)华阳谢祠排印本	
	《华阳刘氏族谱》	三册	(民国)刘休明等续修	民国十八年(1929)四川石印本	
	《华阳徐氏族谱》	一册		民国成都石印本	
双流	《双流彭氏族谱》	存一册	彭家凤编辑	民国三十七年(1948)双流双江印刷社石印本	
金堂	《金堂吴氏合修族谱》	八卷,八册	(清)吴璋等修	清宣统金堂吴氏自刻本	
新都	《新都魏氏族谱》	十六卷,十册	(清)魏鸿选修	清光绪新都魏氏祠刻本	
	《新都闵氏族谱》	三册	(民国)闵昌铨重修	民国二十七年(1938)新都闵氏祠石印本	
	《新都夏氏谱》	二十卷,四册	夏昌霖修	民国十七年(1928)成都夏善廷石印本	
崇庆	《崇庆龚氏族谱》	四卷,四册	(清)龚希扬等续修	清光绪龚氏祠自刻本	
新繁	《钟氏族谱》	三册	(清)钟人纪、钟德超等编辑	清同治新繁钟氏家刻本	附排印本残卷一册
彭县	《彭县罗氏支谱》	一册	(民国)罗启聪等续修	民国三年(1914)罗氏自刻本	
郫县	《郫县陈氏润周派下支谱》	一册	(民国)陈国栋修	民国十五年(1926)郫县陈氏培德堂刻本	
眉山	《徐氏族谱》	一册	(民国)徐元烈编	民国二十八年(1939)四川眉山徐氏祠石印本	

(续表)

省市县	名称	卷数(册数)	作者	版本	附注
仁寿	《四川仁寿戴氏族谱》	一册	(清)戴廷拔续修	清咸丰戴廷鹏钞写本	
	《陈氏宗谱》(仁寿)	一册	(清)陈氏族人自修	清仁寿刻本	外附陈氏族谱残本一册
	《仁寿戴氏家谱》	二册	(清)戴冕编	民国刻本	
	《李氏谱簿》	一册	(清)李登台撰	清光绪仁寿李映香手钞本	
	《李氏宗谱》	存四册	(清)李汝栋纂	清咸丰仁寿李氏家刻本	
	《尹氏四修宗谱》	存八卷,八册	(清)尹端纂修	清宣统三年(1911)仁寿尹氏活字本	缺三、五、六、七、九、一三卷
	《徐氏族谱》	一册		清光绪钞本	
	《张氏宗谱》	二卷,二册	(清)张明允重修	清光绪仁寿张氏亲睦堂刻本	
	《仁寿毛氏族谱》	存三册	(民国)毛登鑫等续修	民国三十六年(1947)仁寿石印社石印本	缺前九世表以下
	《陈氏族谱》	一册	(民国)陈韶湘编	民国十一年(1922)仁寿埠仓石印社石印本	
	《张氏续修宗谱》	存四册	(民国)张盛河续修	民国仁寿张氏石印本,附钞本	
	《仁寿胡氏族谱》	三卷,一册	(民国)胡崇峨续修	民国十年(1921)仁寿胡氏宗祠石印本	
	《徐氏族谱》	存一册		仁寿敦本堂活字本	
	《夏氏族谱》	二卷,一册	(民国)夏光森等编	民国十年(1921)四川仁寿夏氏总祠刻本	
	《仁寿朱氏族谱》	存九卷,九册	(民国)朱灿远等修	民国二年(1913)仁寿朱氏续修活字本	缺九卷
	《李氏族谱》	存一册	(民国)李荣辉修	民国九年(1920)仁寿李荣辉手钞本	

(续表)

省市县	名 称	卷数(册数)	作 者	版 本	附 注
	《仁寿李氏宗谱》	四册	(民国)李茂浓续修	民国二十三年（1934）仁寿李氏石印本	
	《仁寿李氏宗谱》	四册		民国四川仁寿石印本	
彭山	《卢氏族谱》	一册	(民国)卢士选重修	民国彭山卢氏自刻本	
	《彭山赵氏族谱》	一册	(民国)赵宗鼎编	民国十三年（1924）成都元记石印社石印本	
	《张氏族谱》（新津彭山丹棱张氏）	一册	(民国)张元盛编	民国十四年（1925）张氏钞本	
	《徐氏族谱艺文读本》	一册	(民国)徐原烈编	民国二十四年（1935）四川彭山石印本	
资中	《资州何氏族谱》	存七册	(清)何维彩修	清光绪资州何氏祠堂刻本	
	《四川资州西乡大有场钟氏族谱》	六卷	钟肇芬编	民国元年（1912）资州钟氏刻本	
简阳	《简阳徐氏族谱》	存二卷，二册	(清)徐芷生修	清宣统简阳徐氏祠刻本	
	《简阳罗氏族谱》	四卷，四册	(清)罗元镕编	清光绪简阳罗氏祠刻本	
	《杨氏族谱》	存五册	(民国)杨家驹重修	民国三年（1914）简阳杨氏成都大昌公司排印本	
	《李氏宗谱》	一册	(民国)李德鉴续修	民国简阳李氏通古今石印社石印本	
	《简阳施氏族谱》	存第四卷，一册	(民国)施天化修	民国四川简阳施氏石印本	
	《简阳王氏族谱》	一册	(民国)王寿延纂	民国十八年（1929）简阳王氏槐荫堂石印本	
	《简阳续修朱氏大进族谱》	四卷，四册	(民国)朱正朴续修	民国二十三年（1934）简阳朱氏大进公祠石印本	
	《简阳汪氏宗谱》	二十四卷，十二册	(民国)汪金相修	简阳汪氏成都大中印务局排印本	

(续表)

省市县	名称	卷数(册数)	作者	版本	附注
乐至	《陈氏族谱》	四卷,四册	(清)陈大安等续修	清光绪四川钞本	
广汉	《黄氏三房族谱》	存第三卷,一册		清道光广汉黄氏活字本	
	《广汉益兰祠续修张氏族谱》	六卷,六册	(清)张履端修	清同治张氏刻本	
	《李氏宗谱》	一册	(清)李广成辑	广汉连山李广成手钞本	
	《济阳江氏族谱》	四册	(清)江树森修	清光绪广汉江氏祠堂刻本	
罗江	《李氏族谱》	一册	(民国)李继斌纂	民国三十五年(1946)罗江李氏石印本	
	《罗江江氏宗谱》	一册	(民国)江兴礼等纂修	民国十年(1921)罗江江氏祠石印本	
绵阳	《四川绵阳黄氏三修族谱》	存二卷,一册	(清)黄绍书等重修	清绵阳黄氏活字本	存一、二两卷
	《唐氏族谱》	存十三册	(清)唐安平续修	清光绪绵阳唐氏晋昌堂刻本	
	《四川绵阳刘氏睦族记》	一册	(民国)刘万邦编	民国二十三年(1934)四川排印本	
	《绵阳张氏族谱》	存三卷,四册	(民国)张隆鹗等纂	民国六年(1917)四川中坝文明石印社石印本	
	《李氏宗谱》	一册		四川绵州李氏刻本	
中江	《四川倪氏族谱》	存二册	(清)倪子明纂	清光绪四川中江倪氏刻本	
	《邓氏宗谱》	存七册	(清)邓定训等续修	清光绪中江邓氏自刻本	
	《林氏双桂堂族谱》	四卷,四册	(清)林鸿儒著	清咸丰四川中江林氏祠刊本	
	《中江汪氏家谱》	一册	(清)汪永澄撰	清光绪中江汪永澄手写本	
南充	《南充张氏族谱》	存十九册	(清)张鼎彝编	清道光张氏自刻本	

（续表）

省市县	名　称	卷数(册数)	作　者	版　本	附注
盐亭	《盐邑袁氏麟亭宗谱》	存一册	(民国)袁炳勋等纂修	民国盐亭袁氏石印本	
遂宁	《唐氏宗谱》	一册		清光绪钞本	
蓬安	《吴氏族谱》	存二册	(清)吴伯深等续修	清光绪蓬安吴氏自刻本	
广安	《广安蒲氏续修宗谱》	六卷，五册	(清)蒲金鳞续修	清宣统广安蒲氏宗祠刻本	
合江	《合江李氏族谱》	十卷，四册	(清)李超元、李超琼辑	清光绪合江李氏江苏活字本	
内江	《张氏族谱》	存五册	(清)张亨昌重修	清道光内江翔桥张氏刻本	
内江	《张氏家乘》	存八册	(清)张鹄修	清同治内江张氏刻本	
内江	《汉安萧氏家乘》	存一册	(清)熊溪子编	清咸丰内江汉安萧氏祠刻本	
内江	《内江段氏家乘四种》	存七册	(清)段鸿章等续编	清光绪四川内江段氏家刻本	
内江	《陈氏族谱》	二卷，二册	(清)陈毓品修	清宣统内江陈氏祠活字本	
内江	《内江门氏族谱》	存一册		光绪刻本	
内江	《内江邱氏德兴祠家乘》	存三卷，二册	(清)邱世勋等修	清光绪内江邱氏祠刻本	
内江	《内江刘氏族谱》	八卷，十册	(清)刘乃昌续修	民国五年（1916）四川刻本	
内江	《内江刘氏族谱》	八卷，六册	(清)刘孔贵编	民国五年（1916）四川刻本	
内江	《马氏族谱》	一册		四川内江马氏钞本	
内江	《内江晏氏家乘》	存五卷，五册	(清)晏禹门编	石印本	缺第一卷

(续表)

省市县	名　称	卷数(册数)	作　者	版　本	附　注
	《四川内江严氏家乘》	存一册	(民国) 严汝荣等续修	内江三友竹斋石印本	
	《邓氏家谱》	存一册		内江邓氏自刻本	
	《内江汉安邱氏家乘》	六卷，五册	(清) 邱功铸修	民国内江仁义印刷局石印本	
	《张氏族谱》	存四册	(民国) 张协中编	民国十九年 (1930) 内江张氏石印本	
	《内江罗氏族谱》	存六卷，三册	(民国) 罗懋昭续修	民国内江预章祠刻本	
	《内江门氏族谱》	存八卷，七册	(民国) 门霖本等重修	民国三十一年 (1942) 四川内江源生昌排印本	
	《内江刘氏族谱》	存十卷，十一册	(民国) 刘赞元等修	民国二十六年 (1937) 四川刻本	缺末册
	《内江黄氏族谱》	存九册		民国二年 (1913) 内江黄氏刻本	
	《内江赵氏族谱》	存三册	(民国) 佚名编	民国二十二年 (1933) 内江赵氏祠石印本	
	《内江冯氏族谱》	四卷，四册	(民国) 冯成烈重修	民国十五年 (1926) 内江冯氏祠成都排印本	
	《内江林氏宗谱》	二卷，二册	(民国) 林宦成编纂	民国十三年 (1924) 四川内江一画社石印本	
	《黄氏族谱》	存四卷，四册	(清) 内江黄氏修	民国四川石印本	
	《汉安黄氏族谱》	一册		民国钞本	
	《内江龙硚王氏族谱》	四卷，一册	(清) 王宸纂修	民国二十九年 (1940) 内江王氏石印本	
	《内江王氏族谱》	一册	(民国) 王观杨续修	民国十三年 (1924) 内江王氏祠排印本	

(续表)

省市县	名称	卷数(册数)	作者	版本	附注
隆昌	《四川隆昌蓝氏族谱》	一册	（清）蓝沄编	清道光四川隆昌蓝氏刻本	
	《四川隆昌蓝氏族谱》	存十八册	（清）蓝国盘等增修	清光绪四川刻本	
	《郭氏族谱》	存六册	（清）郭光埙等续修	清宣统隆昌郭氏宗祠排印本	
	《李氏族谱》	存三册		清光绪四川隆昌李氏刻本	
	《郭氏族谱》	四卷，四册	（民国）郭光逎等续修	民国三十六年（1947）隆昌郭氏泸县鸿文书局排印本	
	《陈氏族谱》	一册	（民国）陈一桂等续修	民国二十五年（1936）隆昌鸿泰昌石印本	
	《陈氏族谱》	一册	（民国）陈德骅续修	民国二十五年（1936）内江排印本	
	《李氏族谱》	存一册	（民国）李仕斋重修	民国十三年（1024）隆昌县李氏自刻楷字本	
	《邓氏族谱》	二卷，一册	（清）邓开升辑	民国十四年（1925）隆昌邓氏排印本	
威远	《四川威远刘氏族谱》	存三卷，三册	（清）刘乃昌编	清同治四川刻本	缺卷三
	《威远苟氏家乘》	四卷，三册	（清）苟灼芳等编	民国三年（1914）成都大昌公司排印本	
	《威远钟氏族谱》	四卷，四册	（民国）钟永玉等重修	民国成都石印本	
富顺	《尤氏家乘》	存二册		清光绪富顺尤氏家刻本	存第二、五卷
	《富顺曾氏宗圣支谱》	存一册	（民国）曾昭煌等编辑	民国四川石印本	
荣县	《余氏家乘》	四卷，四册	（民国）余懋昭等纂	民国二年（1913）荣县余氏射斗祠活字本	
	《张氏族谱》	存三册		民国九年（1920）四川荣县张氏萃坪祠排印本	缺第一册

(续表)

省市县	名称	卷数(册数)	作者	版本	附注
宜宾	《彭氏族谱》	存一卷，一册	（清）彭永枨等修	清光绪三十三年（1907）宜宾彭氏宗祠排印本	缺五卷
泸州	《石氏族谱》	二册	（清）石美屏编纂	清道光二十四年（1844）泸州石氏活字本	
泸县	《李氏族谱》	存一册	（清）李馨编辑	清宣统四川泸县李氏自刻本	
泸县	《泸县王氏族谱》	存十三卷，四册	（民国）王大用修	民国三年（1914）泸县泾南印刷局排印本	
泸县	《余氏族谱》	存一册	（民国）余隆起等编辑	民国十七年（1928）四川泸县余氏祠石印本	
夹江	《四川夹江周氏族谱》	一册		民国二十四年（1935）四川彭山县绮丽石印社石印本	
青神	《余氏族谱》	三卷，三册	（民国）余一海等纂	民国二十九年（1940）四川青神余氏祠石印本	
隆昌	《李氏族谱》	五卷，一册	（清）李桢编辑，李原怀增补	清道光四川荣昌李氏刻本	
隆昌	《四川荣昌蓝氏族谱》	一册	（民国）蓝鸿勋编	民国三十六年（1947）荣昌蓝氏祠石印本	
綦江	《吴氏族谱》	十卷，八册	（民国）吴廷榘等修	民国九年（1920）綦江吴氏重庆勃文石印局石印本	
南川	《冯氏族谱》	二卷，一册	（清）冯增琦纂修	清光绪南川冯氏自刻本	

　　二是宋、元以来尤其是明、清时期，编辑了数量众多的乡试录、会试录、登科录等，其中就有大量的、非常珍贵的巴蜀人物的传记资料。如关于清末广汉著名学者钟登甲的生平履历及事迹，相关文献记载甚为简略，但在乡试录中对钟登甲身世履历却有较详细的记载，再结合相关资料，可对钟登甲生平履历及事迹有比较深入的了解。钟登甲，四川汉州人，字多寿，名启和，学名登甲。清代著名藏书家、考据学家、地理学家。祖父为湖广移民，耕读传家。

其父钟洪亮曾拔为优贡,任训导,十分重视对孩子培养。钟登甲在兄弟三人中排行第二,最聪明伶俐,自幼喜好读书深思,稍长,更爱好地方文史,收藏了经史子集图书四万余卷,其中宋元明刻本就有一千余卷。其所藏的大量地理文献,如北魏郦道元《水经注》、宋王存《元丰九域志》、宋赵抃《成都古今记》、明曹学佺《蜀中广记》等,成为他后来编撰《蜀景汇览》《蜀景汇考》的重要参考文献。清光绪十一年(1885),钟登甲以汉州附贡参加四川省乡试,中举人[1]。光绪十一年(1885)《四川乡试同门录》之《第一房同门姓氏》"钟登甲"条云:"汉州附生,中式第三十三名。"[2]《乙酉科四川乡试录》云:"中式举人捌拾柒名,俱习五经""第三拾三名钟登甲,年三拾贰岁,汉州附生。"可知钟登甲三十二岁时才考中举人。其所作试卷有《吹笙鼓簧承筐是将人之好我示我周行》,该卷为知县彭修阅荐,翰林院编修、武英殿协修黄绍箕评价此文"藻密虑周",大理寺卿、署都察院左副都御史、军机处行走、方略馆提调沈源深也批阅此文"志和音雅"[3],评价甚高。钟登甲中举后,因不愿结交权贵,未获职任,便在成都学道街开设乐道斋书铺。他曾两次参加朝廷举行的会试,皆未中第,遂绝意仕进,在京供职于崇文馆,负责誊录工作,于是有机会饱览宫中珍本秘籍,并钞录许多珍贵文献。钟登甲一生著述丰富,著有《四书旁训》《周易要义注》《岷江源委》《订正春秋提要》《蜀景汇览》《蜀景汇考》等历史、地理、哲学等著作,并致力于乡邦文献的刊刻和传播。据说,他十三岁时开始系统阅读《函海》,对陈子昂、李白、苏轼、李调

---

[1] (清)佚名编:《光绪乙酉科四川乡试题名全录》,清光绪十一年(1885)《益闻录》第五一二期。
[2] (清)无名氏编:《四川乡试同门录》,清光绪十一年(1885)第一房刻本。
[3] (清)无名氏编:《乙酉科四川乡试录》,清光绪十一年(1885)刻本。

元等先贤敬佩不已。《函海》是清代四川著名诗人、学者、藏书家、"蜀中三才子"之一的李调元穷半生精力刊行的一部巨型私刻丛书。《清史列传》本传称其"表彰先哲，嘉惠来学，甚为海内所称"，钟登甲于是广泛搜集乡邦先贤文献，对《函海》各种版本以及乡贤著作加以精心校订。钟登甲有鉴于《函海》卷帙太多，人不易购，乃于光绪八年（1882）以乐道斋缩刻本传世，行款并遵《函海》程式，但将夹注小字放大为每格二字（原每格四字），故各行起讫不同。然其书镌刻颇佳，小巧便于携带，故流传甚广。其所收著作在原李调元《函海》基础上又有大量增加。《函海》钟登甲刻本的问世和广泛传播，为更多学者了解巴蜀乡邦人物及其著作提供方便。除刊刻《函海》以外，钟登甲还选刊了《东坡诗文集》《丹渊集》《四书注疏》《皇清经解》等①。清光绪十五年（1889）乐道斋又刊刻钟登甲汇辑《乐道斋丛刻》。从上可见，充分利用巴蜀乡试录、会试录这类科举文献，对研究巴蜀人物有极大的帮助。

---

① 参见钟志武：《钟登甲与〈函海〉》，载《蜀学》2009年第4辑。

巴蜀历代山水文献述略

巴蜀山水，天下秀绝。山有峨眉、蒙山、巫山，兀自环绕，围出天府之国；水有岷江、嘉陵、乌江，穿流其间，灌溉沃野良田。巴蜀之地，便于这片若隐若现的山光水色之中，孕育出了辉煌灿烂的巴蜀文化。青城山自古就有"青城天下幽"的美誉，宋代大诗人陆游以"云作玉峰时特起，山如翠浪尽东倾"[1]来赞誉青城山。剑门之险，天下闻名，大小剑山相望对峙，状似一门，剑门蜀道从中蜿蜒穿过，故为历代兵家必争之地。峨眉山与浙江普陀山、安徽九华山、山西五台山并称中国佛教四大名山。其山势逶迤，巍峨秀丽，自古被誉为"峨眉天下秀""三峨之秀甲天下"[2]。长江三峡两岸峭崖壁立，水流湍急，昔日白帝城下的瞿塘关有"众水会涪万，瞿塘争一门"[3]的磅礴气势，素有"夔门天下雄"之誉。几千年来，无数文人雅士、官宦名流游历于巴蜀山水，留下了大量山水文献。

---

[1] （宋）陆游：《剑南诗稿》卷八，台北商务印书馆1986年影印文渊阁《四库全书》本。

[2] （明）杨慎：《全蜀艺文志》卷八，线装书局2003年点校本。

[3] （清）彭定求等：《全唐诗》卷二二九，台北商务印书馆1986年影印文渊阁《四库全书》本。

一、巴蜀山水文献历代撰述情况

在历史上，巴蜀山水以其独特的自然风光和厚重的人文积淀吸引了历代文人雅士入蜀徜徉山水，借景抒情。他们留下了大量的山水文献著作，从现存的巴蜀山水文献来看，可分为以下几类：一是巴蜀山水志著作，如明吴守忠《三峡通志》、胡世安《峨眉山志》、清释慧安《泸州方山志》、释昌言等《华银山志》、释达空《窦圌仙山胜境图志》、李元《蜀水经》、陈登龙《蜀水考》等；二是巴蜀山水游记和游览指南类著作，如明曹学佺《游峨眉山记》、清彭端淑《萃龙山记》、民国邓少琴《峨眉导游》等；三是正史地理志、郡国志、全国性地理总志、政书中的地理部分以及全国性山水志，如明何镗编辑、吴炳用校正的《古今游名山记》，清吴秋士的《天下名山记钞》中有关巴蜀山水的内容；四是吟咏巴蜀山水文学著作，如清胡薇元《峨眉山诗行记》、易顺鼎《青城诗录》，民国黄与樨《嘉峨游草》等；五是巴蜀山水地图，如北宋李公麟《蜀川胜概图》、佚名绘《四川大峨眉山胜景全图》等；六是近代有关巴蜀山水自然地理研究著作，如胡焕庸《峨眉山之气候》、国立四川大学编《峨眉植物图志》等。

而在所有巴蜀山水文献中，有关峨眉山、青城山的著述最多，这与峨眉山、青城山在我国名山胜景中享有的崇高地位密切相关。如峨眉山又称"大光明山"，为我国佛教四大名山之一。全山由大峨、二峨、三峨、四峨四座山组成，远望峨眉，双峰缥缈，宛如画眉，素有"仙山佛国"①"奇胜冠三蜀"②的美誉。明代诗人周洪谟赞道："三峨之秀甲天下，何须涉海寻蓬莱。"③公元1世纪中叶，佛教经南方丝绸之路由印度传入峨眉山，相传峨眉山是普贤菩萨显灵说法的道场。1996年12月6日，峨眉山和乐山大佛一起被联合国教科文组织列入《世界文化与自然遗产名录》。青城山古称丈人山、亦称"青城都""清城山"。相传东汉末年道教创始人张陵从鹤鸣山到青城山设坛传教，青城山因此成为中国道教的发源地之一，也是道教十大洞天之"第五洞天"，名曰"宝仙九室之天"。青城山天师洞中有天师张陵及其三十代孙虚靖天师像，为天师道祖山祖庭。青城山以大面山（又称赵公山）为主峰，重峦迭嶂，有三十六峰、七十二洞、一百八胜景，自古以山色清幽著称。青城山天师洞大山门楹联云："胜地冠两川，放眼岷峨千派绕；大名尊五岳，惊心风雨百灵朝。"气势恢宏，生动描绘了青城名山的风貌。2000年11月，青城山与都江堰一起被联合国教科文组织列入《世界文化与自然遗产名录》。

早在先秦文献《禹贡》《山海经》中，就已有相关巴蜀山水名称的记载。《禹贡》是中国古代儒家经典《尚书》中的一篇，是现存最早的一部科学价值很高的地理总志性质的著作，被公认为世界地理名著，被奉为中国地理学之祖、"万世不易之书"。尽管《禹贡》全文仅一千一百余字，但却记述了我国古代自然地理区划、山岳、河流、湖泊、土壤、植被、物产、交通、贡赋、民族等自然与人文地理方面的诸多内容。全篇首叙禹奠山川，次叙九州、导山、

---

① （宋）苏轼：《东坡全集》卷二四，台北商务印书馆1986年影印文渊阁《四库全书》本。

② （宋）晁公武：《郡斋读书志》卷八，四部丛刊三编本。

③ （明）杨慎：《全蜀艺文志》卷八，线装书局2003年点校本。

导水，再叙水功，最后列五服，并总结治水功成。《禹贡》梁州中，就对巴蜀山水名称作了最早的记载，提到的山水有岷山、蒙山、沱江等。《山海经》是我国先秦时期描述山川、物产、风俗、民情的大型地理著作，也是我国古代第一部神话传说的汇编著作。《山海经》主体部分为《山经》和《海经》两类。其中《山经》以山岳山系为纲，叙述各地山名、山数及山脉走向、相距里数、河湖及流向，以及土壤、动植物、矿物、民俗、物产、贡赋、交通、民族等自然、人文地理方面的内容。《海经》（分为《海内经》《海外经》）和《大荒经》叙述自远古以来各种事物或现象，于山川、地理、动植、矿物、民俗外，还记述了方国部族、世系、人物、古迹、怪异、神话、传说、神祇等。《山海经》共记载了五百五十座山，三百条水道，其中就有关于巴蜀山水名称的记载，如岷（今岷山）、巴遂山（今巴山）、汶山、丹阳（今巫山）、大江（今长江）、黑水（今金沙江）等。一些学者从考古学和文字用语角度分析了《山海经》与古蜀国的关系，认为今天读到的《山海经》是春秋战国时代楚国贵族斗氏、杨氏、樊氏、昭氏等家族移居蜀国的后裔用华夏文字翻译巴蜀古图语，在战国中期完成编写的，而秦汉文人又对此进行穿凿附会。可以说，《禹贡》《山海经》对巴蜀山水名称的记载，对后世产生了深远影响。

秦汉魏晋南北朝时期，现存有关巴蜀山水的著作不多，主要见于《峨眉山神异记》和北魏郦道元《水经注》的记载。相传道教创始人张陵曾到峨眉山搜集神仙逸事，编撰《峨眉山神异记》三卷，见于北宋王尧臣《崇文总目》、南宋郑樵《通志·艺文略》著录。从该书书名推断，不是山志一类的著作，很可能是记录峨眉山道教神仙志怪一类的作品。因为早在汉代中国本土宗教——道教先于佛教在峨眉山设治传道。后来，道教在全国分设三十六洞天，峨眉山被列为第七洞天。唐杜光庭《洞天福地岳渎名山记》称为"灵陵太妙洞天"。北宋初期，峨眉山仍以道教仙山闻名全国，但佛教自传入峨眉山后，便获得了较快发展。明代以后，峨眉山道教最终退出，佛教在朝廷的大力支持下在峨眉山占据了主导地位。此外，在东汉班固《汉书·地理志》、汉桑钦《水经》中有许多关于巴蜀山水的记载。此后历代正史地理志、郡国志以及全国性山水志中都有关于巴蜀山水内容的记载。

隋唐至两宋时期，有关巴蜀山水志的著作开始增多，就峨眉山而言，唐代就有道士卢鸿撰《峨眉山记》二卷（或作一卷），见于《宋史·艺文志》史部地理类卢鸿《嵩岳记》下著录，明代曹学佺《蜀中广记》卷九六《著作记》、胡世安《译峨籁》卷三《典籍纪》也有著录，这是目前所见到的峨眉山最早的山志。此外，宋范成大《峨眉山行记》、张开《峨眉志》（一作《峨眉山志》）都是专门记载峨眉山的作品。据晁公武《郡斋读书志》记载，宋张开受犍为郡守吕勤之命，"考图经及传记、石刻，缀辑成书，析为十四门，宋白、吴中复诗文附于后"①。而在唐宋时期，有关青城山的志书比较重要的有隋青城人句台符《青城山方物志》五卷、唐末五代道士杜光庭撰《青城山记》（一作《青城山甲记》）一卷。杜光庭之书"集蜀山若水在青城者，悉本道家方士之言"②；宋范仲立也撰有《青城山乙记》一卷，以上两书皆佚。此外，在这一时期，有关巴蜀山水志的著作还有五代后蜀广政中僧仁显撰《蜀江志》十卷、黄庭坚《游安乐山记》、罗泌《蜀山诗纪论》、王象之《蜀山考》《蜀

---

① （宋）晁公武：《郡斋读书志》卷八，《四部丛刊三编》本。
② （宋）晁公武：《郡斋读书志》卷八，《四部丛刊三编》本。

水考》、程大昌《燔冢辨》、彭韶《蜀山川形胜述》、沈立《蜀江志》十卷（一作一卷）、宋末元初王恽《大剑山记》等，其中僧仁显《蜀江志》为宋王刚中撰述《续成都古今集记》时多引用之，两书皆不传于世。

唐宋时期，问世了一批对后世产生重要影响的地理总志著作，如唐李吉甫《元和郡县图志》，北宋乐史等《太平寰宇记》、欧阳忞《舆地广记》、王存《元丰九域志》，南宋王象之《舆地纪胜》、祝穆《方舆胜览》以及已失传的范子长《皇朝郡县志》等。这些著作在叙述巴蜀地理时，有大量关于巴蜀山水内容的记载，而且《舆地纪胜》有山水门、《方舆胜览》有山川门，专门记载各地山水。唐宋时期，还出现了唐杜佑《通典》、宋郑樵《通志》、宋末元初马端临《文献通考》"三通"政书类著作，其中的"州郡典""地理略""舆地考"中也有关于巴蜀山水的记载和考述。此外，唐宋时期，吟咏巴蜀山水的诗文词赋也不少，许多都出自名家之手，如唐王勃《玄武山赋》、李白《登峨眉山》、李真《游青城山》、薛逢《嘉陵江》，宋苏轼《巫山赋》、王雍《云顶山》、丁谓《游卧龙山》、郭震《题龙华山》、杨甲《灵泉山中》、刘望之《沱江》、范成大《凌云九顶》《巫山高》《后巫山高》、袁说友《巫山十二峰》等诗篇，见于相关诗文别集和总集中。《全蜀艺文志》还将山水类诗篇专门汇编于"江山"类下，共收诗一百四十余首。

明清时期，迎来了巴蜀山水志撰述的高峰，不仅出现了许多全国性的山水志著作，而且山水专志、山水游记著作也十分丰富。在众多山水类著作如明何镗编辑、吴炳用校正《古今游名山记》，慎蒙选编《天下名山诸胜一览记》，何镗原纂、张缙彦补辑《名山胜概记》，无名氏《名山记》，清吴秋士《天下名山记钞》，李诚《万山纲目》等著作中,都有许多关于巴蜀山水的记载。如何镗辑《古今游名山记》收录唐杜光庭《窦圌山记》《青城山记》,明敖英《游峨眉山记》、吕楠《少峨山记》、富好礼《游峨眉山记》、陈文烛《游峨山记》、胡直《游峨眉山记》等山水游记。无名氏辑《名山记》,因何镗之书而增葺之,其中有四川二卷,"所录古人游记十之三,明人游记十之七,采摭颇富"[①],收录了不少巴蜀山水游记。

明中叶以后,由于峨眉山佛教臻于鼎盛,高僧辈出,佛宫梵刹林立,这对峨眉山志、游记的编撰起到了重要的促进作用,故这一时期有关峨眉山的著作甚多。如明嘉靖年间,夹江人张庭撰《岷峨志》(一作《岷峨山志》)四卷。明万历年间,嘉定州知州袁子让撰《峨眉凌云二山志》(一作《嘉州二山志》)六卷,以峨眉、凌云志合为一书。嘉州凌云即位于峨眉山东麓的凌云山,有"山是一尊佛,佛是一座山"之誉。乐山大佛即位于凌云山岷江、大渡河、青衣江三江汇流处,古称"弥勒大像""嘉定大佛",始凿于唐开元初年,历时九十年才完成。佛像依山临江开凿而成,是唐代摩崖造像中的艺术精品,也是世界上现存最大的一尊摩崖石像。该书内收录御制文二章、记十篇、游记七篇、铭二篇、诗词四百余首。明代后期,喻广文也编纂《峨眉山志》十卷。明末清初,井研人胡世安三游峨眉,获喻氏原稿,以其"搜罗博而未精,考核详而不要,去取臆而附会多,前九卷得失参半,犹可节取,莫劣于《山史》一卷"[②],对其加以删削、修改,辑成《译峨籁》九卷,卷首有胡世安自序及金之俊、陈名夏、陈之遴、王铎、陈具庆、胡统虞序,其

---

① (清)纪昀:《四库全书总目提要》卷七八,台北商务印书馆1986年影印文渊阁《四库全书》本。

② (清)蒋超:《峨眉山志》卷一二,清康熙年间刻本。

下每卷依次为《星野纪》《形胜纪》《典籍纪》《图绘纪》《玄览纪》《宗镜纪》《方物纪》《文翰纪》《诗歌纪》等，是现存最早的一部有关峨眉山的专志，为海内孤本，现藏于中国国家图书馆。此外，明代川南道张子家也撰有《峨山志》。《述古堂藏书目录》还著录有明无名氏撰《峨眉大光明山传》一卷。峨眉山别名大光明山，为普贤菩萨道场。《虞山钱遵王藏书目录汇编》云：《峨眉大光明山传》专"述名胜"[1]。《晁氏宝文堂书目》著录无名氏撰《嘉州凌云志》，以上这些专志仅见于书目文献著录，未睹原书。

除专门的山水志外，明代还有许多有关巴蜀山水的游记和山水地图。游记著作如曹学佺《游峨眉山记》、胡直《游峨眉山记》、利瓦伊祯《游峨眉山记》、焦维章《游青城山记》、尹伸《峨山纪游》《峨眉后记》、敖英《峨眉山纪游》、来知德《游峨眉稿》等。山水地图如明无名氏编绘《剑阁山图》，见《近古堂书目》《绛云楼书目》著录，今已失传。

清代以后，巴蜀山水类著作在数量上远超明代，主要有山水志、山水游记、山水诗咏、山水图或图注等著作，尤其以峨眉山著作最多。

一是巴蜀山水志著作。清康熙十一年（1672），江苏金坛人蒋超入蜀，寓居峨眉山伏虎寺萝峰庵数月，纂成《峨眉山志》十八卷，志稿由伏虎寺僧可闻庋藏。从蒋志目录和内容来看，多取材于《译峨籁》，即"取《峨籁》稍加增益"而成，未及刊印而病逝，稿藏可闻禅师处。康熙二十六年（1687），建昌道副使曹熙衡"因蒋

---

[1] （清）钱曾：《虞山钱遵王藏书目录汇编》，上海古籍出版社2006年版。

超旧志成于疾病之余，未能条理明晰"①，"爰取虎臣太史脱稿，与宿士商订，重加修饰，分条析项"，经删削重订而成，大约于康熙二十八年（1689）刊印成书，以后屡有增补，故此书有多种版本行世。道光年间，峨眉知县胡林秀据蒋超、曹熙衡《峨眉山志》重加校订增补。胡林秀在订补《峨眉山志》时，有鉴于原书艺文所占卷数过多，遂重编为四卷，但内容依旧，并补刻原志残阙三百余板，撰《补遗峨山志书记》一文，成《峨眉山志》十二卷，道光十四年（1834）刊刻传世。以上所修《峨眉山志》内容记载大多与佛教有关，涉及历代佛教人文景观、典籍、文物、古迹、书画、奇闻逸事的记述和诗歌、游记等，具有十分重要的史料价值。此外，清代还有张能麟撰《峨眉山略》（一作《峨山志》）一卷，"是书于峨眉山形胜古迹标撮甚略，末附诗文数篇"②，甚为简略。清代还有殷绮撰《游峨集》，明光道人撰《峨眉传》等有关峨眉山的著作。清光绪十一年（1885），伏虎寺僧果重翻刻《峨眉山志》十二卷，即光绪版《峨眉山志》，玉屏山人郭师古读后写了一篇《勘误记》附于书末。光绪十三至十七年（1887－1891），成都会文堂镌刻清黄绶芙撰、黄锡涛、谭钟岳等编绘《峨山图说》（一作《峨山图志》）二卷，全书有图六十四幅，纪胜杂诗四十六首，随图辑说，凡峨眉山川、寺观、村舍、林泉、胜迹、奇珍轶闻等皆详加考证，峨眉山沿革兴废一目了然。

除峨眉山以外，其他有关巴蜀山水志著作还有：蒋德钧《匡山图志》、释慧安《泸州方山志》、释昌言等编《华银山志》、景邦宪

---

① （清）纪昀：《四库全书总目提要》卷七六，台北商务印书馆1986年影印文渊阁《四库全书》本。
② （清）纪昀：《四库全书总目提要》卷七六，台北商务印书馆1986年影印文渊阁《四库全书》本。

《紫柏山志》、释达空《窦圌仙山胜境图志》、蒋宏任《峡川志略》、李元《蜀水经》及陈登龙撰、朱锡谷补注、陈一津分疏《蜀水考》等。其中《华银山志》是迄今为止华蓥山唯一一部山志体志书。华银山位于今四川广安市境内，又称华蓥山。该书由清代咸丰年间华蓥山伏虎寺住持释昌言主修，继任住持益谦大师增订完善，并经时任岳池知县、前太史武尚仁删定付梓成书。全书十八卷，分星野、图考、疆域、形势、开建、寺院、灯田、古迹、护法、游览、道脉、名僧、物产、灵异、公署、词翰等十六门，"凡山中丘壑云霞、溪洞泉石、珍木琪花、与夫古迹金石等类，必采访精详，考证明确"①，具有重要的文献价值。

二是巴蜀山水游记著作。清代关于巴蜀山水游记著作众多，既有关于峨眉山、青城山的游记，还有关于五斗山、剑门关、窦圌山、蚕颐山等游记著作，如丁文灿《游峨眉山纪》、窦绷《游峨眉记》、宜维礼《峨眉游记》、富好礼《游峨眉山记》、詹鸿章《峨眉山游记》、黄云鹄《重游五斗山行记》、江锡龄《峨眉山行记》《青城山行记》、盛大士《游剑门记》、王侃《窦圌山记》《蚕颐山记》、刘光阁《游峨草记》、彭洵《青城山记》（一作《续刊青城山记》、王雪乔《青城游记》、向增元《游峨录》、彭端淑《萃龙山记》、刘绍攽《游章山记》、王昶《木耳占记》、张洲《游凌云记》、楼藜然《峨眉纪游》、止庵居士《峨眉游记》等。

三是巴蜀山水诗咏著作。在清代，巴蜀山水诗咏著作主要集中于峨眉山和青城山，如何绍基《峨眉瓦屋游草》、廖大闻《黎峨杂咏》、乔钵《剑阁草》、易顺鼎《青城诗录》、刘光阁《游峨草》、潘泰行《游峨诗记》、丁文灿《游峨诗文集》、胡薇元《峨眉山诗行

---

① （清）释昌言等编：《华银山志》卷首《凡例》，清同治四年（1865）刻本。

记》等。

四是巴蜀山水图及图志著作。清光绪年间，释果重翻刻《峨眉山志》扉页为《峨山志书全图》，民国十八年（1929）重印，板存伏虎寺。乐山市中区志办《乐山史志资料》1992年合刊乌尤寺所藏《峨眉山志书全图》，原书一部四册，木刻本。此外，清代山水图志还有《御题天下大峨眉山胜景图》、佚名绘《峨眉山景志图》、佚名绘《四川大峨眉山胜景全图》、王鸿猷绘《四川灌县苹龙山胜景》、佚名撰《四川水道图说》、清国璋辑《峡江图考》等。

民国时期，有关巴蜀山水著作也非常丰富，尤其是抗日战争时期，四川成为抗战大后方，机关、学校纷纷内迁，重庆成为国民政府陪都，大量外省籍文人学士、官商政要在四川期间饱览巴蜀山川美景，留下了许多游记佳作。在这一时期，还出现了许多介绍巴蜀山水旅游的指南、导游类著作，为省外人士入川游览提供了极大方便。

一是导游、指南类著作。主要有重庆中国银行编《峨眉山》、刘上熹《峨眉导游详记》、邓少琴《峨眉导游》、杜若之《南泉与北碚》、青城常道藏室编《青城指南》、私立北泉图书馆编《北泉一览》、程振华《峨山向导》、蒋益明《峨眉导游》、卢作孚《三峡游览指南》、张嘉铸等撰《峨眉山》、朱尘根《峨山导游》、徐德光《峨眉导游》《成都灌县青城游览指南》、黄大绶《峨眉风光》、无名氏编《四川峨眉山导游手册》、秦季平《灌县山水》、时燮平《南泉纪》等。其中《峨眉山》分上下两编，上编分峨眉山述略、二峨、三峨、四峨诸山、峨眉县等七章，下编分由成渝至峨眉山之路线、上山之准备、上山行、下山行等四章叙述。书前有峨眉山全图、金顶碑文拓片，内容丰富。《峨眉导游详记》分总说、历史、近况、气候、物产等十一章。书前有峨眉山风景图片，书末附峨眉指南、峨眉县之调查等内容。《峨山向导》分名胜、风物、土产等二十五部分，书前有峨山形势略述、峨山向导图等内容。朱尘根《峨山导游》介绍峨眉县和峨眉山地理、气候、古迹、名胜、高僧、特产、交通。书前有地图、高度图等。徐德光《峨眉导游》分总说、交通、旅客须知、峨山特点等四个部分，书前有峨眉山路线图、峨眉山高度、温度、里程表。蒋益明编《峨眉导游》分小史、地理、景色、特产、旅游计划、游记等六个部分，书后附峨山游览图、蓉乐交通图、渝乐交通图等。《峨眉风光》收游记七十篇，书后附峨眉山道里地图、重要寺宇高度图等。《成都灌县青城游览指南》分成都、灌县、青城山三部分，介绍各地沿革、交通、市场、游程、风景、古迹，有插图。《南泉与北碚》介绍南温泉和北碚的名胜及旅游路程。而时夑平所编《南泉纪》作为"南泉游览必备"，重庆南泉建设委员会文化促进组于民国三十六年（1947）印行，分总说、地势、社会概况、名胜等六章，书前有南泉形势图。民国二十六年（1937）出版的南泉青年会编《南泉导游》介绍南温泉及游览事项，有图片十一幅。这些专门的山水导游、指南类著作为当时旅游者提供了方便。

二是巴蜀山水游记著作。民国时期，巴蜀山水游记著作主要有刘尚喜《峨眉记事》、龚仁政《游峨眉记》（一作《游峨眉山记》）、张志和《峨眉游记》、李基鸿《峨眉游记》、马涤安《游峨眉山记》、谷口散人《游峨山记》、赵循伯《游峨眉山》、陶闇士《峨眉行卷》、王翥《游峨眉之一封书》、张目寒《峨眉行》、罗克忠《峨眉小记》、张静涛《游青城峨眉记》、蒋益明《峨眉游记》、刘君泽《峨眉伽蓝记》、胡品三《游峨眉十记》、彭昭旷《青城近记》、罗元黼《青城山记补正》、原题平陵知常子撰《新青城记》、冯玉祥《青峨游记》等。其中如张志和《峨眉游记》分十三节，记述"各处名胜"，书前有风景图片及游览图近三十幅。李基鸿著《峨眉游记》为"日记体游记"。冯玉祥《青峨游记》分从重庆到灌县、从灌县到峨眉、由峨眉再到灌县、灌县归来四个部分，共收青城山、峨眉山游记一百篇。

三是山水志。民国时期，山水志著作以释印光《峨眉山志》、马以愚《嘉陵江志》为代表。民国二十三年（1934），普陀山僧释印光有鉴于"旧志所载，殊多讹谬"，且旨在"叙述山峰之耸峻、岩壑之幽秀、风云之变态、寺宇之兴废"[①]的局限，为突出峨眉山作为佛教名山、普贤道场地位，于是对旧志重新编订，赋予山志新的结构，删削篇幅，分合卷次，增加内容，成《峨眉山志》（一作《重修峨眉山志》）八卷。该志正文分星野图说、菩萨圣迹、全山形胜、寺庵胜概、感应灵异、历代高僧、王臣外护、仙隐流寓、古今艺文、动植物产等十一门，卷首有峨嵋山全图，其中《菩萨圣迹》为新增门类，置于《全山形胜》之前，且在每个门类之前均撰有小序。民国二十五年（1936），成都日新工业社排印并石印原图本增加了华西大学教授英国人费尔朴英译对照内容，即《新版峨山图志附英译》，是一部图文兼备的图志。除山志外，这一时期最有代表性的水志著作是马以愚《嘉陵江志》。该志分上、下两编，上编记江之源流、辨名、滩险、航运、名胜、文艺；下编为沿江二十县市的县志，每县一章，分七节，述其沿革、疆域、山川、物产、交通、胜迹、纪闻。书前有县图五幅，书后附各县户口、教育表。

---

① （清）释印光：《重修峨眉山志》卷首《序》，民国二十三年（1934）苏州弘化社排印本。

四是山水诗咏著作。民国时期，有关巴蜀诗咏作品主要有刘咸荥《峨眉游草》、黄与楫《嘉峨游草》、邵祖平《峨眉游草》、唐鼎元《峨眉青城合草》、青城山常道观编《青城诗文集》、郭敦辑《峨山十景图咏》、无名氏编《青城诸山道观楹联集》（一作《青城楹联集》）、徐震《游峨眉山赋》、刘光阁《游峨草记》、李成基《游峨诗钞》、傅吾真《游峨诗钞》、冯玉祥《青城游录》等。

五是全国山水游记汇编著作。民国时期，一些学者还编纂出版了诸如王泰来辑《天下名山胜景记》、琴石山人编《续天下名山胜景记》、中华书局编《新游记汇刊》《新游记续刊》等全国性山水游记著作，其中收录了许多巴蜀山水游记。如中华书局编《新游记汇刊》是一部汇集清代及民国年间游记的选编，依行政区域分五十卷，其中收录了《峨眉山游记》《长江旅行笔记》等巴蜀山水游记。琴石山人辑《续天下名山胜景记》共收清代山水胜景游记三百九十余篇，分两册，其中包括四川山水文献。又如《古今游记丛钞》收入巴蜀山水文献有蜀汉张飞《真多山题名》、宋范成大《三峨山记》、黄庭坚《游安乐山记》、王恽《大剑山记》、明熊相《三峡纪行》、富好礼《游峨眉山记》、清窦绅《游峨眉山记》、詹鸿章《峨嵋山游记》、王侃《窦圌山记》《蠶颐山记》等。

此外，在民国时期，还有一些学者从自然地理角度对巴蜀山水进行研究，如王锡光、高冰源测绘泸州方山，绘制成《方山地形图》，以及瑞士人哈安姆著《四川峨眉山构造之研究》、胡焕庸《峨眉山之气候》、国立四川大学编《峨眉植物图志》等。

20世纪80年代以来，一些学者汇编了一些巴蜀山水志著作，如四川省社会科学院文学研究所编《历代四川山水诗选注》、曹学伟《游巴山蜀水》、梁上泉《寄在巴山蜀水间》、赵伯礼等编《峨眉山》、王文才纂《青城山志》、毛丽娅点校整理《成都灌县青城旅览指南》等。此外，旅游山水地图类如佚名编《都江堰青城山观光导游图》、胡伦《都江堰青城山旅游交通图》、赖勇编绘《都江堰青城山导游图》等，这些游记、地图、文献整理著作为人们了解、游览巴蜀山水提供了便利。

二、《巴蜀珍稀山水文献汇刊》的编纂情况

《巴蜀珍稀山水文献汇刊》将历代专门记载巴蜀山水的珍稀文献汇编在一起，共收录文献六十余种。在编纂体例上，分山志编和水志编两类，每类又按照作者所处时代或刊印时间先后顺序进行排列，每种文献之前扉页上注明有朝代、作者姓名、书名以及版本等信息，第一册卷首为全书分册目录，为读者查阅检索相关文献提供方便。需要说明的是，一些侧重于游记和交通的巴蜀山水珍稀文献等，已编入《巴蜀珍稀游记文献汇刊》或《巴蜀珍稀交通文献汇刊》中，如宋陆游《入蜀记》、清陈钟祥《岷江纪程》、清末民初傅崇榘《最新川汉水陆程途》等，可相互参照阅读。在资料搜集过程中，我们虽竭尽全力，但仍有少数珍稀山水文献暂未获得，主要有明袁子让撰《嘉州二山志》、伊伸撰《峨山纪游》、清胡世安《译峨籁》、何绍基《峨眉瓦屋游草》、王雪乔《青城游记》、民国徐震《游峨眉山赋》、张静涛《游青城峨眉记》等，这些文献争取在《蜀藏》续编中加以收录。

巴蜀历代名胜古迹文献述略

自有宇宙，则有山川，然名山胜景表于宇宙间，则未有不因人而重者。于是山因人而名，景因物而胜。青城山因张陵设坛传道，历代高道云集，成为"神仙都会之府"；都江堰水利工程因李冰父子而闻名世界，成为"活的水利博物馆"；杜甫草堂因"诗圣"杜甫寓居蓉城、大慈寺因三藏法师玄奘受具足戒、昭觉寺因北宋著名禅师圆悟克勤讲经说法、三苏祠因宋代三苏父子故乡、白帝城因蜀汉刘备托孤而著称于世……古往今来，不乏文人墨客流连忘返于巴蜀名山胜景。秀美的山川、巍峨的殿堂、千年古树、暮色红墙，都曾激发他们的创作灵感，或借景抒情，或题壁书额，或吟诗作画，留下了许多名篇佳作，赋予了巴蜀名山胜景更多的人文内涵。

巴蜀自古多胜景。美丽的自然风光与人文景观交相辉映，形成了以古巴蜀文明、三国文化、佛道文化、陵寝文化、石刻文化、藏羌文化等为特色的名胜古迹，如三星堆遗址、金沙遗址、大溪史前遗址、武侯祠、白帝城、峨眉山、大慈寺、青城山、青羊宫、前蜀王建永陵、僰人悬棺葬、大足石刻、阆中古城、钓鱼城、丹巴碉楼、杜甫草堂、剑门关、朝天明月峡古栈道、长江三峡、碧峰峡、西岭雪山等。这些名胜古迹以其恢宏的气势、丰富的内涵，吸引着无数中外游客。其中九寨沟、黄龙、峨眉山—乐山大佛、青城山—都江堰、四川大熊猫栖息地等风景名胜区被联合国教科文组织列入

《世界文化与自然遗产名录》，剑门蜀道、贡嘎山、蜀南竹海、四姑娘山、西岭雪山等九处为国家重点风景名胜区。四川成为我国拥有世界遗产和国家重点风景名胜区最多的省区。重庆大足石刻，重庆武隆以天生桥、地缝、天坑群等为代表的立体喀斯特，金佛山国家地质公园等也被列入《世界文化与自然遗产名录》。目前，以成都金沙遗址、古蜀船棺合葬墓、广汉三星堆遗址为代表的四川古蜀文化遗址，以成都水井街酒坊、泸州老窖作坊群、古蔺县郎酒老作坊、绵竹剑南春酒坊及遗址、宜宾五粮液老作坊、红楼梦糟房头老作坊、射洪县泰安作坊为代表的四川白酒酿造文化遗址，以及蜀道、藏羌碉楼与村寨、四川石窟以及重庆涪陵白鹤梁古水文题刻、合川钓鱼城等正积极申报世界文化和自然遗产。

古老的巴蜀文明从远古走来，众多名胜古迹既是历史的见证，又是文化的载体。三星堆遗址、金沙遗址见证了古蜀文明的辉煌，武侯祠、白帝城诉说着三国争雄的历史，青城山、青羊宫凸显了道教文化，峨眉山、大慈寺彰显了佛教文化……就这样，历史在这里沉淀，文化在这里厚积，从这些名胜古迹中，不难领略巴蜀历史的悠久，感悟巴蜀文化的包容性和多元性。

一、巴蜀名胜古迹文献历代撰述情况

巴蜀名胜古迹众多，相关记载可分为三大类：一是地方志和地理总志记载；二是历代巴蜀游记、山水志以及诗文集对巴蜀名胜古迹的记载；三是专门记载巴蜀名胜古迹的著作。

从第一类记载来看。根据中国科学院所编《中国地方志联合目录》，现存四川方志有近七百种。这些方志既有通志，又有历代所修府、州、县、乡镇、乡土志，这些志书基本上都辟有名胜、古迹这一门类。如（嘉庆）《四川通志》舆地志下有山川、城池、关隘、津梁、祠庙、寺观、陵墓、古迹等；（康熙）《四川总志》也有古迹、陵墓、寺观等内容。府州县志如（嘉靖）《重修保宁府志》有名胜纪一门，包括宫室、古迹、丘墓、寺观、景致等；（嘉靖）《洪雅县志》疆域门有山川、古迹、丘墓、寺观等名胜古迹；（嘉庆）《乐山县志》舆地志下有形胜、关隘、山川、古迹、冢墓等；（嘉庆）《眉州属志》地理志下有形胜、山川、城池、古迹、冢墓等；全国性地理总志以及其他地理志如唐李吉甫《元和郡县志》，南宋王象之《舆地纪胜》、祝穆《方舆胜览》，及元刘应李原编、詹友谅改编《圣朝混一方舆胜览》，明李贤、彭时等修《大明一统志》，慎蒙《天下名山诸胜一览记》，清嘉庆年间重修《大清大一统志》等都有名胜古迹的专门记载。如王象之《舆地纪胜》二百卷，其中巴蜀部分就占了近三分之一。该书分沿革、风俗形胜、景物、古迹、官吏、人物、仙释、碑记、诗、四六等门类，对各地山川景物、风俗名胜、人物官吏、古迹碑刻、仙释道流等有专门记载。正如该书自序所说："因暇日，搜括天下地理之书及诸郡图经，参订会粹"，编次成书，"每郡自为一编，以郡之因革见之编首，而诸邑次之，郡之风俗又次之。其他如山川之英华、人物之奇杰、吏治之循良、方言之异闻、故老之传记与夫诗章文翰之关于风土者皆附见焉"[①]。该书将名胜古迹与诗赋序记相结合，重视地方名胜的人文价值。曾鸣凤在拜读《舆地纪胜》之后感叹道："舆地万里，如在目前，备

[①] （宋）王象之：《舆地纪胜》卷首王象之《舆地纪胜序》，李勇先校点，四川大学出版社2005年版。

见学识之博、收拾之富、考究之精、会粹之勤，不胜叹伏。"①

《舆地纪胜》在流传过程中残阙内容较多，如原书巴蜀部分整卷全阙的有成都府上下、崇庆府、眉州、彭州、绵州、汉州、邛州、黎州、夔州、开州、施州、达州、珍州、忠州等，阙页之卷有永康军、兴元府、巴州、阆州、洋州、剑门关等，清代学者岑建功作《舆地纪胜补阙》十卷，对《舆地纪胜》残阙部分作了初步的辑佚补阙工作。之后李勇先在前人取得成果的基础上广泛搜集历代引用《舆地纪胜》经、史、子、集文献，如《帝王经世图谱》《记纂渊海》《蜀中广记》《永乐大典》《古诗纪》《图书编》《佩文韵府》《骈字类编》《佩文斋书画谱》等，编成《舆地纪胜辑补》，辑补了不少《舆地纪胜》已阙佚的内容，如成都府散花楼、龙王像、天师观、清都观、金马碧鸡祠、张白云故居，崇庆府西湖、万岁寺、法天寺，眉州大雅堂、蟇颐山、张远霄故宅，彭州景德寺、九陇山等。祝穆《方舆胜览》"惟于名胜古迹多所胪列，而诗赋序记所载独备，盖为登临题咏而设，不为考证而设。名为地记，实则类书也。然采摭颇富，虽无裨于掌故，而有益于文章。摘藻挦华，恒所引用，故自宋元以来，操觚家不废其书焉。"②《方舆胜览》在门类的划分上比《舆地纪胜》更细，主要分郡名、历代沿革、分野、风俗、形胜、土产、山水、古迹、城池、祠庙、桥梁、坊市、学校、亭馆、园第、楼阁、轩榭、馆驿、宫观、寺院、户口、贤令、人物、碑碣、仙释、登科记、题名、杂录、古诗、题咏等门类，记载内容全面丰富，对于了解南宋时期各地经济、文化、风俗、民

---

① （宋）王象之：《舆地纪胜》卷首曾鸣凤《舆地纪胜序》，李勇先校点，四川大学出版社2005年版。

② （清）纪昀：《四库全书总目提要》卷六八《方舆胜览提要》，中华书局1997年点校本。

情、山川、土产等有着极大的帮助,可与《舆地纪胜》参照阅读,尤其是在《舆地纪胜》巴蜀部分阙卷残页较多的情况下可以起到很好的补充作用。可以说《舆地纪胜》和《方舆胜览》是宋以前对包括巴蜀地区在内的全国名胜古迹最集中、最全面的记载。尤其是两书所引用的包括图经方志在内的大量文献早已不传于世,因而更具有重要的史料价值和研究价值。同时,《舆地纪胜》和《方舆胜览》还对后世编撰名胜古迹著作产生了重要影响。如明曹学佺编撰《蜀中名胜记》时,《舆地纪胜》和《方舆胜览》是他案头常置之书。曹学佺自云"又得建溪祝穆所编《方舆胜览》,盖麻沙书坊版也,常置在案头",又云"又得杨用修家所钞秘阁东阳王象之《舆地纪胜》"①。而明代何镗原纂、张缙彦等补辑《名山胜概记》,慎蒙编《天下名山诸胜一览记》等书也记载了巴蜀名胜古迹。如《天下名山诸胜一览记》之《名山岩洞泉石古迹》卷一四《四川》对巴蜀名胜古迹有许多记载,如保宁府有天目山、离堆山、思依山、云台山、五妇山、漫天岭、灵城岩、停云岩、龙岩、飞云洞、浴丹池、剑阁、龙门阁、筹笔驿、玉女房、治平园、千年木等名胜古迹等,重庆府有涂山、瀛山、纯阳山、青石山、平都山、洪崖洞、栖真洞、白鹿洞、柜崖、鱼鹿峡、明山峡、温汤峡、四十八渡水、鸣玉溪、张飞洞、金注子、金钗影、海棠香国、江心石鱼、石镜等名胜古迹。同时,该书还附有蜀汉张飞,唐颜真卿、杜光庭,宋黄庭坚、黄人杰、喻汝励、王十朋、陆游、范成大、朱熹、阎苍舒,明陈文烛、林俊、吕楠、熊相等有关巴蜀名胜古迹记文近三十篇,如唐杜光庭《麻姑洞记》,宋阎舒《卧龙纪行》,明陈文烛《牛头山工

---

① (明)曹学佺:《大明一统名胜志》卷首《大明舆地名胜志自序》,明崇祯三年(1630)刻本。

部草堂记》、林俊《三游洞记》、吕楠《少岷山记》、熊相《峡纪行》等,内容丰富。民国时期,全国性的名山胜景汇编著作重要的有王泰来辑《天下名山胜景记》、琴石山人编辑《续天下名山胜景记》等,皆由上海会文堂书局印行。民国十三年(1924),上海大陆图书公司编有《中华全国名胜古迹大观续编》。1981年,上海辞书出版社出版了国家文物事业管理局主编的《中国名胜词典》。以上诸书都有关于巴蜀名胜古迹的记述。

第二类是历代巴蜀游记、导游、指南类著作、山水志、诗文集和名胜楹联,有许多关于巴蜀名胜古迹的记载。如清楼藜然《峨眉记游》、彭洵《青城山记》、黄云鹄《彭游行纪》、傅崇榘《松潘游记》,民国胡天《成都导游》、周家驹《灌县导游》、张目寒《蜀中纪游》等。其中《灌县导游》有"古迹名胜"编,《成都导游》也有"名胜古迹"编。2007年,毛丽娅对《成都导游》《成都市指南》《成都灌县青城游览指南》《新成都》等进行了校点整理,并收入李勇先主编的《成都旧志》丛书。巴蜀诗文集及名胜楹联对名胜古迹的记载也有许多,如清末清一道人选辑《四川名胜楹联》《当代名联》等。尤其是巴蜀诗文总集,如宋扈仲荣辑《成都文类》,明杨慎辑《全蜀艺文志》、杜应芳等辑《补续全蜀艺文志》,清孙桐生辑《国朝全蜀诗钞》等。其中《成都文类》将诗文分为都邑(城郭、宫苑、楼阁)、江山(池沼、堤堰、桥梁)、寺观、陵庙、亭馆、官宇、祠庙、祠堂等门类,其中许多诗文都与名胜古迹有关,如刘光祖《万里桥记》、吴拭《铜壶阁记》、吴师孟《重修西楼记》、苏德祥《新修江渎庙记》、陈皋《杜宇鳖灵二坟记》、裴度《诸葛武侯祠堂记》,等等。

第三类是专门记载巴蜀名胜古迹的文献。这类著作又可分为两种：一是记载整个巴蜀名胜古迹的著作，如明曹学佺《蜀中名胜记》（一作《四川名胜志》）、何振卿《四川名胜记》，清钟登甲《蜀景汇览》《蜀景汇考》、陆炳《蜀迹辨》、无名氏《四川景志》等。1980年，沈怀石编《四川名胜》作为《历史丛书》第一辑由四川人民出版社出版；二是专门记载某一区域或某一具体名胜古迹的著作，如清何明礼《浣花草堂记》、万方田等辑注《褒谷古迹辑略》、孙澍《岷阳古帝墓祠后志》、罗用霖纂修《重修昭觉寺志》、潘时彤纂辑《昭烈忠武陵庙志》、姚觐元等编《涪州石鱼文字所见录》、况周颐《万邑西南山石刻记》，民国吴鼎南《工部浣花草堂考》等。在以上专门记载巴蜀名胜古迹的著作中，最有代表性的是明曹学佺撰《蜀中名胜记》、清钟登甲撰《蜀景汇览》和《蜀景汇考》。

曹学佺，字能始，福建侯官人，明代著名文学家、史学家、戏剧家、藏书家。他博闻洽识，好学弥笃，是我国最早提出建立"儒藏"的学者之一[①]。他一生著述宏富，在文学、地理等方面取得了卓越成就，其中地理著作有《蜀汉地理补》《蜀中名胜记》《闽中名胜志》《广西名胜志》《贵州名胜志》《燕都名胜志稿》《辽东名胜志》等，主要收录在《蜀中广记》《大明一统名胜志》（一作《大明舆地名胜志》）中。曹学佺一生"最钟情山水，海内奇胜，靡不周游，皆有诗歌"[②]。他利用在蜀中任职的机会，于政事之暇，遍游蜀中名山胜水，并在长期搜集整理地方文献的基础上，著《蜀中广

[①] （明）曹学佺：《石仓文稿·建阳斗峰寺清藏碑文》云："释、道有藏，吾儒独无藏。"他的"儒藏"思想启发了后代藏书家。清乾隆时，著名学者周永年重倡《儒藏说》，将《儒藏》的编纂推为"艺林中第一要事"，进一步发展和完善了曹学佺的《儒藏》学说。

[②] （清）曹孟善：《曹石仓行述》，1964年传钞本。

记》一百八卷。是书凡十二目,包括名胜、边防、通释、人物、方物、仙释、游宦、风俗、著作、诗话、画苑等,是研究古代巴蜀地区文学、历史、民族、宗教、经济、军事、文化等方面的重要文献。其中《蜀中名胜记》按照明代行政区划,记载了整个巴蜀地区一百二十七州县(包括遵义道五州县)的历史沿革、地理状况、山水名胜、文物古迹等,保存了大量历史、地理、民俗、文学等方面的珍贵史料,对研究巴蜀文化具有重要意义[①]。清乾隆年间纂修《四库全书》时,将《蜀中广记》列入史部地理类杂记之部。《四库全书总目提要》称该书"搜采宏富,颇不愧'广记'之名……谈蜀中掌故者,终以《全蜀艺文志》及是书为取材之渊薮也"[②]。近代藏书家傅增湘更认为此书为"考蜀事者必备之书"[③]。明万历年间,曹学佺的同乡兼诗友林茂之摘录《蜀中广记》卷一至卷三〇为《蜀中名胜记》共三十卷别刊传世,有明万历四十六年(1618)福清林茂之金陵刻本,卷首有钟惺序。此后《蜀中名胜记》多单刻传世,主要有清光绪元年(1875)南海伍氏刻《粤雅堂丛书》本(第二十九集)、宣统二年(1910)山阴周肇祥校刻本、宣统二年(1910)四川官印刷局刻道光邵氏手钞本。曹氏晚年又仿《蜀中广记》体例,广及诸省,著《大明一统名胜志》二百八卷,其中《四川名胜志》三十五卷,有崇祯三年(1630)三山曹氏刻本。据《江苏采辑遗书目录》有《舆地名胜志》二百八卷,明广西副使侯官曹学佺

---

① 参考严正道《曹学佺〈蜀中广记〉的成书及版本略考》,《四川师范大学学报》2013年第5期;《蜀中广记》成书与流传考》,《四川图书馆学报》2013年第5期;《曹学佺〈蜀中名胜记〉辨误》,《西华大学学报》2012年第1期;《曹学佺及其〈蜀中名胜记〉》,《唐山学院学报》2012年第5期。陈明利《著名藏书家曹学佺著述考略》,《山东图书馆学刊》2010年第1期。

② 《四库全书总目提要》卷七〇《蜀中广记提要》,中华书局1965年影印本。

③ 傅增湘:《藏园群书题记》卷四,1989年上海古籍出版社点校本。

撰。《四库全书总目提要》云："《舆地名胜志》一百九十三卷，江苏巡抚采进本，明曹学佺撰。学佺以博洽闻，著述甚富。是书则由杂采而成，颇无伦次。时亦舛讹，又多不著出典，未为善本。"①而著名地理学家杨守敬则认为《大明一统名胜志》"其采摭郡县方志甚备，且多秘文坠册"。曹学佺《大明舆地名胜志自序》云："蜀中惟是《广记》所辑者，稍删润之而已。"按序所言，《大明一统名胜志》中的《四川名胜志》即"蜀中"部分，是在原来《蜀中名胜记》的基础上加以增删修改而成。通过对《蜀中名胜记》与《四川名胜志》的比较可以发现，虽然两书都是按照明代行政区划四川各道所属府州县叙述沿革，记载各地胜迹，并征引前人诗文，但仍存在许多不同。一是卷数不同，《蜀中名胜记》共三十卷，而《四川名胜志》三十五卷。《四川名胜志》与名胜相关的是前二十五卷，剩余十卷实为曹学佺《蜀中边防记》的内容，与《蜀中广记》中的《蜀中边防记》完全相同，实乃从曹学佺《蜀中广记》中移录于此。通过对两书名胜部分进行比较，无论是卷次、内容也存在很多不同。如《四川名胜志》卷一一为川北道保宁府、卷一二为巴州、剑州，卷十四为雅州，而《蜀中名胜记》卷一一为上川南道嘉定州、卷一二为眉州、卷一四为潼川州，两书卷次内容完全不对应。尤其是卷十四以后，两书卷次基本无法对应。再从内容来看，《蜀中名胜记》与《四川名胜志》也多有出入。如《四川名胜志》卷五成都府五"新都县"下有"在府城北六十里"，而《蜀中名胜记》无。同卷《蜀中名胜志》云："又七里为双石阙，各高丈三尺一……按《益州耆旧传》，王稚子，新鄢人。《后汉书》注：梓潼有鄢县故城，故此曰'新'以别之。"而《蜀中名胜记》云："本《志》云：县北

---

① 《四库全书总目提要》卷七二《舆地名胜志提要》，中华书局1997年点校本。

十五里二石阙，各高丈三尺一……今已漫灭，详《画苑》中。"内容有出入。此卷关于新都八阵图的记载，在文字叙述上也详略迥异。《四川名胜志》云："按新都八阵图在弥牟镇，去县北三十里，佺以万历己酉岁三月过之，有诗云：'晓云不散弥牟镇，春草横生八阵图。'"《蜀中名胜记》无之。又如《四川名胜志》卷六《成都府六》灌县首段"以灌口为名。齐始置县，曰齐基，又曰青城也，亦唐之盘龙县、宋之永康军，元改今额。"《蜀中名胜记》无之。《四川名胜志》卷七《成都府七》"崇庆州"下有"在府城南一百一十里，领县一"，《蜀中名胜记》无。《四川名胜志》首句"古蜀州也"至"今唐安为驿而江原为镇矣"共一百余字，《蜀中名胜记》无，仅在"遥掩玉轮辉"句后有"崇庆在唐称蜀州也"八字。两书其他相异之处甚多，可知曹学佺对原来收入《蜀中广记》中的《蜀中名胜记》作了较大的增删和修订。

继曹学佺所著《蜀中名胜记》之后，对巴蜀名胜古迹最集中记载的是清广汉人钟登甲。他一生著述丰富，在其所有著述中，《蜀景汇览》和《蜀景汇考》是两部重要的地理著作，其中前者也是清代第一部专门记载巴蜀名胜古迹的著作。从两书刊刻的时间来看，《蜀景汇览》刻于光绪八年（1882），《蜀景汇考》刻于光绪十一年（1885），可知钟登甲最早编成《蜀景汇览》，然后编撰完成《蜀景汇考》。通过对两书编纂体例和方法进行比较，可以看出《蜀景汇览》与《蜀景汇考》既存在不同之处，也有一致的地方。首先，《蜀景汇览》以汇集历代咏赞巴蜀景物诗赋为主，并按照一定体例进行编纂。而《蜀景汇考》则重在对每一景物进行撰述和考证。在卷次分合上，《蜀景汇览》基本按照"诗集以一府分为一卷，各直隶州厅合为一卷。赋集篇幅较约，但分府编订，每卷中各县编归各县，以省翻阅"。根据《蜀景汇览》卷首《例言》可知，该书编纂的宗旨"意在识景"①、"于蜀之胜地名区、才人学士、忠孝节烈、释道仙佛、都邑之废兴、关河之险阻、物产之繁昌无不略备，使览蜀景者得其大概"②。故《题注》涉及的内容相当广泛，包括山川河湖、峰峡坡坪、亭台亭榭、园池堂馆、桥堤石井、塔院坛墓、寺观祠庙、关隘驿道、坊市街衢、宫城遗址、州县兴废沿革等，"故于各诗赋后随即将题注明，庶阅者于山川人物之原委一目了然"③。而《蜀景汇考》主要限于室殿苑府、堂厅第斋、舍房阁亭、台轩榭圃、宅馆园圃、场市乡里、村庄原坝、石池井塘、遗迹物产等内容，共分宫部、室部、堂部等十九个部类记载，个别大类之下附小类，如宫部下附殿、苑、府三小类，室部下附厅、第、斋、舍、房等小类。每一部类之下，将相关景物分别系于各府、州、厅、县之下，并对每一景物情况加以具体叙述和考证。第二，在编纂方法上，《蜀景汇考》每篇诗赋之后对涉及到的景物所作《题注》采用撰述的方法，考证其历代沿革、景物兴废以及相关人事变迁。而《景蜀汇考》对于每一景物则通过引用相关历史文献的形式加以说明。也就是说，《蜀景汇览》之《题注》部分属于作者撰述，而《蜀景汇考》属于相关文献资料摘编。第三，《蜀景汇览》和《蜀景汇考》都重视对文献的征引和考证，从中可以看出钟登甲深厚的学术造诣和严谨的治学态度。《蜀景汇览》和《蜀景汇考》所记载的巴蜀名胜古迹部分保留到现在，但绝大多数都已不复存在。即使保留下来的名胜古迹，或已面目全非，或已残缺不全，因此，《蜀景

---

① （清）钟登甲：《蜀景汇览》卷首《例言》，清光绪八年（1882）乐道斋刻本。
② （清）钟登甲：《蜀景汇览》卷首《自序》，清光绪八年（1882）乐道斋刻本。
③ （清）钟登甲：《蜀景汇览》卷首《例言》，清光绪八年（1882）乐道斋刻本。

汇览》和《蜀景汇考》对复原或重建历史时期巴蜀人文景观、旅游资源开发利用都具有十分重要的参考价值。

二、《巴蜀珍稀名胜古迹文献汇刊》的编纂情况

《巴蜀珍稀名胜古迹文献汇刊》即将历代专门记载巴蜀名胜古迹珍稀文献汇编在一起，共收录文献十四种，主要选择专门记载巴蜀名胜古迹的著作，如曹学佺《蜀中名胜记》、何振卿《四川名胜记》、钟登甲《蜀景汇考》《蜀景汇览》等，因曹学佺《四川名胜志》与《蜀中名胜记》无论是卷次还是内容都有许多不同之处，故一并收入《汇刊》。同时，我们还对南宋王象之《舆地纪胜》、祝穆《方舆胜览》，元刘应李原编《圣朝混一方舆胜览》，明慎蒙《名山岩洞泉石古迹》中专门记载巴蜀名胜古迹的内容加以辑录，也一并收入《汇刊》。其他有关巴蜀山水、游记、寺观、祠庙、文学等方面的著作中也有大量关于巴蜀名胜古迹的记载，可与编入《汇刊》中的巴蜀珍稀山水、旅游、交通、文学、宗教等文献互参阅读。

巴蜀历代金石文献述略

我国金石文献早在夏代就已经出现。《左传·宣公三年》就有"昔夏之方有德也，远方图物，贡金九牧，铸鼎象物"的记载。《墨子》中也记载有"古者圣王……书于竹帛，镂于金石，琢于盘盂，传遗后世子孙"之语。这些资料说明我国金石文献历史悠久。后代学者往往将这些镂刻在金石上的文字加以搜集，汇编成集，为人们从事相关研究提供了十分丰富的资料。

一、巴蜀金石遗存与金石文献

所谓金石文献，专指以金、石为载体的文献。金指青铜器，其铭文又称金文或钟鼎文；石则含各类石料，包括石片、石鼓、砖瓦、玉石、石碑、摩崖等。金石文献的共同特点是坚固耐久，保存时间长，但容易生锈或风化，使铸、刻在上面的文字无法辨认或脱落。有许多金石文献通过拓片留存于世，或者为前代学者所征引而得以保存下来。还有部分金石文献仍然以有形的实物形式保存在地下，随着考古工作的进展，被源源不断地发掘出来，成为学术研究的新史料。

在宋代以前，尽管从西汉开始已有人留意古器物和石刻文字，但研究者很少，且无专著问世，更没有形成一门学科。晋陈勰《杂碑》和《碑文》作为我国第一部著录石刻的专著，其书久佚，仅见于《隋书·经籍志》著录。北魏郦道元《水经注》记载了许多石刻资料，涉及山川、水陆交通、城邑、陵墓、祠庙、地名、人物等方面内容，并利用这些金石文献考证历史，补证史书记载的不足。后世学者对《水经注》所引金石文献加以辑录，如洪适《隶释》、杨慎《水经注所载碑目》、施蛰存《水经注碑录》、陈桥驿《水经注金石录》等，从中可以看出宋代以来学者著录、利用金石文献的情况。宋代，在政府大力提倡下，出现了对古物收集、整理和研究的热潮，金石学开始成为专门学问，金石研究已相当兴盛，并出现了一批对后世影响深远的金石学家和金石学专著。如宋仁宗时刘敞刻《先秦古器图碑》，虽然早已失传，但对研究金石有开创之功。吕大临撰《考古图》，在编辑古器物书体例方面多有建树，该书是流传至今最早的古器物图录。其后又有王黼《宣和博古图》、薛尚功《历代钟鼎彝器款式法帖》等铜器著录书，欧阳修《集古录》（一作《集古录跋尾》）、赵明诚《金石录》、洪适《隶释》《隶续》、欧阳棐《集古录目》、王象之《舆地碑记》等石刻著录书。其中赵明诚、李清照夫妇历经二十年搜集，收藏了两千种金石碑刻，编成《金石录》三十卷，是一部集宋代金石学之大成的著作，具有重要的史料价值。此外，南宋人杜大珪编《名臣碑传琬琰集》一百零七卷，主要收录碑传之文，总计二百五十四篇，其中以墓志铭、神道碑为主，共一百三十五篇，规模庞大。

元明时期金石学成就较少。元代葛逻禄乃贤编《河朔访古记》，是一部记录和考订古代遗迹、碑刻的著作。该书突破了自宋代以来金石学家专门局限于考订铭刻文字的学风，十分注重古代遗迹的实地调查,是中国考古学史上一部较重要的著作。元代朱德润撰《古玉图》,是现存最早的一部著录玉器的专门著作。明代在金石学方面的成就主要以新都人杨慎贡献最大,他不仅对经、史、诗、文、词曲、音韵、金石、书画无所不通,而且对天文、地理、生物、医学等也有很深造诣。在金石方面,杨慎辑有《水经注碑目》一卷、《石鼓文音释》三卷《附录》一卷、《断碑集》四卷、《禹碑释文》(一名《岣嵝禹碑释文定》)一卷、《金石古文》十四卷。此外,江苏松江人曹昭撰《格古要论》,是中国现存最早的文物鉴定专著。

清代是我国金石学发展的又一高峰期,著录石刻的专著之多更是前代所不及。民国年间容媛在其所辑《金石书录目》中,著录宋代学者二十四家,著述二十九种,而著录清代学者则多达三百三十四家,著述六百零六种。在金石学兴盛的两宋,以府志、县志所载金石一门最为普遍,如《景定建康志》便有石刻一门,《咸淳临安志》也有历代碑刻目。自明代以后至民国时期,相关学者所编金石文献相当丰富,其中与巴蜀金石文献有关的著作近百种(参见《两宋至民国时期金石文献一览表》)。

两宋至民国时期金石文献一览表[①]

书名、卷次	时代	作 者	版 本
《集古录》十卷	宋	欧阳修	清道光二十四年(1844)刻本
《考古图》十卷	宋	吕大临	明万历间泊如斋刻本
《至大重修宣和博古图录》三十卷	宋	王黼	明万历十六年(1588)泊如斋刻本

---

① 此表据胡昌健《巴蜀碑刻著录述评》整理。

(续表)

书名、卷次	时代	作者	版本
《历代钟鼎彝器款识法帖》二十卷	宋	薛尚功	明万历十六年(1588)万岳山人刻朱印本
《集古录目》五卷	宋	欧阳裴编	清道光十五年(1835)《三长物斋丛书》黄本骥辑本
《金石录》三十卷	宋	赵明诚	清光绪朱氏行素草堂刊本《孙溪朱氏金石丛书》(一名《行素草堂金石丛书》)本
《汉隶字源》六卷	宋	娄机	清光绪三年(1877)川东官舍本
《隶释》二十七卷	宋	洪适	清乾隆四十二至四十三年(1777—1778)汪日秀楼松书屋刻本
《隶续》二十一卷	宋	洪适	清康熙四十五年(1706)曹寅扬州使院刻本
《石刻铺叙》二卷	宋	曾宏父	清乾隆五十四年(1789)李文藻校刊周永年辑印《贷园丛书初集》本
《天下碑目》	宋	佚名	清同治十年(1871)洪氏晦木斋刻《隶释》本
《宝刻丛编》二十卷	宋	陈思	清光绪十四年(1888)陆氏《十万卷楼丛书》(三编)本
《宝刻类编》八卷	宋	佚名	清道光二十九年至光绪十一年(1849—1885)南海伍氏刻《粤雅堂丛书》本
《舆地碑记目》四卷	宋	王象之	清道光二十九年至光绪十一年(1849—1885)南海伍氏刻《粤雅堂丛书》本
《金石例》十卷	元	潘昂霄	清乾隆二十年(1755)卢见曾雅雨堂刻《金石三例》本

(续表)

书名、卷次	时代	作者	版本
《古刻丛钞》一卷	明	陶宗仪	清乾隆三十七年至道光三年(1772—1823)长塘鲍氏《知不足斋丛书》本
《金石古文》十四卷	明	杨慎	清光绪七至八年(1881—1882)广汉钟登甲乐道斋刻《函海》本
《苍润轩碑跋记》一卷	明	盛时泰	中国台北新文丰出版公司《石刻史料新编》(第二辑)本
《金石史》二卷	明	郭宗昌	清乾隆三十七年至道光三年(1772—1823)长塘鲍氏《知不足斋丛书》本
《寒山金石林部目》一卷	明	赵均	清光绪三十四年(1908)至宣统三年(1911)国学萃编社铅印《晨风阁丛书》本
《寒山金石林时地考》二卷	明	赵均	清道光二十九年至光绪十一年(1849—1885)南海伍氏刻《粤雅堂丛书》本
《金石备考》十四卷	明	来浚	清钞本
《天下金石志》十五卷	明	于奕正	明崇祯年间刻本
《金石文字记》六卷	清	顾炎武	清道光四年(1824)上海陈璜辑补刻借月山房汇钞《泽古斋丛钞》本
《来斋金石刻考略》三卷	清	林侗	清道光咸丰间上海徐渭仁刻同治九至十年(1870—1871)徐允临补刻汇印《春晖堂丛书》本
《金石录补》二十七卷,《续跋》七卷	清	叶奕苞	清光绪十四年(1888)吴县朱氏汇印《行素草堂金石丛书》本
《古林金石表》一卷	清	曹溶	清道光十年(1830)长洲顾氏刻《赐砚堂丛书》本
《隶辨》八卷	清	顾霭吉	清康熙五十七年(1718)刻本

(续表)

书名、卷次	时代	作 者	版 本
《金薤琳琅补遗》一卷	清	宋振誉	清光绪间崇川葛氏学古斋刻《学古斋金石丛书》本
《金石存》十五卷	清	吴玉搢	清嘉庆二十四年(1819)闻妙香室刻本
《金石图》二卷	清	牛运震集说，褚峻摹图	清乾隆十年(1745)精刻拓印本
《金石萃编》一百六十卷	清	王昶	清嘉庆十年(1805)自刻本
《潜研堂金石文跋尾》二十卷	清	钱大昕	清乾隆嘉庆间刻《潜研堂全书》本
《两汉金石记》二十二卷	清	翁方纲	清乾隆嘉庆间刻汇印《苏斋丛书》本
《天一阁碑目》	清	范懋敏	清嘉庆十三年(1808)阮氏文选楼刻《天一阁书目》本
《竹崦盦金石目录》五卷	清	赵魏	清宣统元年(1909)刻本
《授堂金石文字续跋》十四卷	清	武亿	清乾隆嘉庆间武穆淳刻《授堂遗书》本
《金石文钞》八卷、《续钞》二卷	清	赵绍祖	清嘉庆七年(1802)自刻本
《古墨斋金石跋》六卷	清	赵绍祖	清光绪间贵池刘氏刻《聚学轩丛书》本
《寰宇访碑录》十二卷	清	孙星衍、邢澍	清嘉庆间兰陵孙氏刻《平津馆丛书》本
《平津读碑记》八卷、《续记》一卷、《再续》一卷、《三续》二卷	清	洪颐煊	清光绪间德化李氏木犀轩刻《木犀轩丛书》本
《清仪阁题跋》四卷	清	张廷济	清光绪十九年(1893)丁立诚刻本
《古泉山馆金石文编残稿》四卷	清	瞿中溶	清宣统三年(1911)国学扶轮社上海铅印《适园丛书》本

(续表)

书名、卷次	时代	作者	版本
《筠清馆金石文字目》二卷,《续目》二卷	清	吴荣光	稿本
《石经阁金石跋文》一卷	清	冯登府	清光绪朱氏行素草堂刻《孙溪朱氏金石丛书》本
《攗古录》二十卷	清	吴式芬	清光绪年间刻本
《金石汇目分编》二十卷、《补遗》十九卷、附《攗古录校勘记》一卷	清	吴式芬	清光绪海丰吴重意刻朱印本
《东洲草堂金石跋》五卷	清	何绍基	民国十年(1921)山阴吴氏西冷印社木活字印《遁盦金石丛书》本
《金石索》十二卷	清	冯云鹏	清道光元年(1821)紫琅冯氏邃古斋滋阳刻本
《金石学录》四卷	清	李遇孙	清道光四年(1824)嘉兴李遇孙芝省斋刻本
《古志石华》三十卷	清	黄本骥	清道光年间湘阴蒋璟刻《三长物斋丛书》本
《金石萃编补目》三卷	清	黄本骥	清光绪间贵池刘氏刻《聚学轩丛书》本
《金石续编》二十一卷	清	陆耀通	清同治十三年(1874)双白燕堂刻本
《话雨楼碑帖目录》四卷	清	王鲲	清道光十五年(1835)王氏家刻本

(续表)

书名、卷次	时代	作者	版本
《隶篇》(又名《隶书大字典》)十五卷、《续集》十五卷、《再续》十五卷、《再续增本》十五卷	清	翟云升	清道光十八年(1838)刻本
《十二砚斋金石过眼录》十八卷、《续录》六卷		汪鋆	清光绪元年(1875)刻本
《八琼室金石补正》一百三十卷、《目录》三卷、《八琼室金石札记》四卷、《八琼室金石祛伪》一卷、《八琼室元金石偶存》一卷	清	陆增祥	民国十四年(1925)吴兴刘氏希古楼刻本
《二铭草堂金石聚》十六卷	清	张德容	清同治十一年(1872)刻本
《补寰宇访碑录》五卷	清	赵之谦	清同治三年(1864)自刻本
《枕经堂金石书画题跋》三卷	清	方朔	民国十年(1921)山阴吴氏西冷印社木活字印《遁盦金石丛书》本
《宜禄堂收藏金石记》六卷	清	朱士端	清同治元年至四年(1862—1865)宝应朱氏刻《春雨楼丛书》本
《金石摘》不分卷,附《续刻》	清	陈善墀	清同治十二年(1873)刻本
《金石屑》四卷、附《附编》	清	鲍昌熙	清光绪三年(1877)自刻本
《金石学录补》三卷	清	陆心源	清光绪十二年(1886)自刻本
《艺风堂金石文字目》十八卷	清	缪荃孙	清光绪三十二年(1906)刻本

(续表)

书名、卷次	时代	作者	版本
《陶斋藏石记》四十四卷	清	端方	清宣统元年(1909)石印本
《九钟精舍金石跋尾》甲编一卷	清	吴士鉴	清宣统二年(1910)刻本
《宝鸭斋题跋》三卷	清	徐树钧	清宣统二年(1910)石印手稿本
《隶释碑目表》一卷	清末民初	廖平	民国十年(1921)四川存古书局刻《六译馆杂著》本
《补寰宇访碑录刊误》	清末民初	罗振玉	清光绪朱氏行素草堂刻《孙溪朱氏金石丛书》本
《魏晋存石目》	民国	尹彭寿	民国四年(1915)罗振玉校补《雪堂丛刻》本
《金石学录续补》二卷,附《附录》《拾遗》	民国	褚德彝	民国八年(1919)铅印本
《函青阁金石记》四卷	民国	杨铎	民国年间瑞安陈氏湫漻斋刻《湫漻斋丛书》本
《古志汇目》六卷	民国	顾燮光	民国年间《非儒非侠斋金石丛著》本
《慕汲轩志石文录》一卷、《续编》一卷	民国	吴鼎昌	民国年间铅印本
《六朝金石造像龛金石目录》一册	民国	何振羲	民国年间手稿本
《草隶存》六卷	民国	邹安	民国十年(1921)广仓学窘影印本
《广仓古石录》二册(又名《古石抱守录》)	民国	邹安	民国五至九年(1916—1920)上海仓圣明智大学景印《艺术丛编》本
《循园金石文字跋尾》二卷	民国	范寿铭	民国十二年(1923)石印本
《汉晋石刻略录》	民国	柯昌泗	民国十四(1925)年双钩石印本

(续表)

书名、卷次	时代	作者	版本
《石刻名汇》十四卷、《补遗》一卷	民国	黄立猷	民国十五年(1926)铅印本
《贞草堂汉晋石刻墨影》	民国	周进	民国十八年(1929)石印本
《希古楼金石萃编》十卷	民国	刘承干	民国二十二年(1933)刻本
《国立北平图书馆藏碑目》	民国	范腾瑞	民国三十年(1941)开明书局铅印本

中华人民共和国成立后，国内学者所编金石文献著作也不断问世，主要有孙贯文《北京大学图书馆藏金石拓片草目》六册（油印线装本）、赵万里《汉魏南北朝墓志集释》十一卷（科学出版社1956年影印本）、中科院图书馆编《中国科学院图书馆藏石刻编年草目》（1959年油印本）、王壮弘《六朝墓志检要》（上海书画出版社1985年版）、高文《汉碑集释》（河南大学出版社1985年版）、谭良啸《三国碑刻存目》（《成都文物》1985年2期）、徐自强《北京图书馆藏石刻叙录》（书目文献出版社1988年版）、陈垣《道家金石略》（文物出版社1988年版）、王敏《北京图书馆藏善拓题跋辑录》（文物出版社1990年版）、袁维春《秦汉碑述》（北京工艺美术出版社1990年版）等。尽管这些金石文献著作不是专门关于巴蜀的著录，但其中也包括了与巴蜀有关的金石文献内容。如宋人洪适所编《隶续》卷一六就有《繁长张禅等题名》碑文，属于巴蜀石刻文献。又如清人刘喜海所编《金石苑》收录了宋代西山观的题名六种，其中有"开封府界第四将副太原霍中谨子庄、方渠张诚遵约奉命统全军赴泸南，权驻左绵，乘暇游仙云观，从行部将、崇班折继承已下三十员。时元丰辛酉季夏初一日命工刊石"，这些内容都

与巴蜀碑刻有关。2015年，甘肃省古籍文献整理编译中心牵头编纂的《中国金石总录》全拓全文数字版首批成果正式推出。该项目于2011年1月立项，至2014年11月完成总体平台设计和第1期资料整理，2015年6月正式出版。2017年，河北大学组织力量推进《中国历代金石文献数据库》建设。《中国历代金石文献数据库》是首次对全国地下出土和地上遗存金石文献进行全面调查、系统整理、全拓全文数字化的一项创新性基础资源整合工程。2017年，刘雁翔编校《天水金石文献辑录校注》也正式由三秦出版社出版。洛阳市地方史志办公室整理《洛阳金石文献选编》于2016年由中州古籍出版社出版，《陕西金石文献汇集》于2007年由三秦出版社出版，吴志华、吴志标纂《处州金石》于2014年由浙江古籍出版社出版。国家图书馆出版社出版的《历代石刻史料汇编》是一部上起先秦、下迄清末的大型石刻史料汇编，是集现存千余种金石志书之大成者。该书计收石刻文献一万七千余篇，从秦砖汉瓦到碑文墓志，内容涵盖中国古代政治、经济、军事、民族、宗教、文学、科技、民俗、教育、地理等各个方面，堪称大型古代史料文献汇编。2011年学苑出版社出版《中国地方志历史文献专辑·金石志》，国家图书馆出版社出版贾贵荣主编的《历代石经研究资料辑刊》，也是大型的金石文献史料汇编。

就巴蜀地区金石文献来看，早在先秦秦汉时期，巴蜀地区考古出土的金石器物上就已经出现铸刻的文字符号，如广汉三星堆、成都金沙遗址出土的青铜器和玉器上已有巴蜀图语符号。随着秦统一中国，中原汉字传入巴蜀地区，汉字得到大力推广和普遍使用，铸刻在青铜器、铁器、石碑、石砖上的文字越来越多，金器铸刻文字如1972年涪陵秦墓出土铜戈"蜀守武造"等铭文①，1987年在四川青川发现始皇九年戟上刻铭文"九年相邦吕不韦造，蜀守金，东工守文居，戈三，成都"②，1999年蒲江县五星镇出土的铸有"廿五石"盐铁盆③等，还有在巴蜀地区发现汉代流行于蜀地铸刻有"太平百钱""太平百金""直百五铢""世平百钱"等文字的铁钱，西昌、德昌出土铸刻有"蜀郡""铁利"铭文的铁锸等。石刻文字如1958年成都市崇义桥出土的汉墓石枋文字、1966年成都郫县犀浦镇发现的东汉簿书残碑铭文④、1979年温江寿安发现的汉墓石质墓门铭文、1980年成都猛追村出土的两块汉阙刻石⑤、1983年成都武侯区燃灯寺发现的东汉墓门题刻、2006年都江堰渠首安澜索桥河床中出土的《建安四年正月中旬故监北江堋太守守史郭择赵汜碑》、西汉哀帝时刻《郫五官掾范功平治道碑》、东汉永元六年(94)刻石"临邛长印"，以及新繁出土汉代文字砖、双流华阳崖墓汉字题刻、郫县东汉王孝渊题记残碑、成都金牛区汉墓石刻、成都牧马山汉代崖墓石刻、新都三河城互助村出土汉墓"石门关"及铭文石刻等⑥。汉代以后，各种碑刻、摩崖、石阙等石刻、题记文字相当丰富，金银铁器上铸刻铭文也多有发现。但这些以金石为实物载体的文献或拓片在宋代以前还没有真正进行过集中搜集和整理，只是散见于一些学者的零星引用。但这种情况到了宋代随着金石学

---

① 四川省博物馆、重庆市博物馆等：《四川涪陵地区小田溪战国土坑墓清理报告》，《文物》1974年第5期。
② 尹显德：《四川青川出土九年吕不韦戟》，《考古》1991年第1期。
③ 龙腾：《四川蒲江发现汉代铁盆》，《文物》2002年第9期。
④ 谢雁翔：《四川郫县犀浦出土的东汉残碑》，《文物》1974年第4期。
⑤ 高文等编：《四川历代碑刻》，四川大学出版社1990年版。
⑥ 以上参见罗开玉、谢辉：《成都通史》第二卷《秦汉三国（蜀汉）时期》相关部分记载，四川人民出版社2011年版。

的兴起而发生了根本变化。

宋代以前，有关巴蜀金石文献多见于他书记载，并没有整理成集，较有名的如唐乐朋龟撰《西川青羊宫碑铭》。随着宋代金石学的兴起，一批全国性的金石文献著作问世。在这一时期，也开始出现了某一区域的金石文献著作。如北宋元丰年间，蔡京知成都，曾命简池人刘泾"纂府县碑板幢柱"，编成《成都刻石总目》一卷（一作三帙），上起东汉初平年间，下迄后蜀广政年间，共收入蜀碑二百六十八通，这是巴蜀历史上第一部石刻文字目录类专书，也是历史上第一部蜀碑专著。该书久佚，已不传于世。南宋著名藏书家、刻书家、河南南阳人井度，人称"南阳公"，宋高宗绍兴十一年（1141）任四川转运使兼川陕宣抚司参议官，在蜀二十余年。"任四川漕日，编梓潼、灌口、射洪三神祠碑文板记"，为《蜀三神祠碑文》五卷，惜乎也已失传。现存最早的巴蜀金石文献专著是王象之的《蜀碑记目》。王象之是南宋著名地理学家，著有《舆地纪胜》二百卷，另著《巴国考》《蜀国考》《蜀山考》《蜀水考》《四川风俗形胜考》等。其所撰《舆地纪胜》二百卷，在各府州军监之后大都有《碑记》一类。后人将这些碑记内容单独摘录出来，编成王象之《舆地碑记目》四卷流传于世。到了清乾隆修《四库全书》时，王象之《舆地纪胜》一书尚未找到，而《舆地碑记目》被收入《四库全书》之中。至李调元编《函海》丛书时，《舆地纪胜》一书仍佚不可得，仅有前人据此书摘编单独刊行的《舆地碑记目》四卷。从传世《舆地碑记目》来看，其所载碑记中有关蜀地碑刻尤为详细，不知何人将《舆地碑记目》中的蜀碑条目单独摘出[①]，这是最早有关巴蜀碑刻的著录，李调元将其收入《函海》之中。李调元在《蜀碑记》的基础上广征博引二十多种典籍，"每卷先以王所得列于前，为上卷，而以己所得列于后，为下卷，共合为十卷，示不敢紊、不敢袭也。又于下卷中分王本所未有而增入者曰补"[②]，对《蜀碑记》从汉代至宋代金石碑刻加以补充考证，撰成《蜀碑记补》十卷，也收入《函海》丛书之中。该书是一部研究性的金石学名著，其中不乏精辟之见，对四川金石研究做出了重要贡献。李调元还将《舆地碑目记》原本另录一编，"以存其旧"。清人胡凤丹对《蜀碑记》进行考校，著《蜀碑记辨讹考异》，收入清同治八年（1869）永康胡凤丹退补斋刻《金华丛书》之中。此外，在宋代其他相关文献中也有许多关于巴蜀金石文献的记载。如宋僧赞宁编《高僧传》一书内引录《彭门光化寺石经》，宋人张君房编《云笈七签》一书引录《峨眉山洞石经》"郁仪引日精，结璘致月神。得道处上宫，位称大夫真"凡二十字，这些都属于巴蜀石刻的内容。清人张澍于嘉庆二十三年（1818）任大足县令，曾多次游览宝顶山，首次将"沉埋于蔓草荒烟"间的大足石刻展示给世人，成为第一位研究大足石刻的金石学家，编有《大足金石录》（一作《大足县金石录》），然未曾付梓，手稿由其后人于1963年捐献给陕西碑林博物馆。清同治八年（1869），浙江归安人姚觐元出任川东道兵备使，在渝期间，欲编撰《四川金石记》。据王绍曾《清史稿艺文志拾遗》

[①] （清）李调元《蜀碑记补序》"其摘出单行，不知始自何人"，该书"所载东南十六路，于蜀刻尤加详细，皆自为注释，不似《宝刻丛编》于蜀独寥寥数语，是真益郡之金薤琳琅也"。

[②] （清）李调元：《蜀碑记补》卷首《序》，清光绪七至八年（1881—1882）广汉钟氏乐道斋重刻《函海》本。

记载，姚觐元编有《金石苑目录》，有稿本存世。清同、光年间，双流人叶毓荣一生酷嗜金石，编有《蜀中金石志》（一作《全蜀金石志》二十四卷，凡九百余种，对巴蜀历代铜器铭文、石刻文字加以著录，这是继李调元之后又一部重要的巴蜀金石文献专著，目前稿本藏于南京大学图书馆。清道光二十五年（1845），山东诸城人刘喜海任四川按察使。他在蜀期间，广搜历代蜀碑，择其精者按州县分类，编为《三巴䎱古志》（又名《三巴金石苑》《三巴汉石纪存》），于道光二十六年至二十八年（1846－1848）陆续刻成。"是志先图画，后释文，间加考跋。缩丰碑于尺幅，大小真行，各极其态。钩摹之精，镌刻之细，得未曾有。"① 该书共收蜀碑三百余通，上始于汉，下迄于宋，是第一部图文并茂的蜀碑著作。刘氏还钞录《金石录》《隶释》《宝刻丛编》《宝刻类编》《蜀碑记》《四川通志》等书中之蜀碑条目，再加所收录的拓本，分为"已见"和"待访"两部分，编成《全蜀碑目》，刘氏生前未曾付梓，手稿为刘承干所得，将其中成都府部分以《四川访碑录》为题刊登在《艺文杂志》民国二十五年（1936）第1卷第2期上，署名"东武刘喜海著"。刘承干所藏刘喜海完整稿本后为国民政府中央研究院历史语言研究所收藏，"史语所"迁往台湾后，以《燕庭金石丛稿》为名，收入中国台北新文丰出版公司出版的《石刻史料新编》丛书第三辑第三十二册中。与此同时，四川学政何绍基在蜀两年半时间里，按试州县，足迹遍及巴蜀。在公余之暇，广收蜀中历代金石拓本，按府州县分类，以蓝格纸亲笔工楷书之，共收一百五十四种，此手稿今藏重庆博物馆。清光绪年间，况周仪将万县西山碑刻汇成专书，收有

---

① （清）刘喜海：《三巴䎱古志》卷首周其懋序，清道光二十八年（1848）刘氏来凤堂刻本。

《黄鲁直题名》(即《南浦西山勒封院题记》，又称《西山碑》)《南浦郡报善寺两唐碑释文》等，编成《万邑西南山石刻记》(一作《万县西南山石刻记》)二卷，《附录》一卷。此外，清代所编巴蜀金石文献著作还有吕上珍《宜宾金石志》、周瑞歧《芦山县樊敏碑释文》二卷、吴大澂《蜀中古刻补编》、衷以埙辑（一作衷兴鉴纂辑）《成都金石志》等。

晚清至民国间，庆符人何振羲（一作震熙）雅好金石之学，民国十六年（1927）编有《四川金石略》《六朝金石造像龛金石目录》，前者稿本不知所在，后者稿本今藏于四川省图书馆特藏部。此外，民国时期所编巴蜀金石文献还有沈中手拓《蜀中汉阙》二种（《高君阙》《沈君阙》），民国初粘贴原拓本，有马幼梅题字。秦绹孙编辑《汉褒斜石刻联拓大观》，民国七年（1918）上海艺苑真赏社影印本。墨拓本《汉故益州太守北海相景君铭》一册，有碑额碑阴。博风斋集、娱愚盦校《华阳金石钞》，民国二十四年（1935）成都美学林铅印本。杨家骆编《大足石刻图征初编》一册，民国八年（1919）苏州振新书局缩影潘氏原本。王云凡撰《汉巴郡太守樊敏碑考释》一卷，民国二十九年（1940）斯榆王氏写刻本。

中华人民共和国成立以来，学术界越来越重视对巴蜀金石文献的整理与研究，出现了一系列成果。如1949年，江津人邓少琴将蜀中汉晋石刻文字四十五种编辑成《益部汉隶集录》，收入《国立四川大学历史系丛书》中。闻宥撰《四川大学历史博物馆所藏古铜鼓考》二卷，附《续考》各附有原拓，1953年成都影印本。1963年，龚廷万、李谦编成《四川涪陵石鱼铭刻图集》稿本，对"石鱼"文字加以全面整理，共收录宋、元、明、清、现代题刻一百六十五段，皆系拓本照片，有释文，按时代先后排列，录有钱保塘考证文字及地志相关史料，以及编者考证成果，今藏于重庆博物馆和涪陵文化馆，未正式出版。大足人陈习删曾著有《大足石刻概论》一书，民国间大足文中石印社有石印本。1955年，陈氏在此基础上另撰成《大足石刻志略》，有油印本传世。1984年胡文和、刘长久为《志略》校注，收入《大足石刻研究》（中篇）内，1985年由四川省社会科学院出版社正式出版。1997年，大足石刻艺术博物馆编《大足石刻铭文录》由重庆出版社出版。另外，四川省博物馆王家佑曾编有《大足石刻目录汇编》，未曾付梓。此外，成都市文管会办公室、成都市龙泉区文管所编有《石佛寺石刻简目》，载于《成都文物》1987年第3期，其编写方法与《大足石刻内容总录》略似。1990年，高文等编《四川历代碑刻》，收录自两汉至近现代尚存之四川著名碑刻，对碑刻虽已不存但仍存有拓片文字者亦录之。全集共收录历代碑刻二百零一块，并注意收录近年来出土碑刻，如《郫县墓门铭文》《小宁州记》等，由四川大学出版社出版。1994年，胡昌健编成《四川元以前石刻文字简目》一册，该书是迄今为止收录蜀碑条目最多的金石专书，且每条后注明文献著录情况。1997年，天津古籍出版社出版《中国西南地区历代石刻汇编》二十册，收录云、贵、川、桂、藏现存石刻拓本四千余种，是国内第一部大区范围内石刻文字著录的鸿篇巨帙，其中《四川卷》收有发现于成都西郊的上自南北朝，下至唐代的数十件万佛寺佛教造像及题刻，是有关巴蜀宗教史的重要资料；《重庆卷》收有宋以来墓志、地券及地震、水文石刻文字，尤其是地震、水文碑刻，是解放后首次集中出版。1998年重庆出版社出版了《四川广元石刻》《四川安岳石刻》《四川巴中石刻》，这是具体对某一区域石刻进行整理的典范。1997年至2004年间，龙显昭等主编《巴蜀道教碑文集成》《巴蜀佛教碑文集成》，成为研究巴蜀道教、佛教的重要文献。胡人朝编《中华人民共和国出土墓志·重庆卷》，收有新出土的唐以来墓志一百六十余方，有图片、释文，标点整理，由文物出版社出版。其他有关巴蜀金石文献著作还有四川省文物考古研究所编《四川文物考古文献目录》、重庆市博物馆编《重庆文物总目》等①。

在巴蜀金石文献中，学术界对孟蜀石经和巴蜀水利碑刻的整理和研究取得了一系列重要成果。

（一）孟蜀石经整理与研究

石经是指刻在石头上的经书，可分为儒、释、道三种石经。其中儒经刻石最早。东汉经学兴盛，因各家所传经文文字各不相同，导致论争纷起，蔡邕等奏请订正六经文字，于熹平年间刻成《熹平石经》，这是我国最早的儒家石经。自此以后，由政府组织的儒家经典大规模刻石活动先后有六次，其中与巴蜀有关的是五代十国时期后蜀广政年间在成都所刻《广政石经》，又称《孟蜀石经》《后蜀石经》《蜀石经》《成都石经》《益都石经》等。后蜀宰相毋昭裔主持其事，始刻经时仅《孝经》《论语》《尔雅》《周易》《毛诗》《尚书》《仪礼》《礼记》《周礼》《春秋左氏传》共十部经书。宋皇祐元年（1049），成都府尹田况补刻《公羊传》《穀梁传》。徽宗宣和五年（1123）蜀帅席贡又补刻《孟子》。孝宗乾道五年（1169）晁公武补刻《古文尚书》，并校诸经异同，著《石经考异》附刻于后。刻经时间长达一百八十多年，加上刻《考异》时间，更长达二百三十多年。《广政石经》经注并刻，行款类宋版古书，经文用单行大

---

① 以上主要参引胡昌健《巴蜀碑刻著录述评》。

字，注疏用双行小字排在经文之下，经注并行。《广政石经》石逾千数，字过百万，是儒家刻经中刊刻时间最长，规模最大的一次，杨守敬评价道："蜀石经经注并刻，宏工巨制，可谓空前绝后。"《广政石经》原石立于成都府学石经堂，至宋初尚完好，传说毁于宋末元初之兵燹。传世拓本极为罕见，据说宋时内府尚有拓本九十六册，明万历间内阁犹存，入清则仅剩《毛诗》半部。目前国家图书馆藏《广政石经》为宋、元拓本之合璧残本，宋内府、刘体乾、陈澄中等递藏，是现存《蜀石经》最佳拓本。

对蜀石经残片文字摹拓整理者自清代以来不下数家，主要有清王昶《后蜀毛诗石经残本》（一作《孟蜀石经毛诗残本》），清光绪十六年（1890）四川尊经书局刻《石经汇函》本，从《金石萃编》录出。王昶另编有《蜀石经残字三种》，有黄丕烈、吴骞校并跋，陈鱣、朱昌燕跋，清钞本。清吴骞辑《蜀石经毛诗考异》，朱昌燕跋，有清吴氏拜经楼钞本。缪荃孙撰《蜀石经校记》，民国初年国粹学报社铅印《古学汇刊》本。冯登府《蜀石经考异》，清光绪十七年（1891）上海鸿宝斋《皇清经解》石印本。陈宗彝摹《蜀石经残字》一卷，清道光六年（1826）三山陈氏重刻本。陈宗彝又辑《重刊蜀石经毛诗残本》，民国年间石印本。刘体乾辑《孟蜀石经残字》，民国十年（1921）海宁陈氏《百一庐金石丛书》本，另辑《宋拓蜀石经周礼春秋左氏传穀梁传残本》，民国十五年（1926）上海庐江刘氏本。罗振玉辑《蜀石经春秋穀梁传残石》一卷，民国六年（1917）上虞罗氏《吉石庵丛书》（三集）本。邓实《蜀石经校记》，民国元年（1912）铅印本等。

（二）巴蜀水利碑刻整理与研究

在历史上，巴蜀水利碑刻文献相当丰富，见于各类地方志、水利志、金石文献、诗文集著录。历经岁月沧桑，巴蜀众多水利碑刻早已不传于世，仅见于文字留存。但也有一部分碑刻躲过了战火和自然的洗礼而幸存到现在，成为十分珍贵的水利碑刻遗存。如仪陇县新政镇清道光三十年（1850）《重修离堆山忠贤祠记》碑刻、西昌市川尖镇光绪二十三年（1897）刻水利《禁示碑》等。巴蜀水利碑刻遗存主要包括碑文石刻、摩崖石刻、河滩石刻等几类，既有地下出土文物，也有地上文物。近年来，学术界在重视对巴蜀水利考古、巴蜀水利文化研究过程中，也越来越关注对巴蜀水利碑刻遗存的研究，这主要集中在以下三个方面：

一是对都江堰灌区水利碑刻的研究。目前学术界对世界文化和自然遗产都江堰的研究论著众多，其中大都论及到都江堰"六字诀""三字经""八字格言"石刻，在这方面以彭邦本《上古蜀地水利史迹探论》为代表。彭邦本、林凌等认为其中包含了"天人合一""人水和谐"的思想精髓，折射出凝聚其间的"道法自然"的深邃文化理念。其他学者如李映发、张莉红、周烈勋、王文才、罗开玉、彭述明、李绍先、任正非、杨义芳、冯广宏、郭声波、向玉成、张军、吴敏良、郭发明、吴平勇、邹一清等都对都江堰"六字诀"进行解读，认为是对巴蜀千百年治水经验的浓缩和经典概括。随着1974年东汉建宁元年（168）李冰石像的出土和2006年都江堰河床中《建安四年正月中旬故监北江堋太守守史郭择赵汜碑》的出土，再次引起学术界高度重视。卞再斌、李绍明、林向、谭继和、张勋燎、宋治民、周九香、彭邦本、李映发、许蓉生、段渝、罗开玉、江章华、何崝、宋治民、王文才、张绪造、钟维昭、吴金钟、谭徐明等一批历史、考古、文博、艺术专家，就该碑文字、学术意义、历史文化内涵以及所反映的水利制度、修堰成果、书法艺术价值、渠首石刻群的性质和功能等开展了深入研讨，认为这对研究都江堰的历史变迁提供了重要的实物资料。还有学者利用都江堰水利碑刻研究当时的水利纠纷，如李映福《新津郭之新墓碑所记清代都江堰灌区水利纠纷与处理机制》等。此外，关于四川古代水位标志、都江堰"水则"及其元、明、清时期重刻和内容变化等情况，汪耀奉、李炳芝、胡长江等对此进行过专门研究，认为它是巴蜀治水历史和治水经验不断积累和丰富的重要体现。

二是对涪陵石鱼碑刻以及其他川江水文碑刻的研究方面。位于重庆涪陵的白鹤梁题记是目前保存完好的世界唯一古代水文站，被誉为"世界水下碑林"，也是世界上目前所发现的时间最早、延续时间最长、数量最多的枯水位水文题刻，记录了自唐以来至现代一千二百年间长江中上游七十二个年份的枯水水文资料，具有极高的历史、科学和艺术价值，其中现存明清水文题刻共四十一段。20世纪80年代以前，施纪云、杨讷、王成敬、易哲文、江永庆等学者对白鹤梁题刻有所提及，其间龚廷万《四川涪陵"石鱼"题刻文字的调查》一文是作者经过详细实地调查之后撰写而成。进入20世纪80年代以后，随着三峡水利工程被提上议事日程，学术界对白鹤梁题刻的研究也逐步兴起，并于20世纪90年代中期掀起了一个小高潮。有关白鹤梁介绍与资料汇编性质的图书开始集中出版，相关学术研究成果也相当丰硕。既有关于白鹤梁题刻文物保护方面的研究，如杨宝衡、曾中懋、黄真理、何凤桐、郝国胜、刘争、高远、宋靖华、赵万民、周建军、胡长华、汪耀奉、徐麟祥、韩建成、章荣发、尹振强、陈一兵、龚斌、孙华、陈元棪、张凡凯、葛修润、夏万权分别从历史地理学、考古学、建筑学、地质学、信息技术、水文学等学科的研究领域出发，对白鹤梁题刻的保护提出具体操作方案，最终形成用"无压容器"概念修建白鹤梁题刻原址保护工程方案的设计理念及主要设计成果。这一极具创新设想的工程实施，成为世界上唯一遗址类水下博物馆，为水下文化遗产的原址保护提供了成功的工程范例。同时又有关于白鹤梁题刻价值以及文化开发方面的研究、对白鹤梁题刻整体历史性解读方面的研究。其代表作者有陈曦震、陈之涵、袁明媛、谭荣志、王春振、王高龙、吴胜成、王德芬、熊达成、丁祖春、王熙祥、李胜、胡昌健、杨冬明、曾超、黄秀陵、周晏、李金荣、彭丹凤、陶灵、王明月、李禹阶、邹登顺、赵靓、彭世杰、黄德建等。他们对白鹤梁题刻所蕴含的科技、人文、历史等信息进行了充分的发掘，得出了一系列有价值的结论。此外，还有将白鹤梁与褒谷石刻进行比较研究，如马强《地方石刻文献的科学史价值及其他——关于白鹤梁与褒谷石刻中宋人题记的比较分析》。另外，艾南山、宁应城、杨帆、邹礼洪、杨玉荣、乔盛西、陈正洪、王晓晖、李铁松、刘浩然、李卫朋、伏润得、梁七丹、李铁松、刘辉、黄世宪、肖绍华、常福宣、丁晶等利用川江水文碑刻对包括嘉陵江流域在内的川江洪灾和枯水题刻进行研究，并取得重要成果，如蔡东洲《嘉陵江流域历代洪水碑刻考论》、马强等《明清时期嘉陵江流域水旱灾害时空分布特征》。

三是在对巴蜀水利碑刻的搜集和整理方面。自清代以来，一些学者开始对其进行整理与研究，首推姚觐元、钱保塘编《涪州石鱼题名记》《涪州石鱼文字所见录》。清同治八年（1869），浙江归安人姚觐元任川东兵备道使，驻重庆期间，对涪陵大江"石鱼"文字题刻极为关注。光绪元年（1875），姚氏得知"石鱼"出水，遂命幕僚缪荃孙携打碑人赴涪陵尽拓出水"石鱼"文字，姚氏遂得拓本百余种，后将拓本交与钱保塘，嘱其考证并付梓。光绪二十一年

(1895)《涪州石鱼题名记》梓成，署名"钱保塘编"，收入《清风室丛刊》中。清光绪四年（1878），缪荃孙从钱氏手中借得已"录成清册"的"石鱼"文字稿本及钱氏跋，将其获得的一批"石鱼"文字拓本与钱氏稿本进行对校后付梓，取书名为《涪州石鱼文字所见录》，署名"姚觐元、钱保塘同撰"。今人有关巴蜀水利碑刻整理成果主要有：龚廷万、李谦编《四川涪陵石鱼铭刻图集》稿本；水利部长江水利委员会编《长江三峡工程水库水文题刻文物图集》；重庆博物馆编《中国西南地区历代石刻汇编》有四川、重庆、四川凉山专卷，其中收录有水利碑刻文献；四川省地方志编纂委员会编纂《四川省水利志》，对明清时期巴蜀水利碑刻也收录了数种。四川省水利电力厅编著《四川历代水利名著汇释》，对包括明清时期关于都江堰、通济堰、古佛堰、江公堰、牛特三堰、宏仁堰、惠泽堰、永济堰、广寒堰、长青堰等十余种水利碑刻加以搜集并标点整理。1993年，文物出版社出版《四川两千年洪灾史料汇编》，由水利部长江水利委员会、重庆市文化局、重庆市博物馆共同编纂，该书是洪水题刻水文资料汇编，虽非金石学意义上的石刻专著，但题刻本身也为我们提供了宋以来蜀中方言、语音、碑别字、民俗、经济等方面的信息，可视为特殊的石刻文字著录，该书第三章《四川历代洪水碑刻》将四川历代洪水碑刻文字加以摘编，并注明碑刻存佚情况，书末附有四川历代洪水碑刻照片和拓片。此外，都江堰文物志编委会编《都江堰文物志》、冯广宏主编《都江堰文献集成·历史文献卷》、乐山市市中区编史修志办公室编《乐山历代文集》、彭福荣等主编《乌江流域民族地区历代碑刻选辑》等收录了都江堰、乐山以及川江支流乌江流域部分明清水利碑刻。

二、《巴蜀珍稀金石文献汇刊》的编纂情况

巴蜀金石文献是巴蜀文献的重要组成部分。自秦汉以来，巴蜀地区传世的金石实物铭文刻字或拓片相当丰富，为人们研究巴蜀历史提供了极其宝贵的文献资料。有鉴于此，四川大学历史地理研究所与成都市地方志编纂委员会办公室合作，一方面将历代专门关于巴蜀的金石文献加以搜集和整理，另一方面将现存民国及其以前巴蜀地方志中有关金石碑刻的内容加以辑录，并按照《中国地方志联合目录》顺序进行编排。目前，《巴蜀珍稀金石文献汇刊》已经于2018年正式出版，可为学术界从事相关研究提供方便。

煌煌巨著　辉映古今
——《华阳国志》的历史地位及其史料价值浅述

常璩（约291—361年）字道将，东晋蜀郡江原县（今四川崇州市）人，东晋著名史学家。其所著《华阳国志》被誉为"蜀诸志之祖"①，不仅是我国现存最早、保存比较完整的一部地方志，而且也是第一部最有权威、最具历史价值的西南地区通史巨著。

《华阳国志》所载"肇自开辟，终乎永和三年"②，记载了公元4世纪中叶以前今四川、云南、贵州三省以及甘肃、陕西、湖北部分地区的历史地理、物产资源、民族宗教、风土人情、语言文化等内容。《华阳国志》自成书以来，为历代学者所推崇，并受到高度评价。唐代著名史学家刘知几在《史通·杂述》中评此书叙事"详审"，是一部"能传诸不朽、见美来裔者"③的历史著作。明代学者杨经评价此书"其志自拟良史。其文古，其事核，其意深远，可

---

① （清）李调元：《华阳国志后序》，《华阳国志》卷末，清乾隆四十六年（1781）李调元刻《函海》本。

② （东晋）常璩：《华阳国志》卷一二《序志》，明嘉靖四十三年（1564）张佳胤刻本。

③ （唐）刘知几：《史通》之《内篇·杂述》，明万历五年（1577）刻本。

谓晋之《乘》、蜀之《梼杌》，盖自信传后无疑矣"①。明李一公也说，是书"其文古，其事核，其义例深严，足备劝惩、昭法戒，骎骎良史才也。盖道将生长蜀国多事之秋，目击诸李之僭乱，有愤心焉。其元本蚕鱼，推崇昭烈，搜括巴汉风土之详，良士贤女之懿烁，勒之编简，井井有条，而论赞所垂，往往详略得体，殆非苟作者。即质之《周官·职方氏》所掌，不知何如，而以较于《蜀梼杌》《南裔志》《耆旧传》诸籍，或亦可称备所未备矣"②。著名历史地理学家葛剑雄说："任何人想研究东晋前的巴蜀地区历史，无论是疆域、政区、制度、事件、户籍、人物、民族、风俗、文学、神话、物产、交通、山川、灾害等，或多或少能有收获，其中很多是不见于《史记》《汉书》《后汉书》《晋书》等正史记载的，有的还是唯一的出处。"③《华阳国志》研究专家刘琳也认为，晋常璩所著《华阳国志》不仅是我国现存最早的一部地方志，而且创造了一种更加完备的地方志新体裁，开了后世地方志的先河，具有极高的史料价值，是我国古代历史文化宝库的一个重要组成部分，在我国万余种方志宝库中无疑是一颗最耀眼的明珠。因此，可以毫不夸张地说，《华阳国志》是"中国方志之王"④。

---

① （明）杨经：《重刻华阳国志序》，载《华阳国志》卷首，明嘉靖四十三年（1564）成都刘大昌刻本。
② （明）李一公：《重刻华阳国志序》，《华阳国志》卷首，清乾隆四十六年（1781）李调元刻《函海》本。
③ 葛剑雄：《史志瑰宝，巴蜀之光》，《成都史志》2011年第1期。
④ 刘琳：《〈华阳国志〉——中国方志之王》，《成都史志》2011年第2期。

一、《华阳国志》在中国方志学领域崇高地位的确立

《华阳国志》主要从以下两个方面确立了它在中国方志学领域的崇高地位。

首先,《华阳国志》所创立的方志编纂体例对后世方志产生了深远影响。早在唐代,著名史学家刘知几就认为《华阳国志》是一部地理著作,他说:"若盛弘之《荆州记》、常璩《华阳国志》、辛氏《三秦》、罗含《湘中》,此之谓地理书者也。"[①] 明杨慎也将《华阳国志》归入"地志诸家"[②]。清廖寅说:"唐以前方志存者甚少,惟《三辅黄图》及晋常璩《华阳国志》最古。"[③]

常璩《华阳国志》在我国方志编纂史上的地位,著名史学家刘琳给予了高度评价。他认为,中国方志之作萌芽于先秦,始盛于东汉。在《华阳国志》之前,已有编年、纪传之体等史书,各地方志或近似方志的著作见于记载者已达一百多种,或记述方国历史,或记载州郡地理,或叙论乡党耆旧,而益州地区(主要是巴蜀)撰作之风尤盛,可考的方志就有二十余种。这一大批专记一地的历史之书、地理之记、人物之传,为更加成熟的方志写作开创了风气,准备了素材,积累了经验。但常璩并不满足于"述而不作",他看到

---

① (唐)刘知几:《史通》之《内篇·杂述》,明万历五年(1577)刻本。
② (明)杨慎:《丹铅余录》卷二,台北商务印书馆1986年影印文渊阁《四库全书》本。
③ (清)廖寅:《校刊华阳国志序》,《华阳国志》卷首,清嘉庆十九年(1814)题襟馆刻本。

上述方志存在将历史、地理、人物三者分离、各写一面，而不能较好地反映它的全貌这一缺陷，于是，他综合各家方志优点，进行大胆革新，又吸取《史记》《汉书》等纪传体史书的长处，创造了一种更加完备的地方志新体裁。从内容上来看，是将地理、历史、人物三结合；从体裁上来说，是地理志、编年史、人物传三结合，这两个三结合构成了《华阳国志》一个显著特点，成为中国方志编纂史上的一个创举，后来修巴蜀方志者皆据以为典范，备受历代学者推崇。在宋元以前，历代编修古方志有二千余种，现存者已不到七十种，其中隋以前仅存的十余种方志中，除《华阳国志》外，大都真伪杂糅，残缺不全，内容狭窄，其价值远逊于《华阳国志》，可以说该书是我国隋以前古方志中硕果仅存者。到了方志编纂发达的宋代，尽管这一时期的方志在取材上更为广泛，分门更为详密，但究其内容，基本上还是历史、地理、人物三方面，追本溯源，《华阳国志》实开其先河。明清以后，方志著作浩如烟海，但像《华阳国志》那样规模宏大、内容广博、体例简括、取材精审的并不多。故刘琳说，《华阳国志》既是"我国第一部地方通史"，同时也是"我国现存的一部最早的、比较完整的地方志"[①]。朱士嘉在《中国地方志统计表》一文中也说："舆地之书昉自先秦，方隅之志则未闻也，今所见者以《华阳国志》为最早。"[②] 刘重来在《常璩与〈华阳国志〉》一文中也称《华阳国志》"是我国最早的地方志专著"[③]。著名历史学家任乃强甚至将《华阳国志》与《史记》《通

---

① 刘琳：《华阳国志校注前言》，载《华阳国志校注》卷首，巴蜀书社1984年版。
② 朱士嘉：《中国地方志统计表》，民国二十一年（1932）燕京大学史学年报社排印本。
③ 刘重来：《常璩与〈华阳国志〉》，四川人民出版社1985年版。

鉴》相媲美,盛赞"《华阳国志》为地方史一鸿篇巨制"①,"正史几十种,人莫不推司马迁《史记》为典型;编年史几十种,莫不推司马光《通鉴》为典型;地方志几百种,莫不推《华阳国志》为典型"②。他还说:"一书而兼备各类,上下古今,纵横边腹,综名物,撰道度,存治要,彰法戒,极人事之变化,穷天地之所有,汇为一帙,使人览而知其方隅之全貌者,实自常璩此书创始。此其于地方史中开创造之局,亦如正史之有《史记》者。"③ 这些评论足以说明《华阳国志》在我国方志编纂学上所占有的历史地位。

其次,《华阳国志》蕴含了丰富的史学思想。许多学者如陈晓华、刘重来、杜治文等对此进行了深入探讨,尤其是对该书所包含的"大一统"思想、经世致用思想、民本思想进行了深入分析。常璩是一位史学造诣极深的大家,《华阳国志》一书识见高远,思想深邃,反映出常璩对社会、历史、人生的理性认识和批判,尤其是他在洞察社会现实、总结历史结验、品评地方人物等方面的真知灼见已经超越了同时代的其他史学家。北宋吕大防说:"晋常璩作《华阳国志》,于一方人物,丁宁反复,如恐有遗。虽蛮髦之民,井臼之妇,苟有可纪,皆著于书。"④ 南宋李𡏲也说:该书"于一方人物尤致深意。虽侏离之氓,贱俚之妇,苟有可取,在所不弃。此尤足以弘宣风教,使善恶知所惩劝,岂但屑屑于山川物产以资广见

---

① 任乃强:《华阳国志校补图注》,上海古籍出版社1987年版。
② 任乃强:《〈华阳国志〉简介》,《历史知识》1980年第2期。
③ 任乃强:《华阳国志校补图注前言》,载《华阳国志校补图注》卷首,上海古籍出版社1987年版。
④ (宋)吕大防:《华阳国志序》,《华阳国志》卷首,明嘉靖四十三年(1564)成都刘大昌刻本。

异闻而已乎?"① 常璩耳闻目睹了"李氏据蜀,兵连战结,三州倾坠,生民歼尽"给人民带来的深重灾难,"反侧惟之,心若焚灼",寄予了深切的同情。常璩撰写《华阳国志》就是要"博考行故,总厥旧闻;班序州部,区别山川;宪章成败,旌昭仁贤;抑绌虚妄,纠正谬言;显善惩恶,以杜未然"②。常璩通过总结历代兴衰成败的经验教训以达到服务于现实的目的,从而奠定了《华阳国志》在我国方志学思想史上的重要地位。

二、《华阳国志》极具珍贵的史料价值

《华阳国志》全书十二卷。卷一至卷四为《巴志》《汉中志》《蜀志》《南中志》,着重记述梁、益、宁三州的历史、地理、风俗、物产、民族等,而以地理为主,类似正史中的地理志。卷五至卷九为《公孙述刘二牧志》《刘先主志》《刘后主志》《大同志》《李特雄期寿志》,按照编年体形式叙述西汉末年到东晋初年割据巴蜀的公孙述、刘焉刘璋父子、蜀汉刘氏、成汉李氏四个割据政权以及西晋短暂统一的历史,相当于正史中的本纪。卷一〇至卷一一为《先贤士女总赞》《后贤志》,卷一二为《序志并益梁宁三州先汉以来士女目录》,记述从西汉到东晋初梁、益、宁三州贤士列女,其中列入赞注和目录的人物近四百人,相当于正史中的列传。而《序志》为全书总序。在具体撰述过程中,常璩并不是简单地效仿前代体例,

---

① (宋)李㙊:《重刻华阳国志序》,《华阳国志》卷首,明嘉靖四十三年(1564)成都刘大昌刻本。
② (东晋)常璩:《华阳国志》卷一二《序志》,明嘉靖四十三年(1564)张佳胤刻本。

而是进行了大胆创新。如《先贤士女总赞》对后世方志设立《列女传》产生重要影响，并开创了地方史志为妇女立传的先河。

上承家学渊源、具备良史之才的常璩为撰写《华阳国志》，参考了大量文献资料："取从祖常泰恭所为《梁益篇》《蜀后志》《后贤传》三书，综揽未备，发愤兴文。又取陈承祚《蜀书》《耆旧传》，杜敬修《蜀后志》，参以祝元灵、陈申伯《续耆旧》，黄容《梁州巴纪》，并《南裔志》，征所耳目，辨方核实，起自上世，终于永和，表着成败，弘铺传赞，凡十二卷，号曰《华阳国记》，心亦勤矣。"① 可见，为了撰写《华阳国志》，常璩除参引《春秋》《左传》《战国策》《史记》《汉书》《东观汉记》《三国志》等全国性史书以外，还参考了当时或前代有关巴蜀地方的史志著作，如扬雄《蜀本纪》、应劭《风俗通》、谯周《益州记》《三巴记》《南中异物志》、陈寿《益部耆旧传》、常宽《蜀后志》《后贤传》、祝龟《汉中志》、杨终《哀牢传》、魏完《南中志》诸书。常璩自己也说："司马相如、严君平、扬子云、阳成子玄、郑伯邑、尹彭城、谯常侍、任给事等各集传记，以作本纪，略举其隅。"② 常璩引用的这些地方史志著作皆已失传，因而更加突出了《华阳国志》所具有的珍贵的史料价值。

除参考大量文献而外，常璩还利用在成汉政权任史官和散骑常侍的机会接触到大量官方档案资料。书中的《大同志》《李特雄期寿志》内容十分详备，就在于他掌握了成汉政权最权威的档案资料。他平生撰有《平蜀记》十卷、《蜀汉故事》（一作《蜀汉伪官故

---

① （明）张佳胤：《华阳国志序》，载《华阳国志校补图注·附录》，上海古籍出版社1987年版。

② （东晋）常璩：《华阳国志》卷一二《序志》，明嘉靖四十三年（1564）张佳胤刻本。

事》）一卷，并用正史体裁写过一部有关成汉政权的纪传体史书《汉之书》（一作《汉书》）十卷，此书入晋秘阁后改称《蜀李书》①，为北魏史学家崔鸿撰《十六国春秋》之《蜀录》部分所本，当时著名史学家孙盛称它为"蜀史"。以上诸书皆已亡佚，惟《华阳国志》（原名《华阳国记》）十二卷传于世②。

此外，《华阳国志》还记载了许多歌谣俚语、"长老传言"等内容，主要来自常璩亲自搜访和实地调查所得的第一手资料，从而更加真实、生动地反映了当时社会风貌和普通民众的生活状况。

常璩将从各种途径汇集来的材料加以鉴别、考证，剪裁取舍，"抑绌虚妄，纠正谬言"，写出了《华阳国志》这部内容丰富、考核精审的历史巨著。书中所载绝大部分内容都不见于其他文献记载，或最早见于此书，或以此书的记载更为详备，故为隋以前众多学者所征引，如徐广《晋纪》、范晔《后汉书》、裴松之《三国志注》、刘昭《续汉志注》、李膺《益州记》、郦道元《水经注》、贾思勰《齐民要术》等著作皆引用了不少《华阳国志》内容。唐初修《晋书》、宋司马光修《资治通鉴》也大量取材于《华阳国志》。另外，唐宋时期所编修的类书如《艺文类聚》《初学记》《北堂书钞》《太平御览》《事类赋》以及地理总志《太平寰宇记》《舆地纪胜》《方舆胜览》等也大量引用《华阳国志》。这进一步说明《华阳国志》给后人留下了极为丰富而珍贵的历史资料，具有极高的史料价值。如关于古蜀国历史与传说，记载了蚕丛、柏灌、鱼凫、杜宇、开明等几代蜀王的传说故事，可与近几十年来成都平原发掘出土的三星

---

① （明）焦竑《国史经籍志》作"九卷"。
② （宋）欧阳修《新唐书·艺文志》作"十三卷"，（宋）陈振孙《直斋书录解题》作"二十卷"。

堆、金沙等古蜀遗址相应证。对两汉三国历史的记载，许多内容仅见于此书，可补"前四史"和其他史书记载的不足。《华阳国志》对于汉、晋时期我国西南地区郡县沿革、治所的记载，许多内容详于《汉书·地理志》《后汉书·郡国志》《晋书·地理志》及《宋书·州郡志》等记载。《华阳国志》对西南蜀、氐、羌、叟、濮、夜郎、哀牢等三十多个民族和部落名称、分布、历史、传说、风俗以及与中原王朝关系的记载，保存了不少第一手珍贵史料，是研究古代西南民族史、边疆史必须参考的一部重要文献。对西晋统一、成汉历史的记载，常璩以当代人写当代事，将自己亲身调查以及作为成汉史官掌握的第一手档案材料记载于《华阳国志》中，其关于西南地区历史的记述自然比后世记载更为可信。下面仅就《华阳国志》有关成都地区农业、手工业、商业等方面的记载略加说明。

在常璩《华阳国志》问世以前，先秦及两汉文献对于我国西南地区经济的记载非常少，司马迁《史记》中的《平准书》《货殖列传》虽然是有关经济的专篇，但涉及到西南尤其是成都地区的内容甚少，毕竟它是记载全国范围内的经济内容。只是到了常璩《华阳国志》问世以后，这一情况才得到根本改变。该书记载有关西南尤其是成都地区经济方面的内容占了很大分量，绝大部分史料为他书所无，十分珍贵。而且从时间跨度来看，记载从远古开始，一直到东晋初年，勾勒出一条成都地区经济发展的脉络。

（一）对成都农业的记载

在《华阳国志》中，常璩对成都农业发展情况从以下两个方面加以记述。

首先对成都地区农业发展方式及其转变作了记述。据《蜀志》

可知，在蚕丛时代，成都地区主要以养蚕业为主，后世巴蜀流行马头娘的传说即与蚕丛氏密切相关。到了鱼凫时代，成都地区已改变为以养殖和田猎为主。只是到了杜宇时代，成都地区才转变为以农业耕作为主。《蜀志》说："后有王曰杜宇，教民务农。一号杜主。巴亦化其教，而力农务。迄今巴蜀民农时先祀杜主君。"[①] 杜宇以农业立国，建都于郫，死后享受人间馨香，成都地区经济发展方式也因此发生了根本变化。《华阳国志》多次提到成都水稻的种植情况：如江原县（今成都崇州市）"小亭有好稻田"，广都县（今成都双流县）"江西有好稻田，穿山崖过水二十里"，繁县（今成都新都区新繁镇）"有泉水稻田"，汉时广汉冯颢为成都县令，"开稻田百顷"等，可见成都地区在秦汉时期水稻种植已相当普遍。与此相适应，成都地区的居民饮食结构也发生了根本变化，除芋（即芋魁、蹲鸱，《蜀志》"都安县有大芋，如蹲鸱也"）、蒟蒻、茱萸等杂粮蔬食而外，主食开始改为以大米为主。而成都地区水稻种植很有可能从杜宇教民务农时就已开始。据史书记载，杜宇是从云南迁移至成都平原的部落首领。扬雄《蜀王本纪》载："杜宇，从天坠，止朱提。"[②] 朱提即今天云南昭通。《华阳国志》记载云南、贵州等地在汉晋时也普遍种植水稻，如《南中志》记述了西汉末至东晋初年云南昭通用"穿龙池"的方法灌"溉稻田"[③]，在《先贤士女总赞》里记述了滇池地区"开造稻田"[④]，这是云南种植水稻的最早记载。

---

① （东晋）常璩：《华阳国志》卷三《蜀志》，明嘉靖四十三年（1564）张佳胤刻本。

② 常璩则认为杜宇为江源人，而梁氏女利为朱提人，与此不同，当考。

③ （东晋）常璩：《华阳国志》卷四《南中志》，明嘉靖四十三年（1564）张佳胤刻本。

④ （东晋）常璩：《华阳国志》卷一〇《先贤士女总赞》，明嘉靖四十三年（1564）张佳胤刻本。

《南中志》还记载了诸葛亮南征降服孟获后,要他们出"耕牛"以"给军国之用",这是有关云南耕牛的最早记载。可以推知,成都地区农耕文明很有可能是杜宇从云南经"南方丝绸之路"带到这里的。

其次,常璩对成都平原水利建设事业作了详细记述。尤其是蜀守李冰在此期间大兴水利,主持修建了举世闻名的都江堰水利工程。它的兴建,是先秦史上的一件大事,也是成都地区农业发达的一个重要原因。

关于李冰修都江堰的记载,司马迁《史记》仅寥寥数语:"蜀守冰凿离碓,辟沫水之害,穿二江成都之中。"① 而《华阳国志》则作了详细记载:"冰乃壅江作堋,穿郫江、检江,别支流双过郡下,以行舟船。岷山多梓、柏、大竹,颓随水流,坐致材木,功省用饶。又溉灌三郡,开稻田。于是蜀沃野千里,号为'陆海'。旱则引水浸润,雨则杜塞水门,故《记》曰:'水旱从人,不知饥馑,时无荒年,天下谓之天府也。'"随着都江堰水利工程的修建,成都所在的川西平原在汉代就已成为"沃野千里""水旱从人、不知饥馑,时无荒年"的"天府之国"。都江堰当时称为"湔堋"或"湔堰",《蜀志》云"自湔堰上分穿羊摩江,灌江西""大江自湔堰下至犍为有五津"等。后世又称都安堰、金堤、楗尾堰。到了宋代,才正式称为都江堰。《太平寰宇记》卷七三:"江水称都江水,随江名堰,故称都江堰。"② 此后,都江堰名称一直沿用至今。李冰以后,至汉孝文帝末年,庐江文翁继任蜀守,又"穿湔江口,溉灌郫、繁田千七百顷"。

---

① (西汉)司马迁:《史记》卷二九《河渠书》,中华书局1959年点校本。
② (宋)乐史:《太平寰宇记》卷七三,清光绪八年(1882)金陵书局刻本。

李冰除了修都江堰、穿成都二江之外，还在南安（今乐山）凿平溷岩以通水道，在僰道（今宜宾）烧毁"蜀王兵栏"大滩。李冰还对成都地区其他河道进行了治理，如疏通文井江（今成都崇州西河）、白木江（今成都邛崃市南河）以及成都平原北部的洛水和绵水等。这些内容仅见于《华阳国志》记载。《华阳国志》云："冰又通笮道文井江，径临邛，与蒙溪分水白木江，会武阳天社山下，合江。又导洛通山洛水，或出瀑口，经什邡，与郫别江，会新都大渡。又有绵水，出紫岩山，经绵竹入洛，东流过资中，会江江阳。皆溉灌稻田，膏润稼穑。是以蜀川人称郫、繁曰膏腴，绵、洛为浸沃也。"成都地区经过秦国的大力开发，经济得到迅速发展，"居给人足"，人民富裕。秦"擅巴蜀之饶"，为完成统一大业准备了雄厚的物质基础。在统一六国的战争中，巴蜀成为秦国重要的物资保障和供应基地。

(二) 对成都手工业的记载

《华阳国志》记载了许多有关成都地区手工业方面的内容，尤其是对成都制盐业、冶铁业等作了较详细的叙述。

在制盐业方面，据《华阳国志》记载，早在秦李冰时，就已主持开凿盐井，"识察水脉，穿广都盐井，诸陂池"，使蜀"盛有养生之饶焉"。这是我国有文献记录以来最早关于开凿盐井的记载。李冰在大力兴修水利、发展农业的同时，对成都制盐业发展也做出了重要贡献。广都县借助"有盐井、渔田之饶"的资源优势，大力发展煮盐业，"县凡有小井十数所"。而本地大豪冯氏也拥有多处"鱼池盐井"，财力雄厚。除广都盐井而外，临邛、蒲江等地也是成都重要的产盐区。

最值得关注的是，在《华阳国志》中，常璩第一次记载了成都人利用得天独厚的天然气资源进行煮盐。我国是世界上最早发现和使用天然气的国家，而最早记载这一伟大成就的是《华阳国志》。天然气是因钻凿盐井而被发现，随之应用于煮盐。常璩在《蜀志》里记载了当时利用天然气煮盐的情形：临邛县"有火井，夜时光映上照，民欲其火，先以家火投之，顷许，如雷声，火焰出，通耀数十里。以竹筒盛其光藏之，可拽行终日不灭也。井有二，一燥一水。取井火煮之，一斛水得五斗盐；家火煮之，得无几也"。这是世界上最早使用天然气的记载，早于西方国家一千余年。英国著名学者李约瑟博士认为，中国不仅是世界上最早开发天然气的国家，而且"今天在勘探油田时所用的这种钻探井和凿洞技术，肯定是中国人的发明，因为我们有许多证据可以证明，这种技术早在汉代公元前一世纪到公元一世纪就已经在四川加以应用"。李约瑟博士所说的证据，其中就有常璩在一千多年前提供的文字记载。盐井的开凿是我国盐业史上的一大革新，对促进成都地区经济繁荣起到了重要的推动作用。

在冶铁业方面。成都地区拥有丰富的铁矿石资源，主要集中在临邛和广都两地。据《华阳国志》记载，临邛县"有古石山，有石矿，大如蒜子，火烧合之，成流支铁，甚刚"。广都县"山有铁矿"。在秦国移民之前，由于受到冶炼技术的限制，没有得到有效开采。自秦国移民巴蜀，中原卓氏、山东程氏迁居临邛，他们带来了先进的冶铁技术，并充分利用临邛丰富的铁矿石资源大力发展冶铁业，成为暴发户，"卓王孙家僮千数，程郑亦八百人"。汉朝廷在临邛除置盐官以外，又"置铁官，有铁祖庙祠"。汉文帝时，政府"以铁铜赐侍郎邓通，通假民卓王孙，岁取千匹。故王孙赀累巨万，邓通钱亦尽天下"。

此外,《华阳国志》还记载了成都地区纺织业与制造业的情况,如记载成都市内有专门从事织锦和造车的工业园区,称为锦官城和车官城,并派锦官和车官进行管理:"其道西城,故锦官也。锦工织锦濯其江中则鲜明,濯他江则不好,故命曰'锦里'也。西又有车官城,其城东西南北皆有军营垒城。"又如《华阳国志》记载江原县"安汉,上、下朱邑出好麻,黄润细布,有羌筒盛"。这些都是十分珍贵的史料。

(三) 对成都商业的记载

随着成都地区农业和手工业的发展,成都商业也繁荣起来,"工商致结驷连骑,豪族服王侯美衣",是当时成都商业繁荣的生动写照,这在《华阳国志》中也有反映。秦并巴蜀不久,所修筑的成都城、郫城、临邛城等既是军事堡垒,同时又是工商业贸易中心,尤其是成都城更是如此。成都县原本治赤里街,张若始"徙置少城内",并"营广府舍,置盐、铁、市官并长丞;修整里阓,市张列肆,与咸阳同制"。政府专门为从事工商业贸易的商贾修建府舍,并设有盐官、铁官、市官等专职管理人员。市井道路、商业区规划都按照秦国都城咸阳的标准来设计,可见成都在当时不仅是巴蜀政治文化中心,同时也是工商业中心,成都经济在秦汉时期得到了空前发展。

三、《华阳国志》版本与流传情况

《华阳国志》是我国现存最早和比较完整的一部地方史志,也是最早记载西南史地的专书。该书流传至今，版刻、传抄之体系十分复杂。民国以来相关学者对历代版本及流传情况作了较深入研究，如朱士嘉《华阳国志版本考略》[①]、任乃强《华阳国志校补图注前言》[②]、刘琳《华阳国志校注前言》[③]、吕淑梅《华阳国志版本集说：兼谈云南省图书馆所藏版本》[④]、赵俊芳《华阳国志汉魏丛书本述略》[⑤]等对《华阳国志》版本流传及其优劣有专文研究。外国学者也有对《华阳国志》版本进行研究，如日本学者久村因《关于华阳国志的版本》[⑥]、山内四郎所著《关于〈华阳国志〉的诸本》[⑦]等，基本上厘清了《华阳国志》现存各种版本的源流情况。常璩出身蜀郡江原（今成都崇州市）世家巨族，遍读先世遗书，又任成汉史官，宫中图籍档案搜罗无遗。他晚年绝意仕宦，发愤著述，终于为巴蜀留下了一部同时代最重要的历史巨著。葛剑雄指出，根据记载，作者每成一卷，即有人钞录发售，迅速流传至江左与中原。全书完成后，更为世人所重。

常璩《华阳国志》自成书以后，不仅被众多文献所征引，而且刊刻、传钞本众多。北宋元丰元年（1078），成都知府吕大防曾刊

---

① 朱士嘉：《华阳国志版本考略》，《南京大学图书馆报》民国二十三年（1934）11月第70、71期。

② 任乃强：《华阳国志校补图注前言》，载《华阳国志校补图注》卷首，上海古籍出版社1987年版。

③ 刘琳：《华阳国志校注前言》，载《华阳国志校注》卷首，巴蜀书社1984年版。

④ 吕淑梅：《华阳国志版本集说：兼谈云南省图书馆所藏版本》，《云南师范大学学报》1997年第6期。

⑤ 赵俊芳：《华阳国志汉魏丛书本述略》，《古籍整理研究学刊》1998年第6期。

⑥ ［日］久村因：《关于华阳国志的版本》，载《名古屋大学教养部纪要人文科学·社会科学》第十七号，1973年。

⑦ ［日］山内四郎：《关于〈华阳国志〉的诸本》，《东洋大学アジア？アフリカ文化研究所研究年报》第三十五号，2000年。

刻《华阳国志》，这是所知《华阳国志》最早刻本。此本早已失传，吕大防序犹存。南宋嘉泰四年（1204），史学家李焘之子、丹棱人李垩任邛州知州时重刻《华阳国志》于临邛，至明代中叶以后此本失传。李刻之后三十年间，元人灭蜀，终元之世，《华阳国志》无刻本传世。自元朝至明嘉靖三百六十年间，更无刻本流传。《华阳国志》现存最早的足刻本是明嘉靖四十三年（1564）四川铜梁人张佳胤知蒲州时所刻。与张佳胤刻书正好同年，又有成都知府杨经发起、郡人刘大昌刻本行世，该本校勘精审，堪称善本。明天启六年（1626），姑孰李一公守成都时亦刊刻《华阳国志》。目前所知《华阳国志》最早五种刻本或在川内刊刻，或由川籍人士所刻，足见川人对先贤名著的重视程度。

此外，明代还有影写《永乐大典》本、嘉靖中钱谷手钞本、隆庆元年（1567）吴岫钞本、天启元年（1621）徐惟起钞本以及愚忠堂钞本、山水源头钞本等，其中大部分钞本仍传于世。

清代以来，《华阳国志》单刻本有数种，如清嘉庆十九年（1814）四川邻水人廖寅题襟馆刻本、同治年间绵竹常氏益州佳史馆刻本、光绪四年（1878）成都二酉山房翻刻题襟馆本、光绪十六年（1890）邻水李氏悔过斋补刻题襟馆本，民国二十六年（1937）成都志古堂翻刻题襟馆本等。在这些单刻本中，以清嘉庆十九年（1814）廖寅题襟馆刻本为最善。除单刻本外，清代亦有多种钞本传世，如清顺治年间冯舒空居阁钞本、康熙季振宜钞本、乾隆汪启淑旧钞本等。

除历代单刻本和钞本以外，从明代开始，《华阳国志》还被多种丛书收录，如明万历年间何允中辑、何宇度辑刻《广汉魏丛书》本，清乾隆年间王谟续辑刻《增订汉魏丛书》本、乾隆年间李调元辑刻《函海》本、乾隆年间四库馆臣编纂《四库全书》本，民国六年（1917）潮阳郑氏隐修堂刻《龙溪精舍》本、民国十一年（1922）上海商务印书馆影印《四部丛刊》本、民国年间上海中华书局校刊排印《四部备要》本、民国年间商务印书馆排印《丛书集成初编》本等。其中《广汉魏丛书》《增订汉魏丛书》《古今逸史》《函海》有多种版本传世。尽管各本所据蓝本不一，承袭源流有自，增损异同，优劣互见，但都具有重要的文献价值。而历代学者如《四库全书》馆臣、何焯、惠栋、丁杰、陈以纲、程瑶田、李调元、李鼎元、卢文弨、陈鳣、黄丕烈、孙星衍、顾广圻、顾槐三、耿文光、傅增湘、陶浚宣、唐百川、顾观光等在校勘《华阳国志》方面皆有功于常氏，尤其是卢文弨、李调元与三顾着力最多，贡献最大，为后人校勘、研究《华阳国志》奠定了重要基础。

四、《华阳国志珍本汇刊》及《续编》的编纂情况

《华阳国志》在长达一千七百年的流传过程中，有众多刻本、钞本问世，每一种版本都有很高的文献价值。2014年，四川大学历史地理研究所与成都市地方志编纂委员会办公室共同努力，编纂出版了《华阳国志珍本汇刊》，共计二十二册，为学者们从事《华阳国志》整理和相关研究提供方便。遗憾的是，还有数种版本未能搜集到手，故没有编入其中。有鉴于此，2018年，国家图书馆出版社将藏于国家图书馆的数种《华阳国志》珍稀刻本、钞本加以汇编，按照刊印、钞录时代先后顺序进行编排，以"续编"之名影印出版，终于完成现存《华阳国志》各种版本的汇集和出版工作。

《华阳国志珍本汇刊续编》所收《华阳国志》版本共八种：第

一种明天启六年（1626）李一公刻本。该本出自刘大昌本，刘本则以南宋嘉泰四年（1204）丹棱人李𡑞刻本为祖本。与刘本相比，李本仅有极少异字。所录宋人校语，移在书头如眉批。提行分段则与刘本大异，又移《序志》于《巴志》之前，改成《凡例》。卷首有知成都府、姑孰李一公与钦差四川恤刑范汝梓两序，均称"重刻《华阳国志》"。时距刘刻已过六十三年。李本刊行未二十年而蜀中大乱，故流传不广。第二种明愚忠堂钞本。该本成书时间和钞者不详，其文字与廖寅本同出一源。第三种明山水源头钞本。该本成书时间和钞者亦不详，其文字与明钱谷钞本、刘大昌刻本相同。第四种清刻朱笔批校本，该本学者未尝寓目，尚无人论及。第五种清嘉庆九年（1804）绵竹常氏刻益州佳史馆刻本。绵州照藜书屋主人常某，见题襟馆本为时所称，自记为常璩后裔，任乃强认为该本于绵州影刻廖本，将原刻"题襟馆藏"四字铲去，改刻为"益州佳史馆"，此外一无所更易，并"金陵刘文奎，弟文模、文楷镌"一行也保存如旧。还有学者认为该书实刻于清光绪年间，也有人认为该书刻于清同治三年（1864），上距李朝夔刻《函海》仅三十八年，旧时良刻工尚有留于绵州者，故其镌刻技艺略可追踪题襟馆，无讹误笔划，但字较瘦，亦翻刻之较佳者。第六种清光绪四年（1878）成都二酉山房翻刻题襟馆本。该本篇叶行款与各卷文字均同廖本，仅无"金陵刘文奎弟文模文楷镌"一行。有"光绪戊寅仲秋月重刊于二酉山房"一行，疑廖氏子孙所为。第七、八种为清光绪二十一年（1895）古越黄氏《增订汉魏丛书》石印本、清宣统三年（1911）上海大通书局石印民初育文书局续印《增订汉魏丛书》本。《汉魏丛书》乃明程荣、何允中，清王谟辑刻。《华阳国志》始见于何镗所辑百种《汉魏丛书》中，而何镗所辑书在王谟时已无从查考。何允中依其辑刻七十六种《广汉魏丛书》，其中有《华阳国志》。可以说《广汉魏丛书》所辑《华阳国志》承于何镗，而何镗所辑据刘琳考证实源于明铜梁张佳胤刻本，清王谟辑《增订汉魏丛书》又是以何允中书为凭借。《汉魏丛书》在流传中，屡经翻刻，《华阳国志》版本也有所变化，正如任乃强先生所说："顾此江西本《汉魏丛书》，亦于嘉、道、咸、同间屡经翻刻，抽换善本。其《华阳国志》一种，我所见光绪时刻，已经改用李本的内容了。何时改用蜀刻，未见明文。"① 光绪二十一年（1895），黄元寿增辑九十六种《汉魏丛书》为古越黄氏石印小字本，其中有《华阳国志》。清宣统三年（1911），《华阳国志》由上海大通书局石印。民国初年，复由上海育文书局承接翻印，印本与大通书局本全同，仅版权所属不同。以上诸本在刊刻、钞录过程中尽管也存在舛误讹脱等不足之处，但仍具有重要的版本校勘价值。目前，《华阳国志珍本汇刊》《华阳国志珍本汇刊续编》都已先后出版，为学者奉献了一份宝贵的文化精品，进一步推动了《华阳国志》及其相关研究的深入开展。

---

① 任乃强：《华阳国志校补图注》，上海古籍出版社1987年版。

晚清民国时期巴蜀珍稀乡土志的编纂及其创新

乡土志是晚清民国时期编纂的主要用于小学乡土史地知识教育的教材，所记载内容皆与本区域内历史地理、风土人情、物产气候、实业状况、科技发展有关，内容丰富，具有鲜明的时代和地方特色。编纂乡土志的目的就是要培养学生爱国爱乡思想，倡导振兴商务、发展实业、兴办教育、改良民俗、普及科学知识，开启了我国近现代乡土教学的先河[1]。正因为如此，巴蜀乡土志无论在编纂体例、编纂思想和内容方面都有许多创新。

一、巴蜀乡土志编纂情况

早在明代，四川西昌人程登吉所编，用于儿童启蒙教育的《幼学琼林》中专门列有《地舆》一篇[2]，以增长儿童的地理知识。清代中叶以后，中国内忧外患加剧，国家面临亡国灭种的空前危机。从洋务运动到戊戌变法，中国一批有识之士发起了轰轰烈烈的救亡

---

[1] 王新环：《乡土志与乡土教学》，《中国地方志》2011年第11期。
[2] 《幼学琼林》是中国古代儿童的启蒙读物。初为明代西昌人程登吉编著（一作明景泰年间的进士邱睿所编），本名《幼学须知》，又称《成语考》《故事寻源》，清人邹圣脉增补，改名为《幼学琼林》，又名《幼学故事琼林》。

图存、富国强兵运动。在这种形势下,大量西方科学技术以及政治、教育、哲学等著作被译介到中国。光绪二十四年(1898)戊戌变法后,清政府实行新政,在政治、文化、教育等方面进行改革。随着清政府废除科举,设立学部,普兴学堂,全国各地中小学教育在培养人才模式、课程设置、学习内容等方面都发生了很大变化,乡土教育在这种背景下被提了出来。日本明治维新时,曾将西方乡土教育作为地理教学和历史教学的理念引入日本,而这种理念在后来又直接影响到中国,"史学"和"舆地"成为中国小学阶段规定必修的两门课程,于是一些地方开始编写乡土教材。

乡土志的编纂作为清朝国策是在学制改革以后。光绪二十九年(1903)十一月,张之洞等人以日本学制为蓝本,拟订《奏定学堂章程》,亦称"癸卯学制"。《奏定学堂章程》规定:"初等小学堂之教授科目凡八:一、修身,二、读经讲经,三、中国文字,四、算术,五、历史,六、地理,七、格致,八、体操。"[①] 在此学制中,初等小学历史教育"其要义在略举古来圣主贤君重大美善之事……尤当先讲乡土历史,采本境内乡贤、名宦、流寓诸名人之事迹,令人敬仰叹慕、增长志气者为之解说,以动其希贤慕善之心"。地理教育"其要义在使知今日中国疆域之大略……尤当先讲乡土有关系之地理,以养成其爱乡土之心"。格致教育"其要义在使知动物、植物、矿物等类之大略形象、质性"。乡土史地教育贯穿于小学一至三年级全过程。清政府将乡土教育提到如此高的地位,既是晚清学习西方教育体制的结果,同时也是对内加强清廷统治、对外抵御外侮的客观需要。通过讲求实学,培养学生的社会参与和竞争意

---

① 璩鑫圭、唐良炎编:《中国近代教育史资料汇编·学制演变》,上海教育出版社1991年版。

识。经过维新派人士的提倡,乡土教育受到了高度重视。

根据"癸卯学制",推行乡土史地教育需要编纂乡土史地教材,在这方面维新官员张百熙起到了十分重要的作用。张百熙于光绪三十一年(1905)任学部尚书,奏请天下郡县撰辑乡土志"用备小学课本","务使人人由爱乡以知爱国"。他命所属京师编书局按照"癸卯学制"的要求编订了《乡土志例目》,作为全国各地编纂乡土教材的大纲。

《例目》规定:"《奏定学堂章程》所列初等小学堂学科,于历史则讲乡土之大端故事,及古地、古先名人之事实;于地理则讲乡土之道里、建置及本地先贤之祠庙、遗迹等类……然必由府、厅、州、县各撰乡土志,然后可以授课。于格致则讲乡土之动物、植物、矿物,凡关于日用所必需者,使知其作用及名称。"并且按照地方志的体例和内容,设置历史、政绩录、兵事录、耆旧录、人类、户口、氏族、宗教、实业、地理、山、水、道路、物产、商务共十五门,每一门的内容都有详细说明。如"历史"一门,要求反映"本境何代何年置,未置本境以前,既置本境以后"的情况;政绩录要求有"兴利、去害、听讼"等三个方面;耆旧录要求记录本境"事业、学问";人类包括有何民族;户口包括各民族户数、男口女口数目;宗教包括回教、喇嘛教之黄教(即格鲁派)、红教(即宁玛派)、天主教、耶稣教等;实业包括士、农、工、商;地理包括沿革、古迹、祠庙、坊表、桥梁、市镇、学堂;物产包括动物、植物、矿物等,并且规定"按目考查,依例编撰",强调"事必求其详核,文必期于简雅。……贤守令幸勿忽视"。《例目》明确了编纂乡土志的目的:"盖以幼稚之知识,遽求高深之理想,势必凿枘难入。惟乡土之事为耳所习闻,目所常见,虽街谈巷论,一山一水，一木一石，平时供儿童之嬉戏者，一经指点，皆成学问。其引人入胜之法，无逾此者。"《例目》要求："由府、厅、州、县各撰乡土志，然后可以授课……征本地读书能文者二三人，按目考查，依例编撰……事必求其详核，文必期于简雅。"同时，《例目》还明确了乡土志审查程序："俟采辑成编，一面将清本邮寄京师编书局，一面录副详报本省大吏，以免转折迟延，经局员审定删润，俾归一律，订成定本，并各种教科书，发交各府、厅、州、县以为小学课本，庶可成完全之学科，迪童蒙之知识。"①《例目》经光绪皇帝御批，由学部下发全国十九行省学务处，各省学务处层层推广落实，限期一年成书，上报编书局审定后付诸教学实践②。

《例目》颁行后，全国各府、州、县、乡政府及当地的小学教员或乡绅，开始按照《乡土志例目》编写乡土志，掀起了编纂乡土志的高潮③。如《忠县乡土志·弁言》云："近年政府又通令各级中学校授史地者，应采授乡土志，其教材即由地方熟习掌故者编之。"我国现存乡土志多是在光绪末年至宣统年间编纂成书的，这一时期的乡土志编纂主要是官方行为，且大多严格遵照部颁十五目程序编写。

辛亥革命后，乡土志编纂并未因政权更迭而中断。民国政府重新制定了学制，并多次进行改革，但始终重视乡土史地教育工作。除官方主持编纂外，许多民间人士也逐渐参与乡土志编纂。随着时间的推移，《乡土志例目》的影响逐渐弱化，编纂内容和体例也更

---

① 《蒲江县乡土志》《新繁县乡土志》等收录全文。
② 参见王兴亮、赵宗强：《刘师培与地方志》，《中国地方志》2005年第3期。
③ 参见巴兆祥：《论近代乡土志的几个问题》，《安徽史学》2006年第6期；王兴亮：《李右之和上海乡土志》，《图书馆杂志》2005年第9期；王雪玲：《陕西乡土志及其史料价值》，《陕西师范大学学报（哲学社会科学版）》2012年第1期。

加丰富和多样。民国三年（1914），教育部曾催促各县编纂乡土志或乡土史地教科书；民国五年（1916），教育部规定"教授地理宜先注意于乡土之观察，以引起儿童之兴味及其爱乡思想"。民国十九年（1930），教育部第一九七七号训令，饬令迅速搜集有关史地沿革、古今人物、风俗习惯、词曲歌谣，以及讲学名家、教育情形、特别出产、交通状况等项，"编定乡土史地，为小学史地补充教材"。民国二十二年（1933）12月，国民政府颁布《小学法》第九条规定小学教科书应注重各地方乡土史地教材，于是编纂乡土志成为教育界的责任和义务。民国二十六年（1937），教育部又颁布训令，要求"二年制短期小学教材应采用部编课本为原则，各地方为适应需要起见，得酌量编订乡土补充教材"。民国二十七年（1938）4月，中国国民党临时全国代表大会制订《战时各级教育实施纲要》，规定应注重各地方乡土史地教育。至1949年，乡土志或乡土教科书编纂工作始终没有间断[①]。

根据相关学者统计，现存全国乡土志共有六百余种：王兴亮统计现存清末至民国时期全国各地所修乡土志总数当在六百七十五种，其中四川乡土志六十五种，位居全国第二[②]；巴兆祥统计我国近代所编乡土志约六百八十一种，大多属稿本或钞本，兼有石印和铅印本，流传不广[③]，其中巴蜀地区乡土志在数量上位居全国第二位，仅次于山东。

---

① 参见王兴亮：《清末民初乡土志书的编纂和乡土教育》，《中国地方志》2004年第2期。
② 参见王兴亮：《清末民初乡土志书的编纂和乡土教育》，《中国地方志》2004年第2期。
③ 参见巴兆祥：《方志学新论》，北京学林出版社2004年版；巴兆祥：《论近代乡土志的几个问题》，《安徽史学》2006年第6期。

巴蜀乡土志在清道光时就已开始编撰，如清夏梦鲤修、董承熙纂《涪州乡土地理》刻于清道光八年（1828）。而绝大多数乡土志则编修于清光绪三十一年（1905）以后，民国时期，巴蜀各地仍编修了部分乡土志。如民国八年（1919），泸定县知事王世瑪"怒于斯土之无志也，爰延视学张君培恕为主笔编辑，各校教员暨县属耆儒司调查，遵用部颁《例目》，阅数月，裒然成编。其于历史、地理、格致，不过大端粗具，所以便教授也"。又如忠县陈德甫担任忠县初级中学教员时，曾编写《忠县乡土志》教材，该书广泛流行于忠县城乡，影响深远。根据《中国地方志联合目录》统计，自清末至民国年间，巴蜀地区共编修省乡土志五部，县乡土志六十余部。如清佚名编《四川乡土志》、民国时期任乃强著《乡土史讲义》、柳定生著《四川历史乡土教材》、陈宗棠著《四川乡土常识》等。其中《乡土志讲义》（又称《四川史地》），它是民国十八年（1929）夏至民国十九年（1930）春任乃强在南充中学教授四川乡土史地课程时所编，是我国第一部系统阐述巴蜀历史和地理沿革的专著。此外，清张河檀、张清锐编辑的《四川舆地蒙学读本》（清光绪年间刻本），是当时蒙学教育阶段以四川历史知识为题材编写的蒙学读本，也可视作四川乡土教材。在巴蜀乡土志中，个别乡土志不见于《中国地方志联合目录》著录，如清简锡庚撰《安县乡土历史地理格致合编三字韵语》，不分卷，清末钞本，原本藏于四川大学图书馆善本库，外界鲜有流传，弥足珍贵。

巴蜀乡土志名称绝大多数称某某乡土志，也有称"乡土地理""乡土实录""乡土志略""乡土历史地理格致合编""乡土志讲义""乡土志教科书"等，虽然名称未能划一，但究其编纂体例和内容都属于乡土志的范围。

二、巴蜀乡土志在编纂体例方面的创新

（一）巴蜀乡土志采用近代西方教科书的章节或课目体进行编纂

现存部分乡土志重视编纂体例的创新，在遵循《例目》程序的同时，又能从实际出发，按照教材需要和学生记诵特点进行编写，用近代西方课目体或章节体来加以编纂，具有现代教科书的风格。如《涪乘启新》全书共分地理门、政治门、风俗门等三大类[①]，每门之下分若干课，如地理门下分三十二课，简要叙述涪州地理、山水、历史、农产、矿产等；政治门下分二十七课，叙述本地官制、贡赋、关税、仓储、营兵、团练、讼狱、邮政、保险等；风俗门下分三十九课，记载本地民俗、雇工、医术、卜筮等，总计九十八课。《忠县乡土志》在编纂体例上完全摆脱了《例目》的框架，该书分地部、人部、事部、物部、志异部五编，除志异部外，每部之下分若干章，每章之下又分若干标题。如第一编地部之第一章《天然地理》下有《疆域及沿革》《山脉及水系》《名胜及古迹》等标题，第二章《人为地理》之下有《县域区划的变迁》《历代的一切建设》等标题。《富顺县乡土志》分地理篇、山水篇、道路篇、物产篇，每篇之下分若干章节叙述。《酆都县乡土志》共分建置、方域、食货、礼俗、兵防、杂异、人物、艺文八章，每章之下有若干子目，如第一章建置下有沿革、位置、设官、立学、官署、局所、

---

① 《涪乘启新》题封书名为《涪州小学乡土地理》，因该书于涪州小学堂刊行，故名。又因"以启初学之知识"为编纂目的，故定名为"涪乘启新"。

公所、县城、街市等类目。《石柱厅乡土志》也分章节叙述，如第八章下有第一节天主教，第二节耶稣，第九章实业下有士、农、工、商四节，内容非常简短。当然，个别乡土志尽管没有按照课目体进行编纂，但在《例目》中却对具体讲授作了说明。如《绵竹县乡土志·例目》云："插画为教科书所必需，有图有说，自必易解。"又云："童子先入为主，必令教习就此册分为若干课，自行按课编汇。既知教习之文理，以免讲授之囫囵。其所编课本即为该教习成绩良否，自然易辨，一洗袭用教科书之弊。"① 《南川县乡土志》采用章节体，共分历史、地理、物产、商务四章，除商务章外，其余三章之下又分若干节。如地理章下分本境、山、水、道路共四节，第三章物产下分天然产、制造产等二节，节下又分若干类。如第二节制造产下有动物制造、植物制造、矿物制造等类。有些小节本身包含多个内容，如第一章历史之第二节就有政绩、兴利、去害、听讼等内容。第四节有耆旧、事业、学问，并附名宦祠、乡贤祠、忠义祠、节烈祠等，且以甲、乙、丙、丁、一、二、三、四等编排各级次序，层次清楚，一目了然。《彭山县乡土志教科书》分为四十三课，其中"地理应于乡土起点，自治尤以稔悉乡土为亟，可于原讲地理时间每周分配一钟，一年授毕"，而"农田最重水利，故通济、古佛两堰特列三课"，该书"引入乡土观念而编，其程度又合小学之用"②。

---

① （清）田明理、黄尚毅纂修：《绵竹县乡土志·例目》，清光绪三十四年（1908）刻本。

② （民国）徐原烈：《彭山县乡土志教科书·编辑大意》，民国十年（1921）铅印本。

(二) 内容编排灵活

从现存巴蜀乡土志来看,除部分乡土志仍严格按照《例目》要求编写或采用旧方志体例进行编纂外,仍有不少乡土志根据当地实际情况对门目类别进行增损合并。如《大邑县乡土志》只有沿革、政绩、兵事、耆旧、户口、地利、山水、物产等八门,原部颁《例目》如人类、氏族、宗教、实业附于户口类下,商务附于物产类下。个别乡土志只编纂了其中部分内容,如《南溪县乡土志》只有格致门,其《序》云:"一邑之动植矿物,将以备一邑初等小学堂格致科之授课也。《例目》所引奏定章程,初等小学堂格致科程度原只学第一第二两年。今是编之辑,乃有阑入各物形象及生活发育之情状者。"[1] 民国《重庆乡土志》则分沿革、区域、形胜、地势、气候、城内外之概略、警区、古迹名胜(巴渝十二景附)、形势、城池、风俗、交通、工业、商业等目。《西充县乡土志》分为乡土历史、乡土地理、乡土特产三部分,其下又包括许多类。如乡土历史下分政绩录、耆旧录、人类、户口、氏族、宗教六类;乡土地理下先按所辖中、东、西、南、北五区分述本区地势、古迹、祠庙、坊表、桥堤、场镇、学堂等,然后叙述全县山脉、水道、道路等;乡土物产下按本县动物、植物、商务分类,基本上遵从《例目》,但在具体编纂时又灵活处理,正文下往往有注文。《金堂县乡土志》卷首有《修志姓氏》(纂修、分纂、编辑、采访)、《凡例八则》。《金堂县乡土志·凡例八则》云:"是志因奉部文札饬各州县编纂汇审,以便编书局采入初等小学教材书。"[2] 故该书体例一遵部颁

---

[1] (清)佚名编:《南溪县乡土志》,清光绪二十六年(1900)修钞本。
[2] (清)刘肇烈:《金堂县乡土志·凡例八则》,旧钞本。

《乡土志例目》。《巴县乡土志》卷首有《乡土志例目节录》等。

有的乡土志以设问、应答等方式进行编排。如《江津县乡土志》虽采用《例目》体分十五门,但每门之下设若干问,如"人类"门下有"问江津有他种人否?""问江津苗种共有几姓?""问江津汉族多由何处迁居?""问江津有旗户否?""问江津户口丁数共有几何?""问江津氏族有何大姓?""问江津十姓如何受氏?何时自何处迁居本境?至今传有几代?"① 一问一答,内容精练简明。《南部县乡土志》虽然采用《例目》进行编纂,但在具体处理方式上比较灵活,文中往往采取设问、应答的方式叙述,如"历史"下设问"本境何代何年置?""唐虞夏商州属何州?""春秋战国属何国?""秦汉以降何代属何郡县?何代改何州县名?""氏族"下设问"本境有何大姓?"② 每一问下即对该问进行回答。此类乡土志教科书按课目进行编写,一事一课,一人一课,篇幅短小,语言口语化,虽然有的已不按《乡土志例目》门类来编写,但基本上还是分历史、地理、格致三科,有的则以历史、地理分册编写,如《四川历史乡土教材》《蒲江乡土历史读本》《蒲江乡土地理读本》《蒲江乡土物产读本》等。

(三)语言通俗,便于儿童记诵

乡土志教育的对象是儿童,正如《灌县乡土志·序》所说:"志乡土者,非为乡土志,为蒙学志也。"从现存所编巴蜀乡土志来看,部分乡土志叙述简明,语言通俗易懂,寓教于乐,具有浓郁的乡土气息。如《乐至县乡土志·例言》云:"乡土志为初小学校教

---

① (清)佚名编:《江津县乡土志》,清光绪年间修旧钞本。
② (清)王道履编:《南部县乡土志》,清光绪三十二年(1906)修钞本。

材,与县志异。县志贵详,乡土志贵简;县志近史,乡土志近俗,最为小学适用之书。"① 有的乡土志融趣味性与现实性为一体,以儿童亲近的乡土事物和社会现实为教学内容;有的乡土志叙述平易浅显,具有较强的生活气息;有的乡土志采取散文体或骈体、韵语、歌谣等形式编写,读起来朗朗上口,富有节奏感,适合儿童记诵,提高了乡土史地课程的教育效果。清光绪三十二年(1906),四川新都县叶文光撰《新都韵言》属此类韵文②。《绵竹县乡土志·例目》也是"文必期于简雅",适合儿童学习。

(四)重视图表运用,生动直观呈现

部分巴蜀乡土志绘制了许多图表,以便直观、形象地表达相关内容。如《新繁县乡土志》中的《新繁统辖地舆图》,该图已具有现代地图的特征,图中不仅使用图示等标注山脉、江河、道路、桥梁等,使之一目了然,而且采用比例尺"每方二里"说明实际距离。如《德阳县乡土志·凡例》云:"地理用开方法绘图,每方十里。"③《崇庆县乡土志》绘有《崇庆地势图》《崇庆行政区图》《崇庆主要场镇图》《县城形势图》《崇庆主要河流图》,还附有《崇庆县各乡镇面积比较表》《崇庆县各乡镇人口比较表》等。《泸县乡土地理》卷首有《编辑大意》,分为自然状况、人文状况两编,每编之下分若干节。该志除重视当代历史记述外,还插入了不少地图,包括《泸县政区图》《泸县公私立中小学分布图》《泸县地形图》《泸县物产分布图》《泸县交通图》(一、二、三)、《泸县城区街道

---

① (清)刘达德等编:《乐至县乡土志·例言》,清光绪三十二年(1906)修钞本。
② 参见易邵白:《清末乡土志初探》,《志苑》1992年第3期。
③ (清)佚名纂:《德阳县乡土志·凡例》,民国年间旧钞本。

图》以及第一至第十区图，共计十八幅地图，以方便读者阅读。其《编辑大意》云："本书图幅之分配，凡全县政区、地形、物产、公私立中小学、邮电、交通、道路等地理上之重要事项，皆分类绘列画一图，以作综合之指示，俾阅者于研究各区地理之前，先明了全县概况，进而作分图研究之纲领。"此外，《南部县乡土志》卷首有《南部县疆域图考》①，《巫山县乡土志》有《历代沿革表》等。《云阳县乡土志》有《户口表》《氏族表》《销行土物表》《出口货物表》《进口货物表》，末附《编采衔名》，列纂修、采访姓氏人名等。《酆都县乡土志》有《酆都县疆域全图》等。

（五）重视对档案和实地调查资料的运用

晚清民国时期巴蜀乡土志史料从来源来看，主要有两个方面：一是当地所编旧方志的资料；二是实地采访所得资料。如《酆都县乡土志·凡例》云："是编根据县志。"②但也有许多乡土志在部分采用旧志资料的同时，在编撰人类、实业、商务、风俗、宗教等内容时，采用了不少实地调研采访的内容。如《德阳县乡土志·凡例》云："是志概以县志为蓝本。事关感劝，方为采录。语涉繁冗，概加删节。"于"氏族采各家大姓族谱，仿元费著例，稍载事实，务取信而有征者"。而"商务"部分内容"皆于各商访闻而得"③。《忠县乡土志》即"就所修县志内采其要点，并参以年来所见所闻，勉成此编，以供各级中学讲授之用"。《郫县乡土志·例则》云："商务一门，现今商会未设，其运销之数无从确查，但从各商处访

---

① （民国）李昌言：《泸县乡土地理·编辑大意》，1949年泸县人文书局石印本。
② （民国）刘承烈编，余树堂增订：《酆都县乡土志·凡例》，民国十八年（1929）铅印本。
③ （清）佚名纂：《德阳县乡土志·凡例》，民国年间旧钞本。

其大略，按为估计，以备一门。俟商会成立，当再详定。"①《安岳县乡土志·凡例》云："物产、商务为类至颐，销路甚广，兹仅就调查所得及各地报告计之。"户口部分内容虽然原有"编册可稽，大都不实"，故此次编乡土志乃采取调查所得资料编入，"此次调查系以一乡生息之实数，与二十三年册报相较，共增若干为比例，然后推之。各乡所造清册，尚无大谬。惟宗教、实业就各场保正及各教堂所开具者而总计之，大致不差"②。而这些材料是通过调查采访所得，及时反映了当时的社会变化情况，史料可信度较高。如《金堂县乡土志·凡例八则》云："采自旧县志者十之四，从县署档案辑入者十之二，得自民间传闻者十之四。"③ 其中如"户口今昔不同，而人类及宗教、实业旧县志未有记载，均就近今事实加以咨访而备录之"④。《涪州小学乡土地理》重视对当世经济、实业的记载，多旧志所未备。卷首《编纂大意》云："是书所言政治、风俗，多就目前立言。""一切以近今为准。"⑤《泸县乡土地理·编辑大意》云："本区各乡镇人口数目，系根据三十八年七月份泸县户籍统月报表数字列入。"⑥ 而该书编成于1949年10月，所统计的人

---

① （清）黄德润等修，姜士谔纂：《郫县乡土志·例则》，清光绪三十四年（1908）铅印本。
② （清）高铭箴、张光溥等编：《安岳县乡土志·凡例》，清光绪十八年（1892）修钞本。
③ （清）刘肇烈：《金堂县乡土志·凡例八则》，旧钞本。
④ （清）刘肇烈：《金堂县乡土志·凡例八则》，旧钞本。
⑤ （清）夏梦鲤修，董承熙纂：《涪州小学乡土地理·编纂大意》，清光绪三十一年（1905）刻本。（民国）李昌言：《泸县乡土地理·编辑大意》，1949年泸县人文书局石印本。
⑥ （清）夏梦鲤修，董承熙纂：《涪州小学乡土地理·编纂大意》，清光绪三十一年（1905）刻本。（民国）李昌言：《泸县乡土地理·编辑大意》，1949年泸县人文书局石印本。

口数即是当年最新人口数。可见，巴蜀乡土志在研究巴蜀历史方面具有重要的史料价值。尤其是清末民国初期，巴蜀许多地方没有续修旧方志，或编成后未及时付印，稿本失传，而乡土志的编纂无疑弥补了许多史料阙失，其价值更显得弥足珍贵。如新津现存最早的地方志（道光）《新津县志》编纂于清道光九年（1829），民国年间又重修新津县志，但稿本散佚，遂导致清道光以后很长时间新津历史记载出现空白，而宣统元年（1909）编修的《新津县乡土志》所载清末以来本县历史，尤其是宗教、实业、物产、商务等内容，因而具有极其重要的史料价值。金堂县自清同治六年（1867）王树桐、徐璞玉修、米绘裳等纂（同治）《续金堂县志》后，至民国十年（1921）王暨英、曾茂林等编纂（民国）《金堂县续志》，前后相距五十余年，而清朝末年刘肇烈所编《金堂县乡土志》正好弥补了清末部分史料的不足，正如《金堂县乡土志·凡例八则》所云："历史及政绩、耆旧多从旧志录出，惟近数十年未有续志，则良有司之善政与乡先生之懿行俱应补入。兹故采诸舆论，严加考核，一一详载于篇。"①

（六）重视史料考订

部分巴蜀乡土志重视对史料的考订，使其记载的内容更加可靠。如《南部县乡土志·序》云："本境建置沿革于通志、县志所载尚有疑义未详者，均按《例目》证之经传，考之二十四史，反复辩论，以期信而有证，庶阅者一目了然。"② 从中也可见编纂者严谨的治史态度。

---

① （清）刘肇烈：《金堂县乡土志·凡例八则》，旧钞本。
② （清）王道履：《南部县乡土志·序》，清光绪三十二年（1906）修钞本。

此外，部分巴蜀乡土志卷首有《序》《凡例》《例目》《例则》《编辑大意》《编辑管见》等，说明"所以著其立言之本意，与章法、篇法之次第及部分之先后"①，说明该书编纂宗旨、编纂次第、史料来源等内容。也有个别乡土志在卷首录入部颁《乡土志例目》或《例目摘要》，如《蒲江县乡土志》《铜梁县乡土志》全录《乡土志例目》于篇首。由于中国乡土教材的编纂深受日本乡土教育的影响，部分乡土志还附有日本学者的教育方法，如《乐至县乡土志》卷首就附有日本棚桥源太郎《小学校教授法》，因其"讲义明确详尽，采取原著，弁于志端"②。《绵竹县乡土志例目》卷首有《纂修姓名》，包括监督、调查、撰述、测绘、图画作者。《新纂三台县乡土志》卷首也有监修、纂修、校订、督采人姓氏等信息。《新繁县乡土志》卷首既有序、部颁《乡土志例目》，还有《纂修姓氏》，包括总纂、协纂、誊清、绘图、采访人姓氏等。有些乡土志在正文中往往注明资料出处，如《蒲江县乡土志》或注明"照录县志""据县志云""据当时遗老云"等③。《会理州乡土志》采用《例目》进行编纂，除卷首有总序外，每目之前也有分序，并简要介绍该目情况。

三、巴蜀乡土志在编纂思想方面的创新

民国时期，一些学者对乡土志编纂进行探索，如国学大师刘师培于光绪三十三年（1907）5月在《国粹学报》发表了长达一万五

---

① （清）钟文虎修、徐昱等纂：《灌县乡土志》，清光绪三十三年（1907）刻本。
② （清）刘达德：《乐至县乡土志·例言》，清光绪三十二年（1906）修钞本。
③ （清）佚名：《蒲江县乡土志》，清光绪三十四年（1908）修钞本。

千字的《编辑乡土志序例》,对乡土志书编纂体例、指导思想等进行深入探讨,认为"志乘以外不得不另编乡土志,广于征材,严于立例,非惟备国史之采也,且以供本邑教民之用。……若一郡一邑均编乡土志,则总角之童,垂髫之彦,均从事根柢之学,以激发其爱土之心"。从晚清民国时期所编巴蜀乡土志来看,与传统方志相比,在指导思想方体现了许多创新:

(一) 重视培养儿童爱国爱乡意识

近代乡土志无不贯穿着编者和有识之士爱乡观念和爱国思想。爱乡的思想源自对桑梓的眷恋,乡情浓郁,并由此而升华为爱国情怀。清佚名《蒲江县乡土志·编辑管见》云:"国积乡土而成,爱乡土即爱国之确矢。"故志中历史、地理、物产,"择大者、远者,略加讨论,揭出可爱之实,借博儿童兴味,即所以引起其爱乡土之热诚"[①]。《彭山县乡土志》卷首《编辑大意》云:"是编为引入之乡土观念而编。"[②]《南部县乡土志》卷首《序》云:"学堂宗旨以教人爱国为第一要义。欲人人爱国,必先使自爱其乡。而欲振作其爱乡之精神,非就本境事实于德育、智育有切相关系者一一讲明而切究之。"[③]《乐至县乡土志》卷首《乡土志教授法》云:乡土教育有四益,其中一益即为培养爱乡土之心,"历史地理科之材料,既取本乡所固有,则其乡之事实、山川、天然物等,大有亲密之观念,爱乡土心自油然而生……盖其身所居、足所履、目所及者,自幼至长,无一时一事不与地有密切之关系,故恒以乡土志盛衰视为

---

① (清)佚名:《蒲江县乡土志·编辑管见》,清光绪三十四年(1908)修钞本。
② (民国)徐原烈:《彭山县乡土志教科书》,民国十年(1921)铅印本。
③ (清)王道履:《南部县乡土志·序》,清光绪三十二年(1906)修钞本。

一己荣辱之关系，无论何时，旅居何地，不能忘焉，推其心以及国家，亦尤是矣"①。《巴塘盐井乡土地理志》表达了相同的观点："盖将有来者焉，爱国爱乡之观念，或赖以不息乎！"②《新繁县乡土志》对爱乡与爱国的关系作了较为详尽的阐释，"近时教育家研究儿童心理，知高深则窒，浅近则通，惟即乡土习见习闻之事，组织以成学问，易以引人入胜也。乃其义则有进于此者，先贤士女以为仪型，即国粹所以保存也；山川园池以为形胜，即封守所以慎固也。虫草鱼木皆供服御之材，市井货贿咸佐经营之业。明乡土之与吾身有极大之关系，故曰爱国心所由发也。且夫国也者，积乡土而成者也，爱乡土即所以爱国。举天下而皆爱乡土，国焉得不强，此今日编纂一事诚教育首务欤"③。学童通过了解家乡的建置沿革、耆旧贤达、山川河流、名胜古迹、物产商务等家乡"可爱"之处，一方面加深对乡土事物的学习与了解；另一方面增强对家乡的自豪感和爱乡情怀。如《温江县乡土志》序言："夫国民教育必先使其子弟悉其土地山川人物之美，而生爱国之心。"④《涪州小学乡土地理·编纂大意》云："尚武精神，具军民资格，始足转弱为强，自立于不败。是书于武备之张弛、民气之衰盛，暨前人武功遗迹、目前兵事大端，未肯忽略。其义窃取之顾氏《方舆纪要》一书。"⑤从爱乡到爱国这一观念的扩展，反映了家族乡里对个人的重要性，乡土志正是利用这种乡土情结，实现对学童的爱国教育。

---

① （清）刘达德：《乐至县乡土志》，清光绪三十二年（1906）修钞本。
② （清）段鹏瑞：《巴塘盐井乡土地理志》，清宣统二年（1910）刻本。
③ （清）余慎修、陈彦升纂：《新繁县乡土志》，清光绪三十三年（1907）铅印本。
④ （清）曾学传：《温江县乡土志》，清宣统元年（1909）刻本。
⑤ （清）夏梦鲤修，董承熙纂：《涪州小学乡土地理·编纂大意》，清光绪三十一年（1905）刻本。

（二）注重向儿童灌输进化论思想，体现了非常强烈的"优胜劣汰"意识

鸦片战争后，中国被迫向西方列强开放国门，国家利权不断丧失。面对如此情形，严复于光绪二十三年（1897）翻译了英国学者赫胥黎的《天演论》，提出了"物竞天择，适者生存"的观点，向国人发出了不发愤自强就会亡国灭种的警示，在社会上引起了强烈反响。一时间，"天演""物竞""优胜劣败""适者生存"等新名词充斥各类刊物，成为社会热词。诸多乡土志编纂者结合当时社会实际，极力向学童灌输与天争胜、自强保种的进化论观点，以期激发学童发愤自强、挽救国家的斗志。

思想领域的竞争意识、自强意识、危机意识、改革意识的觉醒在巴蜀乡土志中也有所体现。富国强兵是清末民国各阶层的强烈呼声。对富强之道的认识，体现了民众自强意识的觉醒，通过改变家乡落后面貌，是走上富强之路的希望。如《郫县乡土志·序》云："以郫邑之地与人论，五倍于安豆拉，乃人民程度相去十倍，盖教育未普及，故国家主义与社会主义未之发达也。"[①] 又如《蒲江县乡土志》首先通过叙述历史演变宣传进化论，"人皇肇蜀后，人群若何进化，国界若何进步，皆生蜀国者宜研究。……使儿童知蜀国进化之先，即知吾蒲开化之早"[②]。《安岳县乡土志》也强调："刻今日民族竞争，靡赡智而不兴，畴安愚而能存。盖人必自治而后能

[①] （清）黄德润等修，姜士谞纂：《郫县乡土志·序》，清光绪三十四年（1908）铅印本。

[②] （清）佚名：《蒲江县乡土志》，清光绪三十四年（1908）修钞本。

自养也,知发愤而后能自强也。发愤自治,是以身安而国家永昌也。"① 《温江县乡土志》:"自海禁弛,外族沓来,与吾人争性命,我官我民所当日夜矻矻,图进取者,岂有极哉。"② 《双流县乡土志》:"呜呼!天道不可知,人事究当尽。现今东海讲大和魂,欧洲有强种术,皆所以保国保民者也。今日为交通时代,五洲竞争,凡我邑人宜如何奋勉此心,以求立于优胜劣败之世界也。"③ 《中江县乡土志》:"盖以吾华为膏腴之区,而吾邑又居寒暑适宜之地,数十年来,欲求一天然或制造品,足以与外界相比赛者,卒不可得。生当工战商战之秋,暗淡落寞,不图进步,欲自存于竞争剧烈之世界也,其可得乎?所愿有志之士,急起直追,以开通为抵制,将见英华富于一乡,名誉盛于一国,而影响亦遂及于天下,富强之基宁不在此耶?"④ 《会理州乡土志》云:"自入十九世纪,欧西风潮播及五洲,天演家物竞天择、优胜劣汰,其理遂若颠扑不破。盖国之兴也以富强,而富强之组织、实业确有密切之关系。中国至今日贫矣、弱矣,士农工商理想未开,公益未识,个人之习太深,世界之理莫拓,无惑乎游民众而尽职者寡矣。"⑤ 认为国家积贫积弱的根源在于没有真正知道"物竞天择、优胜劣汰"的道理。当时大部分乡土志都会点明优胜劣汰、适者生存的观点,这也是当时社会最迫切的需要。

---

① (清)高铭箴、张光溥等编:《安岳县乡土志·实业》,清光绪十八年(1892)修钞本。
② (清)曾学传编:《温江县乡土志》,清宣统元年(1909)刻本。
③ (清)佚名:《双流县乡土志》,旧钞本。
④ (清)游夔一:《中江县乡土志》,旧钞本。
⑤ (清)佚名:《会理州乡土志》,钞本。

（三）注重加强儿童发展商务、振兴实业观念教育，培养实业救国意识

在进化论观点的影响下，乡土志编纂者通过对比西方，深刻剖析了家乡落后的原因，并提出向西方学习发展商务、振兴实业的观念。如《乐至县乡土志》"实业"门云："本境地瘠山险，士民实业压制于周围障碍，遽难发达。"[1] 并进一步分析了本境商业落后的原因。《灌县乡土志》"实业"门云："房屋、衣服、器具、饮食常工，共三万二千九百八十人，凡皆旧日伎俩，必待改良，方有进步。"[2]《雅安县乡土志》编纂者认为本境缺乏资本家，导致商业不兴："雅安府附郭县上通滇藏，下通成渝，水陆两便，亦商场转输之机关。唯本境素乏大资本家，致陕西人握茶布当商权，至今未衰，即本省缎匹多经其贱取贵出，谓雅人布帛之权全握陕人可也。"[3]《蒲江县乡土志·编辑管见》云："读历史、地理、物产诸志，易生富强贫弱观念。志中于本境贫弱原因据实直书，至如何可臻富强之道，证之中外古今，附以鄙见，以期唤起儿童整顿乡土之精神，俾人人有可士可农可工可商之资格，异日组织桑梓入手地步。"[4]《蒲江县乡土志》编纂者从西方工业化发展历程中得到启发，认为发展煤铁工业是富国之道："故中国贫，贫于商业不发达，非贫于两次赔款也。《东方杂志》称十九世纪煤铁为富国之本，凡产煤铁之区较产银者尤丰富。蒲产煤铁兼有盐井，固有之利尽弃于

---

[1]（清）刘达德编：《乐至县乡土志》，清光绪三十二年（1906）修，钞本。
[2]（清）钟文虎修，徐昱等纂：《灌县乡土志》，清光绪三十三年（1907）刻本。
[3]（清）王安黼、王安民：《雅安县乡土志》，清末修旧钞本。
[4]（清）佚名：《蒲江县乡土志·编辑管见》，清光绪三十四年（1908）修钞本。

地，于中国前途影响最大。"① 《涪州小学乡土地理·编纂大意》云："财政一端，于地方衰旺、国家强弱有绝大关系，故是书于致贫致富之原因必三致意。如农、商、工业、种植、矿产，凡有关兴利事宜，无不反复阐发，期于国计民生有裨。"② 《安岳县乡土志·商务》感叹外国洋纱、洋广杂货等廉价商品倾销内地，"每岁所入，莫知其数"，"第以购之邻境者，财利尤在蜀中，尚有流通之望。若洋货所耗，则往而不返矣，将奈之何？"对中国民族工业造成极大影响。作者强烈呼吁"商界诸贤"，要齐心协力，"收回我利权"③。《安岳县乡土志》"实业"门云："惟吾邑树畜制造之法向不讲求，欲得精良，必购之远方，大利外溢，盖不至今日始矣。独怪勤工局创设已久，而所出之品，仍无新奇可记，工徒终日营营，曾不足以糊其口，然则其他又何论矣。"编纂者进一步指出，本境"大利外溢"的原因是不讲求制造之法，因此商业不振。同时，编撰者认为交通也是本境商业发展的一大限制，"本境商业家现多由陆至遂宁，由水至合川，达重庆，破费延时，故商务毫无起色"，并提出解决办法，"若将以上各处启导堤防，则舟楫往来，路捷费省，商务必为之一变"④。《定远县乡土志》"实业"门云："朝廷急于变法，兴学练兵，非经济则事不举；劝工习艺，非材料则手不措；轮船铁路，非积聚则载不成。故董劝农商，讲求物产，诚一切新政之基础也。不然空中楼阁，沙上大厦，阅一时而尽归乌有焉。故欲富强，

---

① （清）佚名：《蒲江县乡土志》，清光绪三十四年（1908）钞本。
② （清）夏梦鲤修，董承熙纂：《涪州小学乡土地理·编纂大意》，清光绪三十一年（1905）刻本。
③ （清）高铭箴、张光溥：《安岳县乡土志·商务》，清光绪十八年（1892）修钞本。
④ （清）高铭箴、张光溥：《安岳县乡土志》，清光绪十八年（1892）修钞本。

必以举行新政为要素。欲行新政，必以趋重实业为主。"①

清末，许多外国商品涌入中国市场，致使大量白银外流，一部分有识之士认识到"商战"对维护国家利益的重要性，呼吁振兴商业，发展对外贸易。民国时期，乡土史地教育强调增强民族经济、抵制洋货的呼声一直不断，如《金堂县乡土志》"商务"门："然中国自长江开埠二十七口岸通商以来，银币之漏出外洋者，如水之趋壑，每岁动以亿万计，谈之者无不咋舌色骇。今欲闭关绝害，虽秦皇、汉武复生于世，亦势有所不能。惟有推广商务，以兴彼族互市，尚可挽回利权，不可谓非转贫为富、转弱为强之机也。"②《江津县乡土志》"物产"门："冗毛用织毡毯，但不如西人制造之精。现有购办羊皮、羊毛，运售西人制物，仍营销中国，此产津邑虽不多，如得西人制法，亦为挽回利权之一策。"③ 提倡向西方学习织造之法，以国货抵制洋货，挽回利权。

（四）重视对儿童近代科学知识的普及

近代以来，西方文明大量传入中国，地理、生物、化学、物理等近代学科包含的许多新知识，对巴蜀地区乡土志编纂产生了重要影响。为向学童传授科学知识，有的乡土志采用现代科学术语叙述。如记载本地动植物产，《南溪县乡土志》云："水牛，农家皆畜之，躯体肥大，头部戴长角，皮色灰青，毛疏而色棕，亦有白者。口之下腔，有切齿八枚，形如凿，用以嚼切食物，即门齿也。近喉

---

① （清）何承道修，李树春：《定远县乡土志》，清光绪三十一年（1905）修旧钞本。
② （清）刘肇烈：《金堂县乡土志》，旧钞本。
③ （清）佚名：《江津县乡土志》，旧钞本。

奥处上下有臼齿，面平阔，便于磨碎食物……"①《潼川府盐亭县乡土志》云："考初等小学第三年授博物学科。夫博物必凡举物之形态，解剖生理分类，方是完全。兹仿日本齐田氏《植物入门》例，仅就本地物产有研究者表列之。"《定远县乡土志·乡土物产》对动物按照脊椎动物、节足动物、软件动物、蠕形动物进行分类，并说明"脊椎动物"是"体内有一本之坚硬骨轴曰脊骨以支持全体，而分头、腹、尾三部者也"②，其下对脊椎门动物分为五纲，即第一纲乳哺动物、第二纲鸟类、第三纲爬虫类、第四纲两栖类、第五纲鱼类等，每一纲下所列动物又按其形态、习性、应用、类例等加以叙述。对植物的分类记载也是如此。该书将植物界分为显花植物和隐花植物两类，显花、隐花两大类植物又分为食用植物、服用植物、药用植物、工业用植物、畜食用植物、观赏用植物等六类。其中如食用植物又分为谷、麦、栗、菽、蔬、瓜、果、叶、种子、根茎等属，每属之下所列植物又按特征、媒介、时期、效用、种例等加以分类。《垫江县乡土志》将动植物名称与民间俗称加以对照，方便儿童理解掌握。《夹江县乡土志略》之《编辑要旨》指出："本书注重科学方法解决困难问题"③，其目录设置用地形、地势、山脉、土质、妇女、动物、植物、矿物、机关、法团、财政、教育、实业、交通、宗教、慈善事业等科学术语进行表述。《崇庆县乡土志》云："我们的家乡除极西北方面属于山地外，其余地形为四川红土盆地的成都平原，因此地形平坦，土质是很厚而肥沃的冲积层。""冬季半年以四川盆地边缘的山地或高原阻碍了寒冷而砭

---

① （清）佚名纂：《南溪县乡土志》，清光绪三十二年（1906）修钞本。
② （清）何承道修，李树春纂：《定远县乡土志·乡土物产》，清光绪三十一年（1905）修，旧钞本。
③ （清）干端生：《夹江县乡土志略·编辑要旨》，民国三十七年（1948）石印本。

骨的寒潮,一月气温达摄氏九度,夏季半年以有由东南海洋的劲风,七月气温虽有二十七度,它所降的雨量则颇丰沛。"同时还附有注释,如向学童进一步解释何为寒潮:"寒潮是由西北吹来的寒冷而干燥气流,也称寒流、冬季风或西北风。"① 另如《彭山县乡土志教科书》第一课以经纬度定位本境地理位置:"地球经度在京师偏西十二度二十九分,纬度赤道北三十度零十三分"②。有的乡土志还注重科学技术的普及,如《雅安县乡土志》云:"附近掘土数尺,即有泥炭土,人以草皮炭名之,亦可作燃料。据地质学化学家言,木质在地层中受酸化最久,炭素多而无烟,故此山腹背所产均同,最适锻炼钢铁之用,雅人仅以代薪,惜已。"③《富顺县乡土志·商务篇》云:"煤矿不一种,窟山而取之,用以供本地炊及自流井煮盐、四乡熬糖之用。近日格致家间有取其气为灯者,其质有油有颜料,有黏质如漆可以糅物。"④《灌县乡土志》云:"灭火器,救火器也。以木为柜脚,下连以水轮,便于转动。贮水其中,上有铁管,手抽机动,则喷水高二丈有奇,势虽燎原,立可扑灭。"⑤

四、巴蜀乡土志在编纂内容方面的创新

晚清民国时期,巴蜀地区编纂乡土志目的明确,一是作为初等小学乡土教材;二是作为普通方志的补充,"作志在正前志之得

---

① (民国)宋炳章:《崇庆县乡土志》,民国三十二年(1943)石印本。
② (民国)徐原烈等编:《彭山县乡土志教科书》,民国十年(1921)铅印本。
③ (清)王安黼、王安民:《雅安县乡土志》,清末修旧钞本。
④ (清)陈运昌:《富顺县乡土志》,清末修钞本。
⑤ (清)钟文虎修,徐昱等纂:《灌县乡土志》,清光绪三十三年(1907)刻本。

失","使一县事实不坠于地,异日续修县志,于是编不仅二三册之取矣"①。它是清末民国时期社会政治、经济、文化的直接反映。从现存巴蜀乡土志编纂情况来看,在记载内容上与传统方志相比具有以下几个方面的特点和创新。

(一)增加了许多反映社会变迁的内容

巴蜀乡土志重视对外来宗教以及巡警、邮政、交通等新鲜事物的记载,成为了解近代巴蜀地区社会变迁的重要资料,而实业、商务、集镇、矿业等记载,是研究近代巴蜀地区经济发展的重要文献。

在社会转型时期,新生事物不断涌现,如警务局、邮政、铁路等。如《绵竹县乡土志》专门列有《铁路工程表》,附于《租股局》之后。据《绵竹县乡土志·例目》云:"为儿童预计路线里数价值,以启将来同谋公益之举,并使本县出股者知其大概。"②

在中外交流史上,外来宗教的影响不可忽视。《例目》明确规定要对宗教内容加以记载。从所编乡土志情况来看,大部分乡土志都记载了本土宗教和外来宗教,包括教堂名称、教堂分布、信众人数等内容,从中反映了外来宗教对中国民众的影响,对研究清末民初外来宗教在巴蜀地区的传播具有重要价值。如《会理州乡土志》除记载回教外,还对其他宗教作了记载,如天主教徒在城内外及帕恋沟等乡镇有信徒五百余人,注云:"尽系土著奉教者,法国教士则往来无定,鲜久住者。"而耶稣教徒城内外及各乡镇约二百余人,

---

① (清)余慎修、陈彦升纂:《新繁县乡土志》,清光绪三十三年(1907)铅印本。
② (清)田明理、黄尚毅:《绵竹县乡土志·例目》,清光绪三十四年(1908)刻本。

注云:"尽系土著奉教者,英、美教士间一往来,无久住者。"①

巴蜀乡土志还真实地记载了清末民国时期巴蜀地区经济发展情况,其中的物产、商务和实业集中记载了巴蜀地区农业、手工业和商品经济发展状况。由于巴蜀边远地区经济落后,一些有识之士意识到发展商品经济的重要性。集镇和市镇的分布,是农村经济发展的舞台,在一定程度上反映了商品经济发展的程度。一些乡土志中也涉及到市镇分布及交易情况。洋务运动后,中国近代工业开始兴起,在一定程度上促进了中国近代化的进程,部分乡土志中反映了近代企业的创办情况。

(二)对当地不良风俗的记载

《例目》虽然没有明确要求记载有关民情风俗的内容,但部分巴蜀乡土志能从实际出发,生动记述了当地风俗习尚、生活状况,包括民风乡俗、岁时节庆、婚丧嫁娶、人情往来、乡土方言等。各地岁时节庆既有相同之处,也有差异。在婚礼方面,有些乡土志记载了婚姻礼仪、婚嫁习俗等内容,其中婚姻观念的改变尤其值得重视。而乡土志对各地方言的记载,无疑保存了许多非常珍贵的语言资料。

巴蜀乡土志能辩证地看待地情、国情,不隐恶,不避讳,敢于揭短,敢于对当地巫术、迷信、赌博、奢华等不良风气加以记载。其目的是希望儿童能从乡土史地教育开始,明辨是非,反对巫术、迷信、赌博之风,反对抽鸦片、吸烟陋习,反对铺张奢华、攀比浪费之风等。从儿童开始,促使不良民俗的转变,成为当时乡土史地教育的一个重点。如《新津县乡土志》指出了宗教和巫术的区别:

---

① (清)佚名:《会理州乡土志》,旧钞本。

"别有巫教亦托名于老,而实非老,究其指归,不过挟符咒之术,以为能驱神役鬼,蛊惑乡愚,不在宗教之列。"①《忠县乡土志》有《辨惑》一篇,卷首《凡例》云:因"邑人惑于神道,故祠庙甚多,特著《辨惑》一篇,以破除迷信"②。《酆都县乡土志》云:"邑人惑于神道,故祠庙甚多,特注《辨惑》一篇以破迷信。"③ 乡土志还反对民众吸食鸦片烟的陋习,如《蒲江县乡土志》痛陈鸦片危害:"鸦片耗民财甚巨……全境八万一千三百五十丁口,嗜者近半。官膏分店一百八家,岁其征钱万五千钏,其耗吾民财亦云巨矣。弹丸如是,况全国乎。天祸震旦,仅壶中日月,梏天下龙文虎武之人才。金刚不坏身一刹那为槁木、为死灰。此以杀四万万同胞,其为毒真几千万倍于枪林弹雨矣。"④ 志中对蒲江贫弱原因"据实直书",痛陈积弊,培养儿童"有革故从新、出死入生之趋向"。至于"济仓、三费、税额、路股、鸦片诸端,破除忌讳,直陈腐败原因,以期改良"⑤。如认为鸦片之祸"耗民财甚巨","嗜之者晏安酖毒,其形虽生,其人已死,愚莫大焉"⑥。在反对奢靡之风方面,《新纂三台县乡土志》指出"吾民尤当以去奢崇俭为先也"⑦。《新繁县乡土志》"风俗"篇云:"人有恒言,曰人心风俗。风俗不美,民德何由归厚乎?今略著于篇,俾有移易之责者,知其得失焉。"⑧《涪州

---

① (清) 禄勋:《新津县乡土志》,清宣统元年 (1909) 铅印本。
② (民国) 陈德甫:《忠县乡土志》卷首《凡例》,1949年石印本。
③ (民国) 刘承烈编,余树堂增订:《酆都县乡土志》,民国十八年 (1929) 铅印本。
④ (清) 佚名:《蒲江县乡土志》,清光绪三十四年 (1908) 修,钞本。
⑤ (清) 佚名:《蒲江县乡土志·编辑管见》,清光绪三十四年 (1908) 修,钞本。
⑥ (清) 佚名:《蒲江县乡土志》,清光绪三十四年 (1908) 修,钞本。
⑦ (清) 张允武:《新纂三台县乡土志》,清光绪三十三年 (1907) 修,钞本。
⑧ (清) 余慎修,陈彦升纂:《新繁县乡土志》,清光绪三十三年 (1907) 铅印本。

小学乡土地理·编纂大意》云："是书风俗多主实业立论，盖中国事事蹈虚，为祸最烈，欲州人之痛除此病。而淫祠异端，亦吾国数千年巨毒，迄今害犹未艾。经正民兴，斯无邪慝，摧陷而廓清，故言之特详。"① 这从其课目设置上可见一斑。如第三卷风俗门从移风易俗的角度设置课目，一方面痛陈陋俗及其危害，如第九课《婚嫁过奢》、第十课《葬祭不如礼》、第十一课《州人无尚武精神》、第十一课《卫婴养蒙法未讲求》、第十四课《富室以厚利贷钱贫民》、第十七课《市店作伪病商》、第十九课《游民之多》、第二十课《吸食洋烟之众》、第二十一课《淫赌风炽》、第三十七课《忌讳及诅咒之陋》、第三十八课《星相阻人进取》、第三十九课《仇教之害》等，同时又大力提倡良好的社会风气，如第八课《女学宜兴》、第二十三课《淫书宜禁》、第三十六课《巫风宜革》等。其《吸食洋烟之众》云："鸦片之害人，拟为洪水猛兽，人知其害而远之。鸦片人溺而近之，彼害及身而止。……涪为产烟之区，吸食者十人而五，其中亦多有裨世用之人，一被其毒，遂腐同草木。"乃至造成"偶团吾民练之，无一精壮朴勇者。苟有缓急，谁固吾圉？"因此，作者大声疾呼："为民上者，固宜厉悬其禁，以拔吾民于水火。而父老子弟，亦宜广设自强戒烟诸会，由少至尽，由男及女，至相敦劝，病其有瘳乎？"其《巫风宜革》云："州中每岁城乡行巫事者十家而九，盖沿苗俗之遗也。巫之为教，与祟为缘。故为神怪，妄谈休咎。……境内执是业者不下数百户。尝询之彼人，亦自知诬妄，奈无计谋生，故出于此，情亦可悯。宜禁州人行巫事，而令群巫别营他业，庶几靖妖衅之萌蘖，拔隐怪之根株，而风俗可以转移

---

① （清）夏梦鲤修，董承熙纂：《涪州小学乡土地理·编纂大意》，清光绪三十一年（1905）刻本。

也。"

　　巴蜀乡土志是特定历史阶段的产物，一方面巴蜀乡土志作为小学普及教育的教材，对当时学生产生过很大影响，许多文化名人都深受乡土史地教育的熏陶；另一方面巴蜀乡土志直接反映了清末民国社会转型时期巴蜀社会变迁，具有浓郁的时代气息和地域特点，对研究当时巴蜀社会、经济、文化具有重要的文献价值和史料价值。

日本藏巴蜀珍稀文献及其价值

中国是世界四大文明古国之一，历史悠久，文化灿烂，中外经济文化交流频繁。东亚、东南亚形成了以中国为核心的中华文化圈，并对周边国家和地区产生了持续而深远的影响，这可从汉籍在周边国家的刊刻、流传和撰述中得到证明。所谓汉籍，顾名思义，即以汉字书写而成。由于深受古代中国"汉文化圈"的影响，朝鲜、韩国、日本、越南等国有许多用汉文书写、刊刻、钞录的典籍。因此，汉籍既包括中国人用汉字撰述的著作，也包括中国以外的地区用汉字传钞、刊刻、撰述的著作，充分反映了中国文化对外传播的历史进程，成为中外文化交流的重要见证。其中，中日两国的汉籍文化交流非常具有代表性，因此受到国内外学术界的高度重视。

一、中日文化交流与日本藏中国汉籍情况

从中日两国文化交流的历史来看，中日汉籍文化交流最初是汉籍从中国直接或间接地传入日本。关于汉籍东传日本的发端，众说纷纭，日本今存最早的一批文献，诸如《古事记》《日本书纪》《怀风藻》等，均有王仁将汉籍引入日本的记载。若这些记载可信的

话，说明早在公元 4 世纪时，汉籍即已东传入日本了。隋唐时期，随着日本"遣隋使""遣唐使"的到来，中日汉籍文化交流才真正大规模拉开序幕。这些使者来到中国学习中华优秀文化的同时，一方面将中国的许多典籍带回了日本，另一方面也留下了自己的汉文著作。这些使者中非常有名者如吉备真备、玄昉等，都带回了大量有关历法、乐书、宗教类中国典籍。而阿倍仲麻吕，汉名晁衡，来唐后直至终老也没再回到日本。他不仅在唐朝任职，还与李白、王维等文人交往密切，留下了许多汉文诗歌。除了赴唐的日本人外，当时也不乏中国僧侣、商人等东渡日本，并带去了大量中国典籍。日本宇多天皇宽平年间（889—897），藤原佐世奉敕编纂了《日本国见在书目录》（原名《本朝见在书目》），著录了易、诗、乐等四十家书目共计一千五百余部、一万六千余卷。据此可窥早期中国典籍东传日本的大致情况。在汉籍传入日本的同时，日本人也开始钞写中国典籍。当时日本专设了"写经所"，作为专门钞写汉籍的机构，钞写者称"写经生"。这些写经生虽然以钞录汉文佛典为主，但也钞录了佛经以外的许多书籍。其中，当时钞录的《史记》《史记集解》《汉书》等部分残卷仍保存至今。除钞写外，日本本土作者在撰写的许多典籍里，也有大量引用汉籍的情况，如成书于公元 8 世纪的《日本书纪》二十卷，不仅全用汉文撰写而成，而且还引用了《吴子》《史记》《水经注》等大量中国典籍。这些大量引用汉籍的情况正好从一个侧面说明了中国典籍、中国文化东传日本的盛况及其对日本所产生的深远影响。

宋元时期，刻书出版业繁荣，中日官方和民间往来更加频繁，典籍交流也非常活跃。这一时期，中国汉籍东传日本的同时，大量汉籍也从日本"回流"到中国，最著名的莫过于北宋雍熙元年

(984)日本僧奝然入宋,献日本《职员令》《王年代记》《孝经》《孝经新义》等。在这批书中,既有日本本土作者所撰写的著作,也有中国已佚的典籍,这是见于记载的首次"汉籍回流"。奝然归国时,又从中国带回了宋蜀刻本《大藏经》一部,这也是宋刻本传入日本之始。除了书籍外,这一时期传入日本的还有中国印刷术和部分书版。得益于此,日本也开始了对中国典籍的大量重刻、翻刻。到镰仓时代至室町时代,日本复刻的宋元版书已相当精美,诞生了著名的"五山版"和刻汉籍。

明清时期,典籍交流也未曾中止。而书籍的内容已不限于史书、佛经等,还包括许多白话通俗小说,中国地方志也在这一时期大规模流入日本。此时,商业贸易是中国汉籍东传的主要渠道,其规模之大、流传速度之快都是此前无法比拟的。中国活字印刷术的传入日本,也促进了日本印刷出版业的发展和繁荣,出现了日本著名的"近世三大官版"。值得一提的是,有一部《群书治要》在中国早已散佚,有幸日本三大官版之一的"骏河版"《群书治要》在清嘉庆年间传入中国,并收入《知不足斋丛书》中,弥补了佚书之恨。除官版刻书外,日本私人刊印汉籍也迅速勃兴,蔚为大观,著名的有甫庵版《徐状元补注蒙求》、直江版《增补六臣注文选》等。

如果说此前的中日典籍文化交流更多的是在自然文化交流的方式下进行的话,那么到晚清民国时期,流入日本的中国典籍无论是日本人有目的地搜购所得,还是劫掠所获,都让这一时期的典籍交流具有严重不平等性质。比如在日本侵华战争期间,使用武力肆意掠夺了大量珍贵文物和文献。这是中日典籍文化交流史上最黑暗的一页。据严绍璗先生统计,仅民国二十年至民国三十四年(1931—1945)的十五年间,被劫往日本的字画、碑帖、地图以外的文献典籍共计二万三千六百七十五种，合为二百七十余万册[①]。

目前日本内阁文库、日本国立国会图书馆、东京大学东洋文化研究所、东洋文库、京都大学人文科学研究所、静嘉堂文库、尊经阁文库、早稻田大学图书馆、庆应义塾大学图书馆、东北大学图书馆、上野帝国图书馆、天理大学图书馆、关西大学图书馆、爱知大学图书馆等都是汉籍的主要收藏地。

在日本藏汉籍文献中，地方志占有相当的分量，成为海外收藏中国地方志最多的国家。日本自清嘉庆、道光间开始收集中国方志。日本汉学发达，对中国典籍版本颇有研究，所收方志质量较高，版本较好。清光绪三十三年（1908），日本静嘉堂文库收购浙江著名藏书家陆心源皕宋楼所藏珍本方志等古籍，后来又收购山东聊城杨氏海渊阁部分善本志书。20世纪30年代后，侵华日军抢劫中国典籍，并借东北普查方志为名，肆意劫掠。日本现存中国方志四千余种，主要藏在东京和京都两地，福冈等地也藏有少量志书。日本国立图书馆中央馆、东洋文库、静嘉堂文库、内阁文库、上野图书馆、天理图书馆、宫内厅图书店、尊经阁文库、京都大学人文科学研究所、京都大学附属图书馆、东京大学附属图书馆、东京大学东洋文化研究所等都是收藏中国地方志著名的图书机构。日本所藏宋刻本《咸淳毗陵志》《咸淳临安志》以及明刻本（正统）《大名府志》、（嘉靖）《顺庆府志》、（万历）《合州志》、（万历）《宁国府志》、清刻本（康熙）《文安县志》、（康熙）《魏县志》、（康熙）《扬州府志》、（康熙）《当涂县志》、（康熙）《河源县志》等一百余种志书皆为稀见之本，仅静嘉堂文库就藏有五十部明清孤本志书。后

---

① 严绍璗：《日本藏汉籍珍本追踪纪实——严绍璗海外访书志》，上海古籍出版社2005年版。

来，日本相关学者将所藏方志编成目录，主要有《日本主要图书馆研究所所藏中国地方志总合目录》(1969年)、《日本见藏稀见中国地方志书录》(1986年)、《日本现存明代地方志目录》(山根幸夫著，汲古书院，1995年)。据巴兆祥调查统计，大约有四千零二十五种1949年以前编纂、刊刻的方志流失到日本，涉及地域遍及全中国，类型包括总志、通志、府厅州县志、卫所志、边关志、乡镇志、乡土志等，其中有不少属于孤本或国内残阙而日本全帙的稀见方志①。

总体而言，由于中日典籍文化交往历史悠久，规模宏大，使得日藏汉籍数量十分庞大，且质量上乘。包括了宋、元、明、清各朝刻本，内容涉及经、史、子、集方方面面，其中不乏古本、孤本以及在中国早已失传的佚书。这些散布在日本各公藏单位及私家收藏的汉籍，具有十分重要的文献和文物价值。如东洋文库藏《历代地理指掌图》，为南宋绍兴初年西川成都府市西俞家刻本，为此书现存最古老的版本，且为孤本。宫内厅书陵部所藏《尚书正义》，保存了在我国汉代已逸失的今文《尚书》二十八篇，弥足珍贵。除了日藏中国原版汉籍以外，日本还有许多和刻宋、元刊本以及钞本。这些和刻本及钞本所依据的底本早已亡佚，长期以来，均有赖于和刻复刊本、钞本而得以流传。如南宋张麟之的《韵镜》一书传入日本后，曾有复刊本，今东洋文库藏日本天文八年(1539)释文澄钞本，所据即为和刻复刊本。但此书最初的宋版底本早已亡佚，若非日本藏复刊本、钞本，今人已无从见到原书踪影。

清末以来，随着大量典籍流散到日本，越来越多的中国学者开

---

① 详见巴兆祥：《论中国方志流布日本的特点》，《上海大学学报》，2008年3月，第15卷第2期。

始了在日本访求汉籍的历程。清光绪初年，姚文栋赴日后留心汉籍搜访，撰有《经籍访古志》一书，这是日藏汉籍善本最为重要的提要目录之一。后来杨守敬访书于日本，撰成《日本访书志》，并通过各种方式获得了大量珍贵汉籍，其中包括许多在中国早已亡佚的古籍，后来他将这些珍贵文献汇刻成《古逸丛书》。清末民初以来，在日本搜求汉籍做出过重要贡献的还有罗振玉、缪荃孙、盛宣怀、董康、孙楷第、傅增湘等人。如民国二十年（1931），孙楷第到日本，访查著录日本东京公私所藏中国古典小说，朝出暮返，目览手钞，撰成《日本东京所见小说书目提要》一书。该书首次以实地调查报告的形式，集中而详尽地揭示了日藏罕见明清通俗小说的情况。

中华人民共和国成立以来，中国许多学者仍通过各种形式对日本藏大量汉籍进行搜集、整理。同时，日本学者也十分重视对汉籍的整理和编目工作。随着数字化进程的加快，日本图书馆业也开始对所藏汉籍数字化。"全国汉籍—日本所藏中文古籍数据库"的研发，使日本国内较为分散的汉籍数据库整合为有机的统一体，对汉籍数字化的研发与技术革新等方面作出了重要的实践[①]。

二、日本藏中国汉籍整理出版情况

早在晚清民国时期，中外交流频繁，许多学者赴日访书，出现了第一波整理域外汉籍的高潮。学者们纷纷通过各种渠道将海外中

---

① 董强、张敏撰：《日本汉籍数字化的整合——以'全国汉籍—日本所藏中文古籍数据库'为例》，《科技与出版》2011年第9期。

土佚书、汉文珍本收入《古逸丛书》《四部丛刊》等丛书中，在知识界产生了巨大影响。近年来，学术界又掀起整理和研究域外汉籍的热潮，相关域外汉籍访书记、域外汉籍收藏目录以及校点整理、影印和研究成果不断问世，取得了较为丰硕的成果。一方面，日本是海外收藏汉籍最多、质量最好、整理和保存最完善的国家。另一方面，日本学者也很重视对所藏汉籍目录的编制、影印和研究，一些大学还成立了专门的汉籍研究机构。近年来一批有影响的日本汉籍整理和研究成果陆续问世，且将关注的重点从文学、艺术领域转向史学和民俗领域。

在日本汉籍版本目录的整理方面，学者们对日本旧藏、今藏汉籍书目以及中国所藏日本汉籍书目进行了汇集整理。代表成果如贾贵荣辑《日本藏汉籍善本书志书目集成》[1]、黄仁生著《日本现藏稀见元明文集考证与提要》[2]、严绍璗著《日藏汉籍善本书录》[3]、住吉朋彦著《台北大学图书馆藏珍本东亚文献目录——日本汉籍篇》[4]、沈津《日本汉籍图录》[5]等。另有单篇论文或著作章节，如沈津《哈佛燕京图书馆所藏日本所刊中国典籍三十种叙录》[6]等。

在日本汉籍的影印和整理方面，学者们对日本汉籍进行直接影印和点校整理。影印成果如《日本藏中国罕见地方志丛刊》正编及

---

[1] 贾贵荣辑：《日本藏汉籍善本书志书目集成》，国家图书馆出版社2003年版。
[2] 黄仁生：《日本现藏稀见元明文集考证与提要》，岳麓书社2004年版。
[3] 严绍璗：《日藏汉籍善本书录》，中华书局2007年版。
[4] ［日］住吉朋彦：《台北大学图书馆藏珍本东亚文献目录——日本汉籍篇》，台湾大学出版中心2008年版。
[5] 沈津：《日本汉籍图录》，广西师范大学出版社2014年版。
[6] 沈津：《哈佛燕京图书馆所藏日本所刊中国典籍三十种叙录》，载《域外汉籍研究集刊》第七辑，中华书局2011年版。

续编①、《日本宫内厅书陵部藏宋元版汉籍影印丛书》第一辑、第二辑②、《大连图书馆藏孤稀本明清小说丛刊》③《日本所藏稀见中国戏曲丛刊》④《和刻本中国古逸书丛刊》⑤《日本汉文史籍丛刊》⑥《日本国立公文书馆藏宋元本汉籍选刊》⑦《北京大学图书馆藏日本版汉籍萃编》⑧《日本汉诗文总集》⑨《日本藏地理文献珍本丛书》系列⑩等。还有一些大型丛书里收有部分日藏汉籍，如"域外汉籍珍本文库"系列，其中有《日本五山版汉籍善本集刊》⑪《和刻本四部丛刊》⑫等。另外还有许多单行本影印出版，如《日本足利学

---

① 殷梦霞主编：《日本藏中国罕见地方志丛刊》正编及续编，书目文献书版社1992年版；北京图书馆出版社2003年版。

② 《日本宫内厅书陵部藏宋元版汉籍影印丛书》编委会编：《日本宫内厅书陵部藏宋元版汉籍影印丛书》第一辑、第二辑，线装书局2001年、2003年版。

③ 孙福泰、张本义主编：《大连图书馆藏孤稀本明清小说丛刊》，大连出版社2000年版。按：《大连图书馆藏孤稀本明清小说丛刊》共收书五十五种，均为日本西本愿寺主持大谷光瑞旧藏，约为清中叶时传入日本，后随大谷光瑞于民国初年回传中国。

④ 黄仕忠等主编：《日本所藏稀见中国戏曲丛刊》，广西师范大学出版社2006年版。

⑤ 金程宇主编：《和刻本中国古逸书丛刊》，凤凰出版社2012年版。

⑥ 周斌等主编：《日本汉文史籍丛刊》，上海交通大学出版社2012年起陆续出版。

⑦ 杨忠等编：《日本国立公文书馆藏宋元本汉籍选刊》，凤凰出版社2013年版。

⑧ 北京大学图书馆编：《北京大学图书馆藏日本版汉籍萃编》，西南师范大学出版社2014年版。

⑨ 周斌等主编：《日本汉诗文总集》，四川大学出版社2015年起陆续出版。

⑩ 李勇先、王强主编：《日本藏中国地理总志珍本汇刊》《日本藏中国地理文献珍本汇刊》《日本藏中国水利文献珍本汇刊》《日本藏山海经穆天子传珍本汇刊》《日本藏中国山水祠庙志珍本汇刊》《日本藏中国西北地理文献珍本汇刊》《日本藏中国西南地理文献珍本汇刊》《日本藏朝鲜史地文献珍本汇刊》等，已由巴蜀书社、四川大学出版社等出版。

⑪ 《域外汉籍珍本文库》编纂委员会编：《日本五山版汉籍善本集刊》，西南师范大学出版社2013年版。

⑫ 《域外汉籍珍本文库》编纂委员会编：《和刻本四部丛刊》，西南师范大学出版社2014年版。

校藏宋刊明州本六臣注文选》①。点校整理成果如王三庆等主编《日本汉文小说丛刊》②、卢盛江《文镜秘府论汇校汇考》③、宋红校订《千载佳句》④、吕浩《篆隶万象名义校释》⑤等。

通过以上对日本藏汉籍文献整理出版情况的梳理，一方面我们可以窥见中国传统文化对东亚地区的深远影响，这些汉籍是汉学东传、中日文化交流的实物见证，对中日典籍交流史、日本汉学史以及中国版本学、中国古代文史之学的研究大有裨益，也极大地丰富了日本汉籍的研究内容。另一方面，日本汉籍文献将为中外学者提供更多的对话平台，拓展学术交流领域，加强彼此了解和认知，共同为世界文化遗产保护和传承做出贡献。日本藏汉籍地理文献中有许多关于中国东北亚"海上丝绸之路"的记载，为我国加强"一带一路"建设、构建以中华文明为主体的东亚文化圈和建设以中国为中心的东亚经济同共体等都具有十分重要的现实意义。

三、日本藏巴蜀稀见地方志整理概况

近年来，四川大学历史地理研究所与成都市地方志编纂委员会办公室合作，共同致力于对日本藏巴蜀珍稀文献进行系统搜集和整理，已编纂出版了《日本藏巴蜀珍稀文献汇刊》，内容包括史地、文学、艺术、宗教、诗文集等各个方面。《汇刊》所收录的文献分

---

① （梁）萧统选编、（唐）吕延济等注：《日本足利学校藏宋刊明州本六臣注文选》，人民文学出版社2008年版。
② 王三庆等主编：《日本汉文小说丛刊·第一辑》，学生书局2003年版。
③ 卢盛江著：《文镜秘府论汇校汇考》，中华书局2006年版。
④ 宋红校订：《千载佳句》，上海古籍出版社2006年版。
⑤ 吕浩著：《篆隶万象名义校释》，学林出版社2007年版。

为三大类，第一类是日本藏中国学者所著且为中国历代所刊刻的文献，如宋圆悟禅师撰、嗣法子文编《佛果圆悟真觉禅师心要》，南宋刻本；圆悟禅师评唱、雪窦和尚颂古《碧岩录》，元刻本；清王士祯撰《蜀道驿程记》，清康熙三十年（1691）刻本；清张邦伸编辑《云栈纪程》，清乾隆五十九年（1794）敦缴彝堂刻本；清彭遵泗编述《蜀碧》，清乾隆四十二年（1777）白鹤堂刻本。第二类是日本藏中国学者所著由日本刊刻的文献，如宋陆游撰《入蜀记》，日本天明三年（1783）据清乾隆元年（1736）翻刻本；宋范成大撰《吴船录》，日本宽政五年（1793）刻本；范成大撰《石湖居士蜀中诗》（一作《范石湖入蜀诗稿》），日本宽政十二年（1800）刻本；圆悟克勤评唱、雪窦重显颂古《碧岩录》，日本足利初期刻本；宋苏轼撰、明徐长孺辑《东坡禅喜集》，日本元禄二年（1689）雒阳书肆刻本等。第三类是日本学者所著且为和刻本文献，如日本宝觉真空禅师撰《岷峨集》，日本元禄七年（1694）文会堂刻本；日本竹添进一郎撰《栈云峡雨日记》，日本明治十一年（1878）奎文堂刻本；竹添进一郎撰《栈云峡雨诗草》，日本明治十一年奎文堂刻本等。《汇刊》的出版已在学术界产生了重要影响。有鉴于日本藏巴蜀稀见地方志的重要价值，我们在编纂出版《日本藏巴蜀珍稀文献汇刊》之后，又整理出版了《日本藏巴蜀稀见地方志集成》（参见《日本藏巴蜀稀见地方志一览表》）。

日本藏巴蜀稀见地方志一览表

方志名称	纂修者	版本	卷数	馆藏地
(嘉靖)《顺庆府志》	(明)朱篪修,郭睿等纂	明嘉靖二十二年(1543)刻本	八卷	日本尊经阁文库
(万历)《潼川州志》	(明)陈时宜修,张世雍等纂	明万历四十七年(1619)刻本	五十四卷	日本国会图书馆
(万历)《青神县志》	(明)余承勋修,余茹重修,康丕显补修	明万历三十四年(1606)补刻本	六卷	日本东洋文库
(万历)《合州志》	(明)刘芳声修,田九垓纂	明万历七年(1579)刻本	八卷	日本东京内阁文库
(康熙)《四川叙州府志》	(清)何源浚纂修	清康熙二十六年(1687)刻本	二十九卷	日本内阁文库
(康熙)《富顺县志》	(清)钱绍隆修,范潞纂	清康熙二十六年(1687)刻本	六卷	日本上野图书馆
(康熙)《隆昌县志》	(清)钱振龙纂修	清康熙二十六年(1687)刻本		日本上野图书馆
(康熙)《建武志》	(清)张官纪修,刘世禄纂	清康熙二十五年(1686)刻本	一卷	日本上野图书馆
(康熙)《珙县志》	(清)庄廷璋等纂修	清康熙二十五年(1686)刻本	一卷	日本上野图书馆
(康熙)《高县志》	(清)王廷谋纂修	清康熙二十五年(1686)刻本	二卷	日本上野图书馆

(续表)

方志名称	纂修者	版本	卷数	馆藏地
(康熙)《重庆府涪州志》	(清)董维祺修,冯懋柱纂	清康熙五十三年(1714)刻本	四卷	日本东京内阁文库
(乾隆)《巴县志》	(清)王尔鉴纂修(清)周开丰校阅	清乾隆年间刻本	十七卷	早稻田大学
(道光)《富顺县志》	(清)张利贞、陆光宗、宋廷桢编纂,(清)黄靖图、朱偓、张震纂修	清道光七年(1827)刻本	三十八卷	东方文化学院东京研究所

从上表所罗列的日本藏巴蜀地方志中,除(乾隆)《巴县志》和(道光)《富顺县志》外,其余日本藏巴蜀地方志原刻孤本皆藏于日本,而目前公开出版的日本藏汉籍文献中,还没有一部域外汉籍丛书对此进行过专门搜集和整理,这不能不说是一件憾事。

在编纂整理过程中,有以下几点需要说明:日本内阁文库所藏(康熙)《四川叙州府志》为全本,而日本上野图书馆所藏(康熙)《富顺县志》、(康熙)《隆昌县志》等数种为(康熙)《四川叙州府志》之残本,故此次影印以日本内阁文库所藏为准。日本藏(万历)《合州志》刻本之外有中国大陆1978年石印本,日本所藏(万历)《青神县志》是在明余承勋纂修(嘉靖)《青神县志》基础上重修和补修本,故嘉靖志也一并收录,以便相互参照阅读。另外,日本藏(万历)《潼川州志》五十四卷本之前,有中国国家图书馆所藏时间更早的(嘉靖)《潼川志》十卷本,明陈讲等纂,也是海内仅存之孤本,有清钞本传世。(嘉靖)《顺庆府志》原稿孤本藏于日本尊经阁文库,中国国家图书馆善本部藏有缩微胶卷,经多方努力,获取未果,故此次影印《日本藏巴蜀稀见地方志集成》未能收入。不过,清康熙年间李成林修、罗成顺等纂修的(康熙)《顺庆府志》(十卷)有清康熙二十五年(1686)刻本、康熙四十六年(1707)袁定远增补刻本、嘉庆十二年(1807)黄铣补刻本,虽然无法对明、清两种《顺庆府志》版本进行比较,但两者之间无论从体例和内容上应该有密切联系。

随着《日本藏巴蜀稀见地方志集成》《日本藏巴蜀珍稀文献汇刊》等域外巴蜀汉籍文献的编纂和出版,将使巴蜀历史文献宝库更加丰富,并不断推动蜀学研究向更加深入的方向发展。